# 제주의 마을과 공동자원

최현 · 정영신 · 윤여일 편저

진인진

제주의 마을과 공동자원

초판 1쇄 발행 | 2017년 6월 16일
엮 은 이 | 최현 · 정영신 · 윤여일
발 행 인 | 김영진
발 행 처 | 진인진
편　　 집 | 김민경
등　　 록 | 제25100-2005-000003호
주　　 소 | 경기도 과천시 별양상가 1로 18 614호(별양동 과천오피스텔)
전　　 화 | 02-507-3077~8
팩　　 스 | 02-507-3079
홈페이지| http://www.zininzin.co.kr
이 메 일 | pub@zininzin.co.kr

ⓒ 진인진 2017
ISBN 978-89-6347-334-5 93300

*책값은 표지 뒤에 표시되어 있습니다.
*이 책은 2014년도 정부(교육부)의 재원으로 한국연구재단의 지원을 받아 수행된 연구임(NRF-2014-S1A3A2044381).

# 목 차

『제주의 마을과 공동자원』을 펴내며 _5

1부  제주의 자연과 마을을 위하여 _9

  1장  제주의 바다와 땅, 그리고 개발이라는 것    조성윤 _10

  2장  제주의 커먼즈와 마을 계 연구    김석준 _42

2부  제주의 마을들과 공동자원

  3장  가시리의 마을만들기:
      공동자원의 재구성과 지속가능성    최현·김선필 _54

  4장  커먼즈론을 통해 본 선흘리 마을과
      숲의 역사적 변동    정영신 _83

  5장  강정, 미래를 선취하는 마을의 이름    윤여일 _126

6장 악취문제 해결을 위한
　　　제주 금악마을의 도전　　　　　　　　김자경　　　_173

7장 한동 단지모살 숲 조성,
　　　공동자원의 창출과 변화　　　　　　　김평선　　　_203


## 3부 마을만들기의 현장에서

8장 지난 십 년에서 앞으로 천 년까지,
　　　제주의 마을이야기를 듣다　　　　라해문·김진숙　_222

9장 마실다니는 마을전문가,
　　　마을에 희망을 묻다　　　　　　　고성환·김자경　_252

10장 숲을 다시 만난 마을,
　　　선흘리 생태관광의 이야기를 듣다　고제량·정영신　_281


보론　마을의 복귀와 위기:
　　　공동체와 공동재, 그리고 민주주의　　　홍성태　　_310

## 『제주의 마을과 공동자원』을 펴내며

　제주대학교 SSK연구단은 한국연구재단의 지원을 받아 '자연의 공공적 관리와 지속가능한 삶의 방식'이라는 주제로 지난 육년 간 연구를 이어왔습니다. 저희 연구는 인간이 자연에서 얻는 혜택이 불평등하게 분배되어 누군가는 빈곤에서 헤어나지 못하고 누군가는 엄청난 부를 무기로 타인을 지배하는 한 자연 파괴는 막을 수 없다는 문제의식에서 출발했습니다. 현재 부유한 사람들은 더 많은 부를 쌓고자 자연을 파괴할 뿐만 아니라 더 많은 부가 자신을 환경오염에서 지켜줄 수 있다고 믿고 있기에 자연을 파괴하는 데 여념이 없습니다. 울리히 벡이 지적했듯 자본주의는 부의 축적을 위해 보다 많은 '위험'을 감수하며 불가피하게 자연을 파괴합니다. 다른 한편 빈곤에서 헤어나지 못하는 사람들은 자연을 수탈해야 빈곤에서 벗어날 수 있다는 부자들의 유혹을 뿌리치지 못합니다. 그리하여 자본주의는 불평등을 통해 부유한 사람들이 자연 파괴를 끊임없이 기획하도록, 빈곤한 사람들이 이 기획을 뒷받침하는 광범위한 지지기반이 되도록 만듭니다. 거기에 정부와 전문가집단이 권력과 정보를 독점한 결과, 이러한 자연 파괴의 기획과 공모가 일으키는 위험은 통제되지 않고 오히려 증폭됩니다. 일본의 원전사태, 한국의 4대강 개발은 이 '위험'의 현실성을 적나라하게 드러내고 있습니다. 따라서 자연에 대한 자본의 수탈을 제한하고 자연을 공공적으로 관리하여 자연의 혜택을 공유하는 것은 시민들의 복지를 확대할 뿐 아니라 인간이 자연과 호혜적 관계를 회복하고 지속가능한 삶을 이루는 데서 기본조건이라 하지 않을 수 없습니다.

이러한 문제의식에서 출발한 저희 연구단은 문제해결의 실마리를 공동자원commons, 그리고 그 중에서도 공동관리자원common pool resource에 대한 연구에서 발견했습니다. 공동자원이 자연자원으로 한정되는 것은 아니지만, 공동자원에 대한 지금까지의 연구는 자본주의적 수탈로부터 자연을 보호하고 공공적으로 관리하기 위한 다양한 시사점을 제공하고 이 과정이 동반하는 문제들을 이해하는 데 도움을 주었습니다. 공동자원론은 모든 것을 상품화해온 자본주의의 대안을 마련하여 사회와 경제를 보다 따뜻한 것으로, 나아가 자연과 공존할 수 있는 것으로 바꾸는 데서 크게 공헌할 수 있습니다. 우리나라에서도 공동자원에 대한 관심과 연구가 활성화되기를 기대하며 저희 연구단은 연구성과를 공동자원연구총서로 펴내고 있습니다. 이번에는 제주의 공동자원과 그것의 지속가능한 관리에서 관건인 마을을 연구해 그 성과를 책으로 모아냈습니다.

1부 '제주의 자연과 마을을 위하여'는 제주의 마을을 이해하는 데서 전제가 되는 마을의 역사적 변화와 마을계를 다루고 있습니다. 제주의 마을에 대해 오랫동안 연구해 오신 조성윤, 김석준 두 교수께서 개괄적이고도 깊이 있는 통찰을 담아주셨습니다. 조성윤은 탐라국부터 현재까지 제주가 어떻게 변해왔는지를 기술하고 있습니다. 특히 최근 수십 년 사이의 개발이 제주의 마을을 어떻게 변화시키고 어떠한 문제를 초래했는지를 정리하고 있습니다. 김석준은 공동자원을 이해하기 위해서는 다양한 마을계를 주목할 필요가 있다고 지적하며 자신의 경험을 담아 마을계 연구를 소개하고 있습니다.

2부 '제주의 마을들과 공동자원'은 제주도의 마을들과 공동자원의 사례를 다루고 있습니다. 최현과 김선필은 가시리, 정영신은 선흘, 윤여일은 강정, 김자경은 금악리, 김평선은 한동리의 사례를 통해 공동자원과 마을이 자본주의적 개발과정에서 어떤 변화를 겪고 어떤 문제를 낳았는지 살펴보고 있습니다. 아울러 제주의 여러 마을에서 주민들이 마을 공동자원을 활용해 마을공동체를 되살리고 자연의 복원력을 회복하는 과정도 주목하고 있습니다.

3부 '마을만들기의 현장에서'는 이러한 마을 공동체와 자연의 복원력을 되살리는 실천의 최전선에서 활약하고 있는 라해문, 고성환, 고제량 세 분의 목소리를 담아냈습니다. 지역 마을만들기 현장에서 고민하며 활동하고 있는 그들의 이야기는 마을만들기의 생생한 모습을 전할 것입니다.

끝으로 홍성태 교수는 우리 사회가 생태민주공화국으로 나아가려면 마을만들기를 제대로 해야 한다고 강조하며 이를 위해 마을, 공동체, 공동자원, 협치와 민주주의라는 중요 개념의 의미와 관계를 되짚고 있습니다. 이 보론은 필자들 공동의 문제의식을 독자들과 나누는 데 큰 의의가 있을 것입니다.

이 책은 제주의 마을에 초점을 맞추고 있지만, 제주의 마을은 우리나라 다른 지역의 마을과 많은 공통점을 가지고 있습니다. 이 책이 마을과 자연을 되살리고자 애쓰는 여러 마을만들기 활동가들에게 도움이 된다면 필자들 모두의 커다란 기쁨이 될 것입니다. 마지막으로 이 책이 타지역 마을의 공동자원과 그것을 활용한 마을만들기 연구를 활성화시키는 자극제가 될 수 있기를 기대합니다.

2017. 5. 5.

필자들을 대표해서 최현 씀

# 1부
# 제주의 자연과 마을을 위하여

# 1장

# 제주의 바다와 땅, 그리고 개발이라는 것

조성윤(제주대학교 사회학과 교수)

## 1. 머리말

  섬사람들이 외부 다른 지역 사람들과 교류 없이 자급자족 위주로 살아간다면, 주어진 자연 조건이 가장 중요할 것이다. 그렇지만 그것은 현실적으로 불가능하다. 그래서 섬사람들은 외부 다른 지역 사람들과 교류를 하면서 부족한 것을 얻으려 했다. 배를 만들어 생산한 물자를 싣고 나가 팔고, 대신에 필요한 물자를 얻어서 돌아왔다. 한편 자신들이 원하지 않는데도 외부세력이 일방적으로 밀고 들어와 섬 주민을 제압하고 통치하기도 한다. 이런 경향은 근대로 올수록 점점 커지고 있다.

  제주도는 전세계 섬 중에서도 자연조건이 비교적 좋은, 사람이 살기 적합한 섬 가운데 하나가 아닐까 생각한다. 제주도는 한반도를 통틀어 볼 때 가장 큰 섬이면서, 동시에 수많은 섬들이 대부분 가라앉으면서 만들어진 침강섬인 것과는 달리 화산 폭발로 생겨난 화산섬이라는 특징을 갖고 있다. 그

덕분에 제주도는 드넓은 목장지대를 갖고 있지만, 빗물이 대부분 지하로 흘러들고, 농사를 짓기에 적합한 땅이 적어 식량을 자급하기가 어려웠다. 하지만 지금은 지하수를 아주 중요한 자원으로 이용하고 있다. 한편 제주도민들은 오랜 동안 바다를 무대로 소라, 전복, 미역을 건지고, 물고기를 잡으면서 살아왔다. 그 전통은 조선시대 내내 무시당하고 천대받았지만, 여전히 살아 있으며, 제주인의 삶의 큰 부분을 차지하고 있었다.

제주도 주민들은 탐라국의 독자 생활 시대를 거쳐 고려의 일부로 편입되었으며, 조선시대, 일제 침략기를 거치면서 점차 한반도의 일부가 되었고, 독자적인 생활을 거부당한 채, 예속된 상태로 변화를 거듭해 왔다. 특히 해방 이후 70년 동안 급격한 개발의 파도를 맞아 생활조건이 크게 바뀔 상황을 맞고 있다. 이 글에서는 제주도 주민들이 자신들의 삶의 터전인 바다와 산천을 어떻게 활용하면서 살아왔고, 그런 제주도 주민들을 외부 세력이 어떻게 밀고 들어와 제압하고 통치했으며, 주민들은 또 이에 어떻게 맞서면서 자신들의 삶을 일궈왔는지를 살펴보려고 한다. 특히 해방 이후 자본주의 산업화 이후 개발 행위가 제주도를 어떻게 바꾸어 놓고 있으며, 그런 흐름에 제주도민들은 어떻게 반응하는지를 집중적으로 살펴볼 것이다. 구체적인 사례연구와는 달리 긴 역사의 흐름을 따라가면서 정리하는 것이므로, 본격적인 설명을 하기 어려운 경우도 발생했지만 더 상세한 논의는 다음을 기약하기로 한다.

## 2. 탐라시대의 제주도

제주도에는 아득한 옛날부터 사람이 살았다고 한다. 하지만 이들은 다른 곳에 살다가 온 것이 분명한데, 학자에 따라서 남쪽에서 흘러왔다고도 하고 북쪽에서 내려왔다고도 한다. 이처럼 제주도 토박이가 어디서 왔는지에 관해서는 아직 정설이 없지만, 학자들은 남쪽에서 들어온 세력도 있지만, 대부분 북쪽에서 흘러들어온 것으로 생각하고 있다.

제주도의 역사는 탐라국 시대부터 시작된다. 육지에서 부족, 부족연맹, 부족국가라는 단계를 거치며, 고구려·백제·신라의 삼국이 형성되던 시기에 제주도에서도 탐라국이 형성되었다. 탐라국이 언제부터 시작되었는지는 말하기 어렵지만, 적어도 고구려, 백제, 신라 삼국이 서로 치열하게 다투던 시기를 거쳐, 통일신라 시기, 그리고 고려 전기 내내 한반도의 정권에 예속되지 않고, 나름대로 독자성을 유지하면서 지내왔다. 대부분의 주민들은 농사를 짓거나 목축 또는 어업을 통해서 생계를 유지하고 있었다. 탐라국은 삼국에 정기적으로 조공을 바치면서 자치를 유지했는데 이러한 상황은 고려 초기까지 계속된다. 아마도 이 시기가 제주도의 실질적인 독립국가 시절이라 해도 좋을 것이다. 제주도가 국가 단계까지 이르지 못했다고 생각하는 사람들은 추장사회Chiefdom Society라고 부르기도 한다.[1]

탐라국 시절 주민들은 주로 바닷가 쪽에 마을을 이루고 살았다. 마을 중에서도 북쪽 일도리, 이도리, 삼도리를 중심으로 한 지역이 가장 중심지였으며, 그밖에도 해안을 따라서 마을이 형성되었는데, 고려 말 제주에는 동도현과 서도현이 있었는데, 대촌현大村縣을 본읍으로 삼아 동도현에는 신촌, 함덕, 김녕, 토산, 호아, 홍로에, 서도현에는 귀일, 고내, 애월, 곽지, 명월, 차귀, 대정, 예래 등의 마을이 있었다.[2] 탐라국 사람들은 소와 돼지 기르기를 좋아하고, 상업 활동을 활발히 한다는 표현은 사료에 자주 나오지만, 농사를 짓는다는 표현은 찾아볼 수 없다. 농사보다는 바다를 무대로 어업 생산물, 말하자면 조개류, 전복 등의 해산물을 가공해서 내다 팔고, 그 대신 식량을

---

1 진영일,『고대 중세 제주역사 탐색』, 제주대학교 탐라문화연구소, 2008, 33쪽.
2 전영준, 「삼별초의 항파두리 토성 입거와 전략적 활용」, 『역사민속학』 47, 2015, 33쪽.

사들였기 때문일 것이다. 제주도민들은 오랫동안 수산업에 종사했던 경험을 지닌 데다 배를 건조할 수 있는 목재도 풍부했고, 건조 능력도 뛰어났다. 그들은 매우 적극적으로 다른 지역과 교류를 했고, 상당히 먼 거리를 운항할 수 있는 수준의 배를 직접 건조하고, 항해하는 기술도 축적하고 있었다.[3]

삼국시대가 끝나고 고려시대가 시작되자, 탐라국은 고려 정부에 조공을 바치게 되었다. 고려는 삼국에 비해서 제주도의 통치에 많은 관심을 보였다. 그것은 아마도 제주도가 지닌 독특한 자원과 군사상의 요충지라는 점 때문이었을 것이다. 탐라국은 1105년(고려 숙종 10년) 탐라군耽羅郡이 설치되면서 막을 내렸다.[4] 고려 정부는 지방 관리를 파견하기 시작하였는데, 지방관은 직접 제주도의 실정을 파악하고 고려 정부에 많은 세금을 거둬 보내는 임무를 갖고 있었다. 탐라국 시절은 물론, 고려시대 말기까지 제주도 주민들은 대부분 바닷가를 중심으로 마을을 형성하고 살았다.

그러다가 몽골 사람들이 들어와 목장을 조성하면서 비로소 중산간이 개발되기 시작했다. 고려 말기로 들어서면서 제주도 주민들은 커다란 혼란에 직면한다. 삼별초의 난과 몽골군은 고려군과 함께 삼별초가 진을 치고 있던 제주도를 침략했다. 삼별초는 중산간 지대에 항파두리성을 쌓았고, 몽골군은 삼별초군을 격파하고 제주를 손에 넣었다. 삼별초의 난이 진행되는 동안 김통정 장군을 비롯한 삼별초 군대로부터, 삼별초군이 진압당한 다음에는 몽고군과 고려 정부군으로부터 제주도 주민들은 전쟁 물자 제공, 노역 제공 등으로 끝없이 시달려야 했다.

전투가 끝난 다음에 몽골, 즉 원나라는 제주도만은 그들이 직접 관리하겠다고 고려정부에 통보했다. 몽골이 탐라총관부를 설치하여 제주도를 고려로

---

3 김일우, 「제주사람들의 海上活動과 그 유형(고려시대 이전을 중심으로)」, 『제주해양포럼』, 2004, 73쪽.
4 진영일, 『고대 중세 제주역사 탐색』, 제주대학교 탐라문화연구소, 2008, 33쪽.

부터 떼어내 직접 지배한 가장 중요한 이유는 중산간 목장 지대 때문이었다. 왜 제주도에 목장을 설치하려 했는지 확실한 이유는 밝혀져 있지 않다. 제주대학교 교수들 중에는 몽골을 방문하고 돌아온 분들이 많은데, 그들이 몽골을 방문하고 돌아왔을 때 가장 자주 듣는 말은 제주도 중산간이 몽골의 유목민들의 고향인 초원지대와 너무나 비슷하다는 것이다. 물론 세부적으로 따지면 차이도 많겠지만, 첫인상은 그렇다고 했다. 당시 몽골의 군 지도부도 그렇게 느꼈던 것이라고 생각한다.

그 뒤 약 100년 동안 제주도에는 많은 몽고인들이 들어와 직접 지배하였고, 그 동안 제주도는 육지와의 관계가 단절되고 원나라의 식민지로 남아 있었다. 제주도 목장은 원나라의 14대 목장 중에 하나였으며, 방목지를 처음에는 수산평水山坪, 즉 지금의 성산읍 수산리 일대에 개설하였고, 점차 섬 전체로 확대했다. 목장이 늘어가자 이를 관리, 감독하기 위해서 동, 서로 나누어 아막阿幕이라는 기관을 설치했다. 이를 위하여 제주도에는 목장을 조성하고 관리하는 기술자인 목호牧胡를 파견했다. 그들의 숫자가 얼마나 되는지는 알 수 없지만, 그들은 목장 관리자요, 말 기르는 기술자인 동시에, 제주도의 지배자로 군림한 존재였다.[5] 제주도에 파견된 몽골인들은 제주도를 작은 몽골로 만들었다. 그들은 모두 목장을 조성하고 말을 기르는 데 전문가들이었다. 그들은 백 년 동안 제주도 중산간 지대를 목장지대로 바꾸어 놓았으며, 제주도민들에게 목장을 어떻게 조성하고 말을 어떻게 기르며 관리하는지 노하우를 전수했다. 그런 과정을 거쳐서 많은 제주도민들이 목장을 조성하고 말을 기르는 전문가로 육성되었다. 하지만 몽골인들의 제주 생활은 오래가지 않았다. 원나라가 망하자, 최영장군이 인솔하는 토벌대가 제주도에 들어와서 원나라 사람들의 군대를 진압했다. 몽골의 제주도 말 목장 설치

---

5  고창석, 「元·明交替期의 濟州島-牧胡亂을 중심으로」, 『탐라문화』 4, 1985, 2쪽.

와 관리 운영은 오랜 기간 동안 해안가를 중심으로 마을을 형성하며 살던 제주도민들에게 커다란 변화였다. 제주도민들이 생활하고 활동하는 공간 자체가 크게 확대된 것이다.

## 3. 조선시대의 제주도

탐라국은 고려의 지배를 받게 되면서 사라졌다. 그런데 삼별초를 토벌하러 왔던 원나라 역시 제주를 지배하고 싶어 했다. 제주도의 넓은 목장지대를 보고 탐이 났던 것이다. 이렇게 계속해서 외부세력의 지배를 받으면서 제주도민은 점차 자율성을 잃어갔다. 하지만 원의 지배를 받는 기간 동안 제주도민들은 목호를 통해서 목장으로 개발하고, 말을 기르는 방법을 익히게 되었다. 그런 의미에서 오랫동안 해안가에 살면서 바다를 무대로 살아온 제주도 주민들의 생활 반경은 크게 넓어졌다고 하겠다. 그리고 전통적으로 해산물을 상품으로 만들어 장사를 하던 제주도민들은 이제는 말도 내다 팔면서 비교적 여유 있는 생활을 하게 되었다. 말은 군수 물자로 중요했지만, 일상생활에서도 편리한 교통수단으로 각광받았다. 고려시대에는 물론 조선시대에도 최고의 교통수단이었던 것이다. 그렇기 때문에 조선시대 제주도에 파견되었던 지방관은 물론 임시로 파견된 관리들까지도 돌아갈 때 가장 갖고 가고 싶어 했던 것은 말이었다. 그만큼 중요한 상품으로 인정받고 있었다.[6]

조선시대로 들어서서 군현제도와 조세수취체계가 정비되면서, 제주도는 고려시대보다 훨씬 더 강력한 중앙집권체제 밑으로 들어가게 되었다. 고려시대만 하더라도 특산물을 거둬가는 정도에서 그쳤지만, 조선시대에는 각종 특산물을 중심으로 하는 진상 체계를 갖추었을 뿐만 아니라 말을 기르기 위

---

6  조성윤, 「조선후기 제주도 김만일 집안과 산마감목관」, 『제주도사연구』 10, 2001, 112쪽.

한 국영목장 체제도 정비하고, 토착 세력을 순화시켜 조선의 양반 지배체제로 끌어들였다.

그런데 조선시대로 접어들자, 조선조정은 고려와는 비교가 안 될 정도로 제주도를 본격적으로 수탈하기 시작했다. 그것이 가능했던 이유는 군현제의 정비가 이루어졌기 때문이었다. 조선왕조는 중앙집권적인 국가였다. 강력한 중앙정부와 함께 군현제를 실시하여 각 지방 행정을 담당하는 관리를 과거제로 선발하여 파견했다. 지방 관리들은 지역의 치안을 유지하고 조세를 거둬 중앙으로 보내는 역할을 담당했다. 이러한 과거제와 군현제는 세종 시기가 되면 대부분 정비되었고, 세조대 이후에는 자리를 잡는다. 조선 초기 제주도에서는 다른 지역과는 달리 탐라국 이래로 전통적인 토착 지배세력이 강력한 영향력을 행사하고 있었다. 때문에 조정에서도 토착 유력자들을 지배관리로 임명했다. 이를 토관직土官職이라고 하는데, 다른 지방에서는 볼 수 없는 특수 관직으로, 이를 역임한 자들을 양반으로 간주하는 관행이 있었다. 하지만 군현제가 정비되고, 토관직을 폐지하자, 토착 유력자들이 서서히 힘을 잃어가는 한편, 제주도 주민들도 전과 비교하면 훨씬 강력한 권력의 간섭을 받게 되었다.

조선초기에는 제주도에서도 양전量田을 실시하려 했다. 전국적으로 실시하는 양전사업의 일환이기는 했지만, 제주의 농지를 파악해서 장악하려는 시도였다. 하지만 육지와는 전혀 다른 토질의 제주도 농지를 측량·평가하기는 어려웠으므로, 결국 포기하고 거둬들인 소량의 조세는 제주목 관아에서 사용하도록 했다. 대신에 중앙정부는 제주도의 각종 특산물을 진상 받는 쪽으로 방향을 잡았다. 진상품 중에서 가장 중요한 것은 말이었으며, 그 다음은 소라, 전복, 미역 등의 각종 해산물이었다. 감귤 역시 중요했다. 제주도는 각종 특산물의 생산지가 되었고, 제주도민들은 이런 생산을 위한 노동자로 전락했다.

세종 대가 되면 고려 말기 몽골 출신 목호들이 조성했던 중산간의 목장 지대를 전면 재편성하여 국영목장을 조성했다. 제주도를 빙 둘러가면서 열 개소의 목장을 설치하고, 세 읍의 현감과 판관에게 관리를 맡겼다. 몽골인들이 조성한 목장은 물론 훨씬 더 넓은 중산간 지대를 포함하게 되었는데, 그 과정에서 주민들이 농사를 짓기 위해서 개간한 농지까지도 무차별로 편입되어 버렸다. 물론 제주도 중산간 지대가 모두 국영목장지대가 되었던 것은 아니었다. 중산간에 유력한 세력가가 소유하고 있는 사목장들이 군데군데 있었는데, 이 목장들은 나름대로 기득권을 인정받았다. 그러나 전체적으로 사목장이 어느 정도 비중을 차지했는지는 알 수 없다. 하지만 사목장이 조선 후기에도 계속해서 존재한 것으로 미루어 볼 때, 제주도의 목장은 사목장과 국영목장이 공존했다고 말할 수 있을 것이다.

하지만 국가의 직접 관리는 많은 문제를 안고 있었다. 지방관들을 말을 관리하는 방법이나 목장을 운영하는 기술에 관한한 무지한 자들이었다. 그들은 목자역牧子役을 진 사람들은 물론 일반 주민들까지 동원하면서 목장을 관리, 운영했지만 효율성이 크게 떨어졌다. 임진왜란이 일어났을 때, 조선정부는 전마戰馬부족으로 허덕였다. 그래서 조선 관료들이 내놓은 해결책이 제주에서 사목장을 경영하는 김만일金萬鎰에게 말을 공급해 달라고 부탁하는 것이었다. 김만일은 기꺼이 말을 바쳤다. 조정은 선조가 죽은 다음에도 광해군, 인조 대까지 계속해서 말이 필요할 때마다 김만일, 그리고 그의 아들들에게 손을 벌렸다. 김만일은 물론 목장을 이어받은 아들이 말을 계속 바쳤는데, 그들 말을 기른 곳은 다름 아닌 사목장이었다. 국영목장에 비해서 사목장이, 그리고 국가 직영, 말하자면 지방관이 직접 관리 통제하는 방식보다는 목장 전문 경영인에게 넘기는 것이 효율성이 높다는 점을 인정하게 되었다. 국가는 김만일 집안에 아예 국영목장 중에서 넓은 곳을 넘겨주고, 그 목장을 이용하는 대신 일정한 수의 말을 매년 공납하라는 요구했다. 경주

김씨가는 말 부자였다. 그들은 많은 재산을 갖고 있었고, 제주도 내에서 최고의 목장의 관리, 운영과 말을 기르는 기술을 보유하고 있었다. 그 후부터 목장을 관리하는 감목관監牧官은 김만일 집안사람 중에서 뽑아 중앙정부에 보내면, 정부가 임명하는 방식으로 6년에 한 번씩 모두 88명이 벼슬을 지냈으며, 2년에 한 번씩 감목관이 직접 어승마를 끌고 서울로 올라가 왕을 직접 만났다. 김만일 집안 말고도 여러 사영 목장 경영자들도 있었는데, 그들에 관해서는 좀 더 연구가 필요하다.[7]

말과 함께 큰 비중을 차지했던 진상품은 소라, 전복, 미역 등의 각종 해산물이었다. 감귤 역시 중요했다. 이러한 공물 진상의 양은 날로 증가하였고, 여기에 지방 수령의 수탈까지 겹치면서, 바다를 무대로 살아가던 주민들에게 조세가 집중되었다. 해안 마을의 주민들은 포작인鮑作人이라고 불렀다. 그들은 바다를 무대로 활동하는 사람들이었는데, 그들이야말로 해안가 마을에 거주하는 제주도민의 중심을 차지했다. 그들은 가족 단위로 남녀가 힘을 합쳐 작업을 했고, 바다에서 생산한 미역을 비롯한 각종 해초와 소라, 전복 등으로 이루어진 해산물은 물론 고려 말에 널리 형성된 목장지대에서 생산된 말을 팔기도 했다. 제주도민들이 교역을 통해서 사들이는 물품은 대부분 농산물이었다. 그런데 이들에게 조세가 집중되자, 하나 둘 제주도를 떠나기 시작했다.[8]

이 시기 조선왕조실록에는 제주도에서 도망 나간 사람들에 관한 기록이 자주 등장하는데, 그들을 흔히 포작인鮑作人이라 불렀다. 포작인이란 이른바 출륙제주도민, 즉 제주도를 불법적으로 벗어나 주로 전라도·경상도 바닷가 지역에서 어업에 종사하며 살던 제주도민을 가리킨다. 제주도를 떠나 육

---

7  조성윤, 「조선후기 제주도 김만일 집안과 산마감목관」, 『제주도사연구』 10, 2001.

8  조성윤, 「조선시대 제주도 인구의 변화 추이」, 『탐라문화』 26, 2005, 57쪽.

지로 탈출한 제주도민들은 전라도 충청도 경상도 등의 해안 지역으로 흩어졌는데, 상당수는 다도해의 여러 섬에도 정착했다. 육지에 정착한 제주사람들이 얼마나 되는지 정확한 수는 알기 어렵지만, 이미 성종 대에 수천 명이라는 지적이 있었고, 도망간 관노비가 1만 명에 가깝다고 한 것을 미루어 적어도 2만 이상의 인구가 빠져나간 것으로 생각할 수 있다.

제주를 떠나 유랑민이 된 제주도 주민들에 관해서는 이영권의 연구가 있다. 그는 제주를 떠난 수많은 유랑민들을 '해양 유민'이라고 부르고, 그들의 발생원인, 과정, 그리고 그 후 임진왜란 시기까지 그들이 어디서 어떻게 살고 있었는지를 면밀하게 추적하고 있다.[9]

이렇게 많은 인구가 빠져나가자, 중앙 정부는 전라도 경상도로 하여금 포작인들의 현황을 조사하고, 이들을 붙잡아 제주도로 돌려보내라고 지시했다. 하지만 돌려보내라는 명령을 받은 지방 수령들이 소극적으로 대처할 뿐만 아니라 별로 돌려보내고 싶어 하지 않았다. 전라도와 경상도 지방 수령의 입장에서 보면 포작인들이 그 지역에 들어와 정착하는 것은 막을 필요가 없었다. 왜냐하면 새로운 인구가 늘어나면서 그들로부터 각종 조세를 거둬들일 수 있게 되고, 특히 이들이 고기잡이는 물론 각종 어패류를 채취하는 능력을 갖고 있는 자들이었다. 이들을 이용하면 많은 양의 해산물을 얻을 수 있었기 때문에 오히려 그 지역에 머물기를 바라기까지 했다.[10]

제주도를 버리고 떠나는 자들이 계속 이어지자, 정부는 인조 대에 이르러 어쩔 수 없이 출륙금지령出陸禁止令을 내렸다. 즉 모든 제주민들은 관청의 허가를 받지 않으면 배를 탈 수 없으며, 특별한 이유가 없는 한 육지 나들이가 불가능해 진 것이다. 인조 7년(1629년)에 내려진 출륙금지령은 약 200여 년 간 계속되다가 조선 말기에 이르러서야 풀리게 된다. 출륙금지령의 영

---

9 이영권, 『조선시대 해양유민의 사회사』, 2013, 한울.
10 조성윤, 「조선시대 제주도 인구의 변화 추이」, 『탐라문화』 26, 2005, 58~59쪽.

향 때문인지는 알 수 없지만, 제주도의 인구는 더 이상 줄어들지는 않았고, 호수와 인구수가 18, 19세기에 걸쳐 약간씩 증가한 것으로 나타나면서, 비교적 안정된 모습을 보여준다.[11]

제주도민들이 도망가는 가장 큰 이유는 제주도의 경작지 부족과 척박한 농업 사정 때문에 주기적으로 닥치는 흉년의 식량난을 견디기 힘들다는 점과 제주도민들의 경제능력을 넘어선 지나친 관의 각종 부역과 진상품 요구와 지방 토호와 관리들의 횡포 때문이었다. 따라서 문제의 해결은 주민들의 삶의 수준을 높여주는 방향으로의 정책을 제시하고 집행하는 것이어야 했지만, 현실은 오히려 도망가지 못하도록 강력한 통제책을 쓰는 쪽으로 정책이 집행된 것이다.

출륙금지령은 제주도를 조선 사회에서 가장 고립된 지역으로 만들었으며, 제주도민들을 물로 사방이 막힌 창살 없는 감옥 생활을 하도록 강요했다. 더 이상 도망갈 수도 없게 된 하층민들로서는 엄청난 부역과 진상품 마련에 끊임없이 동원되는 한편, 지방 토호들과 관리들에게 시달리면서 하루하루를 살아갈 수밖에 없었다. 물론 제주도민들은 기회만 닿으면 제주도를 벗어나려고 했지만 엄격한 감시 때문에 결코 쉬운 일이 아니었다.

출륙금지령은 제주도민들에게는 고통을 강요하는 대표적인 정책이었지만, 육지 다른 지방의 문화와의 접촉을 차단했기 때문에, 역설적으로 오늘날 언어와 무속을 비롯한 민속이라는 측면에서 볼 때 전국에서 가장 독특한 문화를 고스란히 간직할 수 있도록 만드는 결과를 가져오기도 했다. 하지만 더 큰 문제는 출륙 금지령이 제주사람들을 섬 안에만 묶어 놓았다는 점이다. 이것은 제주사람들이 바다를 무대로 활발하게 자유롭게 활동할 수 있는 가능성을 원천적으로 막아 놓은 것이다. 이러한 조선후기 내내 계속된 국가정책 때

---

11  조성윤, 「조선시대 제주도 인구의 변화 추이」, 『탐라문화』 26, 2005, 63쪽.

문에 더 이상 제주 사람들은 배타는 것이 불가능했다. 바다와 멀어진 것이다. 200년 이상의 단절이 제주사람들의 해민으로서의 전통을 완전히 잃어버리게 만든 것이다.[12]

한편 제주도 목장은 18세기 후반부터 서서히 쇠퇴하기 시작해서 19세기 후반이 되면 10소장 중에서도 많은 지역이 폐장閉場되기에 이른다. 정확한 이유는 알 수 없지만, 조선말기로 가면서 목장이 갖는 중요성이 점점 줄어들었다고 생각된다. 말이 부족해서 허덕댄 사례도 보이지 않는다. 그만큼 전쟁이 없었기도 했다. 그래서 말을 길러 공급할 필요가 적고, 말을 대량으로 길러서 공급해야 하는 정도로 교통사정이 바뀌지도 않았기 때문에 목장을 관리하고 운영하는 데 국가가 별로 관심을 기울이지 않았던 것이 아닌가 싶다. 그러면서 목장은 서서히 운영이 기울어져 갔다.

그 대신 목장지의 농경지 개간이 확대되었다. 특히 제주도 각지에서 인구가 늘어나면서 일할 곳을 찾는 사람들과 외부로부터 육지로부터 흘러들어온 사람들이 먹고 살 곳을 찾아다니다가 목장지대에 정착해서 더 이상 우마를 기르지 않는 지역을 중심으로 화전을 일구어 나갔다. 국립목장지대에 화전을 경작하는 것은 불법이었다. 목장지대에 불을 내서 화전을 일구면 더 이상 목장으로 사용할 수 없었다. 그래서 엄격히 금지시켜온 것인데, 화전이 상당히 많아지고, 화전민들의 촌락이 형성되었다. 그 대표적인 마을이 광청리 光淸里였다. 광청리는 지금은 동광, 서광으로 나뉘었지만, 드넓은 중산간 들판에 형성된 마을이었다. 이렇게 화전이 형성되고 마을이 생겨난 데는 향리들의 묵인이 큰 요인으로 작용했다. 향리들 입장에서는 점차 말 기르는 사업이 쇠퇴하면서 비게 된 초원지대에 사람들이 화전을 조성하는 것을 굳이 말릴 이유가 없었다. 그들이 정착해서 먹고 살게 해주고, 대신에 그들은 그곳

---

12 조성윤, 「제주도 해양문화 전통의 단절과 계승」, 『탐라문화』 42, 2013, 85쪽.

에서 세금을 거둬들였던 것이다. 그것을 화장세火場稅라고 한다. 이 화장세는 원래는 존재하지 않던 세금이었다. 그런데 이것을 새로 만들어 세금을 부과하고 거둬들이는 데 맛을 들인 향리들은 점점 화장세율을 높여갔던 것으로 짐작된다. 1899년 발생한 방성칠房星七난은 광청리 일대 화전민촌을 중심으로 시작되었다. 방성칠은 전라남도 동복군에 살던 남학교도南學敎徒였는데, 그가 200여명의 무리를 이끌고 제주도에 들어와 정착한 것은 1894년이었다. 그는 화전민촌에 자리를 잡고 농사를 지었는데, 향리들의 부당한 조세 수탈이 자행되자, 반기를 들었다. 물론 그들은 외부세력이었기 때문에 그들만으로 한 것은 아니었을 것이다. 광청리 기존 마을 주민들과 의기투합했기 때문에 가능했다.[13]

## 4. 제국 일본의 지배와 제주도

일제하 제주도는 한반도 다른 지방과 마찬가지로 일본의 식민지 지배를 받았고, 항일운동도 있었다. 조천3·1만세운동, 법정사 항일운동, 해녀항일운동이 그것이다. 하지만 다른 한편으로는 조선시대 내내 중앙정부의 통제 속에서 괴로워하던 시대를 벗어나 상대적으로 자유로운 생활을 했다는 점을 주목할 필요가 있다. 특히 조선후기 내내 계속되었던 출륙금지령은 제주도민의 손발을 묶어 놓았고, 바다를 무대로 해안에 마을을 형성해 살아오던 제주도민들을 바다로부터 단절시켰다.

제주도민들에게 오래 동안, 그러니까 출륙금지령 이후 바다는 닫힌 공간이었다. 제주바다는 다양한 물고기와 각종 해초가 있는 어족자원이 풍부한 공간이었지만, 출륙금지령은 제주도민들의 바다를 무대로 한 활동을 원천

---

[13] 조성윤, 「1898년 제주도민란의 구조와 성격-남학당의 활동과 관련하여」, 『한국사회사연구회 논문집』 4집, 1986.

적으로 막아버렸다. 가장 큰 이유는 성능이 좋은 배는 탔다하면 모두 육지로 도망을 갔기 때문에 이를 막기 위한 조치였다. 제주도민들은 그저 나무를 잘라 묶은 뗏목인 테우로 자리를 잡는 정도만 허용되었다.

개항 이후에 사정이 바뀐다. 출륙금지령이 풀린 데다 일본 어민들이 적극적으로 밀고 들어와 어획을 시작한 것이다. 일본 어민들은 처음에는 어군이 형성되는 계절에만 몰려오다가, 나중에는 아예 제주도를 찾아와 거주하면서 어업활동을 하기 시작했다. 선진 어업기술을 갖춘 일본 어민들은 무방비 상태나 다름없는 제주 바다에서 막대한 이익을 얻었다. 일본 어민들은 낚시어업 연승어업, 어망 어로 이외에도 새로 도입된 잠수기潛水器 어업까지 동원했다. 일본 어민들의 침투를 지켜보던 제주도 어민들은 여전히 대부분 테우를 이용한 조업을 하였지만, 조금씩 신식 어구와 어망을 새로 구입하고, 선진 어업기술에 조금씩 적응해 가기 시작했다. 1900년을 전후해서는 제주도민 중에서 수십 명이 계를 조직해 공동으로 그물과 어선을 구입하고 직접 어로에 종사하기 시작했으며, 1908년에는 크게 늘어났다.[14] 하지만 독자적인 어업 활동은 일부분에 지나지 않았다. 일제는 제주 사람들을 자신들의 생산 도구로 사용했다. 남자들은 배를 타고 일본 선주 밑에서 일하고, 여자들은 물질을 하는 장기계약에 고용되면서 노동 착취에 시달렸다. 그러나 그 과정에서 일제 지배 하에서 제주 사람들은 조금씩 해양을 무대로 경제활동을 수행하는 경험을 쌓아가고 있었으며, 이런 경험이 제주도민들의 단절되었던 해양문화 전통을 다시 되살리기 시작했다.

제주 여자들은 부산, 경남 일대는 물론, 전라도, 강원도, 함경도, 심지어는 블라디보스토크까지 물질을 나갔다. 대마도를 비롯한 일본 여러 곳으로도 나갔다. 여자들이 이렇게 전국으로, 일본으로 물질을 나가면서, 남자들이 선

---

14 강만생, 「한말 일본의 제주어업 침탈과 도민의 대응」, 『제주도연구』 3, 1986, 105, 131~2쪽.

원이 되어 배를 타면서 제주사람들은 비로소 다시 바다를 무대로 살아가는 사람들이 되어갔다. 제주도 주민들이 일본인 어부들의 어업에 대한 적극적인 태도와 활동을 통해 상당한 학습을 하게 되었다. 바다에서 어업에 종사하고, 바다를 활동 무대로 삼는 새로운 인구가 생겨나게 되었고, 이들이 해방 후 한국 어업의 근간을 이룬다.[15]

일본인들은 조천·함덕·월정·행원·성산·서귀포·모슬포 등 포구에 주로 모여 살았고, 이 지역에 경찰관 주재소, 등기소, 우편소, 학교 등을 세웠다. 해안 마을의 발달은 일본인들의 정책과 산업 때문이기도 했지만, 한편 마을 주민들의 활발한 경제 활동도 큰 몫을 했다. 과거에 비해 훨씬 높은 경제적 가치를 갖게 된 어업활동에 해안가 마을 주민들이 적극 참여하였으며, 특히 해녀가 새로운 직업으로 정착하게 되었다.

그 결과 조선시대의 중심지였던 대정과 정의를 비롯한 중산간 마을은 서서히 쇠퇴한 반면, 해안 마을은 수산업의 발달과 행정 중심지로서의 기능까지 추가되면서 새로운 마을이 출현하는 등 일대 전환점을 맞이했다. 새롭게 중심지가 된 해안 마을 사람들은 경제력도 커지고, 관청 일을 보려면 자신들의 마을까지 내려와야 하는 중산간 마을 사람들을 '웃드르 맨주기'라고 부르면서 놀리기 시작했다. 과거 '보재기 마을' 사람들이라고 천대하던 사람들에 대한 일종의 되갚음이었다. 해방을 맞이한 뒤 곧바로 터진 4·3 때문에 많은 중산간 마을 사람들이 집단 학살당했을 뿐만 아니라, 살아남은 사람들은 해안가 마을로 내려와 살게 되었는데, 이때도 해안 마을 사람들로부터 많은 천대를 받을 수밖에 없었다. 그 뒤 1954년 이후 많은 마을이 복구되었지만 그 옛날의 위세를 회복하기는 어려웠으며, 결국 오늘날까지 대부분 해안 마을이 각 지역의 중심 마을로 역할을 하는 상황이 계속되었다.

---

15   조성윤, 「제주도 해양문화 전통의 단절과 계승」, 『탐라문화』 42, 2013, 88~89쪽.

조선총독부는 식민지 지배를 시작하자마자 1912년부터 토지조사를 실시했다. 전국적으로 진행된 이 조사는 1918년에 끝나는데, 이로서 조선총독부는 제주도의 토지를 근대적인 방식으로 측량하고, 실태를 파악하게 된다. 한편 이를 통해 마을 간의 경계가 정해졌으며, 십소장 지역이 마을별로 분할되었다. 이어서 임야조사가 진행되었는데, 1026년에는 「조선특별연고삼림양여령」 등의 법령을 제정하여 제주 주민들이 마소를 방목하던 목장지대를 마을 소유지로 인정해 주었다. 또한 1930년대가 되면 목야지 정리계획에 의해 공동목장 구역을 확정했다. 일제 식민 당국은 이렇게 마을 소유지로 배분된 공동목장 구역을 관리하고 운영할 주체로 마을 단위로 목장조합을 조직하도록 했다. 이에 따라 마소를 키우고 있던 마을 주민들을 중심으로 조합이 결성되었고, 이들이 마을 목장을 관리했다.[16]

일제시기 제주도 목장 지대는 일본인 관리들에 의해서 관리 체계가 수립되었다. 그것은 일본 전역에서의 목장지대, 산림지대를 관리하는 체계를 제주도에서 활용하는 것일 뿐이지 제주도 독자적인 특유의 방식이 수립된 것이라고까지 말하기는 어렵다. 일본인들은 제주도민들만큼 우마를 키우는 목장을 조성하고 관리해본 경험도 거의 없었을 것이다. 특히 일본에서는 식육이 금지되어 있었기 때문에 목장이 발달하지도 않았다. 일본인들은 목장 지대를 소속 마을 별로 구분하여 관리권을 맡겼다. 산림지역은 별도 관리 대상으로 지정하여 산림 감독관을 두었다.

제주도민들은 일제 식민지 지배 기간 내내 제주도 내에서 활동하기 보다는 제주도를 벗어나 부산, 일본 오사카와 동경 지역에 흩어져 그 지역에 각각 제주도민의 집단 주거지를 건설하고 활동 범위를 넓혀갔다. 물질하던 여성들은 부산, 울산, 강릉, 원산은 물론 일본의 지바, 도바, 쓰시마 등 여러 지역으로 뻗어나갔다.

---

16　윤순진, 「제주도 마을 공동목장의 해체과정과 사회·생태적 함의」, 『농촌사회』 16(2), 2006, 54~56쪽.

## 5. 대한민국과 제주도의 개발

일본 제국의 지배로부터 벗어나고 해방을 맞이한 이후 제주도에서는 지금까지 제주도민들이 자신들의 경제활동의 방향을 결정하고 추진해본 적이 없었다. 주민들은 구경꾼으로 전락하고 줄곧 국가가 개발정책을 주도해왔다. 먼저 큰 줄기를 보면, 대한민국의 개발정책은 제주도를 둘러싸고 있는 넓은 바다를 활용하는 방향은 포기하고, 목장을 개발하고 관광산업을 활성화하는 방향으로 움직여왔다.

그 출발은 축산업이었다. 해방 직후 해외 각지에 나간 제주도민들 중에서 상당수가 제주도로 귀환했다. 해방 공간에서 4·3사건이 발생했고, 국가 공권력에 의한 주민 집단 학살이 벌어졌다. 이 과정에서 바다와 중산간 목장 지대는 모두 폐쇄되어 경제활동이 불가능해졌다. 살아남은 제주도민들은 간신히 목숨을 이어갔다. 죽음의 공간이었던 한라산이 1957년에 가서야 금족령이 풀리면서 한라산이 개방되었다. 그렇지만 중산간 마을은 대부분 불에 탔고, 마을 주민들 중에서 많은 이들이 학살당한 상태에서 마을 복구는 느리게 진행되었다. 이러한 주민들 사정은 아랑곳 하지 않은 채, 금족령이 풀린 직후부터 제주도의 중산간 지대가 목장 지대임을 착안해서 이를 목장을 개발하려는 움직임이 있었다. 다름 아닌 대통령 이승만이었다. 이승만 정권의 제주도 개발계획은 중산간지대의 목장을 이용해서 축산업을 일으키는 것이었다. 시범목장을 위해 여러 후보지를 물색하다가 교래리 일대를 후보지로 정하고, 미국에서 소와 각종 가축을 들여왔다. 그런데 목장 부지는 예로부터 송당 마을 공동 목장으로 사용하던 곳으로 공유지는 오름 하나뿐이고 대부분 개인 소유지였다. 정부는 목장 내에 있는 개인 소유지를 무상 임대 조건으로 확보하도록 제주도에 지시했다. 도지사는 공무원과 지역 유지를 동원하여 거의 반 강제적으로 토지를 확보한 뒤 일정 기간이 지나면 계약을 갱

신하여 토지 소유주들에게 임대료를 지불한다고 설득하여 공사를 진행했다. 목장은 처음에는 국립 제주도 송당 목장에서 국립 제주 목장으로 명칭이 변경되었고 여기에 국비가 투입되었다. 그런데 이승만 대통령 실각 후인 1963년 1월에 박정희 군사 정부는 국립 제주 목장을 민간에 매각하고 말았다.

5·16 쿠테타 이후 군사정권은 제주도 전역에 있는 마을 목장 중에서 리유지로 되어 있는 땅들을 모두 빼앗아 군유지나 도유지로 만들었다. 그리고는 중산간 목장 지대를 기업들에게 맡겨서 기업의 자본을 투자해서 개발하는 방향으로 진행했다. 기업들 입장에서는 목장지대를 싼값에 넘겨받는다는 조건은 매력적이었지만, 축산업에 돈을 쏟아 부을 생각이 별로 없었다. 그래서 일단 정부의 권유에 따라 매입은 해놓고도 더 이상의 투자는 하지 않았다. 이렇게 정부가 목장들을 기업에 싼 값으로 넘기는 일이 계속되었다. 한진그룹에 넘어간 드넓은 토지는 400만평이 넘는 엄청난 것이었다. 1990년대 토지 공개념이 확산되고 대토지 소유자에 대한 사회적 압박이 심해지자, 한진그룹은 토지를 여러 개로 쪼개서 가장 핵심 부분만을 자신들의 소유로 놓아두고 서울대학교와 제주대학교에 기부하는 형식을 취했다. 그리고 10여년 뒤에 대토지 소유자에 대한 사회적 비난이 잠잠해진 다음에는 다시 서울대학교와 제주대학교에 발전 기금을 제공하는 조건으로 기부했던 땅을 돌려받았다. 다른 기업들이 소유했던 토지들은 대부분 골프장을 비롯한 위락 시설 부지가 된다.

박정희 정권은 제주도를 관광지로 만드는 데 가장 큰 관심을 보였다. 박정희 대통령은 먼저 재일교포에게 제주도에 호텔을 지어달라고 부탁하고, 물이 부족한 것을 알고 어승생 댐을 건설하도록 지시하는가 하면, 청와대 대통령 비서실을 중심으로 경주와 제주도에 외화획득을 위한 관광단지 개발을 지시했다. 경주 보문 관광단지와 제주도 중문 관광단지가 그것이다. 중문 관광단지는 한국관광공사가 모든 일을 맡아서 진행했다. 일단 관광단지가 만들어지자, 정부는 관광단지를 중심으로 금융 무역까지 겸하는 자유무역도시를 만들고 싶어 했다. 이른바 자유무역지대인데, 이름은 국제자유도시였다.

국제자유도시는 국제적인 투자 자본을 끌어들여 제주도를 거점으로 한국에서 각종 국제 금융활동, 무역 중계활동, 나아가 관광산업 투자까지 진행되기를 바라는 것이었다. 그래서 추진되었던 것이 바로 벡텔사에게 국제자유도시 타당성 용역을 맡겼던 것이다. 하지만 타당성은 없는 것으로 밝혀졌고 제주지역 주민들의 반대 움직임도 있었기 때문에 포기했다

1980년대와 1990년대 중반까지 제주도가 애초에 정부가 목표로 했던 외화획득정책에 부분적으로 기여를 하기는 했다. 하지만 그것은 정상적인 관광산업이 아닌 기생관광을 통해서였다. 그 당시 제주도에는 송림각, 청원각, 버드나무집 등의 대형 관광기생요정이 있었다. 일본으로부터 남성들로 구성된 단체 관광단이 공항에 도착하면, 여러 대의 버스에 나누어 타고 요청으로 직행한다. 그곳에서 공연을 겸한 식사자리가 마련되는데, 보통은 그 자리에서 한국인 여성과 짝을 이룬다. 그리고는 2배로 늘어난 인원이 다시 버스를 타고 호텔로 가고, 그 때부터 2박 3일, 또는 3박 4일의 관광 일정이 진행된다. 이 세 곳의 요정은 외국인 전용으로 한국인은 가고 싶어도 들어갈 수가 없었다. 당시 제주도가 벌어들인 외화의 90% 이상이 기생관광을 통해서 벌어들인 것이라고 한다.

1990년대 개발의 중심은 해안 매립과 중산간 토지의 확보였다. 제주도 주민들의 생활이 해안가와 해안에서 조금 올라온 중산간 마을인데, 그 중에서 그동안 관광지라고 할 수 있는 곳들은 모두 해안가에 있었고, 중산간 지대는 아직 남아 있었다. 그런데 재빠른 사람들이 중산간 지대의 목장을 자신의 것을 하려고 움직였다. 그들이 명목상 내세운 것이 골프장이었다.

1990년대 중반 골프장 건설이 확대되어 가자, 제주도의 시민 사회단체들은 외지인 토지 소유 실태를 조사하는 운동을 전개했다. 이 운동은 토지 공

개념에 입각해서 제주도 전역의 토지가 관리되어야 한다는 생각을 바탕에 깔고 있었다. 시민단체 회원들은 시청과 군청에 해당 토지의 토지대장을 일일이 발급받아 소유자를 확인하고, 조사 결과 중산간의 중요한 목장 지대의 절반 이상이 이미 외지인 자본가에게 팔려 나갔음이 확인되었다.

1999년부터 제주도 당국은 또 다시 거대 개발계획을 수립하고 추진하기 시작했다. 그것은 국제자유도시 개발계획이었다. 1990년대 초에 수립한 제주도 종합개발계획 특별법이 2001년에 끝나기 때문에 그 후속 계획으로 제시한 것이었다. 국제자유도시 개발계획 추진을 위한 도민공청회에서 우근민 도지사가 한 말 중에 중요한 것은 제주도에서는 농업은 더 이상 미래 산업이 아니다. 농업을 과감하게 포기하고 관광에 집중해야 한다는 것이었다. 이를 위해서 제주도에 골프장을 건설하는 것을 최대한 지원한다는 말도 덧붙였다. 국제자유도시 개발계획은 이미 1970년대 국가 프로젝트로 결정되어 미국 벡텔사에 용역을 주어 타당성 조사를 했고, 그 결과 타당성이 없다고 결론이 난 계획이었다. 하지만 그는 이 낡은 개발계획을 다시 들고 나왔다.

1999년에 제주도가 구상을 발표하고 대통령의 재가를 얻어 시작된 국제자유도시 계획은 "제주도 국제자유도시 개발타당성 조사 및 기본계획 수립 용역"을 외국회사에 발주하면서 구체화되기 시작했다. 도지사의 설명은 중앙정부가 제주도를 "국제적 수준의 도시"로 만들기 위하여 막대한 재정투자를 할 것이며, 이는 외국자본의 획기적 투자를 불러올 것이며, "제주형 국제자유도시"는 홍콩, 싱가포르와는 달리 제주의 청정 환경과 고유문화를 보전하는 매우 독특한 국제자유도시가 될 것이고, 다른 한편, 제주도는 홍콩, 싱가포르처럼 국제적 물류, 금융의 중심지가 되어 주민들의 고용기회를 확대하고, 더 나아가 주민의 삶의 질을 향상시키게 될 것이라는 것이었다. 이러한 장미빛 미래에 대한 설명은 안 그래도 제주도의 기둥산업인 관광산업과 감귤산업이 침체된 실정에서 나온 것이라 많은 제주도민들이 큰 기대를 갖게 만든 것이 사실이다. 여기에 국제금융과 국제무역의 중심지가 될 수 있다면 더 말할 나위 없이 좋을 것이다. 이를 위해서는 제주도가 한국 안에서도 상품, 자본, 인력이 자유롭게 들어오고 나갈 수 있는 지대로 만들자 하는 것이었다.[17]

'국제적'이고 '자유로운' 도시가 된다는 언어가 주는 화려한 이미지는 사람들에게 좋게 받아들여졌다. 사람들은 제주도가 홍콩이나 싱가포르처럼 해안가에 높은 빌딩들이 줄지어 들어서고, 화려한 밤의 경치가 사람들을 끌어당기는 것이 떠올랐을 것이다. 당시 제주대학교 학생들에게 국제자유도시에 대한 인상을 물어본 적이 있다. 그들은 대부분 제주도가 국제자유도시가 되면 일자리가 많아지고, 자신들이 졸업하고 나서 취업하기가 쉬워질 것이라고 대답했다. 그리고 외국인들이 많이 들어와 같이 살면 멋있을 것 같다고 했다. 이들 대학생들뿐만 아니라 많은 제주도민들이 이러한 막연한 장미 빛 환상에 끌렸을 것이다. 하지만 막상 국제 자유도시가 되면 영어가 한국어와 함께 공용어가 될 것이고, 영어를 제대로 구사하지 못하는 주민들은 새로 만들어지는 다국적 기업에 취직하는 것이 불가능할 것이다. 대신에 서울을 비롯한 다른 지역의 우수한 인재들이 자리를 메울 것이며, 주민들은 밀려나 청소, 세탁 등 온갖 잡일을 맡아야 하는 처지가 될 것이다. 게다가 또 문제가 있었다. 만약에 노동력의 이동이 자유로워지면 외국 노동자들이 밀려 들어와 밑바닥 일을 도맡게 될 터인데, 그렇게 되면 정작 제주도민들은 이도저도 아닌 처지가 되어 버릴 수 있다.

제주도 국제자유도시 개발타당성 조사결과 국제적인 물류 유통과 금융의 중심지가 될 가능성은 보이지 않는다는 결론이 내려졌다. 그런데 그 후에 제주도 당국은 금융과 물류의 국제적 중심지가 되겠다는 주장은 철회했지만,

---

17 조성윤, 「제주도 지역개발정책과 주민운동의 전망」, 『전환기 제주도 지역개발 정책의 성찰과 방향』, 도서출판 각, 2003.

국제관광지로 육성하겠다는 계획을 더 적극적으로 추진하는 쪽으로 방향을 잡았다. 이를 위해서 국제자유도시 개발특별법을 만들면서 동시에 행정체제도 개편하여 제주특별자치도라는 이름을 붙이는 동시에 시와 군의 지방자치단체를 모두 폐지하고 하나의 지방자치단체로 통합시켰다. 이것은 권력의 집중이요 행정 효율화를 위한 길이었다.

한편 2002년 5월에는 제주국제자유도시개발센터JDC를 설립했다. 이 기구는 개발 주체였던 중앙정부가 개발의 효율을 높이기 위해서 만들어 놓은 개발 전담기구다. 이 기구는 국제자유도시 시행 계획 수립 집행, 선도프로젝트 등 개발사업 추진, 국내외 투자 유치와 홍보·마케팅, 투자자에 편의 제공, 내국인 면세점 운영 사업 등으로 개발사업 투자비 조달하도록 했다. 처음에 제주도민들은 제주국제자유도시개발센터가 무슨 일을 얼마나 하게 될지 예측하지 못했다. 하지만 이것이 만들어지고 나서 15년이 흘렀는데, 그동안 제주도에는 전과는 비교할 수 없을 정도의 외자 유치가 이루어졌다. 외자 중에는 말레이시아 자본도 있지만, 중국 자본이 주류를 이루었다. 서귀포 중산간 지역에 헬스 케어 타운, 동광리 일대의 중산간 지역에 신화역사공원, 영어교육도시, 예래동에 휴양단지 등을 추진했다. 이 사업을 위해서 제주국제자유도시개발센터가 토지주들로부터 사들인 토지는 대부분 주민들이 공동으로 소유하고 있던 목장 용지와 농경지였다. 제주국제자유도시개발센터는 대규모 단지를 조성해서 투자하겠다는 사업자를 모집해서 그들에게 토지를 넘기고, 외국 기업들이 투자는 물론 단지 개발하는 과정을 유도하는 일을 했다. 이로써 중산간 지대에 널리 펼쳐져 있던 목장 지대와 농경지가 관광개발 사업으로 넘어가 개발되는 엄청난 변화가 진행되기 시작했다.

한편 제주국제자유도시개발센터는 제주대학교 위쪽 부지를 사들여 첨단 과학기술단지를 조성했다. 조성 목적은 제주도에 첨단 산업기술을 갖춘 회사들을 유치하기 위해서 기반을 조성한다는 것이었다. 그동안 조성한 기업용 부지는 모두 판매했다. 그 결과 인터넷 포털회사인 다음 커뮤니케이션과 같은 회사가 입주했지만, 더 이상의 다른 큰 회사의 입주는 이루어지지 않았다. 부지를 매입하는 목적이 부동산 투기에 있는 회사들은 부지를 사놓고 그냥 비워두고 있는 실정이다.

제주국제자유도시개발센터는 투자하기로 예정했던 해외 자본들의 투자가 늦어지고 센터의 운영이 위기를 맞자, 자신들이 확보한 부지를 건설화사에 넘기기 시작했다. 첨단과학기술단지에서는 학교 예정 부지를 아파트 부지로 팔았다. 예래동 휴양단지와 영어교육도시에 이어서 첨단과학기술단지의 부지까지 아파트 부지로 팔아넘기는 센터에 대해서 제주도 주민들의 비판이 쏟아졌다. 도의회에서는 의원들이 '기획 부동산 회사'라고 비난했고, 이어서 정의당 제주도당에서는 "현대판 동양척식주식회사 JDC는 주택사업 손떼라"라는 성명서까지 발표되는 등 비판의 수위는 높아져 가고 있다.

## 6. 개발 철학과 제주의 미래

개발이란 인간의 생활에 편리한 형태로 공간 구조를 바꾸는 것을 뜻하는데, 개발이 이루어지는 지역 주민들의 삶이 전보다 더 바람직한 방향(물질적 풍요와 정신적 안정감을 획득할 수 있는 방향)으로 바뀌도록 인간이 의식적으로 노력하는 행위를 가리키는 개념이다. 일반적으로 자본주의 사회에서의 지역 개발 정책은 토지의 사적 소유와 이용의 결과 발생하는 각종 사회 문제와 갈등을 해결하고 도시의 무정부적인 팽창을 가능한 한 억제하기 위해 토지의 소유와 이용에 국가가 개입하여 조정하는 것으로, 그 주된 형태가 도시계획으로 나타난다. 개발 계획은 한 지역의 공간 구조를 변화시키는 일인 만큼, 개발 계획의 수립과 집행의 결과에 따라 주민들에게 막대한 부의 손실

또는 증대를 가져오게 되므로 매우 신중하게 다루어야 할 문제이다.[18]

해방 후 제주도의 개발은 이승만 정권, 박정희정권에 이어, 오늘까지 줄곧 국가 기구가 방향을 제시하고, 제주도민은 이를 수동적으로 받아들이는 형태로 진행되었다. 그런데 국가가 관심을 기울이고 추진한 개발 방향은 전통적인 제주도의 산업과는 거리가 멀었다. 우선 바다에 대한 관심은 전혀 없었다. 대한민국이 지난 70년 내내 그래왔듯이, 제주도의 해안과 해양을 무대로 한 산업정책은 체계적으로 수립해본 적이 없었다. 그나마 초기에는 중산간 목장지대를 살려서 축산업을 키워보겠다는 계획도 수립해 보았지만, 자본가들에게 땅을 팔아넘기는 일 이상의 의미를 갖지 못했다. 박정희 정권 때부터 중앙정부의 일관된 관심은 관광산업에 있었다. 그리고 관광을 통해 외국인들을 끌어들이고, 외화를 획득하는 것이 목표였다. 그런데 중문 관광단지를 조성해 놓고도 활성화되지 않자, 기생관광을 통해 외화를 버는 것도 당연시했다.

1990년대 초부터 지방자치가 부활했다. 제주도지사와 도의회의 의원들도 도민의 손으로 직접 투표를 통해 뽑게 되었다. 그런데 도지사 선거가 시작되었을 때부터 문제가 나타나기 시작했다. 도지사 선거에 나선 후보자들이 서로 경쟁적으로 제주를 빠른 속도로 개발하겠다고 공약을 내걸었다. 심지어는 '제주 주식회사'의 사장이 될 것이라고 다짐까지도 했다. 도지사만이 아니었다. 도의회를 구성하게 된 도의원들도 제주도민들 잘 살 수 있는 길로 자본주의적 개발 방식의 적극 지지했다. 도지사로 당선된 이들은 하루아침에 급조한 개발계획들을 마구 발표했고, 이에 자극받은 자본가들, 개발업자들이 여기 저기 개발 사업에 시동을 걸었다.

민간투자가 활발해지면서 제주도민들에게 미친 가장 큰 영향 가운데 하나

---

18  조성윤, 「제주도 도시개발의 기본 구조」, 『제주사회론』, 한울, 1995.

는 바로 땅값의 상승이었다. 국가의 개발계획이 발표되면, 이는 앞으로 국가가 특정 지역에 돈을 쏟아 부어 기반시설을 정비할 것이고, 그러면 그 위에 민간투자가 몰려들 것이고, 그렇다면 그 일대의 땅이 매우 중요해진다. 이런 가정 하에 투기꾼들이 예상되는 개발이익을 미리 독점하려고 투자하는 것인데, 이를 우리는 흔히 투기라고 했다. 투기 붐이 일어나면서 제주도 토지의 상당 부분이 팔려 나갔다. 이미 개발 가능한 지역의 절반 이상의 땅을 외지인들이 소유하고 있다고 한다. 그 와중에 땅을 팔아 이익을 챙긴 제주도민들도 상당수 있었다. 하루아침에 땅값이 5배, 10배 뛰면 싫어할 사람은 아무도 없을 것이다. 땅을 판 사람은 그 돈으로 제주시에 집을 사고, 상가 건물도 사들이고, 자가용을 굴리면서 지냈다. 반면 팔만한 땅이 없는 가난한 사람들과 개발예상지가 아니라 땅을 팔아 볼 기회조차 얻지 못한 사람들은 상대적 박탈감에 시달려왔다.

　1980년대 말부터 전국적으로 주민운동이 봇물 터지듯이 일어나기 시작했는데, 20년이 채 안된 지금까지 수 백 건의 운동이 발생했다고 생각된다. 그 중에서도 제주도는 전국에서 개발 반대운동이 가장 활발했던 지역 중 하나였다. 1988년 탑동개발 반대운동과 송악산 군사기지 설치 반대운동을 시작으로, 1990년대 초 제주도 개발 특별법 제정 반대운동을 거치면서 이어진 주민들의 개발 반대운동은 골프장 건설 반대운동, 쓰레기 매립장과 하수종말처리장 건설 반대운동, 화순항 해군기지 건설 반대운동에 이르기까지 다양한 개발 반대운동이 도민들로부터 폭넓은 지지를 받으면서 진행되었다. 아마 우리나라 역사상 요즘처럼 지역 주민들이 분명하게 자기 의사를 관철하려는 움직임이 전국적으로 폭넓게 진행되었던 경우는 드물 것이다. 다양한 형태의 운동이 거듭 발생하면서 참가자들은 자신의 주장을 관철시키는 방법은 물론 이해관계가 다른 사람들과의 협상 방법도 조금씩 터득하게 된다. 물론 경우에 따라서는 목표를 달성하고 성공한 운동으로 평가받는 경우도 있지만, 실패를 통해서도 주민들의 주장은 점차 국가 정책에 반영된다. 이러한 운동들 중 상당수는 지역 이기주의로 몰렸다. 특히 하수종말처리장처럼 혐오시설일 때는 어딘가 설치해야 하는데 자기 마을의 이익만을 지키려는 이기주의적 발상이라고 질타하는 목소리가 행정 당국자들만이 아니라 언론에서도 자주 들렸다. 그러나 내용을 들여다보면, 주민들의 개발 사업 반대 움직임은 대부분 그들의 정당한 의견 제시요, 자기 권리 찾기였다.[19]

개발을 반대하는 주민운동이 활발해 지자, 국가기구와 지방행정부, 그리고 사업자의 손에서 일사천리로 진행되던 개발 사업은 주춤하게 되었고, 가끔 사업 자체를 포기하는 상황도 발생했다. 그러자 지역주민운동, 곧 주민들의 개발 반대 움직임을 지역이기주의로 규정하여 비난하는 시각과 도민들의 정당한 자기주장으로 보는 시각이 대립했다. 한편 환경에 대한 관심이 높아지면서 환경 보전을 강조하는 목소리와 대규모 자본을 끌어 들여 개발 속도를 높이려는 정책의 대립이 치열했는데, 이때도 비슷한 대립되는 시각들 간의 다툼은 계속 이어졌다.

주민들이 내세웠던 주장 가운데 중심은 환경보전이었다. 이는 기존 개발 철학에 대한 엄청난 도전이었다. 인간과 사회, 인간과 자연의 조화를 동시에 바탕에 깔고 있어야 한다는 주장이 제기되었다. 제주도를 처음 개발하기 시작할 때만 해도 환경을 보존해야 한다는 분명한 철학은 없었다. 이는 1980년대 이후부터 생기기 시작해서 1990년대에 와서야 분명해졌다. 그 동안 개발을 추진한 사람들을 지배한 철학은 근대화 논리였다. 개발을 해야 잘 살 수 있다는 것이고, 개발은 국가가 주도하고 자본이 참여하는 것이었다. 개발이 진행되면서 상당한 정도로 제주도 자연환경은 파괴되어 왔지만, 이는 개발을 위해 어쩔 수 없는 것이었고, 그만큼 잘 살 수 있게 되지 않았냐고 하는

---

19  조성윤, 「개발과 지역 주민운동-제주시 탑동 개발 반대운동을 중심으로」, 『현상과인식』 16(4), 1992.

논리였다. 이러한 근대화 개발철학이 도전을 받으면서 점차 약해져 이제는 제주 관광의 미래에 대한 대안도 언제나 자연 환경을 보전하는 것을 전제할 정도로 철학이 바뀌고 있다.

그러나 이는 어디까지나 겉모습일 뿐이다. 국가와 지방정부, 자본가는 물론 지역 주민들의 속마음에는 아직도 근대화 개발 철학이 건재하다. 주민들의 자기 권리 찾기 운동이 전개될 때도 겉으로는 환경 보전을 내세우면서도 상당수는 자신들이 개발에서 소외되고, 경제적으로 불이익을 받아왔다는 불만이 더 크게 작용했었다. "다른 지역 땅값은 크게 뛰고, 투기꾼이 몰리는데, 왜 우리 동네는 땅값이 그대로 있느냐"라는 불만이 "우리 동네도 개발예정지로 지정해달라"는 요구로 이어졌다. 때문에 중문단지 만이 아니라 제주도 곳곳이 관광개발 지구로 지정되는 결과를 빚었다. 최근 송악산 관광개발을 둘러싼 논란 역시 이런 맥락에서 살펴볼 수 있다. 환경을 보전하자는 생각과 우리 동네도 땅값이 올라야 한다는 생각이 갈등을 빚고 있는 것이다.[20]

남제주군 대정읍 모슬포 지역 개발문제를 보자. 이 지역은 지금까지 군사시설 보호구역으로 묶여 있는 곳이다. 국방부가 1988년 가을 제주도 모슬포의 송악산 주변지역에 군비행장을 건설하려다가 주민들의 반대에 부딪쳤다. 이 군사기지 건설 반대운동은 국가 정책에 반대하여 지역주민은 물론 제주도내 시민사회단체, 재경도민 등이 손을 잡고 함께 싸웠던 대표적인 지역 주민 운동이다.

주민들의 가장 큰 주장은 '생존권 사수'였다. 집과 농토가 공군 비행장으로 바뀌고, 자신들이 고향으로부터 쫓겨날지도 모른다는 두려움이 생존권 사수라는 슬로건으로 나타난 것이다. 그런데 그 바탕에 깔린 다른 사정도 있었다. 그것은 개발에 대한 기대감과 그 좌절에서 오는 배신감이었다. 송악산

---

20  조성윤, 「제주도 지역개발정책과 주민운동의 전망」, 『전환기 제주도 지역개발 정책의 성찰과 방향』, 도서출판 각, 2003.

일대의 국방부 소유 토지가 군사시설 보호구역으로 묶여 있었기 때문에 그 주변 지역은 관광 개발의 소외 지대였다. 1970년대부터 제주도 전역에 불어 닥친 관광 개발의 열풍은 제주도민들을 들뜨게 만들어 놓고 있었다. 관광 개발 예정지로 지정된 다른 지역의 땅 값이 크게 상승하고, 그 지역 주민들이 땅을 팔아 이익을 얻는 소식을 들을 때마다, 대정 지역 주민들은 다른 지역에 비해 상대적 박탈감을 느끼고 있었다. 그러다가 1987년부터 이 지역을 관광지로 개발한다는 계획이 수립되고, 노태우 대통령 후보는 토지를 임대해서 경작하고 있는 주민들에게 불하하겠다고 공약을 발표했으니 주민들은 토지를 불하받을 것이라고 믿었다. 다른 주민들도 관광개발로 지역 경제가 살아나고, 땅값이 오를 것이라고 기대하고 있었다. 그러나 반년도 지나지 않아 정부가 약속했던 토지 불하도, 개발계획의 실천도 아닌 새로운 군사시설이 들어선다는 사실을 듣게 되었을 때, 지역 주민들이 느낀 배신감은 컸을 것이다.

송악산 군사 기지 설치 반대운동은 직접적인 이해 당사자인 지역 주민들의 조직, 재야 운동 단체를 중심으로 하는 조직, 대학생들의 조직, 재경 조직 등이 연합해서 전개한 운동이었다. 이 운동은 결국 1990년 3월 정부가 종래의 입장에서 물러서서 송악산 군사기지 설치 계획을 전면 백지화한다는 결정을 내리고 국방부 소유 송악산 군사기지 중 47만평을 주민에게 불하하기로 하면서 끝이 났다.[21]

군비행장 설치계획이 백지화되자, 제주도 지방 정부는 1992년 제주도종합개발계획 초안에 송악산 일대를 '역사 유적 관광지 및 해상 관광지로 개발한다는 계획을 다시 집어넣었다. 그러자 관광개발에 대한 기대감이 다시 살아났다. 지역주민들은 개발을 적극 찬성하고 나섰으며, 국유지인 송악산을

---

21 조성윤·문형만, 2000, 「제주 모슬포지역 군사기지 반대운동의 전개과정과 성격」, 『사회발전연구』 16.

민간 사업자에게 불하하라는 주장까지 폈다. 1995년부터 사업자를 공모하여 개발이 시작되었는데, 개발 사업이 늦어질 때는 초조함을 느낀 주민들은 개발 예정지 일대의 땅을 싼값에 넘겨주겠으며, 그것도 어렵다면 지주들의 공동 개발사업 참여 방식도 가능하다고 제안하면서 개발을 적극 지지했다.

그런데 사업자가 내놓은 개발 계획이 환경을 파괴한다는 비판이 나오면서 1999년부터 도내 6개 시민단체와 환경 관련 전문가들이 송악산 개발을 반대하기 시작했다. 개발을 둘러싸고 찬성 입장을 가진 지역 주민과 시민단체들 사이에 대립이 심해졌다. 대정읍 기관·단체장들이 긴급회의를 열어 대책을 논의하고 서명운동에 돌입한 것은 이들이 얼마나 송악산 개발에 큰 기대를 걸고 있는지 말해 준다. 결국 송악산 개발논쟁은 이후 각종 행정절차·법적 문제점까지 들춰내는 홍역을 치르면서 법정소송으로 비화되었다. 환경단체가 법정 소송을 주도하면서 주민들을 설득하려했지만 관광 개발에 거는 지역 주민들의 기대는 거의 절대적이었으므로, 현지 주민들의 비난을 감수하면서 소송을 진행할 수밖에 없었다.

그 뒤 제주도에서는 땅을 갖고 있는 현지 주민들의 개발 기대감과 시민, 환경단체들의 개발 반대운동이 부딪치고, 대립하는 일이 계속해서 일어나고 있다. 그런데 한 가지 주목할 점은 사업자로 선정되면 국공유지를 불하받고, 주민들로부터 땅을 헐값으로 제공받았다는 점이다. 아무리 지역주민들이 관광개발을 바라고, 제주도와 남제주군 당국이 개발 사업을 지원하더라도, 관광 개발을 추진할만한 능력을 갖춘 민간 사업자가 없으면 사업은 추진될 수 없다. 송악산 개발 사업을 하겠다고 뛰어 들었던 회사들은 대부분 풍부한 자금력을 바탕으로 장기 사업을 추진하려는 회사들은 아니었다. 오히려 개발에 따른 땅값 상승을 염두에 두고 단기적으로 외부 자본을 끌어들여 보려는 부동산 기획회사들이었다. 이후 송악산 개발 사업이 아무런 진척도 보이지 못하자, 제주도는 2003년 송악산 관광지구 지정을 해제했다.

## 7. 마무리

지난 10여 년 동안 매우 빠른 속도로 제주도 경제가 성장했다. 성장을 주도한 것은 관광객의 급속한 증가인데, 해외관광객으로 중국인 관광객이 빠르게 늘어났고, 동시에 내국인 관광객이 두 배 이상으로 팽창했다. 이와 함께 대도시의 복잡한 삶에 지친 청장년층의 제주도 이주 붐이 일어나면서 이주민도 급속하게 증가했다. 이주민들이 빈집을 찾아서 자리를 잡고, 게스트하우스가 늘어나고, 이주민들이 운영하는 카페와 레스토랑이 많아져서 다양한 볼거리, 먹을거리가 갖추어졌다. 동시에 제주도 해안 곳곳에 젊은 여행객들을 부르는 관광 명소들이 인터넷을 통해 소개되고, 만들어지고 있다. 월정리 해안은 그렇게 새로 등장한 명소 가운데 하나다. 중국인들의 토지 투기 현상과 이주민들의 활발한 경제 활동이 겹치면서 빈집 구하기가 힘들어졌고, 토지 가격이 빠른 속도로 올라갔다. 특히 아파트를 비롯한 제주 시내의 주택 가격은 일 년 만에 거의 두 배로 뛰었다. 관광산업이 호황을 누리고, 제주도 내의 건설 경기가 살아나 곳곳에서 주택 건설이 이루어지는 것을 보면서 제주도의 경제가 성장하고 있다고 기뻐하는 사람들도 있지만, 대부분의 제주도민들은 제주도의 삶의 조건이 점차 악화되고 있는 현상을 걱정하기 시작했다. 땅값, 아파트 값이 올라서 즐거워하는 사람들도 있지만, 학교를 졸업하면, 결혼하고, 신혼살림을 차려야 하는 젊은이들이 집구하기는 더 어려워 졌다.

그런데 동시에 많은 문제가 드러나고 있다. 인구도 역사상 처음으로 약 2만 명의 외국인을 합쳐서 66만 명까지 늘어났다. 자동차도 불과 십년 사이에 두 배로 늘어났다. 이런 변화는 아무도 예상하지 못했던 것들인데, 이 때문에 쓰레기 처리, 하수 처리 등 수많은 문제가 한꺼번에 터지고 있다. 자동차의 증가로 제주 시내 전역에서 차가 밀리고, 아침과 저녁의 출퇴근 시간에는 교통 체증이 심해졌다. 2016년부터 처리해야 할 쓰레기가 많아지자, 미처 처리하지 못하는 쓰레기가 넘쳐났고, 제주시가 내놓은 쓰레기 대책 때문에 시민들의 불만이 터져나왔다. 여름에 관광객이 넘칠 정도로 밀려들자, 제주시 하수종말처리장에서는 처리 용량을 넘어선 폐수를 정화할 능력이 없어 그대로 바다로 방류하는 사태가 벌어졌다. 이런 현상은 거의 한 달 이상 계속되었다. 이처럼 현재 제주도는 사회변화의 속도가 과거와는 비교할 수 없을 정도로 빨라졌다. 반면 제주도 당국은 변화에 대처하는 능력을 거의 보여주지 못하고 있다.

21세기 제주도 개발에 해외로부터의 투자를 끌어들이는 주체는 국제자유도시개발센터JDC이다. 이 센터는 제주 상공인 및 제주도 행정당국과 협력하면서 대단위 토지를 확보하여 그 토지를 해외 자본에게 넘겨주는 일을 해왔다. 이 토지들 중에는 국공유지와 중산간 마을 주민들이 갖고 있던 목장지대가 가장 큰 부분을 차지하고 있다. 국제자유도시개발센터는 제주도의 장기적인 발전 방향을 주민들과 함께 논의하지 않는다. 국가 주도로 자본을 끌어들이고 토지를 대자본에게 넘기는 일을 더 빠른 속도로 추진하려 한다. 지금 토지의 대부분은 이미 중국을 비롯한 해외 개발 자본에게 넘어가 있는 상태다.

물론 주민들 역시 주체적으로 개발할 방향을 잡지 못하고 시대에 휩쓸렸고, 땅값 상승에 막연한 기대를 갖고 있기 때문에, 주민들의 책임도 크다. 최근 들어서 제주도내 시민 사회단체의 비판이 점차 강해지고 있지만, 국제자유도시개발센터가 추진하는 제주도의 개발을 막지 못하고 있다. 제주도의 시민사회 단체를 중심으로 터져 나오는 반성의 요점은 국가가 주도하는 개발이 자본가들을 끌어들였고, 그 결과 제주도가 경제성장을 계속해 왔지만, 그런 식의 발전이 제주도민들의 사회의 안전보장이나 참다운 의미의 풍요, 쾌락, 행복과 별 관계가 없었다는 것이다. 오히려 경제성장이 지나치게 진행된 제주도에서 온갖 사회문제가 발생하고 있으니, 국제자유도시개발센터가 주도하는 자본주의적 개발을 이제 그만 멈추면 좋겠다는 것이다. 하지만 기존의 개발 방향은 앞으로도 쉽게 바꾸기 어려울 것이다. 제주도 지방정부는 물론 일반 도민들 상당수도 박정희식 근대화론에 여전히 희망을 갖고 있고, 땅값 상승에 대한 기대감과 만족감이 크기 때문이다.

그 동안 제주도의 개발의 방향을 잡아온 철학은 근대화 개발 논리였지만, 앞으로 제주도의 미래를 결정할 철학은 환경 보전을 기본으로 하면서 도민들의 토론과 합의에 바탕으로 두는 것이다. 즉 생태보전과 민주주의의 실현을 바탕 삼아 우리의 실정에 맞는 개발 전략을 신중하게 세우고, 착실하게 하나씩 진행하는 것이 중요하다. 그러기 위해서는 주민들이 서로 머리를 맞대고 자신들의 미래를 어떻게 만들어갈 것인지를 진진하게 토론하고, 방향을 정해야 한다. 그것이 새로운 출발점이 될 것이다.

# 2장
# 제주의 커먼즈와 마을 계 연구

김석준(제주대학교 사회학과 교수)

## 1. 기억을 되살리다 보면

정말 끈질긴 사람들이다. 꼭 연구를 해야 한단다. 제주의 마을들에 대한 연구를. 그래서 마을연구를 해본 사람으로서 당신도 글을 하나 써보면 어떠냐고 아니 꼭 써야 한다고 내몬다. 때로는 예의 바르게, 어떤 때는 은근히, 심지어는 강압적으로 그런다.

그러고 보니 참 오랜만이다. 제주의 농촌 그것도 마을의 계契에 대한 연구를 한답시고 어설프게 나대던 시간들이 생각난다. 1980년대 중반부터 1990년대 중반까지 때에는 제법 여러 마을을 방문하며 조사를 한 적이 있다. 그 결과들을 정리해 관련된 글을 어쭙잖게 몇 편 발표하기도 했고 …

하지만 지금은 제주의 마을과 계에 대한 연구에서 멀리 떨어져 나와 있다. 그 동안 다른 사회학적 관심거리들을 찾아 여기저기 기웃거려온 탓이다. 그런데 어떻게 알아냈는지 그때 그랬던 걸 그냥 묻어둔 채 놔두려하지를 않는다. 그래야 직성이 풀리는 이들이 내 주변에 이렇게 있다는 상황이 당황스럽기도 하고 신기하기도 하다.

어쨌거나 이미 엮어진 일. 여기서 벗어날 수는 없을 듯싶다. 피할 수 없으면 즐기라고 했던가? 우선은 기억을 되살리는 일이 필요하겠다. 그 시기에 제주의 마을과 계 연구를 왜, 어떻게, 무엇을 위해 하게 됐는지를 회상해가며 되새김질해 보아야 할까보다. 그러다가 이른바 제주 마을과 커먼즈commons라는 이즈음의 연구주제와 관련해서 부족하지만 몇 마디 제안이라도 할 수 있게 된다면 다행이 아닐 수 없겠다.

## 2. 그때는 그랬는데

제주의 마을 계를 연구하게 된 계기는 1980년대 중반 우연히 제안 받은 제주 중산간유휴토지의 개발과 활용방안에 관한 연구프로젝트가 마련해주었다. 이 프로젝트는 법학과 행정학, 경제학과 사회학 연구자들의 공동연구로 진행되었다. 제주 출신으로서 제주대학교에 근무하게 되면서 무엇인가 제주사회에 보탬이 될 수 있는 연구를 해야 한다는 고민을 하던 차였다. 이 연구프로젝트의 수행은 그런 과제를 풀어나가는 데 좋은 기회가 될 것 같았다.

사회학자라고 해서 이 개발사업에 중산간지역의 마을 주민들을 어떻게 참여시킬 수 있는지를 조사하고 기획해보는 부분을 맡게 되었다. 당시에 연구 소재가 된 중산간유휴토지의 대부분은 이전에 마을공동목장이었거나 그런 상태를 유지하고 있었다.ND 자료를 검토하고 연구를 해나가는 과정에서 마을의 계(제주에서는 제 또는 접, 회會라고도 지칭됨)에 초점이 맞추어졌다. 마을에 따라서는 공동목장을 관리하는 조직을 목장조합, 목장계 또는 쇠접이라고도 부른다는 점이 주효했다. 출발부터 주민 참여에 의한, 주민을 위한 개발을 내세운 프로젝트였기에 그런 초점 맞춤은 자연스러웠다고도 할 수 있다.

그런데 이러한 계에 대한 관심은 1982년도에 제출했던 나의 석사논문의 주제가 대학생들의 자발적 결사체voluntary association 참여에 관한 것이어서 그 연장이라 할 수도 있었다. 잘 알다시피 자발적 결사체는 기능주의 패러다임의 틀 안에서는 다원주의적 사회통합에 기여하는 핵심적 사회조직의 하나로 다루어진다. 제주에서의 마을과 계에 대한 나의 연구도 사실상 그런 관점에서 중산간유휴토지 프로젝트를 하면서 시작된 셈이다. 농촌 마을의 계도 자발적 결사체의 한 유형으로 규정할 수 있다고 보았기 때문이다.

말 타면 경마 잡히고 싶다던가, 이후 제주 농촌 마을의 사회통합과 계에 대한 후속 연구들을 계획하고 1993년도까지 수년간 연속적인 조사를 하면서 결과를 발표해나간다. 여기에는 제주 농촌 계에 관한 체계적인 연구가 그때까지 매우 드물었다는 점도 일종의 자극제 역할을 했다고 할 수 있다. 급변하는 제주사회에서 계의 갖가지 유형과 기능들은 사회학적으로 충분히 주목할만했거니와 요즘 하는 말로 블루오션을 개척하여 어떤 기여를 해보겠다는 동기화가 부쩍 이루어졌던 것이다. 물론 그 기세가 그리 오래 지속되지는 않아서 쑥스럽기 그지없지만 말이다.

아무튼 연구를 해나가는 과정에서 계의 유형론을 제시해보기도 했다. 이는 제주사회에서 마을 계의 변화과정을 추적하고 설명하는 데 기본적으로 갖추어야 할 분석도구를 만드는 작업이기도 했다. 기존의 각종 연구논문과 문헌, 마을을 조사하면서 수집한 문서들, 그리고 여러 마을 주민과의 면접자료 등등이 바탕이 되었다. 이를 토대로 계를 조직하게된 목적과 그 담당하는 기능을 분류기준으로 삼아 계를 표출적expressive 유형과 도구적instrumental 유형의 두 가지로 크게 구분지을 수 있었다. 그리고 후자를 다시 영리적lucrative 유형과 공리적commonweal 유형으로 양분하여 그 하위유형으로 삼았다. 이 때 표출적 유형에는 자기표현과 인간관계의 유지를 목적으로 하는 친목계나 그와 유사한 형태의 것들이 포함되었고, 도구적 유형의 계 중에서 돈계와 쌀계 등은 영리적 유형에, 상호부조를 위한 혼상갑계 또는 산업관련계, 동계 등은 공리적 유형에 소속되었다.

그런데 이처럼 유형분류를 시도하는 일은 계의 실체와 개념규정을 둘러싼 논쟁에 일조하기 위한 것이기도 했다. 계를 공동체로 보느냐 결사체로 보느냐의 문제가 이 분야 연구자들에게는 일찍부터 주요 논쟁거리의 하나였다. 한마디로 후자의 견해를 지지하는 입장을 위의 유형론은 뒷받침해준다. 이 유형론은 계가 마을공동체의 물적·인적 자원을 기반으로 하여 조직될 수는 있지만 공동체 자체와는 구분되어야 함을 시사한다. 전통적으로 농촌의 계가 마을 주민들을 성원으로 하여 구성되며 마을공동체가 필요로 하는 공리적 기능을 많이 수행해왔다는 점에서 현재의 주제인 커먼즈와도 무관치 않지만 그것으로 계가 곧 공동체라는 등식화는 성립할 수 없다는 것이다. 게다가 증가하는 이농과 이촌으로 상징화되어온 작금의 사회변동은 농촌 마을에서 표출적 계와 영리적 계의 등장을 자극하고 확산시키는 방향으로 전개되어 왔다. 성원자격membership도 마을 내로 한정하지 않고 마을 외부로 확장시켜 놓은 경우가 적지 않게 발견된다. 짐작컨대 현재도 공동체보다는 결사체로서의 성격이 농촌 마을 계에서 더욱더 강화되어 나가는 추세가 아닐까 한다.

사실 친목계는 1960년대 이후 이촌하는 사람이 많아져 마을 주민간 전통적인 사회적 관계가 와해되면서 늘어났다고 보아야 한다. 이는 사회관계망의 변화에 대한 일종의 적응이자 방어책이라는 측면도 갖는다. 오늘날 계하면 흔히 떠올리는 영리적 성격의 계들 역시 마을의 변화를 반영한다. 공리적 성격의 계들이 점차 소멸해나가면서 표출적이거나 영리적 성격의 계들이 커먼즈가 부서져 나간 자리를 메우게 되었다고도 할 수 있을 것이다.

이 과정에서 농촌의 계가 사회통합의 기제라기보다 그 반대로 마을 내에서 주민들을 분리하는 경계이자 갈등집단으로 더 크게 작용할 수 있다는 사실도 드러난다. 농촌 마을과 계라는 주제어를 꺼내면 마을 사람들이 함께 모여 마을 일을 논하고 일손을 나누는 호혜적인 모습을 떠올리기 십상이다. 하지만 계원인 주민들 사이에서는 그렇더라도 계 바깥에 있는 이들에게는 계가 배타적으로 작동할 수도 있다. 처음에는 나 역시 마을에 여러 계들이 있고 사람들이 그에 교차가입하면 사회통합적인 효과가 커지리라 기대했다. 그러나 이농과 이촌으로 무너진 마을 내 사회적 관계에 대한 반응은, 사회통합의 기능을 할 수 있는 공리적 계의 위축을 한편으로 하고, 일부 주민만의 끼리끼리 친목계나 신뢰가능한 주민들만의 영리적 계의 증가를 다른 한편으로 하는 특징을 보였다. 말하자면 계가 주민들을 분리하는 장벽이자 갈등의 경계로 작용할 여지가 그만큼 더 커졌다는 것이다. 이는 애초의 기능주의적 접근이 지닌 한계를 경험하게 만드는, 나름으로 상당히 유의미한 결과였다. 계가 사회적 갈등의 기제로서 농촌사회 변동의 시금석으로도 주목받을만하다는 추론은 대안적 관점에 의한 접근을 요구하는 것에 다름없었다.

그렇지만 이때쯤 나의 관심사는 무언가 내가 더 많은 일을 할 수 있을 것처럼 보이는 다른 사회학적 문제들로 이미 넘어가고 있었다. 제주의 농촌 마을과 계에 대한 연구를 한다면서도 제대로 도움이 될 만한 성과도 없이 마음에 번민만 가득 안고 있던 터였다. 국내외적 요인들로 농업·농민·농촌에 대한 위기가 전례 없이 가중되던 시기여서 더욱 그랬다고도 할 수 있다. 그런 심적 부담을 약간이나마 덜어보려고 농업방어론의 관점에서 관련된 글을 발표해보기도 했지만 짐이 가벼워지기는커녕 오히려 더 무거워져가기만 했다면 이해할 수 있을는지.

## 3. 지금 다시 한다면

　최근 들어 제주의 마을들에서는 그나마 남아있던 농촌다운 소소한 정취마저 찾아보기 힘들어졌다. 농촌뿐만 아니라 제주도 전역이 수년 전과는 전혀 다른 세상으로 어느 틈에 환골탈태를 해버렸다. 열심히 연결시켜놓은 사통팔달 도로와 촘촘한 고속통신망으로 인해 도시와 농촌의 구분조차 별 의미가 없게 되었다. 덕분에 농촌 마을의 인구구성은 물론이고 주민의 출신지와 직업 등의 사회경제적 배경도 무척 다채로워졌다. 그 영향으로 다양한 문제들이 여러 측면에서 과거와는 비할 바 없이 생경한 수준으로 마을 주민들을 괴롭히고 있는 참이다.

　이런 와중에 마을 연구를 해보겠다는 이들이 등장했다. 그것도 커먼즈와 커머닝commoning을 내세우며 모습을 드러냈다. 오래전부터 잊을만하면 의제agenda로 떠오르곤 하던 저 공동체론의 계보를 이으려는 야무진 꿈을 꾼다고 한다. 예삿일로 넘기기에는 이들이 꾸는 꿈을 현실화해야 할 이유가 적지 않다는 데 심각함이 있다. 더 정확히 말하자면 지금 제주사회가 처한 상황이 그 어느 때보다도 그런 꿈을 꾸고 또 그런 시도를 하지 않으면 안 되게끔 사람들을 밀어붙이고 있다고 해야 할 것이다.

　그래서인가 제주 마을에 대한 연구를 만일 내가 이제 다시 하게 된다면 어떻게 하게 될지 덩달아 상상해보고 싶어진다. 우선은 마을의 계를 조사할 계획을 또다시 세우지 않을까 한다. 송충이가 솔잎을 먹을 수밖에 없기도 하지만, 무엇보다 제주 마을들에서의 커머닝과 탈커머닝의 원형적 과정들이 계의 유형별 조직화와 해체, 그리고 그 운영과정들을 살필 때 확인가능하리라 기대되기 때문이다. 특히 마을별 조사연구뿐 아니라 마을간 비교연구를 통해 포착가능한 계의 유형별 변화상은 커머닝을 주요 테마로 삼는 새로운 마을만들기 작업에도 시사하는 바가 적지 않을 것으로 판단된다.

공리적 계의 대표격인 마을의 공동목장계(또는 조합)만 해도 그렇다. 유사한 맥락에서 어촌계 역시 예외일 수 없을 것이다. 심지어 친목계 등의 표출적 계나 돈계와 같은 영리적 계의 경우도 마을의 선주민과 이주민간 성원권membership 관계 때문에라도 마을을 단위로 한 커머닝과 탈커머닝의 과정에 불가분의 연계를 맺고 있을 것이다.

그동안 제주사회의 변동과 함께 마을의 계도 많은 변화를 겪어왔다. 마을의 주민 구성 변화는 계의 조직화와 해체과정에 직결되는 변수라 할 수 있다. 그런즉 이런 부분에 눈길을 주면서 계의 변화상을 심도있게 추적하다보면 제주 마을의 과거와 현재, 미래를 조금이라도 더 현실적합하게 그려 내볼 수 있지 않을까 한다. 커먼즈와 커머닝을 그 토론장의 중심에 놓고 나아가야 함은 물론일 것이다.

이 지점에서 내친 김에 제주사회를 보는 종래의 인식틀도 새로이 재점검해볼 일이다. 마을은 보다 더 큰 (지역)사회의 한 구성부분이다. 제주 농촌마을의 문제에 접근하기 위해서는 제주사회를 정체화identify하는 인식틀의 영향을 받지 않을 수 없다. 얼마 전 그러한 인식틀을 바꾸어야 한다는 제안을 「제주도 '척박성 담론'의 재검토」(2017)라는 글에 담은 적이 있다. 척박한 제주라는 담론을 앞세운 개발주의 패러다임의 굴레를 벗어나 풍요로운 제주라는 담론을 복원하고 그에 어울리는 생태주의 패러다임을 더 늦기 전에 구축해보자는 것이 요지였다.

우리는 그동안 척박한 제주라는 담론에 너무 익숙한 나머지 이를 당연시해왔다. 용암과 회산회토에 뒤덮이고 삼재(三災: 바람, 물, 가뭄의 재해)의 불운을 떠앉은 절해의 고도. 그렇지만 남부럽지 않은 아름다운 경관을 지닌 남해의 이국적인 섬. 그래서 척박하지만 아름다운 섬 제주라는 규정을 언제부터인지 의심없이 받아들여 왔다. 일상생활과 상식의 영역은 물론이고 교육과 과학, 문화와 종교, 정치와 행정, 경제와 산업 등등 제주사회와 관련된 모든 영역에서 이와 같은 척박성 담론은 하나의 전제이자 결론이었다.

그간의 제주사회의 변동도 이 담론에 의존하여 그 방향과 내용을 채워왔음을 부인할 수 없다. 변동의 주요 축을 이룬 개발주의 패러다임 속에서 끊임없이 가해진 삽질에 대한 평계거리도 이 척박성 담론에서 구해졌다. 척박한 섬이기에 미래의 풍요를 담보로 변화해야 한다는 명제. 이 명제에 제주사람들은 저항의 논리를 세우기 어려웠다. 아름답지만 척박한 탓에 변화하지 않으면 안되었고 풍요로울 수만 있다면 자연의 아름다움이 상당 부분 훼손되더라도 감내할 수 있어야 했다. 1960년대 이후의 제주 현대사는 여기서 한 치의 어긋남이 없었다고 할 수 있다.

그 결과, 관광개발 중심의 개발을 위해 제주의 산과 오름과 곶자왈들이 파헤쳐지고 30여개에 가까운 골프장들이 대신 들어서게 된다. 많은 땅과 바다, 마을까지 각종 리조트나 관광관련 시설물 등에 편입되거나 하여 아름답다는 제주의 자연은 그 생채기로 성한 데를 찾기 어려워졌다. 60만을 넘어서는 인구, 치솟는 부동산가격, 대도시나 다름없는 교통과 쓰레기대란에 전국 수위의 범죄발생률 등등. 개발로 풍요로워지리라 희망했던 섬의 현재가 결코 밝다고만은 할 수가 없다.

제주 농촌 마을들이 경험하고 있는 지금의 고통도 그 과정과 별개의 것은 아니다. 커먼즈나 커머닝을 그렇게 강조하며 머리를 맞대어 심각하게 토론해 나가야 하지 않으면 안 되는 현실적 배경도 또한 마찬가지일 것이다.

그렇다면 이 시점에서 우린 이런 질문을 던져볼 수도 있겠다. 만일 제주도가 아름답지만 척박한 섬이 아니라 원래부터 아름답고 풍요로운 섬이었고 여전히 그럴 수 있다면 어떨까? 황당하고 터무니없는 공상이라 할 수도 있겠다. 그러나 척박한 섬 제주가 사실에 입각해 형성된 담론이 아니라 그 어떤 역사적 필요에 의해 구성되고 재구성되어 온 하나의 허구이자 신화일 따름이라면 문제는 다르게 접근되어져야 할 것이다.

척박하여 쓸모가 없고 버려져도 무방한 자연을 커머닝의 대상으로 선택하면서 마을 주민들이나 관련된 사람들에게 이 일에 동참해달라고 설득하고자 한다면 무리수도 보통 무리수가 아니리라. 하지만 그와 정반대로 풍요롭기에 더욱 소중하고, 소중하기에 함부로 대하기보다 더욱 더 아껴야 하는 제주의 아름다운 자연과 마을이라면? 그리고 그것이 사실임을 입증할 수 있게 된다면 어떨까? 아마도 커먼즈와 커머닝에 관한 이야기의 격은 달라져도 한참 달라질 수 있겠고 또 그렇게 되어야만 하지 않을까 싶다. 여기에 마을 계의 역할을 주민들의 자발적 참여의 연결고리로 재조명할 수 있게 된다면 그로부터 얻을 이론적 실천적 소득 또한 만만치 않을 것이다.

## 4. 글을 마무리하면서

긴 글을 써야 한다는데 염치없지만 짧게 마무리해야 하겠다. 지난 시간 제주 마을과 계 연구에서 못다 풀어놓은 마음의 부담이 다시금 그 무게를 키워나갈 것 같은 두려움 때문이라면 지나친 기우라고 할는지 모르겠다. 끈기와 치열함의 부족이 늘 아쉽기만 하다. 그래도 강조해 두고 싶은 대목은 남아있는가 보다.

척박성 담론의 굴레를 뒤집어쓴 채 커먼즈와 커머닝을 논하게 된다면 의도적이든 아니든 개발주의자들의 끝없는 욕망으로부터 온전히 자유로울 수는 없을 것이다. 이리 되면 커먼즈를 위한 일들이 예전과는 다르게, 그렇지만 오히려 더 명분있는 방식으로 제주의 마을과 자연에 개발주의의 삽질이 가해질 수 있게끔 그 길을 교묘히 넓혀주는 데 기여하게 되는 아이러니를 시현하게 되지는 않을는지 저으기 걱정되기도 한다.

척박하기보다 풍요롭기에 더 소중하고, 소중하기에 더더욱 커머닝을 하지 않으면 안되는 제주의 자연. 그리하여 커먼즈로서 아름다운 섬 제주를 재생

해내는 일. 마을 단위에서의 커먼즈 논의가 궁극적으로는 행복하고 지속가능한 에코토피아Ecotopia 제주를 완성해내는 토대이자 과정으로 공헌해 나갈 수 있기를 고대해본다.

# 2부

# 제주의 마을들과 공동자원

# 3장

# 가시리의 마을만들기:
## 공동자원의 재구성과 지속가능성[*]

최현(제주대학교 SSK연구단 연구단장)
김선필(제주대학교 SSK연구단 공동연구원)

## 1. 들어가며

　자본주의가 발전하면서 이전까지 공동의 것으로 모두가 함께 이용했던 땅, 물, 바람, 공기와 같은 자연물들이 하나둘씩 사유화되고 있다. 자본주의는 자연과 인간을 새로운 위험에 노출시키는 방식으로 부를 축적해왔고, 그로 인해 생태는 훼손되고 지속가능성은 점점 줄어들고 있다. 자연을 독점해서 부를 쌓는 이들과 자연으로부터 배제된 채 생존을 위협 당하는 이들 사이의 빈부 격차와 불평등은 더욱 커져가고 있다.[1] 자연과의 유대가 끊어진 빈곤층은 생존을 위해 자연을 파괴하는 부유층의 기획을 지지하고 자연의 파

---

[*]　이 글은「공동자원의 지속가능성과 마을만들기 전략 : 제주 가시리의 사례」(『공간과 사회』 58)를 토대로 재구성한 것이다.

[1]　피터 라인보우, 『마그나카르타 선언』, 정남영 옮김, 갈무리, 2012; 실비아 페데리치, 『혁명의 영점』, 황성원 옮김, 갈무리, 2013.

괴에 동참하고 있다. 따라서 자연의 혜택을 인류가 함께 나눔으로써 인간과 자연 사이의 유대를 다시 복구하는 것은 인류가 지속가능한 삶의 방식을 찾아가는 지름길이다. 또 이것은 부익부 빈익빈의 악순환 고리를 끊어내기 위해서 반드시 필요한 일이다.

근대화 이전까지 제주를 비롯한 한국의 농촌과 전 세계의 농촌지역에서는 주민들의 필요를 충족시키기 위해 공동으로 이용됐던 공동자원commons이 존재했다. 그러나 그것은 인클로저와 자본주의 발전과정에서 대부분 파괴됐다. 하지만 다양한 지역에서 공용자원의 일부가 마을 주민들이 함께 이용하고 관리하는 공동관리자원common pool resources 형태로 유지될 수 있었다.[2] 그런데 과학기술의 발달과 더불어 공동자원에 대한 인간의 의존과 관리의 필요성이 사라지게 되었고, 공동자원은 상품으로 전락하게 되어 거대 자본의 손쉬운 먹잇감이 되었다. 이에 따라 공동자원이용자들commoners과 그 후손들은 자연을 비롯한 공동자원의 관리권을 대자본에게 넘겨주게 되었고, 자연의 혜택은 자본가들이 독점하게 됐다. 공동이용자들은 자급능력을 상실한 채 공동체를 떠나 자본에 더욱 깊이 예속되어 갔다.[3]

---

[2] 소유권이 분명하지 않은 전근대의 commons를 우리나라에서는 많은 사람들이 공유지나 공유재로 옮겼으나 이는 시대착오적이며, common property resources와 구분할 수 없기 때문에 여기서는 '공용자원' 또는 '공동이용자원'이라 옮겼다. 공용자원과 그것의 근대적 유산인 공개재(또는 공공재)public goods, 공동관리자원common pool resources, 공유자원(또는 공동소유자원)common property resources의 개념과 관계에 대해서는 최현, 「공동자원이란 무엇인가?」, 『공동자원의 섬, 제주 1: 땅, 물, 바람』, 최현 외, 진인진, 2016, 공용자원론의 실천적·학술적 가능성은 볼리어David Bollier, 『공유인으로 사고하라』, 배수현 옮김, 갈무리, 2015, 한국에서 공동자원론을 생태적 공공성과 지속가능성을 중심으로 발전시킨 연구성과는 최현 외, 『공동자원의 섬 제주1: 땅, 물, 바람』, 진인진, 2016과 『공동자원의 섬 제주2: 지역 공공성의 새로운 지평』, 진인진, 2016을 참조하시오.

[3] 데이비드 볼리어, 『공유인으로 사고하라』, 배수현 옮김, 갈무리, 2015; 최현, 「공동자원 개념과 제주의 공동목장」, 『경제와 사회』 98, 2013, 12~39쪽.

그런데 제주도 가시리는 산업화 과정에서 끊어졌던 공동자원과 주민들 사이의 유대 관계를 현대적 방식으로 복원해왔다. 즉, 마을의 공동자원을 지속가능하게 관리·이용하는 방식으로 마을공동체의 발전을 도모하고 있다. 가시리는 마을공동목장을 현대적으로 활용하고(풍력발전 등), 이를 바탕으로 새로운 공동자원을 창출해냄으로써 공동자원의 지속가능성과 효과적 이용이라는 두 마리 토끼를 잡는 데 성공해왔던 것이다. 이것은 엘리너 오스트롬[4]이 제시한 제3의 관리방식 다시 말해, 공동체에 의한 관리방식이 국가나 개인보다 공동자원을 지속가능하게 관리하는 데 더욱 효과적이라는 사실을 잘 보여주는 사례라고 할 수 있다.

이러한 맥락에서 우리는 가시리의 마을만들기 사례에 주목했다. 실제로 가시리 마을만들기 사례는 매우 성공적인 것으로 행정당국과 학계의 주목을 받고 있다. 2013년에는 한국농촌경제연구원KREI이 '가시리의 마을만들기 이야기'라는 현장토론회를 개최했고, 2014년 농식품부에서 개최한 '제1회 행복마을만들기 전국 콘테스트'에서 가시리가 금상을 수상하기도 했다.[5] 가시리 마을만들기 사례를 도시개발의 관점에서 연구한 학술논문[6]도 출판되었다. 이처럼 가시리 마을만들기는 일반적인 마을만들기의 관점에서도 매우 중요한 사례이지만, 이 글에서는 공동자원과 지역 생태계의 지속가능성이라는 관점에서 그것이 가지는 중요성을 부각시키려고 한다.

우리는 가시리 사례 분석을 위해 가시리를 다룬 여러 문헌들(논문, 잡지,

---

4  엘리너 오스트롬, 『공유의 비극을 넘어』, 윤홍근·안도경 옮김, 랜덤하우스, 2010.
5  좌동철, 「가시리, 행복마을만들기 콘테스트 대통령상」, 『제주신보』 2014. 11. 10; 한국농촌경제연구원, 「'가시리의 마을만들기 이야기' 현장토론회 개최」, 『농경나눔터』 403, 2013, 19쪽.
6  이자원, 「제주 가시리 마을만들기 사례를 통한 한국형 마을만들기 연구」, 『탐라문화』 46, 2015, 96~127쪽.

언론기사 등)을 검토하였으며, 가시리 마을만들기 사업을 주도적으로 추진했던 당사자와 인터뷰를 실시하여 문헌들을 통해 파악되지 않았던 행간의 의미를 명확하게 파악하고자 하였다.

## 2. 공동자원의 지속가능성과 마을만들기 전략

마을만들기 전략의 중요성에 관한 연구는 2000년대 이후 많이 있었지만, 공동자원이나 공유자원을 활용한 마을만들기에 관한 연구는 거의 없다.[7] 다만 박진도는 2011년에 출판된 『순환과 공생의 지역만들기』에서 일본의 오야마 혹은 이시우치 등의 사례를 통해 지역자원을 발견하고 종합적으로 활용하는 것이 마을만들기의 성공요인이라고 지적했다.[8] 또 최근 행정학 분야에서는 이전까지 중요한 지역자원이라고 생각할 수 없었던 것들에서 새로운 가치를 발견하고, 그것을 활용하여 새로운 재화나 서비스를 창출하는 "자산 기반 공동체 발전전략ABCD: Asset-Based Community Development"이 공동체의 지속가능한 발전의 핵심적 요소라는 인식이 확산되고 있다.[9] 이 글은 이런 인식과 맥을 같이하면서도, 공동자원이 가지는 생태적 중요성에 주

---

[7] 2016년 6월 23일 열렸던 한국행정학회 60주년 기념 하계공동학술대회 및 국제학술대회에서 "지역공동체 소유권과 자산화 전략"이라는 논문 드래프트가 발표됐다. 전대욱·최인수·김건위, 「지역공동체 소유권과 자산화 전략」, 『한국행정학회 60주년 기념 하계공동학술대회 및 국제학술대회 자료』, 2016.

[8] 박진도, 『순환과 공생의 마을만들기』, 교우사, 2011.

[9] 전대욱 외, 앞의 글.; John McKnight and John Kretzmann, *Mapping Community Capacity,* Evanston, IL: Northwestern University Institute for Policy Research, 1996. http://www.abcdinstitute.org/docs/MappingCapacity.pdf; Stan Rowland, "What is Asset Based Community Development (ABCD)", Collaborative of Neighborhood Transformation, 2008, Retrieved 22 February 2015. http://www.neighborhoodtransformation.net/pdfs/What_%20is_Asset_Based_Community_Development.pdf

목하면서 제주도의 가시리 사례를 분석하려고 한다. 가시리 사례는 공동자원이라는 지역자원을 재발견하고 그것을 활용해서 새로운 공동자원을 형성하는 마을만들기 전략이 생태와 마을의 지속가능성을 확보하는 데 중요하다는 사실을 잘 보여주고 있기 때문이다. 대개의 제주도 마을들이 마을 공동목장의 가치를 모른 채, 그것을 대규모 리조트와 골프장 용지로 팔았다. 하지만, 가시리는 그것을 마을의 공동자원으로 재인식하고 마을주민의 공동번영 commonwealth을 위해 활용함으로써 마을과 마을주변 자연환경의 지속가능성을 확보할 수 있었다. 이 글은 가시리에서 공동자원과 지역주민의 유대관계를 복원하고 새로운 공동자원을 형성하는 것이 마을만들기 전략으로 자리 잡는 과정과 그 결과를 살펴봄으로써, 공동자원의 지속가능성을 확보하는 데 있어 마을만들기 전략이 차지하는 중요성을 지적하고자 한다.

조선시대에 제주지역의 방목지는 왕토사상에 따라 누구나 이용할 수 있는 땅으로 간주되어 소유자 없이 주민들이 공동으로 보호·이용해 왔다. 그러나 일제가 자본주의적 토지 소유제도를 조선에 도입하면서, 방목지는 마을 소유 토지로 재편됐다.[10] 우선 일제는 1912년 3월 『조선민사령』과 『조선부동산등기령』을 발표하고, 8월 『토지조사령』을 내려 토지세부측량을 실시했다. 이를 통해 토지에 대해 자본주의적 소유관계를 확정하고 토지세 부과의 근거를 마련했다.[11] 당시 제주는 표본지역으로 선정되어 1913년 8월부터 1917년 말까지 토지세부측량이 이루어졌다.[12] 이에 따라 마을 사이의 경계,

---

10   강만익, 「일제강점기 제주도 공동목장의 운영실태」, 『전국향토문화공모전수상집』 제19회, 전국문화원연합회, 2004, 17~74쪽; 윤순진, 「옛날에 공유지를 어떻게 이용했을까?」, 『한국의 전통생태학』, (주)사이언스북스, 2004, 136~169쪽; 윤순진, 「제주 마을공동목장 해체의 원인과 사회·생태적 귀결」, 『공동자원의 섬 제주1: 땅, 물, 바람』, 최현 외, 진인진, 2016, 177~233쪽.

11   조석곤, 『한국 근대 토지제도의 형성』, 해남, 2003.

12   강만익, 『일제시기 제주도 마을 공동목장조합 연구』, 제주대학교 박사학위논

마을 목장의 경계가 확정되었는데, 이전에 관유지였던 십소장十所場도 마을별로 분할되었다. 1918년 7월『임야조사령』, 1926년 4월『조선특별연고삼림양여령』 등의 법령을 제정하고 시행함에 따라 국유지였던 방목지는 마을이나 마을 대표자 명의로 등기되었다.[13]

이어 조선 총독부는 1930년대 목야지 정리계획에 의해 공동목장의 구역을 확정하고『조선부동산등기령』을 개정해서 마을명의로 이유지里有地를 등기할 수 있는 제도를 마련하는 한편, 목축 생산을 늘리기 위해 마을 공동목장을 장려했다.[14] 1931~33년에는 주로 기존에 마을 사람들이 자발적으로 유지했던 목장계가 마을 공동목장으로 전환해서 22개의 마을 공동목장이 생겨났다. 그리고 1934~43년 사이에 마을 공동목장이 빠르게 증가하여 광복 이전에는 123개의 마을 공동목장이 운영되었다.[15] 그런데 마을 공동목장은 광복 이후 새로 조직된 경우도 있었지만, 해체되는 경우가 훨씬 더 많았다. 그 결과 2010년 현재 남아있는 마을 공동목장은 65개에 불과하다.[16] 윤순진[17], 최현[18], 강만익[19] 등은 4·3사건, 법제도의 변화, 골프장과 관광지 개발 사업의 영향으로 마을 공동목장이 급속도로 해체됐던 것으로 파악했다.

---

문, 2011.
13  같은 글.
14  윤양수,「제주도 마을 공동재산의 시·군에의 귀속과 그에 따른 주민권익문제」,『제주대학교 논문집』24, 1987, 9~54쪽.
15  강만익,『일제시기 제주도 마을 공동목장조합 연구』, 제주대학교 박사학위논문, 2011, 74~77쪽.
16  같은 글.
17  윤순진,「옛날에 공유지를 어떻게 이용했을까?」,『한국의 전통생태학』, (주)사이언스북스, 2004.
18  최현,「공동자원 개념과 제주의 공동목장」,『경제와 사회』98, 2013, 12~39쪽.
19  강만익,『일제시기 제주도 마을 공동목장조합 연구』, 제주대학교 박사학위논문, 2011.

이러한 외부 요인들도 분명 마을 공동목장의 해체에 영향을 주기는 했지만, 더욱 중요한 것은 화학비료와 농기계, 화석연료가 보급되면서 마을 공동목장과 지역주민 사이의 유대관계가 깨어졌다는 지역의 내부 요인이 더욱 크게 작동했다고 할 수 있다. 1960년대 이전까지 화산섬인 제주도에서는 진압농법을 채택해야 했기 때문에 마을 공동목장은 생존을 위해 반드시 필요한 부분이었다. 마을 공동목장은 비료와 연료, 파종기에 땅을 밟아주는 소나 말을 기르기 위해 반드시 필요한 생활의 터전이었다. 하지만 화학비료와 농기계가 보급되고 석유로 대표되는 화석연료가 보급되면서 마을 공동목장은 농사에 반드시 필요하지 않게 되었다. 게다가 1980년대 초중반 전국적인 공급 과잉으로 소 값이 폭락한 소파동은 제주의 농민들이 마을 공동목장과 맺고 있던 남은 유대관계마저 끊어냈다. 농산물 수입개방으로 소 값이 폭락하면서 마을 공동목장은 농민들의 생계활동에서 더욱 멀어지게 돼버렸다. 같은 시기 제주가 점차 관광지로 각광을 받기 시작하면서 마을 공동목장은 오히려 골프장이나 대규모 리조트 개발업자들에게 팔 수 있는 상품으로 가치가 높아졌다. 게다가 마을주민들의 자식들 역시 대부분 마을을 떠나 도시에 정착했기 때문에 현재뿐만 아니라 미래에도 마을주민들이 마을 공동목장과 유대관계를 회복할 가능성은 거의 없어졌다. 마을 공동목장의 공동소유자인 마을주민들이 헐값에라도 마을목장을 매각하려고 한 것은 너무나 당연할 귀결이었다.

지금까지 마을이 마을 공동목장을 대자본에 팔면 거기에 리조트나 골프장이 들어서게 되고, 마을주민은 더 이상 살 수 없게 되어 도시로 떠나는 경우가 많았다. 도시로 떠나지 않는 경우에는 푼돈을 자식들에게 나눠주고 지역의 주민들은 늙고 병들어 세상을 떠났다. 대자본이 소유한 자연은 이윤을 위해 파괴될 위험이 더욱 커지게 된다.[20] 이러한 문제는 제주도만의 문제도 아니고 우리나라만의 문제도 아니다. 일본의 마을만들기와 공동자원에 대한 연구에서도 마을주민과 마을숲, 마을산의 유대약화, 상품화, 노령화 문제는 해결하지 않으면 안 되는 문제로 등장한다.[21] 가시리는 마을공동목장을 지속가능하게 현대적으로 활용하고, 그에 따라 생겨난 수익을 마을주민 개개인에게 나눠준 것이 아니라 마을주민의 공동번영과 마을의 지속가능성을 유지하기 위해 사용했다. 그 결과 마을은 젊어지고, 마을로 들어와 살고 싶어 하는 사람들이 이주허가를 기다리게 됐다. 어떻게 이것이 가능했을까?

## 3. 가시리 공동목장 이용의 변화와 마을만들기 전략

### 1) 가시리 마을의 개요

가시리는 제주도 서귀포시 표선면 서북부에 위치한 중산간 마을이다. 면적은 56.018㎢로 표선면 전체 면적의 41.4%, 표선면에 속한 여섯 개의 법정 리 가운데 가장 넓은 면적을 차지한다. 해당 면적은 임야 29.519㎢, 목장 14.996㎢, 밭 5.787㎢, 과수원 1.693㎢, 대지 0.247㎢로 구성되어 있다. 가시리 북쪽에는 제주시 조천읍이 서쪽에는 서귀포시 남원읍과 경계를 맞대고 있으며, 가세오름과 갑선이오름 및 구두리오름·가문이오름·대록산(큰사슴이)·소록산·따라비오름·붉은오름·번널오름·병곳오름·설오름·여문영아리·쳇만오름 등 여러 오름이 가시리 마을 안에 포함되어 있다. 2012년 5월 31일 현재 469세대, 1159명(남자 628명, 여자 531명)이 가시리에 거주하

---

20  윤순진, 「옛날에 공유지를 어떻게 이용했을까?」, 『한국의 전통생태학』, 이도원 편, (주)사이언스북스, 2004.
21  이가라시 다카요시, 『현대총유론』, 최현 외 옮김, 진인진, 2016; 이노우에 마코토, 『공동자원론의 도전』, 최현·정영신·김자경 옮김, 경인문화사, 2014.

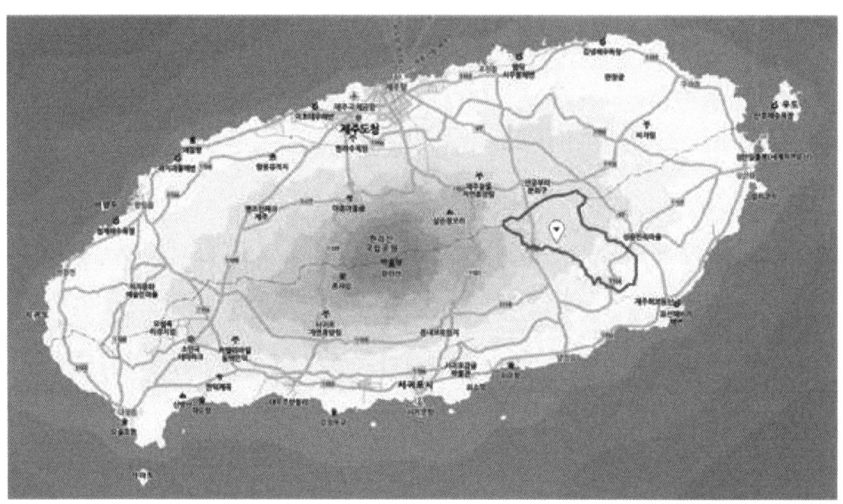
그림 1 가시리 마을의 위치

고 있다.[22] 대부분의 젊은이들은 도시로 나가고 전체 인구의 절반 이상이 60대 이상 고령자로 구성되어 있다.[23] 가시리의 산업은 역사적으로 목축업이 주를 이뤘지만, 1960~70년대 제주지역에 불어온 환금작물 재배의 영향으로 이 지역에서도 감귤 재배가 성행하고 있다. 감귤 이외에 콩·당근·고구마·더덕 등의 밭작물 재배가 함께 이루어지고 있다. 한편 숙종 때 지어진 말 목장인 '녹산장'은 1894년 갑오개혁으로 없어졌다가 1930년 가시리 마을 공동목장으로 다시 부활했으며, 현재까지 가시리 마을 소유로 관리되어 오고 있다.

---

22　공식 통계는 아니지만 「양기훈의제주마을탐방(4): 표선면가시리」, 『한라일보』 (2014. 8. 21)에 따르면 2009년 이후 마을만들기 사업이 성과를 거둠에 따라 인구가 늘어 2014년 1,300명 정도가 가시리에 살고 있는 것으로 추정된다.
23　이자원, 앞의 글.: 디지털서귀포문화대전 '가시리' 편. (http://seogwipo.grandculture.net/Contents?local=seogwipo&dataType=01&contents_id=GC04600256)

## 2) 가시리 공동자원 이용의 변화

### (1) 말 사육을 위한 최적의 장소

예부터 제주도는 말을 사육하기 좋은 장소로 손꼽혀 왔다. 고려시대 때 원元이 제주도를 탐라총관부로 삼아 직접 통치한 이유가 말 사육 때문이었다는 사실은 이미 상식이 되어있다. 이러한 이유에서 조선왕조는 제주도 한라산 중산간 지역 가운데 해발 200～600m 지역을 10개 구역으로 나누어 '십소장'이라는 국영목장을 설치하고, 제주 동부 지역의 해발 400m 이상 산간지역에 '산마장山馬場'을 설치하였다. 가시리는 십소장 가운데 십소장과 산마장 가운데 녹산장鹿山場[24]이 위치해 있는 지역이다. 특히 가시리는 넓은 목초지를 가지고 있었기 때문에, 나라에 바치는 말 가운데 상등마上等馬를 사육하는 지역으로 지정되어 갑마장甲馬場으로 불렸다. 그런데 1933년이 되자, 일제는 각 국영목장을 마을별로 관리하도록 하였다. 이때 갑마장은 가시리공동목장으로 변경·설치되었고, 관리 및 운영은 공동목장조합이 맡게 되었다.[25]

### (2) 4·3사건으로 인한 마을의 파괴

1947년부터 1954년까지 약 7년에 걸쳐 벌어진 4·3사건은 제주도 전역을 황폐화 시켰다. 그 중에서도 가시리는 가장 큰 피해를 입은 지역이었다. 안봉수 가시리유채꽃마을만들기추진위원장(이하 위원장)[26]의 증언에 따르

---

24  현재 녹산장 자리에는 제동목장이 있다.
25  가시리, 『가스름』, 1988, 154~155쪽.
26  가시리 태생인 안봉수는 16대 국회의원이었던 고진부의 보좌관 출신이다. 제주자치분권연구소 상임이사를 역임하고, 2006년도 지방선거에서 도의원 출마를 준비하다가 포기했다. 중앙정계에서부터 제주도정까지 두루 경험한 인물이다. 안봉수는 2007년 3월부터 2009년 2월까지 가시리 이장으로 재임하면서, 마을만들기 사업을 주도적으로 추진했다. 퇴임 이후 마을 주민들은 마을만

면, 4·3사건 직전까지 가시리에는 300가구에 1,000명 정도의 주민들이 모여살고 있었다. 그런데 4·3사건으로 약 600명의 주민들이 사망하고, 가옥도 단 두 채만 남고 나머지 가옥은 모두 불에 타 사라졌다고 한다. 이때 주로 희생당한 주민들은 청·장년층의 남자들이었다. 이 때문에 가시리는 4·3사건 이후 마을을 재건하는 과정에서 인력이 부족하여 큰 어려움을 겪었다. 문제는 그것만이 아니었다. 참혹한 고통을 당한 주민들은 마음의 문을 닫아걸고, 국가가 하는 일에 소극적으로 참여하는 모습을 보이기 시작했다. 더욱이 가시리가 위치한 지역은 한라산 중산간 지역으로서 제주지역 가운데 가장 후미진 지역이다. 이러한 이유에서 가시리 마을은 가장 낙후된 지역이 되어 갔다.[27]

(3) 공동목장 매각 저지 사건

1970년대에 들어서면서, 제주지역에는 개발열풍이 불었다. 이에 따라 대규모 자본이 유입되기 시작하였다. 특히 대자본은 대규모 개발이 쉬운 공동목장을 사들이기 시작했으며, 이러한 분위기는 가시리 주민들을 마을 공동목장을 둘러싼 법적분쟁의 소용돌이에 몰아넣었다. 가시리 공동목장의 소유권을 둘러싸고 마을 지도자들의 후손과 마을주민들 사이의 법적 분쟁이 발생한 것이다. 과거에는 공동소유를 보호하는 제도가 없었기 때문에, 당시 마을 지도자들이 자신의 이름으로 마을 공동목장의 소유권을 등기했던 것이 분쟁의 발단이 되었다. 마을 지도자들의 후손들은 자신들의 조상 명의로 등기된 땅에 대한 소유권을 주장하면서, 공동목장을 매각하려고 하였다. 주민

들기 사업을 지속하기 위해 안봉수를 가시리유채꽃마을만들기추진위원회의 위원장으로 추대했다. 이 글에서는 편의상 안봉수 위원장으로 통일하여 부르겠다.

27 안봉수,「인터뷰 자료」(2015. 7. 15.)

들은 마을 공동목장이 실제로는 마을 소유라는 점을 들어 매각에 반대했다. 특히 당시만 해도 가시리 주민들에게는 축산업이 중요했기 때문에 마을 사람들은 공동목장을 매우 중요한 것으로 생각했다. 안봉수 위원장의 발언을 들어보자.

> (공동목장은) 개인 것이 아니다. 일부가 개인 명의로 되어 있던 것은 그 사람들의 조상들이 마을에서 대표성을 가지고 있어서 그 사람들 이름으로 등기가 된 것이었다. 마을 사람 전체로 등기가 안 되어서, 편의를 위해서 대표성을 갖는 사람들의 이름을 넣은 것이었을 뿐이다.[28]

결국 이 문제는 법정싸움으로 확대되었다. 마을 주민들은 몇 천 원씩 갹출하여 재판비용을 모았다. 하지만 시간이 길어지게 되면서 늘어나는 재판비용을 감당할 수 없었다. 때문에 주민들은 마을회 소유의 번널오름을 매각하여 재판비용을 충당할 수밖에 없었다. 이러한 노력 끝에, 1978년 대법원은 공동목장이 가시리 마을의 공동재산이라는 판결을 내렸다.[29]

이 경험을 통해 가시리 주민들은 공동목장이 가지는 공동자원적 가치를 다시 깨달을 수 있었고, 그것이 개인적 소유물이 아니라 마을 전체의 공동재산이라는 사실을 깊이 인식하게 되었다. 하지만 1980년대 중반 일명 소파동 사건으로 축산업이 몰락하면서, 제주지역의 마을 공동목장들이 주민들과 가지고 있던 직접적 유대는 끊어졌다. 그리하여 제주도의 많은 공동목장이 주민들 스스로의 결정에 따라 외지인에게 상품으로 팔려나갔다. 특히 가시리 주변 마을들의 공동목장들은 대부분 외지인에게 매각되어 골프장 등으로 개발됐다. 2016년 현재 가시리 주변의 성읍리 공동목장은 사이프러스골프장이 됐고, 성읍2리 공동목장은 세모그룹 유병언의 소유지, 신흥리 공동목장

---

28   제주특별자치도, 『제주의 마을을 품다』, 2012, 16쪽.
29   안봉수, 앞의 자료., 제주특별자치도, 앞의 책, 16쪽.

은 해비치골프장, 수망리 공동목장은 부영골프장, 한남리 공동목장은 더클래식골프장, 위미리 공동목장은 스프링게일골프장, 상효공동목장은 우리들골프장으로 변해버렸다. 그 일대에서는 거의 유일하게 가시리 공동목장만 매각되지 않고 마을의 공동자원으로 남아 있다.

(4) 공동자원을 활용한 마을만들기의 성공과 지속가능성

2007년, 안봉수 위원장이 가시리 이장으로 취임하였다. 이장 취임 첫해, 그는 다른 마을 지도자들과 함께 마을만들기 사업에 관심을 갖고 주민들과 여러 차례 토론을 해서 마을만들기의 방향을 "자본중심의 개발이 아닌, 주민중심의 성장"으로 결정했다. 이를 실현하기 위해 그는 주민들의 의견을 수렴하고 또 설득도 해서 외부의 전문가를 초빙하고, 관련 기관과 유기적인 협력체계를 마련하였다. 또한 전문가들과 함께 정부의 마을만들기 지원 사업에 공모해서 여러 차례 정부의 지원을 얻어냈다.[30] 또 외부전문가들과 함께 마을의 자원을 조사·연구하여, 공동목장과 같은 가시리의 공동자원을 적극적으로 활용하는 마을만들기 전략을 수립했다. 그 결과 가시리는 마을만들기 사업의 대표적인 성공 모델로 인식되기 시작하였다. 가시리는 2014년에 개최된 '제1회 행복마을만들기 콘테스트'에서 금상을 수상하고, 마을만들기 사업의 일환으로 건설된 유채꽃플라자가 '제9회 한국농촌건축대전'에서 대상을 수상하는 등 마을만들기 사업의 성과를 전국적으로 인정받고 있다.[31] 이제 전국 각지에서 가시리의 마을만들기 사업을 따라 배우기 위해 견학을 오고 있다. 이 글에서 자세하게 살펴보려는 시기는 바로 이 부분이다.

---

30  가시리 마을회는 중앙정부에서 추진하던 '농촌종합개발사업'과 '신문화공간조성사업'에 공모하여, 2010년까지 총 84억 원의 재원을 확보하였다. 2011년에는 '친환경생활공간조성사업'에 선정되어 5억 원을 추가로 마련하였다.

31  강민식, 「가시리유채꽃플라자, 농촌건축대전 대상 수상」, 『제주레저신문』 2014. 9. 29; 좌동철, 「가시리, 행복마을만들기 콘테스트 대통령상」, 『제주신보』 2014. 11. 10.

### 3) 공동자원과 공동체 결속의 조건

가시리는 마을이 가지고 있던 공동자원의 가치를 재발견하고, 그것을 마을만들기 사업에 적극 활용했다. 뿐만 아니라, 마을 주민들이 함께 사용할 수 있는 소통의 공간, 문화 시설, 공동목욕탕 등 편의시설을 만듦으로써 마을 공동자원을 확장해 나갔다. 한동안 소원했던 공동자원과 마을 주민의 관계가 친밀하게 변했고, 마을 주민과 주민 사이의 관계도 더욱 끈끈해지면서, 가시리 공동체는 다시 활기를 찾기 시작했다.

(1) 공동자원의 활용과 확장

① 마을 공동목장의 재발견

안봉수 위원장을 비롯한 초기 마을만들기 지도자들은 주민들의 욕구를 충족시키는 것이 마을만들기 사업의 성공을 위해 반드시 필요하다고 생각했다. 이를 위해 마을 지도자들이 가장 먼저 추진한 것은 주민 욕구조사와 가시리 마을이 가진 자원을 조사하는 것이었다. 주민들의 욕구를 파악했다 할지라도, 그것을 충족시킬 수 있는 자원이 마을에 없다면, 마을만들기 사업을 제대로 추진하기 어렵다고 판단했던 것이다. 따라서 그들은 먼저 마을이 가지고 있는 역사, 문화, 생태, 환경 그리고 인적자원을 파악하는 것으로부터 마을만들기 사업을 시작했다.[32]

이 과정에서 가장 중요하게 취급되기 시작한 것이 마을 공동목장이었다. 225만평에 달하는 가시리 마을 공동목장은 1970~80년대부터 제주지역에 불어 닥친 개발의 광풍 속에서도 마을 사람들이 지켜낸 공동자원이었다. 하지만 1980년대 중반의 소 값 파동 이후 제대로 활용되지 못하고 있었는데, 2007년 마을만들기 사업이 시작되면서 마을 공동목장은 마을만들기 사업의

---
32 안봉수, 앞의 자료.

가장 중요한 경제적 기반이 되었다.[33]

먼저, 마을 공동목장에 풍력발전단지를 유치함으로써 가시리가 마을 만들기 사업을 지속적으로 추진할 수 있는 재정적 기반을 마련할 수 있었다. 2008년 11월, 가시리는 마을 공동목장 부지 안에 풍력발전 국산화 시범단지를 유치하였는데, 우선 13기의 풍력발전기가 2012년 설치되어 최대 15MW의 전력을 생산하기 시작했다. 이어 2013년 가시리 마을은 제주특별자치도가 추진하던 육상풍력발전지구에 지정되어 2014년부터 10기(30MW)의 풍력발전기를 추가로 설치하게 됐다. 이에 따라 현재 총 45MW의 풍력발전 설비가 가시리 공동목장에서 운영되고 있다. 가시리 마을회는 풍력발전기 1대 당 200~300평 정도의 부지를 풍력발전사업자에게 임대한다. 그리고 1MW당 연간 2천만 원씩의 임대료 수익을 얻고 있다. 따라서 풍력발전사업을 통해 연간 9억 원의 수입을 얻고 있다. 이렇게 얻게 된 수입[34]은 마을 복지 예산으로 사용되고 있다. 마을 주민들의 노령화 현상에 대응하기 위해 6억 원을 들여 경로당을 짓고, 매년 4천만 원의 운영비를 지원하고 있으며, 리립里立 양로원을 짓기 위한 기금 역시 조성하고 있다. 또한 유치원생부터 대학생까지 일정한 금액의 학자금을 지원하고, 각 가정에 전기료를 매월 2만 원씩 지원하고 있다.[35]

---

33  같은 자료.

34  2015년 현재, 가시리 마을은 풍력발전사업을 통해 얻게 되는 9억 원과 다른 사업들을 통해 얻게 되는 1억 원을 합쳐 연간 총 10억 원의 수입을 얻고 있다.

35  같은 자료. 이처럼 자연자원을 비롯한 공동자원과 공공자원 등 비배제성을 가진 공용자원을 활용해서 그 혜택을 나누는 것은 자본주의의 문제를 해결하기 위해 현재 논의되고 있는 "시민배당" 또는 "기본소득"의 재원을 마련하는 데 활용될 수 있다. "시민배당" 또는 "기본소득" 논의에서 공용자원이 가지는 의미에 대해서는 피터 반스, 『우리의 당연한 권리, 시민배당』, 위대선 역, 갈마바람, 2016을 참조하시오.

둘째, 마을 공동목장은 마을만들기 사업 추진을 위한 공간을 제공하였다. 우선 공동목장 부지에 설치된 대표적인 시설로는 조랑말체험공원과 유채꽃 플라자 등이 있다. 조랑말체험공원은 가시리 마을 공동목장이 가진 역사·문화 자원을 현대적으로 재해석하고, 발전시키기 위한 노력이 반영된 공간이다. 이 공원에는 우리나라 최초의 이립 박물관인 조랑말박물관과 조랑말승마장, 캠핑장 및 게스트하우스 등이 들어서 있다. 여기에서 얻는 수입은 시설 관리 및 유지비, 개선비로 재투입된다. 이를 통해 자칫 소멸할 수 있는 마을의 목축문화를 지속적으로 보존하고 관광객 등 외부 사람들에게 즐거움을 제공하고 있다. 또 유채꽃플라자는 회의공간과 숙박시설로 활용되고 있으며, 마을만들기 추진위원회 사무실로도 사용되고 있다. 한편 드넓은 마을 공동목장 부지에는 5만평 규모의 유채꽃 단지가 구성되어 있다. 매년 봄이 되면, 많은 기관·단체 또는 개인 관광객들이 유채꽃을 보기 위해 가시리 마을 공동목장을 찾고 있어 마을 경제에도 상당한 도움을 주고 있다.[36] 뿐만 아니라 가시리는 이렇게 생산된 유채꽃을 활용하여 다양한 상품들을 생산·판매할 계획을 세우고 있다. 이것은 마을 공동목장의 재발견이 마을만들기에 다양한 긍정적 결과를 가져왔다는 것을 보여준다.[37]

② 새로운 공동자원의 생산

가시리는 4·3사건으로 가장 큰 피해를 입었던 지역이었다. 따라서 마을 주민들은 마음의 문을 굳게 걸어 잠갔고, 따라서 정부와의 협치 가능성도 매우 적었다. 이런 상황에서 가시리는 마을만들기 사업을 통해 총89억(농촌

---

[36] 2010년 이후부터 가시리에서 유채꽃 큰잔치가 매년 열리고 있으며 제주를 대표하는 축제 가운데 하나가 되었다는 것은 가시리 마을 공동목장의 유채꽃 단지가 도내외적인 명소로 자리 잡게 되었다는 사실을 보여준다.

[37] 안봉수, 같은 자료.

마을종합개발사업: 64억, 신문화공간조성사업: 20억, 친환경생활공간조성사업: 5억)을 국가로부터 지원받게 되었다. 이에 가시리 지도자들은 파괴된 공동체 문화를 복원하기 위해, 주민들이 마음을 열고 소통할 수 있는 공간을 만들기로 결정했다. 그것은 새로운 공동자원을 생산하는 것이었다. 그 공간은 마을 주민들이라면 누구나 찾아올 수 있는 공간이면서(비배제성), "공동체가 집합적으로 유지되거나 지속가능한 공동의 삶을 향유하기 위해 필요한 자연자원이나 사회적 자원·제도"[38]의 범주에 속하는 '사회적 공동자원'이 될 수 있었기 때문이다. 마을만들기 사업을 통해 새롭게 탄생한 공동자원은 다음과 같다.

첫째, 가시리 디자인카페다. 마을회는 마을 주민들이 손쉽게 찾아올 수 있도록 마을회관 별관을 리모델링하여 이 카페를 조성했다. 마을만들기 사업 초기였던 2010년경, 안봉수 이장 등 마을만들기 지도자들은 이곳을 매우 중요하게 생각했다고 한다. 더 많은 주민들이 카페에 찾아오도록 만듦으로써, 마을만들기 사업에 대한 주민들의 관심을 불러일으키고 참여를 확대하려는 의도가 있었던 것이다. 이 때문에 카페에는 항상 마을만들기 사업의 추진내용과 여러 결과물들이 전시되어 있었다. 처음에는 밖에서 서성거리기만 하던 주민들이 하나둘씩 카페에 들어와 차를 마시며 마을만들기에 대한 의견을 내놓기 시작했다.[39] 점차 디자인 카페는 마을 사랑방으로 변화되어, 마을만들기 사업의 아이디어 창고가 되었다.[40]

둘째, 가시리 창작지원센터다. 이 센터는 외부의 예술가들이 머물면서 창

---

[38] 김선필·정영신, 「제주의 소규모학교 통폐합 논쟁과 공공성의 재구성」, 『탐라문화』 43, 2013, 256쪽.

[39] 김양현, 『마을 경관 개선사업에서 나타나는 주민참여 유형별 특성에 관한 연구』, 중앙대학교석사학위논문, 2016.

[40] 안봉수, 앞의 자료.

작활동을 할 수 있는 공간이지만, 마을 주민들을 위한 공간이기도 하다. 마을회는 예술가에게 월 80만원의 생활비와 약간의 창작 지원비를 지원하는 대신, 그들의 능력과 작품을 마을 주민들이 향유할 수 있도록 했다.[41] 이러한 시도는 제주에서도 가장 후미진 곳에서 별다른 문화생활을 영위하지 못하던 가시리 주민들이 양질의 문화생활을 체험할 수 있게 만들어 주었다. 화가는 마을 학생들에게 그림을 가르치고, 사진가는 사진촬영 강좌를, 요가 전문가는 요가교실을 열어 주민들이 다양한 문화 프로그램을 체험할 수 있었다. 예술가들의 만족도도 높았다. 정해진 활동기간이 끝난 후에도 가시리를 떠나지 않고 눌러앉은 예술가들이 약 30명가량 되고, 다시 이들의 소개로 가시리에 정착한 예술가들이 약 20명 정도다. 2015년 현재, 50명에 가까운 예술가들이 가시리에 정착해서 살고 있다. 창작지원센터와 그것이 가져온 높은 수준의 문화생활은 가시리 주민들 모두가 함께 향유하고 관리하는 공동자원이 됐다.

셋째, 가시리 문화센터이다. 이곳은 가시리사무소 옆 사유지를 구매하여 만들었다. 이 역시 주민들의 접근성을 최우선적으로 고려한 결정으로 판단된다. 마을 지도자들은 여기에 동아리방, 녹음실, 다목적공연장, 로컬푸드 식당 등을 설치했다. 현재 약 10개의 문화동아리가 활동하고 있으며, 마을 축제 공간, 마을 주민의 결혼식 피로연장으로 사용된다. 곧 마을 주민들이 함께 문화 활동을 통해 소통할 수 있는 공간이 되고 있다. 또한 마을에서 작품 활동을 하고 있는 예술가들의 전시공간으로 활용함으로써, 마을 주민들의 문화적 욕구를 충족시키는 효과를 낳고 있다. 주민들은 문화센터를 지속가능하게 관리하기 위해 적극적으로 노력하고 있다. 외부 기관이나 단체로부터 세미나 또는 워크숍 행사를 위한 대관사업을 진행하고, 음향장비 임대

---

41 지금종, 「농촌 커뮤니티 활성화와 문화 활동-제주도 가시리 마을 신문화공간 조성사업 추진 사례를 중심으로」, 『로컬리티 인문학』 6, 2011, 329쪽.

사업을 펼침으로써, 센터의 유지를 위한 재원을 자체적으로 마련하여 공동자원의 지속가능성을 확보하고 있다.[42]

(2) 공동자원을 활용한 마을만들기 전략 수립의 조건

가시리는 마을이 소유한 공동자원의 가치를 이해하고, 그것을 효과적으로 활용할 뿐만 아니라 새로운 공동자원을 창출함으로써 마을만들기의 모범사례가 되었다. 그런데 마을 소유의 공동자원은 가시리에만 존재하는 것이 아니었다. 제주도에는 2012년까지 60개(총면적 6,663ha)나 되는 마을공동목장이 존재하지만[43], 그 가치를 이해하고 마을 공동체 활성화에 활용했던 경우는 거의 없었다. 오히려 골프장이나 리조트로 변한 수많은 공동목장을 통해 알 수 있듯이, 공동목장이 가지고 있는 거대한 토지의 상품성에 주목하여 대자본에게 공동목장을 팔아버리고, 그 수익을 세대별(또는 인구별)로 나누어 가지는 방식으로 마을의 공동자원이 사라지는 경우가 비일비재했다. 2005년까지 70개였던 공동목장이 2012년에는 60개로 줄어버린 것은 그러한 세태를 반영한 것이다. 이러한 사실은 공동목장과 같은 공동자원의 소유여부가 공동체 활성화의 중요한 조건이긴 하지만, 그것이 절대적인 요인은 아니라는 점을 알려준다. 그렇다면 무엇이 공동자원을 활용한 마을만들기를 가능하게 한 것일까? 가시리의 경우, 민주적으로 마을 주민들을 참여시키면서도 외부 전문가들의 의견과 안목을 적극적으로 활용한 마을 지도자 그룹의 마을만들기 전략이 결정적인 역할을 한 것으로 보인다.

---

42  안봉수, 앞의 자료.
43  강정만, 「제주도 12일~10월10일 마을공동목장 실태조사!」, 『뉴시스』 2012. 9. 11.

① 소통과 참여

　마을 지도자들이 마을만들기 사업을 추진하기 시작하면서 봉착했던 가장 큰 난관은 가시리 마을 주민들의 폐쇄성이었다. 앞서 언급했듯이, 가시리는 4·3사건으로 인해 막대한 피해를 입었기 때문에 주민들의 마음은 굳게 닫혀 있었다. 또한 국가와 함께하는 사업에 대해서는 매우 소극적이었다. 공권력에 대한 트라우마가 있었던 것이다. 그런데 주민들의 공감과 참여를 얻지 못하는 마을만들기 사업은 실패할 수밖에 없다는 것을 마을 지도자들은 잘 알고 있었다. 마을 지도자들은 주민들의 참여를 통해 모든 사업을 추진하기로 하고, 총 7번에 걸쳐 마을발전을 위한 대토론회를 열었다. 이를 통해 마을의 발전 방향을 결정할 수 있었다. 마을 주민들의 행복과 마을 공동체의 결속을 위해 마을발전 계획을 대기업이나 정부에 맡기는 것이 아니라 어렵더라도 주민들이 스스로 참여해서 마을의 장점을 살리는 방식으로 마을만들기 사업을 진행하기로 한 것이다. 이렇게 마을만들기 사업의 기본 방향이 결정되자, 가시리는 국가의 지원을 받을 수 있는 사업에 응모하기 시작했다. 사업계획서는 주민들의 회의를 거쳐 작성되었다. 준비하는 과정에서 관할 지자체인 서귀포시 담당자가 소극적인 태도를 보였지만 끈질기게 추진해나갔다.[44] 행정의 냉담한 반응 속에서도 사업을 끝까지 추진할 수 있었던 것은 준비 과정에서 주민 사이에 마을을 살리자는 공감대가 형성됐기 때문이었다. 가시리는 마침내 2009년에 '농촌마을종합개발사업'과 '신문화공간조성사업'을 동시에 유치할 수 있게 되었다.

　그런데 처음에 마을만들기 사업에 적극적으로 참여하기 시작한 주민은 총

---

[44] 당시 서귀포시 담당자는 계획서 준비를 위해 필요한 여러 차례의 회의에 참석하기 어렵다는 등의 이유로 가시리의 마을만들기 사업 추진에 부정적인 입장을 취했다고 한다. 김양현, 「마을경관 개선사업에서 나타나는 주민참여 유형별 특성에 관한 연구」, 중앙대학교석사학위논문, 2016, 90~91쪽.

주민 1,200명 가운데 150명에 지나지 않았다. 이 때문에 대부분의 주민들은 사업을 유치한 뒤에도, 정부로부터 타낸 사업비를 어떻게 나누어 가질 것인가에 대해서만 관심을 가졌다.[45] 따라서 더 많은 주민들이 마을만들기 사업을 이해하고 이 사업에 동참하도록 만드는 것이 필요했다. 이에 따라 앞서 언급한 디자인 카페와 문화센터를 마을 중심부에 조성하게 됐다. 하지만 이것만으로 주민들의 관심과 이해, 참여가 획기적으로 증진되지는 않았다. 이런 상황에서 마을 어린이들 대상 프로그램을 진행하게 되었는데, 이 프로그램은 더 많은 주민들이 마을만들기 사업에 관심을 가지고 참여하도록 만드는 전기가 되었다.

> 초창기에는 주민의식을 바꾸는 게 어려웠어요. 그래서 어른보다 어린이에 중심을 둬 교육을 한 거죠. 학원 못 가고 방치되어 있는 어린이들. 그러자 엄마들이 좋아하면서 마음을 열기 시작했어요.[46]

지도자 그룹은 2009년 여름방학이 되자, 서울에서 활동하는 문화단체를 초대했다. 그리고 마을 어린이들을 대상으로 한 달 동안 다양한 놀이 프로그램을 진행하도록 했다. 자녀들이 행복해하는 모습을 보자, 처음에는 마을만들기에 관심을 보이지 않던 엄마들이 간식을 들고 찾아오기 시작했다. 이어서 할아버지, 할머니 그리고 아빠들도 관심을 갖기 시작했다.[47] 서서히 더 많은 마을 주민들이 디자인 카페와 문화센터에 찾아오기 시작하면서, 마을만들기 사업은 주민들 사이에 안정적으로 정착했다.

이후 주민의 소통과 참여는 마을만들기 사업의 중요한 원칙으로 자리 잡게 되었다. 이 원칙은 긍정적인 효과를 발휘하기 시작했다. 그 효과는 유채

---

45  안봉수, 앞의 자료.
46  추진위 사무장 인터뷰(2015. 6. 22.), 김양현, 앞의 글, 98쪽.
47  안봉수, 앞의 자료.

꽃플라자 건물을 신축하는 과정에서 뚜렷하게 나타났다.[48] 유채꽃플라자는 설계과정부터 공모를 통해 추진되었다. 관련 전문가들이 참여했기 때문에 모두들 좋은 건축물이 탄생할 수 있을 것이라고 생각했다. 하지만 주민들의 참여가 없었더라면, 유채꽃플라자는 관리하기가 어려운 골치덩어리 건축물이 될 뻔했다. 다행히 건축이 시작되기 전에 가시리에서 평생을 살아왔던 마을 어르신들이 초기 설계에 대해 문제를 제기했고 그에 따라 설계를 보완함으로써 발생할 수 있는 문제를 피할 수 있었던 것이다. 초기 설계에 따르면 건물은 한라산을 등지고 세워져야 했다. 하지만 어르신들은 그럴 경우 겨울에 바람 때문에 문을 열 수 없을 것이라고 하면서, 근처에 있는 큰사슴이오름(대록산)을 등지고 건물을 지어야 한다고 조언했다. 어르신들의 조언에 따라 설계를 변경해서 건물을 지었는데 이것이 올바른 선택이었다는 것을 마을주민들은 건물의 이용과정에서 지속적으로 확인할 수 있었다. 전문가를 뛰어넘는 "지역의 지식 local knowledge"과 참여의 힘을 확인할 수 있었던 것이다.

② 신뢰

마을만들기 추진과정 속에서 드러난 마을 지도자들의 모습을 보면서, 주민들 사이에는 지도자들에 대한 신뢰가 쌓이기 시작했다. 이와 더불어 주민들의 소통과 참여는 더욱 확대됐다. 사업 초기에 상당수의 주민들은 마을 지도자들이 사업비를 유용하는 것이 아니냐는 의혹을 가지고 있었다.[49] 마을 지도자들은 이러한 의혹을 해소하고, 신뢰를 얻기 위해 노력했다. 예를 들면 마을만들기를 위한 '선진지 견학'을 투명하고 알차게 진행함으로써, 지도자들이 공금을 낭비하는 사람들이 아니라는 점을 알려 주민들로부터 신뢰를

---

48  같은 자료.
49  김양현, 앞의 글, 96쪽.

얻고자 했다. "강방왕(가서, 봐서, 와서) 고민하고 실행하자"라는 견학의 슬로건을 내걸고 내실 있게 견학을 진행했다. 견학의 목적을 명확히 하고, 사전에 준비 학습을 한 다음, 견학 현장에서 토론회를 갖고, 돌아와서 평가회를 여는 모든 과정을 성실히 그리고 투명하게 진행하였다. 견학이 단순한 관광이 아니라는 점이 알려지기 시작하면서, 주민들이 의구심을 떨치고 지도자들을 더욱 신뢰하게 됐다.[50] 이렇게 생긴 마을 지도자들에 대한 신뢰는 주민들과의 소통과 주민들의 참여를 통해 더욱 쌓여 갔고, 그에 따라 주민들의 참여가 확대되는 선순환의 고리가 형성됐다.

주민들은 마을 지도자들이 초빙한 외부 전문가들에 대해서도 의구심을 품고 있었다. 그러나 그들의 진정성을 확인하게 되면서 점차 그들을 신뢰해 나갔다. 외부 전문가 지금종씨의 인터뷰 내용이다.

> 오히려 개인으로 왔더라면 쉬웠을 텐데 마을일에 개입을 하느라 오해 받고 욕먹는 일이 정말 많았어요. 이해관계가 얽혀있는 거니까요. 아마 그 동안 제주에서 겪은 힘든 일을 책으로 쓰라고 한다면 세 권을 쓸 수 있을 것 같네요. (중략) 마을을 가꾸겠다는 의무와 책임감 때문이었죠. 시간이 지나니 저를 이해해주시는 분들도 많아졌고요. 여전히 제가 하는 일이라면 눈을 흘기시는 분들도 계시고요.[51]

정창원이 지적했듯이, 신뢰는 동서고금을 막론하고 공동체를 결속시키기 위해 반드시 필요한 덕목인 것이다.[52]

---

50 안봉수, 앞의 자료.
51 김태연, 「이주민, 이민자, 정착주민, 뭐라고 부르면 좋을까?」, 『제주의소리』 2015. 9. 19.
52 정창원, 「중국 춘추시기를 중심으로 본 신(信)관념」, 『탐라문화』 42, 2013, 165~188쪽; 정창원, 「戰國시기를 중심으로 본 信 관념의 변화 - 제주지역 공유재 연구를 위한 담론 II」, 『탐라문화』 46, 2014, 75~76쪽.

③ 마을 주민의 역량 강화

사업 초기 마을 지도자들은 국가로 지원받은 예산을 건물을 짓는 곳에 쓰기보다 마을 주민들의 역량을 강화시키는 데 사용했다. 사업 기간 내내 건물만 짓다가 국가의 지원 기간이 끝나버리면, 그것을 운영할 수 있는 주민들의 역량 부족으로 그 건물들이 이내 골칫덩이로 전락할 수 있다는 우려 때문이었다. 이러한 이유에서 가시리는 마을만들기 사업 초기부터 주민들을 위한 여러 교육 프로그램들을 운영해 나갔다. 이것은 국가의 지원 기간이 끝난 2016년 현재까지 마을만들기 사업이 지속적으로 이어질 수 있었던 주요 요인이었다. 이제 주민들은 마을 만들기 사업에 능동적으로 참여하고 있는 것으로 보인다.

> 여름에 김 맬 때는 청년회, 부녀회, 동아리 회원들이 하는데, 동아리 회원들은 평소에 지원을 많이 받으니까 대부분 협조합니다.[53]

마을 주민들의 역량 강화는 마을 지도자급의 안정적인 인수인계에도 영향을 미친 것으로 보이며, 그것은 마을 만들기 사업의 지속적인 추진을 가능하게 만들고 있다. 안봉수 위원장의 뒤를 이어 가시리장에 취임한 정경운 이장의 발언이다.

> 확실히 정착시키는 게 주요 목적입니다. (중략) 새마을사업도 아닌데 서두를 것 없어요. 주민들에게 문화, 복지 혜택을 받도록 하는 게 … (중략) 이젠 정리하고 안착해야 할 때입니다. 필요없는 것은 빼고 보충할 것은 보충하도록 해야죠. (중략) 보통 권역사업 끝나면 법인을 설립해요. 우리는 (공동목장: 인용자주)협업영농조합을 세웠죠.[54]

---

53  정경운 이장 인터뷰(2015. 11. 30.), 김양현, 앞의 글, 105쪽.
54  같은 인터뷰 102쪽, 106쪽.

정경운 이장의 발언을 통해 확인할 수 있듯이, 가시리 마을만들기 사업은 이제 자생력을 갖추고 안정적으로 추진되어 나가고 있으며, 그것은 마을 공동목장의 지속가능한 관리와 이용에서 영향을 미치고 있는 것으로 보인다. 결국 사업 초기 마을 주민들의 역량 강화를 주요 전략으로 삼았던 마을 지도자들의 판단이 옳았던 것이다.[55]

④ 개방적 협치

마을만들기 뿐만 아니라 공동자원의 효과적인 관리를 위해서도 마을 주민들이 국가(지방·중앙정부) 그리고 전문가의 적절한 도움과 협조를 얻는 것은 반드시 필요하다.[56] 가시리 마을 지도자들은 이점을 처음부터 잘 인식하고 있었다. 따라서 마을만들기를 시작하면서부터 가시리 마을회는 정부와 전문가와 협력하기 위한 네트워크를 형성했다. 이 네트워크는 가시리가 마을 공동자원을 효과적으로 관리하고 마을만들기를 성공적으로 수행하는데 크게 이바지했다.

마을만들기 사업 초기, 마을 지도자들은 다양한 전문가들을 활용했다. 마을만들기 전문가인 지금종[57]과 시민운동가 이지훈[58] 그리고 '예술과 마을 네

---

55 마을회와 추진위 간의 관계를 유기적으로 제도화시킨 것도 가시리 마을만들기 사업의 지속적인 추진을 가능하게 만든 요인으로 보인다. 추진위는 마을회 산하기구에 포함되어 있는데, 마을회는 이장을 중심으로 가시리 행정 전체를 총괄하고, 추진위는 마을만들기 사업만을 추진하는 방식으로 업무의 경계를 명확하게 구분시켰다. 또한 마을회 운영위원들을 추진위에 참여시킴으로써, 마을회와 추진위가 같은 관심사를 공유하고 서로 마찰이 생기지 않도록 만들었다.

56 최현·김선필, 「제주의 바람: 공동자원론적 관리 방식」, 『탐라문화』 46, 2014, 96~127쪽; 박진도, 앞의 책.

57 문화연대 사무총장과 시민사회단체연대회의 상임운영위원으로 활동했으며, 2008년 제18대 국회의원선거에서는 민주노동당 비례대표국회의원으로 출마했었다.

58 제주지역 시민단체에서 활동했으며, 최근에는 제주시장과 수원마을르네상스

트워크'라는 NPO를 운영하던 김정헌[59] 등이 사업 계획서를 작성하는 과정에서 주민들에게 도움을 줬다.[60] 가시리 마을이 '신문화 공간 조성 사업'을 유치하게 되자, 지금종은 가시리에 정착하여 마을만들기 사업 프로젝트 매니저Project Manager로 적극 활동하기 시작했다.[61] 그리고 그의 도움으로 다른 전문가들과의 네트워크도 마련되기 시작했다. 전문가들의 동참은 마을만들기 사업에 상당한 도움을 준 것으로 보인다.[62]

이와 함께 처음에는 소극적인 태도를 보였던 지자체의 담당자도 적극적으로 협력하기 시작했다. 김정헌에 의하면, 서귀포시는 2009년 2월에 자신에게 연락을 해왔다고 한다. 열흘밖에 남지 않은 '신문화 공간 조성 사업' 공모를 위해 참여해달라는 취지였다.[63] 그것은 2009년 1월 28일자로 가시리가 '농촌마을종합개발사업' 대상자로 선정된 직후의 일이었다. 가시리가 44억 사업을 유치한 후 행정의 달라진 모습이었다. 이후 서귀포시는 오름 등반로 조성과 같은 대규모 공사에 행정력을 지원해주고 있다.[64] 현재는 가시리 사례를 벤치마킹하여, 제주도 전역에 마을만들기 사업을 추진하기 위한 부서가 제주도청(지역균형발전과)과 제주시청(마을만들기추진팀), 서귀포시청

---

센터장을 역임했다.
59 공주대 교수와 한국문화예술위원회 위원장, 서울문화재단 이사장을 역임하였다.
60 김정헌, 「제주도 표선면 가시리와 '신문화공간 조성사업'(1)」, 『프레시안』 2010. 7. 16; 김정헌, 「제주도 표선면 가시리와 '신문화공간 조성사업'(2)」, 『프레시안』 2010. 7. 23.
61 지금종, 앞의 글.
62 "우리는 무심코 지나쳤던 큰 나무 하나, 바위 하나, 농가의 쓰러져 가는 창고 하나까지도 전문가의 눈에는 자원으로 다가오는 것을 보았습니다." 안봉수, 「인터뷰자료」 2015. 7. 15.
63 김정헌, 「제주도 표선면 가시리와 '신문화공간 조성사업'(2)」, 『프레시안』 2010. 7. 23.
64 김양현, 앞의 글, 105쪽.

(마을만들기추진팀)에 마련되어 있다.

국가의 재정적 지원은 가시리 마을만들기 사업의 성공을 위한 바탕이었지만, 마을만들기 사업의 성공을 위해서는 재정적 지원을 대가로 마을 사업에 간섭하려고 하는 정부의 부당한 요구를 뿌리칠 필요가 있다. 앞서 언급했듯이 가시리는 마을만들기 사업을 시작할 때 필요한 재원 대부분을 농림부로부터 얻었다. '농촌마을종합개발사업'과 '신문화 공간 조성 사업'을 주관했던 농림부 산하 농어촌공사는 사업 초기 주민 의견 수렴 없이 독단적으로 사업을 계획하고 추진하려고 했다. 이때 안봉수 위원장은 리더십을 발휘하여 국가와의 관계 설정에 중요한 역할을 하였다. 그는 마을 주민의 의견을 우선하지 않는 마을만들기 사업은 필요 없다는 점을 농어촌공사에 강력하게 주장하였던 것이다.

> 초기 기본계획 수립 시, 농어촌공사와 갈등을 빚었어요. 농어촌공사에서 실무를 맡아 진행했는데, 기본계획을 주민과 소통 없이 세운 거예요. 마을에 오지도 않고, 주민 의견도 안 듣고, 위원장님(안봉수 위원장: 인용자 주)이 이렇게 말씀하셨어요. '마을이 갑이고 농어촌공사가 을'이다.[65]

이처럼 가시리 마을 측에서 확고한 태도를 보이자, 농어촌공사는 마을의 의견을 중심으로 협력해나가는 태도를 보이게 되었다. 그리고 가시리의 마을만들기 사업에 적극적으로 협조해주었다.

## 4. 나가며: 공동자원의 지속가능한 이용

지금까지 가시리의 마을만들기 사례를 통해 끊어져버렸던 공동자원과 지역 주민의 유대관계를 현대적으로 복원함으로써 마을과 공동자원이 지속될

---

65  추진위 사무장 인터뷰(2015. 6. 22.), 김양현, 앞의 글, 100쪽.

수 있는 길을 살펴보았다. 공동체에 의한 관리방식이 양자의 유대관계를 복원하는 데 국가와 개인보다 더욱 효과적이라는 사실을 확인할 수 있었으며, 그 과정에서 공동자원을 활용하는 마을만들기 전략이 매우 중요한 역할을 했다는 점을 확인할 수 있었다.

제주도 중산간 지역의 광활한 목초지는 인접한 마을들이 공동목장으로 활용해왔으며 제주의 생태와 주민들의 지속가능한 삶에 매우 중요한 요소다. 하지만 현재 여러 마을들이 다양한 사회적·역사적 배경 속에서 목초지를 더 이상 이용·관리하지 않게 됐다. 이에 따라 생태적으로 중요하고 마을 공동체의 기반인 목초지는 상품으로 시장에 나올 수밖에 없었다. 상품화된 목초지는 이미 사라졌거나 사라질 운명에 처해 있었다. 제주의 생태계와 지속가능성에 필수불가결한 목초지가 파괴되는 것은 시간문제일 뿐이었다. 실제로 제주지역의 수많은 공동목장들이 대자본에게 매각되어 골프장과 리조트 등이 조성되었고, 마을도 쇠퇴했고 생태적인 문제도 양산됐다. 그러나 가시리는 다른 길을 보여줬다. 가시리는 안봉수 위원장을 비롯한 마을 지도자들이 공동목장의 잠재된 가치와 생태적 중요성을 발견하고, 그것을 지속가능하게 관리할 현대적 방식을 찾아냄으로써 마을과 생태계를 지켜냈던 것이다. 현재 가시리 공동목장은 마을 주민들의 공동복지commonwealth를 위해 이용·관리되고 있고, 마을 주민들이 문화공간, 교육공간, 마을양로원, 공동목욕탕 등 새로운 공동자원을 형성할 수 있는 경제적 기반을 제공하고 있다. 가시리 사례는 공동자원이 단순히 물리적 속성에 따라 결정되는 것이 아니라, 그것의 이용과 관리를 둘러싼 사회적 관계에 따라 결정된다는 최현·김선필의 주장[66]을 재차 확인시켜주고 있다.

가시리 마을만들기가 가진 또 하나의 장점 역시 공동자원의 사회적 속성

---

[66] 최현·김선필, 앞의 글, 103쪽.

과 밀접하게 관련되어 있다. 그들이 공동목장과 주민들의 유대관계를 효과적으로 복원할 수 있었던 것은 주민들의 안목을 키워주고 의견을 적극적으로 수용함으로써 권력화empowerment를 달성했다는 점이다. 주민들의 역량을 키워주고 주민들에게 권한을 부여해서 권능감을 맛보도록 함으로써 마을만들기 사업에 주민들이 적극적으로 참여할 수 있도록 유도하고, 지도자와 주민들이 서로 소통할 수 있는 구조를 만들었다. 이 과정에서 그들은 외부 전문가와 국가의 도움도 적절하게 활용할 줄 알았다. 이처럼 공동목장의 이용과 관리 과정에서 주민들의 의견을 적극 반영하고, 그들의 참여를 이끌어내고 주민들의 역량을 강화함으로써 마을만들기의 지속가능성도 커졌다. 지도자들 몇몇의 마을만들기가 아니라, 주민들이 함께하는 마을만들기가 되었기 때문이다. 마을만들기 과정에서 역량이 강화된 주민들은 공동목장을 더욱 거시적으로 바라볼 수 있게 됐다. 주민들은 가시리 마을 공동목장을 단지 마을에 '황금알을 낳아주는 거위'로만 보지 않고 '제주의 콩팥'[67]으로 인식하기 시작하면서, 공동목장을 비롯한 마을 공동자원의 관리에 적극적으로 나서고 있다. 또한 주민들의 결정에 따라, 마을이 얻은 수익 대부분은 개별 주민들이 나눠 갖는 것이 아니라 마을공동자원을 확대하는 데 사용되고 있다.

정리하면 다음과 같다. 첫째, 유사한 공동목장을 가지고 있더라도 공동자원을 현대적으로 활용하는 마을만들기 전략을 수립한 지역과 그렇지 못한 지역은 마을만들기의 성공에 중요한 차이를 보이며, 이것은 지역의 환경 보존에도 중요한 영향을 미친다. 둘째, 마을만들기 전략의 수립 과정에서 협치와 주민들의 권력화(주민 역량 강화, 권한 부여, 권능감 체험)는 마을만들기의 지속가능성을 보장하는 핵심 요소이다.

---

67  최현, 「제주의 토지와 지하수-공동자원으로서의 공통점과 차이점」, 『ECO』 17(2), 2013, 79~106쪽.

# 4장

# 커먼즈론을 통해 본 선흘리 마을과 숲의 역사적 변동*

정영신(제주대학교 SSK연구단 전임연구원)

## 1. 소란스런 제주의 오늘

최근 제주는 그 어떤 지역보다도 중앙의 미디어에 자주 등장하고 있다. 그만큼 제주의 오늘은 소란스럽다. 과거에는 대규모 골프장과 리조트의 건설 등으로 소란했다면, 최근에는 대형 카지노와 초대형 복합관광단지의 건설 등이 개발과 보존을 둘러싼 사회적 이슈가 되고 있다. 이런 가운데, 2013년에 1천만 명을 돌파한 관광객 수는 2016년에는 1천5백만 명을 돌파했고, 같은 시기에 인구는 60만 명에서 65만 명을 넘어섰다. 특히 급격하게 팽창한 관광객 수는 개방된 세계정치경제체제 하에서 한중관계의 변화와 같은 외부적 변동에 직접적으로 영향을 받고 있으며 그러한 영향이 한국에 미칠 효과를 가늠하는 척도가 되기도 한다. 그런데 이 같은 제주의 사회와 경제의

---

\* 이 글은 「커먼즈와 커뮤니티 관계의 역사적 변동」(『로컬리티인문학』 17)을 토대로 재구성한 것이다.

양적인 팽창은 2002년에 제정된 '제주국제자유도시특별법'에 힘입은 바 크다. 2000년대 이후 제주사회의 미래비전으로 제시되고 있는 국제자유도시 구상은 "규제완화와 글로벌스탠더드 도입을 통해 '이상적 자유시장 경제모델'을 구축함으로써 동북아의 친환경적 국제자유도시로 발전"시키겠다는 것이다.[1] 이 국제자유도시 구상에서 강조되고 있는 것이 자연의 상품화와 산업화다. 2004년 1월에 제정된 '국가균형발전특별법'에 따라 제주도청이 수립한 '제1차 제주도 지역혁신발전 5개년 계획'에서 제시된 '신성장동력산업'이란 지하수나 바람과 같은 자연자원의 상품화를 의도한 것이었다. 또한 2009년 4월 이명박 정부에 의해 개정된 '국가균형발전특별법' 하에서는 물산업과 관광레저산업을 선도사업으로 선정하였다. 바로 이런 정책적 방향 속에서 중국인들의 급속한 부동산 매입과 수용인구 6만 명이라는 실로 어마어마한 규모의 '오라관광단지' 사업이 추진되고 있는 것이다.

그러나 이러한 정책 비판만으로는 한계가 뚜렷하다. 무엇보다, 이러한 대형 개발사업은 지역 주민들의 개발 욕망과 자포자기에 의한 토지매각을 통해 이루어지고 있는 것이 현실이기 때문이다. 제주4·3사건 이후 정치적 배제와 경제적 소외를 경험했던 제주사회는 제주 경제의 양적 팽창이 불러온 토지가격 상승을 계기로, 마을공동체가 보유한 공동재산, 공유재산을 매각해 왔다. 여기에서 가장 큰 쟁점이 되는 부분이 해안지대와 산간지대를 잇는 중산간지대(해발 200~600미터)에 존재하는 곶자왈, 마을공동목장, 벵듸 등이다. 제주의 독특한 식생을 간직한 숲인 곶자왈, 곶자왈을 포함한 넓은 목초지를 중심으로 목축문화의 장이었던 마을공동목장, 오름과 숲 사이의 넓은 들판을 의미하는 벵듸는 과거에는 제주의 마을사람들의 생계를 책임지

---

[1] 정영신, 「제주 개발의 역사와 오늘: 주변의 정치경제와 개발주의 시대를 넘어서」, 최현 외, 『공동자원의 섬 제주2 – 지역공공성의 새로운 지평』, 진인진, 2016, 340쪽.

는 생산의 장이면서 생활의 터전이었다. 그리고 오늘날 이들은 한편에서는 마을 주민들에 의해 언제라도 처분될 수 있는 재산, 부동산으로 여겨지고 있으며, 다른 한편에서는 풍부한 환경적 가치를 지닌 자연의 선물로 여겨지기도 한다.[2] 제주의 마을과, 마을을 둘러싼 숲과 들판에는 도대체 무슨 일이 있었던 것일까? 마을과 통합적인 삶의 일부를 구성하고 있던 숲과 들판은 언제 어떤 과정을 통해 분리되어 단순한 부동산 재산으로 전락했는가? 이글은 이러한 질문에 대답하기 위해서 마을과 (여러 자연자원들 가운데 특히) 마을숲의 관계가 역사적으로 변동해 온 과정을 분석할 것이다. 특히 이 글에서는 최근 제주에서 마을숲을 이용하여 생태관광 프로그램을 실천하고 있는 선흘리와 선흘곶-동백동산을 사례연구의 현장으로 삼는다. 선흘리-동백동산의 사례를 통해 마을과 숲의 새로운 관계맺기가 어떻게 가능한지, 그 과정에서 어떤 인식과 실천의 변화가 있었는지 살펴볼 것이다.

## 2. 커먼즈론을 통한 마을에의 접근

인문사회과학에서 다루는 마을 개념은 사람들이 함께 살아가는 지리적 공간으로서의 차원, 그런 공간에서 살아가는 사람들의 역사로부터 발생하는 기억과 관념의 차원, 사람들의 활동과 실천 속에서 형성되는 관계성의 차원 등 복합적인 면모를 지니고 있다.[3] 따라서 마을 연구 역시 그 동향을 간단히

---

2   곶자왈과 마을공동목장을 후술할 커먼즈론, 공동자원론에 의거하여 연구한 것으로는 최현 외, 『공동자원의 섬 제주1 – 땅, 물, 바람』, 진인진, 2016a; 최현 외, 『공동자원의 섬 제주2 – 지역공공성의 새로운 지평』, 진인진, 2016b를 참조. 최근 주목받고 있는 벵듸에 관한 종합적인 조사·연구로는 윤용택 외, 『벵듸 조사를 통한 벵듸의 보존과 생태적 활용방안을 위한 연구』, 제주녹색환경지원센터, 2016을 참조.

3   공윤경 외, 「마을연구와 로컬리티 연구」, 『로컬리티 인문학』 13, 부산대학교 한국민족문화연구소, 2015.

정리할 수 없는 복합성과 다양성을 지니고 있다. 여기에서는 이 글의 맥락과 연결되어 있는 몇몇 흐름만을 간략하게 살펴보고자 한다. 단순화의 위험성을 무릅쓰고 이야기하자면, 1980년대까지의 마을 연구는 보편적인 사회발전과 동일한 흐름으로서 농어촌의 산업화 과정에 대한 연구이거나 지체된 산업화를 설명하는 특수성의 용기로서 농어촌 마을에 대한 관심으로 이분화되어 있었다고 할 수 있다. 이 속에서 마을이 지녔던 관계성의 측면들, 특히 정서적 유대감이나 친밀감, 협력의 문화 등은 전근대적인 것으로 취급되었다.

그러나 1990년대 이후 민주화와 지방자치제도의 실시, 세계화의 압력 속에서 마을 연구는 크게 변화하고 있는 듯하다. 특히 농어촌재생과 도시재생 프로그램으로 진행되고 있는 '마을만들기'에 대한 연구는 마을 연구의 주류를 형성하고 있다. 마을만들기 연구의 양적인 확대는 마을만들기 지원제도와 사업에 대한 연구를 넘어서, 다양한 참여주체들 사이의 협력적 관계의 창출로까지 연구의 영역을 넓혀가고 있다. 하지만 기존 마을만들기 연구는 '정태적' 연구에 치중하면서 갈등, 소통, 합의의 창출 등과 같은 동태적 연구가 빈약했다는 비판을 받고 있다.[4] 이것은 마을의 현대적 구성은 어떻게 가능한가라는 질문과도 연결되어 있는데, 필자는 여기에서 핵심적인 것이 커먼즈와 커머닝commoning이라고 생각한다.

이 글에서 분석의 대상으로 삼고 있는 마을(공동체)와 숲의 관계는, 보다 일반적으로 말하자면, 특정한 인간 집단과 그들을 둘러싼 자연 사이의 관계의 변동의 문제라고 할 수 있다. 이러한 연구는 지금까지 주로 '생태사' 또는 '환경사'의 영역에서 다루어져 왔는데, 인간과 자연 사이의 통합적이며 순환적인 관계로부터 인간이 자연으로부터 분리되어 자연을 인간의 인식과 지배의 대상으로 간주하는 시대로의 전환은 근대 혹은 자본주의 시대로의 변동

---

4 정석·김택규, 「국내 '마을만들기' 연구동향과 '사람'에 중점을 둔 연구의 특성 분석」, 『한국도시설계학회지 도시설계』 16(5), 한국도시설계학회, 2015.

을 설명하는 핵심적인 요소였다.[5]

그런데 전통사회 안에서 인간과 인간, 인간과 자연의 순환적 관계를 설명할 때 등장하는 것이 바로 커먼즈commons다. 역사적으로 보면, 커먼즈는 인간의 손길이 닿지 않는 깊은 자연이 아니라, 인간사회의 주변에 존재하면서 인간 집단이 생계와 생존을 위해 의지하고 이용할 수밖에 없었던 다양한 자연자원과 그것을 이용하기 위해 인간들 사이에 형성되었던 협력적인 제도들을 지칭한다. 마을사람들이 공동으로 이용하고 관리하던 마을숲, 마을어장, 마을공동목장, 공동우물 등 그 예는 다양하다.[6]

커먼즈론을 통해 마을을 이해하는 것은 커먼즈 자체를 어떻게 이해하고 어떻게 번역할 것인가의 문제와 연결되어 있다. 커먼즈는 과거에 공유지, 공유재, 공유자원 등으로 번역되다가 최근에는 공용자원, 공동자원, 공통자원 등으로도 번역되고 있다. 그런데 이러한 기존 번역어들은 두 가지 개념상의 혼란을 해결하지 않은 채 사용되고 있다. 첫 번째는 이들 번역어들이 커먼즈를 공유자원common property resources으로 이해했던 과거의 번역 관행을 그대로 답습한다는 것이다. 역사학이나 인류학 등 여러 분과학문에서는 오랫동안 커먼즈를 공동체가 소유한 공동소유재산common property으로 간주해왔는데, 이러한 이해는 과거의 커먼즈뿐만 아니라 현대사회에서 새롭게 창출되는 커먼즈들이 반드시 공동체 소유제도 하에서 관리되는 것은 아니라는

---

5  부연하자면, 인간과 인간, 인간과 자연 사이의 물질적 대사는 본래 연속적인 과정이지만 근대적인 사적 소유제도 하에서 불연속적인 것으로 분할된다. 그리고 자본주의 발전의 역사적 과정에서 불연속적으로 단절된 인간과 인간, 인간과 자연자원이 '시장'을 통해 연결될 때 효율적이라는 것이 현대사회의 지배적인 원리라고 할 수 있다. 조원희, 「사유재산, 시장, 그리고 외부효과 - 시장과 비시장 영역의 상호작용」, 『사회경제평론』 37(1), 한국사회경제학회, 2011.

6  현대적인 의미에서도, 국가나 시장에 의존하지 않으면서 시민들 사이에 형성되는 다양한 협력적 공동제도들, 예컨대 마을도서관이나 광장, 공동육아제도 등도 커먼즈라고 할 수 있다.

점에서 오해를 초래한다. 또한 연구의 대상을 공동소유 형태로 과도하게 축소시키고 만다. 그래서 엘리너 오스트롬은 자원 자체의 성격만을 추상화하여 경제학적 재화의 하나로서 비배제성과 감소성subtractability을 특징으로 하는 공동자원Common-Pool Resources: CPRs 개념을 제안했고, 자원 자체의 성격으로부터 발생하는 혼잡, 남용, 무임승차의 문제와 소유관계를 비롯한 사회적 제도들로부터 발생하는 문제를 구분하고자 했다.[7] 둘째는 한국의 연구자들이 엘리너 오스트롬의 논의를 따라 공동자원CPRs 개념을 수용하면서 그것을 커먼즈와 동일시한다는 점에 있다. 공동자원 개념은 특정한 이용 조건에 따라서 분류된 추상적인 자원 개념인 반면, 커먼즈는 특정한 역사문화적 맥락 속에 파묻혀 있는embedded 존재이기 때문에 양자는 다른 층위에 존재하는 것이다.[8]

커먼즈는 사람들이 그것을 이용하고 그로부터 수익을 얻는 '자원'으로서의 성격을 지니고 있지만, 그것보다 훨씬 포괄적인 의미를 지니고 있다. 커먼즈는 그 관리를 위한 규칙과 제도, 소유제도 등을 필요로 하는 생태적 거버넌스체계를 형성할 뿐만 아니라, 이용자들의 공동생산, 공동노동, 공동생활 등이 펼쳐지는 생산과 문화의 장場을 형성한다. 즉, 커먼즈는 추상적인 재화나 자원으로 환원될 수 없는 역사적·문화적 차원을 지니고 있는 것이다. 여기에는 공동체와 공동자원, 커먼즈와 커뮤니티 관계 속에서 형성되고 축적되는 집단적인 기억과 문화, 인식과 실천의 차원 역시 포함된다. 이런 복합적인 맥락과 의미를 모두 포괄하는 번역어가 없기 때문에 이 글에서는 일단 기존의 번역어 대신에 '커먼즈'라는 용어를 그대로 사용하기로 한다.

---

7  Elinor Ostrom, *Governing the Commons: The Evolution of Institutions for Collective Action*, Cambridge University Press, 1990.

8  이와 관련한 커먼즈의 개념과 이론에 대해서는 정영신, 「엘리너 오스트롬의 공동자원론을 넘어서: 자원관리 패러다임에서 커먼즈에 대한 정치생태학적 접근으로」, 최현 외, 앞의 책, 2016를 참조.

커먼즈는 인간의 생계와 생존에 필수적인 요소였기 때문에 마을의 형성에서도 중요한 역할을 담당했다. 예컨대 1960년대까지 제주의 해안마을에서는 지하에서 자연스럽게 분출하는 용천수가 가장 중요한 생계자원이었는데, 제주의 각 마을은 공동우물인 '물통'을 관리하기 위한 자체의 규칙을 형성하고 유지해 왔다.[9] 더 나아가 공동우물은 물부조를 통해 마을 사람들 사이의 협력관계를 형성할 뿐만 아니라, 물과 연결된 마을마다의 정체성을 형성하고 유지하는 역할 역시 담당해 왔다. 이 때문에 한 연구자는 1960년대까지 제주의 "마을사람이란 즉 물공동체"였다고 주장한다.[10] 이런 맥락에서 보자면, 마을이란 마을산, 마을숲, 마을길, 공동우물, 공동목장, 공동어장 등의 커먼즈를 함께 이용하고 관리하는 사람들의 주거와 협력의 네트워크였다고 할 수 있을 것이다. 커먼즈를 함께 이용하고 관리할 필요성에 의해 산림계나 어촌계 등 마을 내부의 다양한 조직들이 형성되었고, 커먼즈를 형성·재형성하는 다양한 과정과 실천을 통해 그 결과물로서 마을이 (재)구성되어 왔다고 볼 수 있다. 다시 말해서, 마을은 주거의 공동성을 지닌 사람들이 공동의 관계the common를 형성하고 유지하며 공유하는 실천commoning[11] 통해 (재)구성되는 관계의 망이다. 이러한 실천을 통해 형성되는 협력의 문화나 연대의식은 관계망에 연결된 사람들에게 공통의 정체성을 형성한다. 즉, 마을은

---

9 이런 점에서 공동우물은 공동자원의 전형적인 사례다.
10 문경미, 「제주지역 용천수의 이용관행 연구」, 제주대학교 석사학위논문, 2015, 36쪽.
11 이 글에서는 커먼즈의 의미를 고정하지 않고 열린 차원으로 사고한다. 따라서 그것을 형성하고 유지하는 다양한 실천활동을 의미하는 커머닝commoning 역시 하나의 한글 단어로 번역하기에는 어려움이 있다. 다만 commoning은 각 개인이 자신의 소유물을 개방하거나 복제하여 다른 사람들과 공유하는 sharing과는 구별된다. 전자에는 각 개인의 외부에 존재하는 공동의 자원이나 제도를 형성하고 유지하는 활동도 포함되기 때문이다.

국가에 의한 행정적 구분公이나 개인·가족私의 단순한 합산만으로 형성되지 않으며, 지역 주민들의 공동共의 실천과 관계형성을 통해 (재)구성된다. 요컨대, 커먼즈론을 통한 마을 연구는 공共적인 사회적 관계들의 총체로서 마을공동체와 그것의 물적·제도적 토대인 커먼즈의 관계를 다룬다. 따라서 이 글에서 선흘리 마을과 동백동산은 그 자체가 연구의 '대상'이라기보다는, 인간(집단)과 인간(집단), 인간과 자연의 관계가 문제시 되는 '현장'이다. 동시에 커먼즈론은 국가와 시장으로 환원되지 않는 사회의 영역으로서 자치와 협력, 지속가능성의 시각에서 문제의 발생과정을 탐구하고 그 해답을 찾아가는 하나의 '방법'을 제공한다.

## 3. 선흘리 커먼즈 – 커뮤니티 관계의 형성과 발전

### 1) 선흘1리 마을과 선흘곶 – 동백동산의 역사적·지리적 개관

선흘리善屹里는 행정구역상으로 제주특별자치도 제주시 조천읍에 속하며, 조천읍의 가장 동쪽에 위치한 중산간 마을이다. 선흘리는 선흘1리와 선흘2리로 구분되는데, 선흘2리에는 유네스코 세계자연유산인 거문오름이 위치하고 있다. 이 글의 연구 현장인 선흘1리는 알밤오름, 선흘곶자왈, 람사르 습지에 해당하는 먼물깍 습지, 선흘곶자왈의 일부이면서 제주도 기념물 제10호인 동백동산, 제주도 기념물 18호인 백서향 및 변산일엽 군락, 그리고 갖가지 난대성 수목과 양치류 등 풍부한 자연생태자원을 보유하고 있다. 또한 4·3유적인 낙선동 4·3성터, 본향당과 탈남밧일뤠당 등의 신당들, 마르지 않는 샘으로서 오랜 기간 식수터로 사용해 온 밧못(반못) 등의 역사문화자원이 존재한다.[12]

---

12  현재 선흘1리는 본동, 낙선동, 신성동, 목선동 등 4개의 마을로 이루어져 있

선흘1리에는 2015년 11월 30일 기준으로 328세대, 716명이 주민으로 등록되어 있다. 선흘1리는 전체 가구의 80%가 농가인 전형적인 농촌마을이며, 현재 농경지의 반 이상에서 감귤이 재배되고 있다. 면적은 2,168ha이며, 지목별로 보면 전田 248ha, 과수원 177ha, 기타 179ha이며, 가장 큰 면적을 차지하는 것은 임야(1,149ha)와 목장용지(415ha)이다. 토지의 용도별 구성에서 알 수 있는 것처럼, 숲과 목초지는 선흘리의 가장 큰 부분을 차지하고 있다.

제주의 독특한 숲을 의미하는 곶자왈은 제주사람들에게 생계의 자원을 제공하는 전형적인 생계자급 커먼즈subsistence commons였다.[13] 곶자왈은 제주

다. 본동은 '웃선흘'로 불렸으며 '큰동네'라고도 불리는 선흘1리의 중심 마을이다. 낙선동은 '알선흘'로 불리기도 하는데, 제주4·3사건 당시에 무장대의 침입을 막기 위해 군경이 마을주민들을 강제 동원하여 성담을 쌓은 데서 유래한다. 신선동은 '새로 형성된 마을'이라는 뜻으로 1960년대 초반에 조성되었고, 목선동은 1960년대 후반에 제주 한림의 이시돌목장에서 양돈을 목적으로 땅을 사서 사람들을 정착시킨 데서 연유한다고 한다. 제주특별자치도(한국자치경제연구원), 『제주특별자치도 마을특성 및 실태조사(제주시) 보고서』, 제주특별자치도, 2015, 401쪽.

[13] 커먼즈 연구자이자 공유 운동가인 데이비드 볼리어는 커먼즈의 군집을 여섯 가지로 구분하고 있다. 전통적인 커먼즈인 삼림, 어장, 목초지, 물, 사냥감 등의 생계자급 커먼즈Subsistence Commons, 원주민들의 신성한 장소나 자연자원에 대한 전통 지식, 토착적인 예술 디자인 등을 포괄하는 토착(민의) 커먼즈 Indigenous People's Commons, 시간은행이나 혈액·장기 기증시스템 등의 상호부조 시스템을 의미하는 시민적 커먼즈Civic Commons, 지역 공동체의 정원, 광장, 마을축제, 다양한 시민포임, 친환경 마을, 공동거주지 등 공존과 협력적인 삶을 가능케 하는 사회적 커먼즈Social Commons, 규모가 커서 정부의 적절한 관리가 필요한 국립공원, 국유지, 전파, 중앙정부 출자의 연구 등을 지칭하는 국가신탁 커먼즈State Trustee Commons, 전지구적인 규모에서 관리와 보호를 필요로 하는 대기와 해양자원, 생물다양성 등을 포괄하는 글로벌 커먼즈Global Commons 등이다. David Bollier, Think like a Commoner, A Short Introduction to the Life of the Commons. New Society Publishers, 2014,

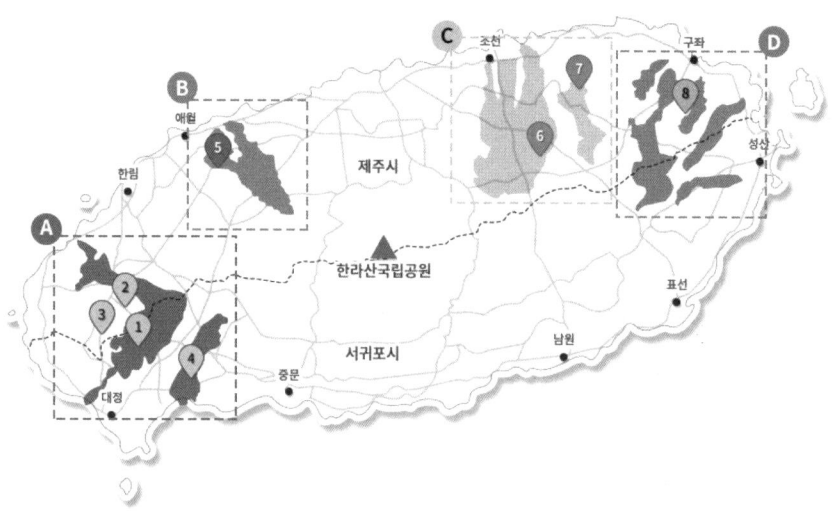

그림 1  제주의 4대 곶자왈과 선흘곶-동백동산의 위치
출처: 제주곶자왈도립공원 누리집. http://www.jejugotjawal.or.kr/default/index.
  php?cid=20.

지역의 기후와 식생을 반영한 독특한 숲을 말하는데, 제주어에서 '곶'은 숲을 의미하며 '자왈'은 암석과 덤불, 나무가 서로 뒤엉켜 있는 상태를 말한다. 마을에 따라서는 '곶'이나 '자왈'이라고 부르기도 한다. '제주특별자치도 곶자왈 보전 및 관리 조례'에서는 곶자왈을 "제주도 화산활동 중 분출한 용암류가 만들어낸 불규칙한 암괴지대로 숲과 덤불 등 다양한 식생을 이루는 곳"으로 정의하고 있다.

곶자왈은 주로 제주의 산간지대와 해안지대를 잇는 생태축인 중산간지대(해발 200~600미터)에 분포하고 있으며, 규모가 큰 4대 곶자왈에는 한경-안덕 곶자왈(A), 애월 곶자왈(B), 조천-함덕 곶자왈(C), 구좌-성산 곶자왈(D)이 있다. 조천-함덕 곶자왈은 교래곶자왈(6)과 선흘곶자왈(7)로 이루어져 있으며 선흘곶(자왈)의 중심 부분을 차지하는 것이 동백동산이다.

pp.127~146.

선흘1리 남쪽의 선흘2리에 있는 거문오름에서부터 이어지는 용암지대와 그 위에 자리잡고 번성한 선흘곶(자왈), 그리고 선흘곶 주변에 넓게 펼쳐진 목초지는 근대 이전 시기부터 마을주민들에게 가장 중요한 생계자원이 되어 왔고 이러한 자연을 배경으로 선흘리 주민들은 농경과 목축의 생산양식, 생활양식을 유지해 왔다.[14]

### 2) 생계·생활의 공간과 목축문화의 장으로서 선흘곶 – 동백동산

선흘곶은 근대 이전의 시기에 선흘리의 주민들이 생계와 생활을 이어가는 공간이었다. 그 몇 가지 흔적을 2012~2013년에 국립산림과학원의 주도로 진행된 선흘곶자왈 내 역사유적에 대한 조사를 통해 살펴볼 수 있다.[15] 이때 보고된 선흘곶의 역사문화유적은 원형돌숯가마 2기, 원형 흙숯가마 78기, 노루텅(돌로 만든 노루함정) 7기, 농경유적 20곳, 음용수 생활유적 10곳, 신앙유적 2곳, 동굴유적 1곳 등이다. 그런데 선흘곶 내의 유적들 상당수는 약 7,500㎡ 크기의 산전山田 경계돌담 안에 위치하고 있고, 이 유적들의 연대가 조선 말기부터 1960년대 중반 정도로 추정되어 상당히 오랜 기간 동안 선흘 주민들이 선흘곶, 동백동산 안에서 집단적으로 생활해 왔음을 알 수 있다.

---

14 곶자왈은 현대에 와서 깨끗한 공기를 제공할 뿐만 아니라 빗물의 정화와 지하수의 함양에 중요한 역할을 담당하고 있다는 점 때문에 그 환경적 가치를 인정받고 있다. 최현, 「제주의 공동목장: 공동자원으로서의 특징」, 최현 외, 『공동자원의 섬 제주1: 땅, 물, 바람』, 진인진, 2016.

15 자세한 조사 결과에 대해서는 강창화·정광중·최형순·현화자·김찬수, 『선흘곶자왈의 역사문화자원』, 국립산림과학원 연구자료 제565호, 2014.

표 1 생활유적 밀집지구 내 자원의 종류와 용도

| 유적의 종류 | 사용 시기 | 용도 | 비고 |
|---|---|---|---|
| 돌숯가마 | 조선시대 말~일제강점기 이전 | 백탄 생산 | 다른 원형 1기는 약 150m 거리에 위치 |
| 일회용 숯가마 | 해방 이후~1960년대 중반 | 검탄 생산 | 밀집지구 내 12기 분포 |
| 숯막(움막) | 조선시대 말~1960년대 중반 | 일시적 휴식처, 일시적 거주지 | 방형 숯막 1기 |
| 山田, 머들[16], 경계용 돌담 | 1894년 이후~1950년대 말 | 보리, 조, 피, 산듸 등을 재배 | 경작지 6개소 이상 |
| 노루텅(통) | 조선시대 말~일제강점기 이전 | 야생 노루의 포획 | 밀집지구 경작지 주변에 3기 위치 |

출처: 강창화 외, 앞의 책, 24쪽의 자료를 일부 수정

위와 같은 단위생활 군집유적의 존재는 다음과 같은 사실을 말해준다. 첫째, 유적의 연대에서 알 수 있는 것처럼, 선흘곶-동백동산이 몇 세대 이상의 시간 동안 선흘리 주민들의 생계와 생활의 공간이었다는 점을 알 수 있다. 둘째, 공동노동과 공동거주를 위해 주민들 사이에 계契와 같은 품앗이 조직이 형성되었으며, 이를 통해 자원을 이용하고 관리하는 규칙, 공동노동과 공동거주를 위한 규칙이 만들어졌다는 것이다. 셋째, 선흘곶-동백동산을 배경으로 선흘리 주민들은 농경, 사냥, 숯 굽기 등의 다양한 생산활동을 영위했다는 점이다. 넷째, 숯 생산의 규모가 컸던 것으로 보아, 숯을 통해 제주의 다른 지역과 경제적 교환활동이 이루어졌다고 볼 수 있다. 주민들은 숯을 판 숯돈으로 주로 제주읍내에서 농산물을 구입했다.

또한 선흘곶과 동백동산을 포함한 제주의 곶자왈은 제주의 마을들이 오랫동안 이용해 온 목축과 농경 문화의 장이었다. 제주에서 농경과 함께 소와 말이 사육된 것은 『고려사高麗史』 등의 역사서와 고고학적 발굴을 통해 확인

---

16 밭 경작 시에 나온 자갈을 한군데 모아놓은 것을 말한다.

되고 있는데, 대규모 목장의 형태로 우마를 사육한 것은 고려 말인 충렬왕 2년(1276년)에 원나라가 군마를 사육하기 위해 제주의 동부지역에 탐라목장을 설치한 때로 거슬러 올라간다. 이후 조선 전기에는 고려시대의 제도를 답습하다가, 세종 때인 1429년에 제주 출신인 고득종이 해안지역의 경작지 확보를 위해 목장을 중산간지대로 옮길 것을 제안하면서, 중산간지대에 십소장十所場을 설치하여 관리하게 되었다. 오늘날의 조천 지역에는 2소장이 설치되었다. 이 국영목장은 국가에서 관리했지만, 지역주민들에게도 개방되어 있었기 때문에 주민들이 소와 말을 방목할 수 있었다. 하지만 제주의 목장제도는 조선 말기에 가뭄과 흉년이 반복됨에 따라 화전농업이 늘어나면서 점차 쇠퇴했고, 1894년부터 관설목장의 주요 제도인 감목관제와 공마제도가 폐지되고, 1897년부터는 공마를 금전납으로 대신하면서 관설목장은 폐지되게 되었다.[17]

제주에서 마을주민들에 의한 목장 운영이 언제부터 시작되었는지에 대해서는 의견이 분분하지만, 18세기 말인 정조 때에 제주 주민들에게 목야지牧野地에 대한 소유권을 부여하여, 공동목장으로의 분할이 일어났다는 견해가 유력하다.[18] 19세기 후반부터는 현재까지 남아있는 형태의 마을공동목장들이 형성되기 시작하여 19세기 말에 3곳, 1900년대에 3곳, 1910년대에 1곳, 1920년대에 7곳 등의 형성시기를 확인할 수 있다.[19] 가장 결정적인 계기는 1933년에 조선총독부가 전라남도 제주도청에 '목야지정비계획'을 세우도

---

17 강만익, 「朝鮮時代 濟州島 官設牧場의 景觀研究」, 제주대학교 석사학위논문, 2001; 남도영, 「제주도 목장사」, 『제주도』, 제주특별자치도, 2007; 윤순진, 「제주도 마을공동목장 해체의 원인과 사회·생태적 귀결」, 최현 외, 위의 책, 2016; 최현, 같은 글.
18 이에 대해서는 윤순진, 앞의 글을 참조.
19 강만익, 「일제 강점기 제주도 공동목장의 운영실태」, 제19회 『전국향토문화공모전 수상집』, 한국문화원연합회, 2004, 23쪽.

록 하여 각 마을마다 마을공동목장조합 결성을 지시한 것이라고 할 수 있다. 1934~1943년 사이에 마을공동목장은 빠르게 증가해서 해방 직전에는 123개의 공동목장이 설립되었다.[20] 중요한 점은 19세기를 기점으로 제주도 목축문화의 중심이 관설목장에서 마을공동목장으로 이동했고 대략 해방을 전후한 시기에 완성되었다는 점이다. 이러한 변동은 선흘리의 커먼즈와 마을공동체 사이의 관계에도 커다란 변화를 가져왔다.

## 4. 선흘리 커먼즈-커뮤니티 관계의 역사적 변동

선흘리의 주민들과 그들이 함께 이용하고 관리했던 선흘곶-동백동산 사이의 관계의 변동은 크게 보면 네 시기로 구분해서 살펴볼 수 있다. 각 시기마다 커먼즈와 커뮤니티 사이의 관계를 변동시켰던 요인들은 상이했다.

### 1) 총유적 관행과 명목적 공유의 시대[21]: 일제시기

일제시기는 조선시대 말부터 이어졌던 주민들의 선흘곶-동백동산 이용방식이 연속성을 가지고 이어졌던 시기였다. 그러나 일제의 식민통치가 식민

---

20 강만익, 『일제시기 제주도 마을공동목장조합 연구』, 제주대학교 박사학위논문, 2011, 74~77쪽.

21 우리 민법에는 민법(현재 법률 제14409호) 제2편 물권, 제3장 소유권, 제3절 공동소유 항목에서 공동소유의 형태를 공유(제262~270조), 합유(제271~274조), 총유(제275~277조)의 세 가지로 구분하고 있다. '공유'는 여러 사람이 지분의 형태로 물건을 소유하는 경우를 말하며, 공유자들이 지분에 대한 처분권을 가지고 있다. '합유'는 여러 사람이 조합체로서 물건을 소유하는 경우를 말하며, 합유물과 지분에 대한 처분은 조합체 전원의 동의를 필요로 한다. '총유'는 법인이 아닌 사단의 사원이 집합체로서 물건을 소유하는 경우를 말하며, 총유물의 관리 및 처분은 사원총회의 결의에 따르며 각 사원은 총유물에 대한 사용권과 수익권을 가진다. 특별히 조합을 결성하지 않은 마을공동체의 소유는 총유로 해석할 수 있는데, 마을 구성원은 마을의 총유재산에 대해 사용권과 수익권을 가지지만 개인 지분을 주장할 수 없고, 공동체 성원권을 박탈당하면 총유물에 대한 권리 역시 사라지게 된다. 총유의 조항은 1958년의 신 민법에서 처음으로 등장했다.

지 근대화를 지향하고 있었던 만큼, 선흘곶-동백동산과 마을공동목장을 둘러싼 근대적인 소유권 제도의 도입이 이 시기에 이루어졌다.

1910년에 대한제국을 강제로 병합한 일제는 1911년 9월에 '산림령'을 시행했다. 이것은 당시 한국의 임야를 총독부 소유의 국유임야國有林野로 강제로 편입시키기 위한 조치였다. 일제시기 이전에 선흘곶은 마을의 총유재산이었다고 볼 수 있지만, 1914년 5월부터 11월 말까지 6개월 동안 이루어진 토지조사사업의 세부측량 결과, 선흘곶 일부가 국유임야로 편입되게 된다. 선흘리 산12번지의 동백동산은 1919년 6월 15일자로 국유지로 편입되었다. 그런데 조천읍 선흘리 임야대장에 따르면, 1934년에 국유지로 편입되었던 산12번지 1필지가 마을주민 49명에게 이양되어 공유지로 바뀌었다. 또한 알마장이 위치했던 산6번지 역시 1919년 7월 31일에 국유지로 편입되었다가, 1932년에 마을주민 9명에게로 소유권이 이전되었다. 산9번지 역시 1919년 12월 22일 국유지로 편입되었다가 1932년에 마을주민 5명에게 소유권이 이전되었다.[22]

이처럼 일제시기에 이루어진 '산림령(1911)', '토지조사령(1912)', '임야조사령(1918)', '목야지정비계획(1933)' 등을 통해 제주의 숲과 목초지에 근대적인 소유관계가 정립되어 마을 주민들이 총유적 관행으로 이용하던 커먼즈는 점차 국유재산이나 공유재산으로 전환되어 갔다.

먼저, 마을 커먼즈가 국유재산으로 전환되는 과정을 살펴보자. 일반적으로 마을 주민 소유의 재산은 크게 보면 리·동 행정업무에 제공되는 행정기관 소유의 실질적인 리·동소유재산과 마을 주민들의 공동 목적을 위해 공동작업 수입금, 호당 갹출금, 마을의 공동목적을 위해 각 개인들이 희사한 재산 등으로 조성된 형식적인 리·동소유재산, 즉 마을총유재산으로 구분

---

22  강창화 외, 앞의 책, 108쪽.

할 수 있다. 일제시기에 '조선총독부 토지조사령'에 의거하여 1913~18년에 실시된 마을재산에 대한 지적공부 등록 시에 이 양자는 별도의 구분 없이 리·동 명의로 등록되었다. 그리고 조선총독부는 1930년 12월 29일의 '읍·면 및 읍·면장에 관한 규정'(총독부령 제103호)에 따라 1931년 4월 1일에 읍·면제를 실시하였고, 읍·면제의 실시에 따라서 당시 리·동 명의의 재산은 읍·면 명의로 이전되었다. 그리고 이 재산들은 다음 절에서 살펴볼 몇 가지 조치들을 통해 해방 이후 지자체 소유의 공유公有재산이나 국유재산으로 전환된다.

다음으로, 식민지 시기에 이루어진 근대적 소유관계의 정립 과정에서 마을 커먼즈는 다양한 형태의 공유재산으로 전환되거나 새롭게 조성되었다. 대표적으로, 1930년대에 이루어진 일제의 농촌진흥운동(1932~1940)과 축산정책에 따라 목초지 이용자들이 마을목장조합으로 조직되면서, 각 목장조합별로 공동목장을 마련하게 된다. 이때 공동목장의 부지는 읍·면·리가 보유한 마을의 총유재산, 개인들로부터 매입한 매수지와 차수지, 기부지 등으로 형성되었으며, 제주도 전체적으로 116개의 마을공동목장이 구성되었다. 선흘리가 속한 조천읍에서는 조천 제1목장과 조천 제2목장, 대흘목장 등 3곳이 조성되었다. 1943년 일제가 작성한 「제주도 공동목장 관계철」[23]에 따르면, 조천 제1목장은 교래, 와흘, 대흘 지역에서, 제2목장은 선흘, 교래 지역에서 조성되었다. 조천 제2목장은 선흘리 마을주민들이 이용하던 알마장과 웃마장을 모두 포괄하고 있던 것으로 보이는데, 신흥, 함덕, 북촌, 선흘, 와흘 등의 마을이 공동으로 사용했고, 목장조합은 1935년 5월에 설립되

---

[23] 1943년에 제주읍공동목장조합연합회에서 조사한 『共同牧場 關係綴』 자료는 현재 제주도청 축정과에서 보관하고 있으며, 일제시기 제주도 공동목장의 실태를 파악할 수 있는 가장 중요한 자료다. 이 자료에는 공동목장별로 토지소재지(면, 리), 지목, 지번, 지적, 소유자, 비고(매수, 차수, 기부) 등의 항목을 기록하고 있다.

었다. 당시 조합원은 626명이었는데, 토지를 제공한 대부분의 소유주들이 선흘리 거주자였다.

일제의 「공동목장 관계철」에 나타난 공동목장 조성 당시의 자료에는 마을 공동목장이 확보한 부지의 소유형태와 확보 방법이 자세하게 나타나 있다. 확보된 부지의 총면적은 185.9㎢에 달하여 제주도 총면적(현재 1,845.88㎢)의 10%에 해당한다. 조천면은 제주읍과 11개 면 가운데 가장 큰 면적인 45.9㎢의 공동목장 부지를 확보했다. 마을공동목장 부지의 확보 방법에는 매수, 차수, 기부의 방법이 사용되었다. 매수지買收地는 행정의 압력을 배경으로 지역 주민들로부터 염가로 매입한 땅이며, 차수지借受地는 주민들이 관행적으로 이용하던 토지를 토지조사와 삼림조사를 거쳐 공유지公有地로 전환한 것을 목장조합이 다시 빌리는 형태였고, 기부지는 개인들로부터 소유권을 넘겨받거나 마을회 소유의 토지에 대한 사용권과 수익권을 넘겨받은 땅이었다.[24] 제주도 전체를 놓고 보면, 매수지가 30%, 차수지가 51%, 기부지가 19%를 차지한다. 선흘리가 속한 조천면의 경우, 매수지 33%, 차수지 64%, 기부지 3%를 보이는데, 차수지가 많고 기부지가 적다는 특징을 보인다. 이것은 조천면의 경우에 주민들이 이용하던 기존의 토지와 삼림 대부분이 국공유지로 편입되었다는 사정과 관련이 있다. 「공동목장 관계철」을 꼼꼼하게 조사한 강만익에 따르면, 당시 제주도와 조천면 소재 공동목장의 소유주체별 상황은 다음과 표와 같다.

---

[24] 강만익, 같은 책, 2013, 146~164쪽.

표 2 제주도와 조천면 마을목장조합 국공유지·사유지 확보실태(㎡)

| 지역 | 공동목장 | 國有 | 道有 | 面有 | 里有 | 私有 | 合計 |
|---|---|---|---|---|---|---|---|
| 조천면 | 총면적 | 3,951,527 | 471,900 | 17,796,029 | 4,500 | 23,716,821 | 45,940,777 |
|  | % | 8.6 | 1 | 38.7 | 0.1 | 51.6 | 100 |
| 제주도 | 총면적 | 7,561,982 | 5,047,046 | 42,841,843 | 31,223,963 | 99,223,140 | 185,897,974 |
|  | % | 4 | 3 | 23 | 17 | 53 | 100 |

출처:『공동목장 관계철』, 강만익, 앞의 책, 300쪽의 표를 재구성.

위의 표 2 가운데 국유지, 도유지, 면유지는 토지조사사업을 통해 공적 영역으로 귀속된 토지에 해당하며 리유지는 마을 명의로 사정받은 토지를 말한다. 제주도 전체 상황과 비교했을 때, 조천면의 경우에는 마을 명의의 리유지가 거의 없고 국공유지가 많아서 이것을 빌리는 형태로 마을공동목장을 조성했다는 점을 알 수 있다. 그리고 절반이 넘는 부지는 사유지의 형태를 띠었다. 정확한 비율이나 규모는 확인할 수 없지만, 이 사유지 가운데 일부는 앞에서 살펴본 것처럼 몇몇 마을사람들이 공동으로 소유하는 형태가 되었던 것으로 보인다. 이와 같은 등기 방식은 제주도 전역에서 관찰되는데, 근대적인 소유관념이 미비한 상태에서 문자를 해독할 수 있거나 세금과 입회비를 지불할 정도의 재산을 가진 사람들을 중심으로 등기가 이루어졌고, 이것은 숲과 목장이 마을 사람 모두의 것이라는 인식과 관행 속에서 용인되었다.[25]

위와 같은 일련의 변동을 요약하면 '마을공동목장의 제도화'라고 할 수 있

---

25 등기된 숲과 목초지라 하더라도 관리를 위해 일정한 의무를 질 경우에는 마을 사람들이 이용할 수 있었다. 다만, 목장조합의 조합원이 되기 위해서는 일정 금액의 입회비를 내거나 일정 규모의 임야와 노동력을 제공해야 했다. 윤순진, 앞의 글, 190~194쪽.

을 것이다. 이 과정은 지역 공동체의 생산과 생활양식 및 이용관행에서도 몇 가지 중요한 변화를 가져왔다.

첫째, '관설목장 체제'에서 '마을공동목장 체제'로 목축환경이 변화하면서 이전 시기보다 제주도민의 우마 사육이 크게 늘었고, 주민들의 생계에서 목축이 차지하는 비중 역시 훨씬 커졌다. 일제에 의해 주도된 위로부터의 공동목장 설립 정책은 조선의 우마를 일본으로 수출하여 식량을 확보하기 위한 일제의 축산정책의 일환이었지만, 특히 소의 사육이 보편화되어 1920년대에 100여 두에 불과했던 제주산 소의 일본으로의 이출은 1930년대에는 한 해에 1,500여 두를 상회할 정도가 되었다.[26] 1930년대의 통계자료에 따르면, 제주도의 소 사육 두수는 40,924두로 조선 전체의 30%, 말은 22,500필로 조선 전체의 40%를 차지했다고 한다.[27] 해방 전후 제주 인구를 20만으로 추정하면 대략 한 농가당 1~2마리의 소를 키웠다고 할 수 있다.

둘째, 우마 사육의 확대는 농경과 목축이 결합된 제주 특유의 순환적 경제를 확대했다. 제주도의 토양은 화산회토火山灰土로 바람에 잘 날리고 배수가 잘되어 수분이 부족하기 때문에, 말과 소를 이용하여 땅을 밟아주는 진압농법鎭壓農法을 사용해 왔다. 이러한 농법과 방목을 위해서는 협력적인 조직이 필요했는데, 목장조합을 구성하기 이전에도 제주인들은 '모듬태'라는 방식으로 15~20명의 소 주인들이 조를 짜서 자신들이 소유한 모든 소들을 공동으로 방목을 하면서 관리해 왔다. 마을주민들이 목장조합을 설립한 이후에는 각 목장조합별로 조합원의 권리와 책무, 자격, 공동목장의 운영방식 등에 관한 규정을 마련했다. 공동목장과 관련한 조직들은 마을 공용목초지

---

26   강만익, 『일제시기 목장조합 연구』, 경인문화사, 2013, 24쪽.
27   부혜진·강창화·정광중, 「제주도 중산간 곶자왈 지대의 마을공동목장 운영과 방목활동을 통한 생활상 연구」, 『한국지역지리학회지』 22(2), 한국지역지리학회, 2016, 355쪽.

의 공동체적 이용이라는 측면과 더불어서, 한 가구가 하기 힘든 일을 함께 해결한다는 공동노동조직이라는 특성도 지니고 있었다.[28] 또한 말과 소의 배설물을 농경을 위한 거름으로 사용하고, 농작물의 일부를 사료로 사용함으로써 목축과 농경 사이의 순환적인 관계를 형성했다.

선흘리 마을공동체의 여러 관계들 역시 보다 가시적이며 제도화된 형태를 띠게 되었다. 선흘곶-동백동산 역시 방목과 목축활동이 활발하게 이루어지는 장소였는데, 마을 주민들은 선흘리의 마장馬場을 '웃마장'과 '알마장'으로 구분하고[29], 선흘1리 주민들은 알마장을 이용해 말과 소를 길렀다. 선흘곶에는 우마의 먹이인 촐(꼴의 제주어)과 비가 오면 물이 고이는 습지가 풍부했기 때문에 방목이 가능했다. 원래 선흘리의 방목활동은 제주의 다른 마을들과 그다지 다르지 않았다. 음력 2월에는 알마장 방목지에 불을 놓는 '방앳불 놓기'(放火, 火入)를 했는데, 공동목장 단위의 불놓기에는 마을에서 집집마다 의무적으로 출력하여 마을의 공동체성을 확인하는 계기로 삼았다. 봄철이나 가을철에 대기가 건조한 시기에는 산불로부터 선흘곶을 지키는 것이 매우 중요한 일이어서, 마을 사람들이 순번제로 곶자왈을 순찰하기도 했다.

제주의 여타 지역과 마찬가지로 이곳에서도 '테우리'라 불리는 사람을 두어 마을공동목장을 관리하고 방목을 책임지게 했다. 이들은 공동목장 내에 지어진 '테우리 막'에 살면서 마소를 관리했다. 이들은 알마장과 동백동산 곶자왈의 지리적 환경, 특히 우마에게 물을 먹일 수 있는 습지의 이름과 위치, 상태 등을 정확하게 알고 있었다. 또한 다른 마을들과 마찬가지로 1930년대 공동목장조합이 만들어진 후에는 목감牧監을 두어 방목을 전담케 했으

---

28  윤순진, 앞의 글, 190~194쪽.
29  알마장은 선흘1리인 산6번지 곶자왈과 산8, 산10, 산13번지 일대이고 웃마장은 알밤오름 동쪽부분인 선흘2리 산30, 산31, 산34, 산36, 산39, 산41, 산43, 산45번 일대에 해당한다.

며, 목감에게는 관리할 우마의 수에 따라 탈곡한 보리로 삯을 지급했다. 방목을 하기 힘든 겨울철에는 집에서 소와 말을 먹일 촐을 마련해야 했는데, 선흘1리 사람들은 알마장과 알밤오름, 윗밤오름 일대에서 필요한 촐을 확보했다.[30]

선흘곶에서 행해졌던 목축 역시 농경과 결합되어 있었는데, 거름을 얻기 위해 소와 말을 밭으로 몰아넣은 다음 이들의 배설물을 이용해 농사용 거름을 얻는 '바령밭'을 운영했다. 특히 앞에서 언급한 산전山田의 존재는 선흘곶에서 소규모의 농경이 행해졌음을 보여준다. 산전농업은 화전의 한 형태인데 곶자왈 내에 돌담을 쌓아 불넣기를 통해 잡초를 제거하고, 주변 습지의 물을 이용해 농사를 지었다. 제주도내 곶자왈 가운데 선흘곶에서 유일하게 벼농사를 지었는데, 선흘1리 주민들은 선흘곶과 인접한 산6번지 알마장 일대에서 습지인 '강못'을 이용했다. 선흘곶 습지의 물이 가뭄에도 쉽게 마르지 않았기 때문에 가능했다.[31] 곶자왈 내에서 개척한 논은 먼저 만든 사람에게 경작권이 인정되었고, 자식에게 경작권을 물려주는 경우도 있었다.[32] 곶자왈에 대해서는 소유권을 주장하는 일이 없었지만, 돌담으로 경계가 마련된 산전에 대해서는 개인적인 권리주장이 가능했던 것이다. 이러한 산전은 자연 그대로의 지형을 이용해 소규모로 행해졌기 때문에 곶자왈 환경을 파괴할 정도로 확대되지는 않았다.

이처럼 '제도화'가 초래한 변동에 대응하는 과정에서 마을의 공共적인 관계들이 일정 부분 공식적인 모습으로 바뀌기도 했지만, 이전 시기부터 지속되던 비공식적 관행들이 지속된 것이 이 시기의 특징이었다.

---

30  강창화 외, 앞의 책, 72~78쪽.
31  선흘곶, 동백동산은 숲이 울창하게 우거져 있어서, 숲 속으로 들어가면 공기 중의 습도가 높다는 것을 느낄 수 있을 정도다.
32  강창화 외, 앞의 책, 78~81쪽.

도틀굴(반못굴)입구　　　　　목시물굴 입구
그림 2  도틀굴과 목시물굴 입구
출처: 선흘곶 누리집. http://www.ramsar.co.kr/?mid=KR0107

## 2) 마을-숲 관계의 파괴와 재생 노력: 4·3부터 1971년까지

해방 이후의 시기에 선흘리 마을공동체와 선흘곶-동백동산 관계를 변동시킨 결정적인 요인은 4·3과 5·16군사쿠데타라는 정치적 변동이었다.

먼저, 20세기 제주사회를 뒤흔든 가장 대표적인 사건이었던 제주4·3사건은 선흘리에도 엄청난 고통과 충격을 주어 마을공동체를 완전히 파괴했으며, 그럼으로써 커먼즈-커뮤니티 관계에도 중대한 영향을 미쳤다.[33] 1948년 11월 21일에 군인들이 마을을 불태우고 해안마을로 소개하라는 명령을 내렸을 때, 주민들은 오히려 숲으로 숨어들었는데, 그것은 숲이 그만큼 주민들에게 익숙하고 친숙한 공간이었기에 가능한 결정이었다. 또한 동양 최대의 난대림 군락지로 알려진 선흘곶에는 거문오름 용암동굴계가 뻗어 내려와 벵

---

33　2003년 10월 15일에 확정된 『제주4·3사건 진상조사보고서』에서는 제주4·3사건을 "1947년 3월 1일 경찰의 발포사건을 기점으로 하여, 경찰·서청의 탄압에 대한 저항과 단선·단정 반대를 기치로 1948년 4월 3일 남로당 제주도당 무장대가 무장봉기한 이래, 1954년 9월 21일 한라산 금족지역이 전면 개방될 때까지 제주도에서 발생한 무장대와 토벌대간의 무력충돌과 토벌대의 진압 과정에서 수많은 주민들이 희생당한 사건"으로 규정하고 있으며, '초토화 작전'을 동반한 이 대규모 학살에 의한 희생자 수는 2만5천~3만 명으로 추정되고 있다. 제주4·3사건진상규명및희생자명예회복위원회, 『제주4·3사건 진상조사보고서』, 2003, 제주4·3사건진상규명및희생자명예회복위원회, 363~367쪽.

듸굴, 목시물굴, 도틀굴 등 크고 작은 천연동굴이 밀집해 있었다. 주민들은 목시물굴과 도틀굴로 피신했다. 그리고 며칠만 임시로 몸을 숨기면 다시 마을로 돌아가서 평화롭게 살 수 있을 것이라고 생각했다.

1948년 11월 25일 도틀굴로 피신한 주민이 물을 긷다가 군인에게 발각되었다. 토벌대는 도틀굴을 포위하고 굴 안으로 수류탄을 던졌다. 끌려나온 25명의 주민 가운데 18명이 그 자리에서 총살을 당했다. 남은 주민들은 함덕초등학교로 압송되었고, 다른 주민들의 행방을 찾기 위한 고문이 이어졌다. 누군가의 실토에 의해 남녀노소 150여 명이 은신했던 목시물굴의 존재가 드러났다. 토벌대는 굴을 포위하고 수류탄과 기관총을 난사했다. 끌려 나온 주민 가운데 17세 이상의 청장년 40여 명이 이 자리에서 총살을 당했다. 그리고 토벌대는 희생자들의 주검 위에 기름을 부어 불을 질렀다. 이 자리에서 달아나 벤벵듸굴에 숨었던 사람들, 군부대에 의해 함덕으로 끌려갔던 사람들도 이후에 집단 학살을 당했다.[34] 살아남은 사람들은 군의 명령에 의해 당시 알선흘이라 불리던 낙선동에 가로 150m, 세로 100m 가량의 성을 쌓는데 동원되었고, 그곳에 수용되었다. 선흘1리의 여러 마을들 가운데 4·3 이후에 복구된 마을은 본동 하나뿐이었고, 1950년대 초에 가서야 이주가 허락되었다.

4·3사건이 커먼즈-커뮤니티 관계에 미친 결정적인 영향은 이처럼 마을 공동체 자체가 거의 완전하게 파괴되었다는 점, 그리고 동백동산이 4·3의 기억을 지속적으로 환기시키는 장소라는 의미를 획득했다는 점에 있다. 마을 주민 가운데 한 사람은 1980년대까지 4·3 희생자들의 유골이 쉽게 발견되곤 했다고 증언한다.

---

34  제주특별자치도·제주역사문화진흥원, 『선흘1리』, 도서출판 각, 2010, 67~73쪽.

"불과 10여 년 전까지만 해도 인근 숲이나 동굴 속에는 해골바가지와 그들이 남긴 사기그릇과 숟가락이 발견되곤 했지요. 그때는 철모르는 어린 때라 그게 무엇인지도 모르고 작대기에 꿰어서 메고 다니기도 했습니다. 나중에 보니 해골바가지였어요."[35]

마을활동가들에 따르면, 아직까지도 4·3 당시의 기억과 트라우마 때문에 숲으로 들어가지 못하는 주민들이 있다고 한다. 그런 의미에서 동백동산은 선흘리 주민들에게 '금단의 숲'이자 '악몽의 숲'이었다고 할 수 있다.

또한 이 시기에는 마을숲과 마을공동목장에 대한 추가적인 '제도화' 과정이 진행된다. 5·16군사쿠데타에 뒤이은 '지방자치에 관한 임시 조치법'에 의해 마을의 커먼즈는 다시 한 번 국공유재산으로 전환된다. 1961년 9월 1일 박정희 군사정권에 의해 실시된 '지방자치에 관한 임시 조치법'(법률 제707호)의 시행으로 일제시기에 읍·면 소유의 재산으로 전환된 커먼즈는 다시 시·군에 귀속되었다. 이후에도 '임야 소유권이전등기 특별법'(1969년)과 '부동산 소유권 이전등기 특별법'(1978년)이 시행되면서 커먼즈의 소유권은 점차 근대적인 소유제도 아래로 재편되었다. 이러한 조치들에 의해 제주도 전체적으로 보면 시·군으로 귀속된 재산이 1,383필지, 23.005㎢, 6.969백만 평에 달하며, 이 가운데 선흘리가 속한 당시 북제주군이 12.133㎢로 제주도 전체의 약 52.7%를 차지했다.[36]

군사정권에 의한 일방적인 귀속조치는 4·3에서 회복 중이던 마을공동체들로부터 커먼즈를 강탈한 행위로서, 주민들의 강한 불만을 불러왔다.[37] 우

35　주민 고태복씨의 증언. 김순남, 앞의 글, 64쪽에서 재인용.
36　문태수, 「시·군 귀속 마을총유재산 환원」, 『제주도 지방의정』 4, 1995, 제주도 지방의정연구소, 199~200쪽.
37　이에 따라 마을별로 민원과 행정소송이 잇따라 제기되었고, 마을과 행정기관 사이의 대립과 갈등이 늘어나게 되었다. 이러한 분쟁을 해결하기 위해서 1994년 8월에 '시·군 귀속 리·동유재산 환원처리지침'이 마련되었지만,

선, 이러한 움직임에 대해 선흘리에서는 마을에서 일정한 금액을 차출할 수 있는 사람들끼리 자금을 출자해서 연명등기로 일부 공동목장을 공동소유지로 전환했다.[38] 또한 주민들의 불만을 무마하기 위해서, 귀속재산은 마을 주민들에게 무상으로 임대를 주거나 임대계약을 맺고 소액의 임대료를 지불하는 형식으로 전환되었다. 표 3에 나타난 귀속재산의 활용 실태를 보면 공동목장과 목초지 비율이 71%에 달한다. 귀속재산의 대부분은 관습적으로 마을 주민들이 함께 사용해 오던 커먼즈였음을 알 수 있다.

표 3 귀속재산의 활용 실태(단위: 천㎡)

| 구분 | 계 | | 제주시 | | 서귀포시 | | 북제주군 | | 남제주군 | |
|---|---|---|---|---|---|---|---|---|---|---|
| | 필지 | 면적 | 필지 | 면적 | 필지 | 면적 | 필지 | 면적 | 필지 | 면적 |
| 계 | 1,383 | 23,005 | 318 | 2,548 | 118 | 4,134 | 446 | 12,133 | 501 | 4,190 |
| 경작지 | 28 | 592 | | | 1 | | 16 | 545 | 11 | 47 |
| 주택부지 | 129 | 39 | 74 | 9 | 9 | 2 | 35 | 12 | 11 | 16 |
| 공동목장 | 43 | 11,862 | 2 | 1,304 | 1 | 198 | 28 | 7,148 | 12 | 3,212 |
| 공동묘지 | 45 | 450 | 4 | 36 | 14 | 232 | 9 | 102 | 18 | 80 |
| 연못 | 51 | 63 | | | | | 41 | 41 | 10 | 22 |
| 마을제단 | 20 | 64 | 3 | 1 | 3 | 1 | 11 | 12 | 3 | 50 |
| 목초지 | 279 | 4,503 | 29 | 577 | 5 | 456 | 81 | 2,789 | 164 | 681 |
| 도로 | 127 | 19 | 54 | 4 | | | 64 | 10 | 9 | 5 |
| 기타 | 661 | 5,413 | 152 | 617 | 85 | 3,245 | 161 | 1,474 | 263 | 77 |

출처: 문태수, 앞의 글, 201~202쪽에서 재인용.

---

    1994년 1~3월 사이에 민관합동조사를 통해 마을총유로 입증된 6필지, 0.065㎢와 환원 소송을 통해 돌려받은 5.819㎢만 마을로 환원되었다. 위의 〈표 3〉은 이 과정에서 확인된 것을 정리한 것이다.

38  김순남, 「동백숲을 끼고 자존심을 일궈가는 곳」, 『월간제주』 141, 월간제주사, 1990, 65쪽.

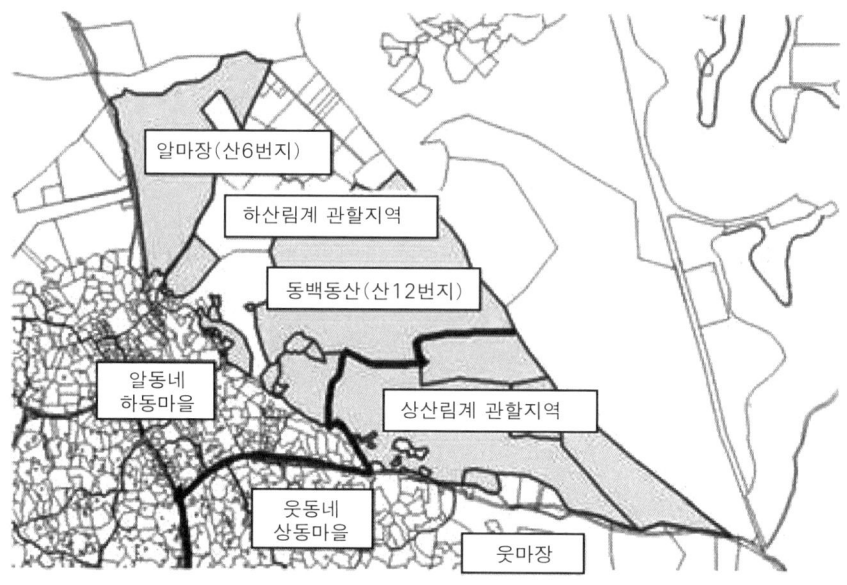

그림 3 선흘리와 선흘곶의 공동목장 및 산림계 관할지역 구분도
출처: 강창화 외, 앞의 책, 109쪽의 그림을 필자가 수정·보완한 것.

  4·3이나 5·16과 같은 정치적 격변, 숲이 지니는 의미의 부정적 변화를 맞이하여 선흘리 주민들은 한편으로는 숲을 이용하여 생계와 생존을 유지할 수밖에 없었고 다른 한편으로는 마을 공동체의 재건에 나서야 했다.

  선흘곶과 동백동산은 여전히 선흘리 주민들에게 필수적인 생계와 생활의 장이었다. 선흘곶은 목재의 공급처로서 주민들은 동백동산의 수목을 이용해서 집을 짓거나 농기구를 만들었다. 선흘곶은 야생동물의 먹이가 풍부해서 노루, 오소리, 꿩, 족제비 등이 서식했고, 마을 사람들은 총이나 사냥개 등을 이용해 1960년대까지도 노루를 사냥했다. 또한 쑥, 고사리, 꿩마농(달래)와 같은 산나물, 식용열매, 약용식물을 채집하는 장소이기도 했다. 특히 1970년대 이전까지 선흘곶을 비롯하여 곶자왈과 이어진 오름과 목초지는 땔감을 구할 수 있는 유일한 장소였다. 숲에서 수집하는 솔방울이나 말라죽은 나뭇가지 등은 겨울철 난방과 식사 준비, 우마의 여물 준비에도 반드시 필요한 것이었다. 이처럼 선흘곶, 동백동산은 선흘리 주민들의 생존과 생계에 없어

서는 안 될 다양한 자원과 수단을 제공하는 생계자급 커먼즈였고, 그 자체로 생명의 보고寶庫였다.[39]

또한 4·3으로 해체된 마을공동체를 복원하기 위해서 마을 내부의 조직들도 정비되었다. 산림계의 재조직이 대표적인 사례다.『제주도 통계연보』의 자료에 따르면, 전쟁 직후인 1954년에 제주의 산림계는 168개로 계원은 24,500에 달했다. 산림계는 점차 확대되어 1961년에는 197개 27,222명, 1964년 19개 37,110명, 1970년에 198개 44,400명으로 늘어났다.[40] 선흘리에서는 마을 주민들이 선흘리 마을로 돌아온 직후인 1953년에 산림계가 조직되었다. 선흘1리의 산림계는 웃동네인 상동의 상산림계와 알동네인 하동의 하산림계의 2개 조직으로 편성되었다. 상산림계는 산26, 27, 28, 29번지 일대의 임야를 관리했고, 하산림계는 산6, 산10, 산12번지 일대의 알마장 임야와 동백동산 곶자왈을 관리했다.

여기에서는 2016년까지 선흘리 마을 리장을 지낸 박현수씨가 제공해 준 상산림계 관련 문서와『선흘곶자왈의 역사문화자원』(2014)에 나타난 하산림계 관련 문서를 비교하면서, 선흘리 주민들의 선흘곶 이용 실태와 마을공동체의 사정을 살펴보려 한다.[41] 「선흘 상산림계 문서철」에는 산림계의 내부 규약을 정한 「선흘리 상산림계 준칙」과 산림계 명부, 임대 계약서, 산림계 회의록 등이 포함되어 있다.

---

39  지난 2002년 처음으로 학계에 보고된 제주고사리삼은 동백동산에서 처음 발견되었으며, 오직 제주도에만 자라는 특산식물로 식물학적인 가치도 크고 제주식물의 상징이 되었다.

40  이후 산림계는 산림조합이 결성되는 1970년대 후반으로 가면 급격히 축소된다. 1976년 198개 41,400명에 달하던 산림계는 1979년에는 30,700명으로 축소되고, 산림조합은 1976년에 2개 29,145명이던 것이 1979년에는 109,834명으로 팽창했다.

41  이를 편의상 「상산림계 문서철」과 「하산림계 문서철」이라 칭할 것이다. 각 문서철에는 삼림계로 표시되어 있으나, 현재의 용법에 맞추어 산림계로 표기한다.

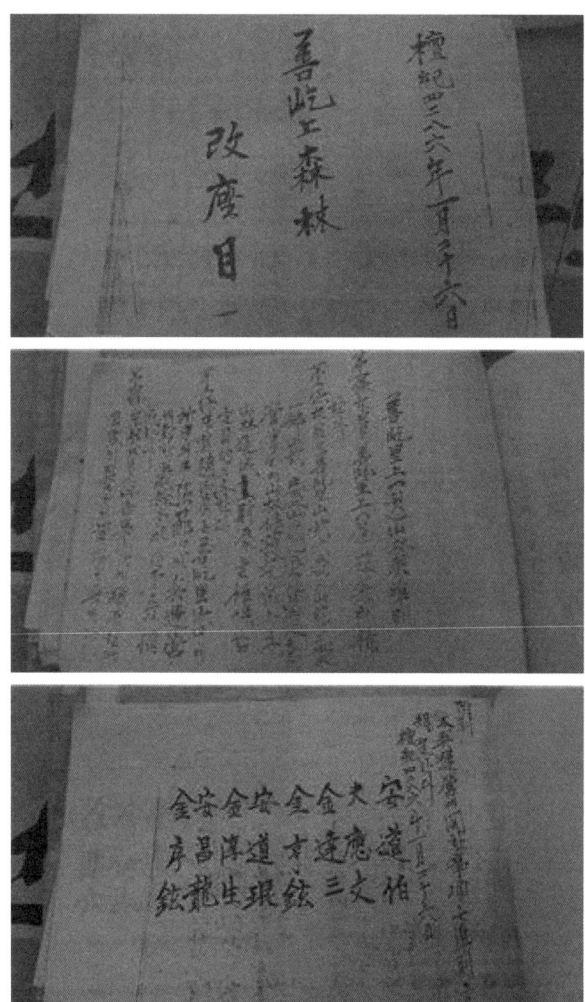

그림 4 「선흘 상산림 좌목」, 「선흘리 상산림계 준칙」, 산림계 명부

두 문서철에 따르면, 하산림계는 1953년 12월 3일, 상산림계는 1953년 1월 26일에 각각 37명과 41명의 계원으로 결성되었다.[42] 조직에는 회장에

---

42  「하산림계 문서철」의 1953년 좌목에는 단기 4285년을 1953년으로 표시하고 있는데, 오늘날의 계산법에 따르면 1952년에 해당한다. 그러나 좌목에서 명시적으로 단기와 서기를 병기하고 있어서 당시의 계산법을 따른다.

해당하는 도가都家와 실무를 책임지는 소임小任, 재무를 두었다. 「선흘리 상산림계 준칙」은 산림계의 운용과 관련한 16개의 조항을 마련하고 있는데 이에 따르면, 산림계의 목적은 산림의 보호와 육성에 있으며(제2조), "계 구성원은 선흘리민 중에 소정의 수속절차와 계운영에 대한 의무를 다한 자로서 구성한다"(제3조)고 규정하고 있다. 가장 중요한 총회와 관련한 규정(제6~12조) 이외에도, 순찰반을 편성하여 화재와 도벌을 막을 수단을 마련하고자 했다(제12~13조). 하산림계의 좌목 제4조에는 계원이 다른 마을로 이주할 경우에 자격이 상실되며, "상산림과 개인 산림은 부락에 양도하는 동시에 본산림도 무조건 양도"한다는 내용이 들어가 있다. 이를 통해 비록 산림계가 두 개로 분할되어 있지만, 모든 숲이 마을의 소유라는 것을 밝히고 있다는 점이 주목된다.[43] 산림계의 재조직 과정은 마을공동체 내에서 협력관계의 재창출, 마을 내 규칙의 정비, 마을 사람들이 이용하고 관리하는 커먼즈로서 선흘곶-동백동산과의 관계 회복을 목표로 한 노력이 지속되었다는 점을 보여준다.

### 3) 자본주의적 근대화와 국가 환경정책의 영향: 1971년부터 2010년까지

1971년에는 선흘리와 선흘곶-동백동산에 매우 중요한 두 가지 변화가 찾아왔다. 첫째, 1970년대부터 선흘리에도 근대화의 압력이 밀려왔는데, 대표적으로 1971년에 선흘리에 상수도가 설치된 것은 매우 상징적인 일이었다. 이때부터 주부들은 더 이상 식수를 구하기 위해 식수원으로 이용하던 '밧못(반못)'과 동백동산의 습지를 찾을 필요가 없어졌다.

둘째, 선흘곶 가운데 동백동산이 제주도 지정 기념물이 되어 동백동산에

---

[43] 그러나 이 규정은 1961년 규정에서는 삭제되는데, 두 산림계의 통합이 불확실한 상황에서 마을로 양도한다는 내용이 실효성이 없는 것으로 판단한 것으로 보인다.

들어가서 물을 긷거나 나무와 나물을 채취하는 것이 불가능해졌다는 것이다. 제주도는 1971년 8월 26일 동백동산을 제주의 문화재로서 기념물 제10호로 지정했는데, 동백동산이 가진 환경적 및 학술적 연구의 가치를 인정했기 때문이었다. 제주도 문화재과에 따르면, 동백동산은 제주도에서 평지에 남아 있는 난대성 상록활엽수로서는 가장 면적이 광활할 뿐 아니라 갖가지의 나무들이 자라나서 제주도의 중산간이 파괴되기 이전의 원식생의 형태를 추정할 수 있는 임상林相으로서는 거의 유일한 곳이다.[44] 1974년 4월 13일에는 선흘리 백서향 및 변산일엽군락이 제주도 지정 기념물 제18호로 지정되었다.

동백동산과 그 주변의 임야가 기념물로 지정되자 이전처럼 숲으로 들어가 채취를 하거나 숯을 굽고 우마를 사육하는 일이 불가능해졌다. 이러한 변화는 주민들의 생계에도 심대한 타격을 주었고, 숲을 다시 이용하고 개발하려는 주민들의 불만은 갈수록 늘어갔다. 1990년에 발간된 한 자료에는 당시 주민들의 불만이 잘 드러나 있다.

> "보시다시피 이렇게 아까운 동백숲이 자연보호 수역으로 묶여져 있어 마을주민들은 안타까운 마음을 금할 수가 없습니다. 주변 임야지만 해도 36만 평이나 됩니다. 선흘리 주민들의 생각은 하루빨리 이곳을 관광단지로 조성 활용할 수 있어서 제주도민과 관광객들의 평온한 휴식처가 되었으면 합니다."[45]

---

44  동백동산의 식생은 주로 구실잣밤나무, 종가시나무, 후박나무, 빗죽이나무, 동백나무 등 난대성 수종이고, 나무 밑에는 새우난초, 보춘화, 사철란 등이 자라고 있다. 또한 동백동산의 숲 안은 물론 숲 주위에는 백서향나무, 변산일엽 등 희귀식물이 자생하고 있다. 자세한 내용은 제주도청 누리집 참조. http://www.jeju.go.kr/culture/cultural Assets.htm?category=22&page=4&act=view&seq=27770

45  당시 주민 박현수씨의 증언. 김근실, 앞의 글, 61쪽에서 재인용.

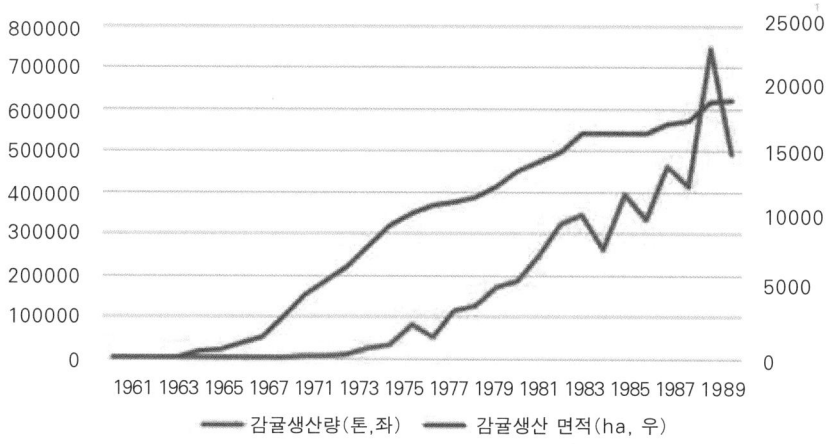

그림 5 제주의 감귤 생산량과 면적의 추이(1961~1990)
출처: 『제주도 통계연보』, 각 년도.

1971년의 두 가지 변화를 비롯하여, 1970년대는 다양한 형태의 근대화 압력이 도래한 시기였다. 우선, 1960년대부터 시작된 감귤 재배가 1970년대 전반기부터 급격하게 면적을 확장하였고 기존의 목초지와 농경지가 과수원으로 변모했다. 주민들의 생계수단과 생산양식에서 중대한 변화가 있었던 것이다. 또한 화학비료와 농기계가 도입되면서 우마의 사육 필요성이 줄어들었다.

숲과 목초지를 배경으로 공동노동과 공동으로 생계를 이어가던 생산양식과 생활양식은 급속하게 변화했고, 국가 주도의 근대화 사업들은 여러 차례의 충격을 통해 이 과정을 압박했다. 그리고 그 영향은 때론 매우 파괴적으로 나타났다. 예컨대, 선흘리에서는 새마을사업의 일환으로 월동배추와 수박 등의 작물을 집중적으로 심기 시작했는데, 한때 이런 작물들은 선흘리에 상당한 수입을 가져다주기도 했다. 그러나 1982년과 85년에 잇따른 배추파동에 선흘리 주민들은 상당한 타격을 입었다. 주민들은 20만 포기의 배추가 눈앞에서 썩어 들어가는 것을 지켜봐야만 했다.[46] 특히 1980 중반, 수요를

---

46  김근실, 「가난에서의 탈피를 원하는 선흘리 사람들」, 『월간 관광제주』 54,

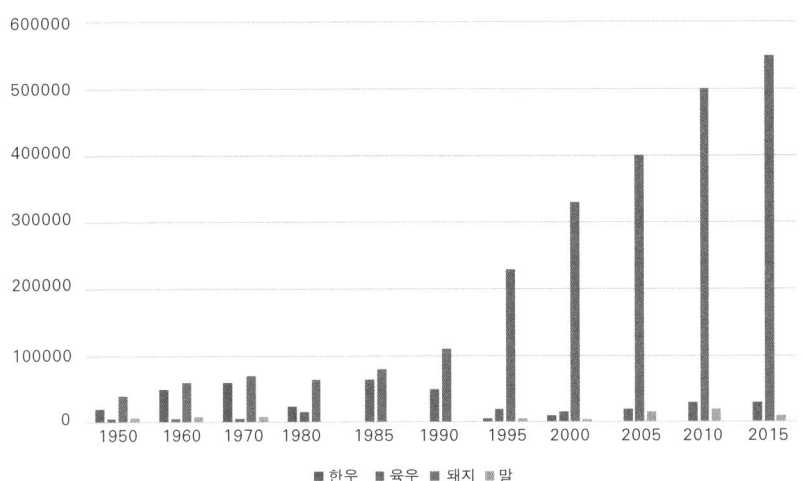

그림 6 제주도 가축사육 두수의 변화
출처: 1950~2000년 자료는 제주도청 축정과,「축산기본현황」, 2002; 2005~2010년 자료는 제주도의 2011년『통계연보』; 2015년 자료는 제주도의 2016년『통계연보』. 2005년 이후 육우 수는 한우와 육우를 합한 숫자임.

예측하지 못한 정부의 축산장려정책이 '소값파동'으로 귀결되면서 선흘리를 포함한 제주 전역의 목축문화는 심대한 타격을 입었다. 정부의 축산장려정책에 따라서 선흘1리 마을공동목장, 선흘2리 마을공동목장, 교래리의 새마을계목장 등 제주 전역에서 마을공동목장이 재조직 되었고, 1983~1984년 2년 동안 육우 5천 두가 도입되어 농가에 분양되었다. 그러나 1985년의 1차 소파동으로 인해 소를 분양받은 농가들은 파산했고, 대출을 통해 재기하려던 농가들은 1990년의 2차 소파동으로 인해 빚더미에 올라앉게 되었다.[47]

010년 자료는 제주도의 2011년『통계연보』; 2015년 자료는 제주도의 2016년『통계연보』. 2005년 이후 육우 수는 한우와 육우를 합한 숫자임.

제주관광사, 1989, 61쪽.

47  제주특별자치도 문화관광해설사회,『제주 동부지역의 공동목장사』, 제주특별자치도 문화관광해설사회, 2010, 70~73쪽.

그림 6은 1980년대 중반 목축문화에서의 구조변동, 즉 1980년대 중반을 기점으로 '소값파동'에 따른 한우 사육농가의 소멸, 소에서 돼지로 축산의 중심 이동을 보여준다. 또한 아래의 표 4에서는 가축 사육농가의 급격한 감소와 더불어 한 농가당 평균 사육두수의 급격한 증가를 확인할 수 있다. 즉, 1960~70년대에 농가당 1~2마리의 소와 돼지를 기르던 문화는 소멸하고, 1980년대 중반을 기점으로 마을공동목장 주도의 목축에서 기업 주도의 목축으로 중심이 이동했던 것이다.[48] 이것은 숲과 연결된 목초지, 즉 마을공동목장이 주민들의 생산양식·생활양식 속에서 형성하고 있던 커먼즈-커뮤니티의 순환적이며 통합적인 관계가 점차 상실되었다는 것을 의미한다. 요컨대, 이 시기를 기점으로 제주도 전체적으로 보면, 생계자급형 커먼즈로서의 마을공동목장 체제는 소멸했던 것이다. 그리고 소유주들의 공유재산으로만 취급될 가능성이 커지게 되었다.

표 4 제주의 가축 사육 농가의 농가당 평균 사육두수

| 년도 | 소(한우+육우) | | | 말 | | | 돼지 | | |
|---|---|---|---|---|---|---|---|---|---|
| | 사육두수 | 농가수 | 농가평균 | 사육두수 | 농가수 | 농가평균 | 사육두수 | 농가수 | 농가평균 |
| 1960 | 43,234 | 23,064 | 1.87 | 12,077 | 4,736 | 2.55 | 48,794 | 44,165 | 1.10 |
| 1980 | 42,669 | 17,720 | 2.41 | 2,401 | 1,541 | 1.56 | 47,100 | 26,556 | 1.77 |
| 1985 | 55,076 | 14,075 | 3.91 | 1,541 | 494 | 3.12 | 72,205 | 11,068 | 6.52 |
| 1990 | 41,318 | 8,351 | 4.95 | 2,439 | 295 | 8.27 | 109,192 | 1,572 | 69.46 |
| 1995 | 36,390 | 3,169 | 11.48 | 3,929 | 217 | 18.11 | 239,808 | 381 | 629.42 |
| 2000 | 27,289 | 1,145 | 23.83 | 7,348 | 298 | 24.66 | 335,645 | 394 | 851.89 |

출처: 제주도청 축정과, 앞의 자료, 3쪽에서 변형. 돼지의 1980년 자료는 누락되어 『제주도 통계연보』에서 가져온 1981년 자료임.

---

48 기업목장은 1962년의 이시돌목장을 시작으로 1973년 제동목장 등 1978년까지 18개의 목장이 이미 설립되었다. 제주특별자치도 문화관광해설사회, 같은 책, 71쪽.

이러한 목축 환경의 변화에 주민들은 어떻게 대응했을까? 앞에서 언급했던 「상산림계 문서철」과 「하산림계 문서철」에는 1980년대와 1990년대에 작성했던 다수의 정기총회와 임시총회 회의록이 포함되어 있다. 이 회의록 자료들은 이 당시 산림계 구성원들의 관심사와 상황이 어떠했는지를 보여준다. 먼저, 산림계 총회의 가장 빈번한 안건은 계원들에게 대출을 해주고 그 상환금을 회수하는 문제였다. 이것은 1980년대 축산농가가 입었던 경제적 타격을 반영하는 것으로 보이며, 산림계의 중요한 기능 중의 하나가 상호부조적인 민간금융의 역할이었다는 점을 보여준다.

다음으로, 알마장과 웃마장, 하산림계와 상산림계의 통합 문제가 지속적으로 논의되었다는 것을 확인할 수 있다. 양쪽은 지속적으로 갈등을 겪었는데, 양쪽의 마장과 산림계의 통합은 공동목장과 숲을 마을공동체 모두의 것으로 인식할 가능성을 가져올 수도 있었다. 그러나 이 문제는 명의 소유자 개인들의 재산권 행사와 관련된 쟁점을 가지고 있었기 때문에 쉽게 결론이 나지 않았다. 특히 이 시기에 여러 차례의 경제적 충격이 있었다는 점이 부정적 영향을 미쳤던 것으로 보인다.

마지막으로, 산12번지의 동백동산 개발 문제가 수차례에 걸쳐 논의되었다. 위의 인용문에서 알 수 있는 것처럼, 동백동산을 중심으로 한 선흘곶을 이용할 수 없다는 것은 선흘리 주민들의 가장 큰 불만사항이었던 것이다. 그런데 1980년대와 1990년대는 육지의 자본이 기업형 목장과 리조트, 골프장의 건설을 위해서 제주의 마을공동목장을 본격적으로 사들이기 시작한 시기였고, 제주의 각 지자체 역시 관광목장의 개설을 위해서 마을공동목장을 매입하던 시기였다. 이 과정에서 몇 번에 걸쳐 조천읍과 선흘리의 공동목장과 곶자왈은 매각되기에 이르렀다. 그런데 이 매각 과정은 알동네와 웃동네뿐만 아니라, 총유 관행에 따라 목장과 숲을 이용하던 주민들과 명목적인 소유자들 사이에 격렬한 갈등을 낳았다. 마을공동목장의 공동 명의자나 그 후손들은 목장과 숲을 그들만의 공유재산으로 취급했던 것이다. 이와 같은 분쟁은 단지 선흘리만의 사례가 아니고 제주의 거의 모든 마을이 안고 있는 문제라고 할 수 있으며 곳곳에서 소송이 진행 되었고, 지금도 마찬가지다.

결론적으로, 이 시기의 특징은 동백동산과 선흘리 마을공동체 사이의 관계가 분리되었다는 것이다. 마을숲은 커먼즈가 아니라 소외된 대상에 불과했다. 동백동산의 보호구역화 및 이와 맞물린 마을공동목장과 곶자왈 부지의 매각은 선흘리 마을공동체에 지속적인 갈등을 형성하는 원천이 되었다. 많은 주민들에게 동백동산은 '소외된 숲'이었으며, "불질러 버리고 싶은" 대상이었다. 그리고 이러한 관계는 40년 동안 지속되었다.

### 4) 숲과 마을이 다시 껴안다: 2010년 이후

마지막의 큰 변화는 2010년대에 찾아왔다. 이 네 번째 시기는 커먼즈-커뮤니티 관계의 (재)형성 과정에서 마을 주민들이 처음으로 주도적인 역할을 담당한 시기이다. 그 역동적인 과정의 전체상을 그리는 것은 후속 연구로 남겨두고, 여기서는 일단 커먼즈-커뮤니티 관계 변동의 특징적인 측면들을 짚어보고 그 의미를 해석해 보고자 한다.

1971년과 1973년에 동백동산과 선흘리 백서향 및 변산일엽군락이 제주도 기념물로 지정된 것은 주민들에게 원성의 대상이 되었지만, 동시에 선흘곶과 동백동산을 대상으로 한 난개발을 막는 효과를 가져왔다. 이러한 배경 하에서 선흘리는 2007년에 세계자연유산마을과 환경친화생태마을로 지정되었고, 2008년에는 자연생태우수마을로 지정되었다. 또한 2010년에는 환경부에 의해 습지보호지역으로 지정되었고, 자연생태우수마을로 재지정되었다. 그리고 2011년에 동백동산은 람사르습지로 지정되기에 이르렀다. 람사르습지 지정에 따라, 2012년에 환경부는 선흘리를 환경부 생태관광지 시범사업 대상지로 선정했다. 제주에서 오랫동안 생태관광사업을 해오던 활동가들에게 이것은 좋은 기회였다. 2010년부터 국립습지센터를 중심으로 습지생태체험 프로그램이 시작되었고, 활동가와 전문가들을 중심으로 주민들에 대한 교육과 간담회가 진행되었다(매해 6회, 총 참여자 900명).

현재 선흘리의 생태관광 프로그램은 제주의 대표적인 생태관광 모델이 되었고, 국내외의 많은 관심과 방문을 받고 있다. 그렇다면 선흘리 생태관광 프로그램의 성공 요인은 무엇이고, 그 의미는 무엇인가? 6년 동안 마을만들기 사업을 이끌었던 박현수 이장은 선흘리의 마을만들기 사업이 성공적으로 진행될 수 있던 가장 큰 요인으로 선흘1리 주민들과 외부의 전문가들로 구성된 '생태관광협의체'의 구성, 그리고 주민 모두가 참여하고 결정하는 '원탁회의'의 도입이었다고 주장한다.[49]

먼저, 2013년 6월 25일에 '선흘1리 생태관광 시범마을 추진협의체'(이하 생태관광협의체)가 비영리단체로 결성되었다. 여기에는 현재 환경NGO, 생태관광 전문가, 마을 대표와 활동가, 환경부와 지자체의 공무원 등 18명이 참여하고 있다. 두 달에 1회 진행되는 이 회의는 동백동산의 보전과 마을의 여러 사업에 대해 다양한 이해관계 당사자들이 모여서 주요 프로그램을 기획하고 협의하는 장이다. 주요 사업으로는 생태관광 활성화를 위한 주민교육에 관한 사업, 생태관광 프로그램·브랜드 개발 및 운영에 관한 사업, 생태관광 활성화를 위한 자매결연에 관한 사업, 습지 보전을 위한 사업, 지역 주민 복지향상에 관한 사업 등이 있다.[50] 생태관광협의체의 이러한 사업들이 늘 순조롭게 진행된 것은 아니었다. 특히 외부 전문가들과 주민들 사이의 신뢰구축 문제는 매우 중요한 사안이었다. 마을로 귀향한 활동가들의 헌신적인 활동, 생태관광 전문가들의 끈질기고 지속적인 결합, 마을리장의 흔들림

---

49 박현수 이장 인터뷰, 2016년 6월 1일, 선흘1리 동백동산 습지센터.

50 고제량·김호선·문윤숙·이혜영, 『마을에서 시작하는 생태관광』, 한국생태관광협회, 2016, 16-18쪽.

없는 지지, 행정의 우호적인 분위기 등이 결합되어 생태관광협의체의 지속성과 활동력이 보장될 수 있었고, 이를 바탕으로 주민들을 생태관광사업의 주체로 만들어내는 작업이 진행될 수 있었던 것이다.[51]

생태관광협의체의 여러 제안들을 마을 주민 스스로의 것으로 만들어내는 과정에는 리민큰마당(원탁회의)이 결정적인 역할을 담당했다. 원탁회의는 지역 주민들의 마을의 문제를 스스로 찾아보고 그 해결책과 방향을 결정하게 하는 최종적인 의사결정 기구라고 할 수 있다. 즉, 주민들이 함께 논의하고 결정하여 공동의 목표를 설정하는 장인 것이다. 이 원탁회의는 지금까지 여섯 차례에 걸쳐 진행되었는데, 주요 의제는 아래의 표와 같다.

표 5 리민큰마당(원탁회의)의 주요 의제

| 시기 | 제목 | 주요 의제 |
| --- | --- | --- |
| 2013년 | 삼촌! 우리 마을 자랑이 머우꽈? | 주민들이 생각하는 마을의 자랑거리를 모아 선흘1리 로고 제작 |
| 2014년 1월 | 삼촌! 선흘이 꼭 지켜야 할 건 머우꽈? | 주민과 더불어 여행자가 마을에 왔을 때 지켜야할 '생명약속' 만들기 |
| 2014년 6월 | 삼촌! 생태관광사업 어떵허코마씸? | 생태관광 사업을 계속 추진하기 위한 틀로서 협동조합 건설 결의 |
| 2015년 11월 | 삼촌! 생태관광협동조합 고치 해보게 마씸? | 생태관광협동조합의 성격을 사회적 협동조합으로 하기로 결의 |
| 2016년 4월 | 삼촌! 협동조합 고치 잘 맹글어 보게 마씸? | (가칭)선흘곶협동조합 사업단 구성 및 기본 방향 공유 |

---

51 김호선 생태관광기획팀장 인터뷰, 2016년 12월 8일, 선흘1리 동백동산 습지센터; 문윤숙 생태관광사무국장 인터뷰, 2017년 1월 5일, 선흘1리 동백동산 습지센터.

다섯 번에 걸친 원탁회의에는 연인원으로 선흘1리 주민 600여 명 이상이 참여했는데, 선흘1리의 로고 제작, '생명약속' 만들기, 생태관광협동조합의 건설 등이 주요 의제였다. 원탁회의는 누구에게나 발언기회를 제공하고 원탁별로 심화토론을 진행함으로써 그 동안 마을공식 행사에 소극적이었던 여성들의 적극적인 참여와 발언도 이끌어 낼 수 있었다. 현재 선흘1리는 원탁회의를 통해 이윤보다는 공익과 복지를 생각하는 사회적 협동조합을 건설하기로 결의했으며, "(가칭)선흘곶 협동조합은 자주적·자립적·자치적인 협동조합 활동을 통하여 동백동산의 보전 및 조합원의 복리증진과 지속가능한 선흘1리 마을공동체의 발전을 목표로 한다"는 마을주민 공동의 목표를 설정하는데 성공했다. 5년째 마을에 들어와 생태관광 프로그램을 주도하고 있는 고제량 제주생태관광협회 대표는 주민들의 총의를 거쳐 민주적으로 결정된 공동의 목표에 큰 의미를 부여했다.[52] 그 동안 마을 내부에 존재하던 불화나 마을 지도부의 교체에도 불구하고 마을공동체의 총의를 모아 민주적으로 설정한 공동 목표는 흔들리지 않을 것이라는 점이다.

선흘리에 생태관광 프로그램을 도입하고 마을 주민들이 마을숲의 관리에 참여하면서 마을은 질적으로 변화하고 있다. 2015년 동백동산을 찾은 탐방객 수는 26000명에 이르며, 마을이 운영하는 생태관광 프로그램에 참여하는 사람들 숫자도 2013년에 100명에 미치지 못하던 것이 2014년에는 1700명에 이르렀고 2015년에는 2800명에 이르고 있다. 생태관광 프로그램의 실시는 일자리의 창출, 30~40대 이주민의 증가, 마을에 대한 긍정적인 이미지의 확대로 이어졌다. 가장 상징적인 것으로, 2012년에 18명이던 선흘분교의 학생 수는 2015년에 29명으로 늘어났다.[53]

---

52　고제량 제주생태관광협회 대표 인터뷰, 2017년 1월 12일, 선흘1리 동백동산습지센터.

53　제주생태관광협회, 『습지보호지역, 지역을 바꾸다 – 동백동산습지 선흘1리를

이 글의 시각에서 보자면, 생태관광 프로그램은 단지 자연을 이용한 관광프로그램의 성공을 넘어서는 의미를 지니고 있다. 필자는 국가의 일방적인 보호정책과 소유권을 둘러싼 분쟁 속에서 단절되었던 마을과 숲의 관계가 다시 형성되었다는데 큰 의미가 있다고 본다. 특히 선흘리 주민들은 원탁회의라는 민주적 합의형성의 과정을 통해 숲과의 새로운 관계맺기를 시도했다.[54] 마을 주민들은 동백동산을 더 이상 '우리들만의 것'이 아니라, '우리가 보존하고 관리하는 세계시민의 것'으로 인식하고 있으며, 동백동산을 '마을의 보물'이라고 말한다. 동백동산이 더 이상 마을 주민들의 생계에 절대적인 의미를 가지지는 않지만, 마을의 역사와 문화, 주민들의 정체성, 마을의 미래비전이라는 측면에서 동백동산은 마을과 분리될 수 없는 관계를 (재)형성했다고 평가할 수 있다. 이와 같은 커먼즈의 복원이 마을의 모든 갈등과 다툼을 없애지는 못했으나 동백동산을 매개로 한 협력적 관계는 진전되고 있으며, 자연에 대한 주민들의 인식 역시 변화하고 있다.

## 5. 나오며: 마을 숲은 어떻게 커먼즈가 되었는가?

근대 이전의 시대에 마을은 마을숲, 공동우물, 공동어장, 공동목장 등의 다양한 커먼즈를 함께 이용하는 사람들의 연결망으로 구성되었고, 커먼즈를 공동으로 이용하기 위해 만들어진 계契와 같은 협력적 제도들은 공동체를 유지하는 구심력을 형성해 왔다. 이러한 사회구성으로부터 현재의 사회로

---

중심으로』, 국립습지센터, 2015.
[54] 새로운 관계맺기의 전체상을 그려보기 위해서는 위와 같은 민주적 합의형성 과정뿐만 아니라, 생태관광 프로그램을 통해 숲에 대한 마을 사람들의 실천의 양상과 인식의 변화, 마을 사람들의 실천활동에 따른 숲의 변화 역시 살펴보아야 하는데, 이 부분은 후속 연구를 통해 보충하고자 한다. 생태관광 프로그램의 구체적인 실행과정에 대해서는 고제량 외, 앞의 책, 2016을 참조.

어떻게 이행했으며 현재와는 다른 사회로의 이행이 어떻게 가능한가에 관한 일반이론을 구성하는 것은 매우 어려운 일일 것이다. 따라서 이 글은 제주의 한 마을을 현장으로 삼아 마을과 숲의 관계를 변화시킨 요인들을 살펴보고, 양자의 새로운 관계맺기 가능성을 탐색했다.

커먼즈와 커뮤니티의 관계를 변동시켰던 핵심적인 요인은 국가와 시장 혹은 국가의 행정·사법 권력과 자본주의적 시장관계의 확산이었다고 할 수 있다. 그리고 그 핵심적인 매개고리는 커먼즈를 국유재나 사유재로 전환하기 위한 근대적 소유제도의 도입이었다. 식민권력에 의해 추진된 축산정책은 제주의 기존 농경·목축 시스템을 근대화함으로써 때로는 양적 팽창을 가져오기도 했으나 자치의 가치보다는 수탈을 목적으로 한 통제를 통한 것이었다. 뒤이어 군사정권에 의해 추진된 근대화 사업들은 지역적인 순환경제의 토대를 파괴하였고, 이 과정에서 국가는 행정체계 개편과 소유제도의 합리화를 명목으로 마을공동체의 총유재산과 관행적 이용권을 점차 박탈했다.[55] 다른 한편으로 근대적인 자본주의 경제의 침투로 인해 마을 주민들이 순환적인 지역경제를 유지할 유인은 줄어들었다. 특히 제주의 경우에는 4·3사건을 통해서 마을공동체를 폭력적으로 해체하고 지속적으로 억압했으며, 선흘리의 경우에 환경보호를 명목으로 숲에 대한 이용권을 일방적으로 박탈하여 마을-숲의 관계를 단절시켰다. 이 때문에 20세기의 거의 대부분의 시간 동안에 마을공동체는 공公적 권력의 전횡과 사私적 경제의 침투에 효과적으로

---

55 강권에 의해 박탈당한 마을의 공동재산에 대해서는 1987년의 정치적 민주화와 1995년 지방자치 시대의 개막에도 불구하고 과거의 박탈조치를 시정하는 조치가 취해지지 않았다. 이 같은 사정 때문에 최근에는 '마을공동체기본법'이나 '마을재산권복원기본법'의 제정을 촉구하는 목소리가 커져가고 있다. 이병천, 「마을재산권복원기본법 제정을 촉구한다」, 『한겨레신문』 2017. 2. 27, http://www.hani.co.kr/ arti/opinion/ column/784408.html (검색일: 2017.03.05.).

대응할 수 없었다. 이것은 커먼즈와 커뮤니티 관계의 변동에서 마을 커뮤니티가 주도권을 확보하지 못한 채 외부의 충격에 적응하는데 급급하도록 만들었다. 한국의 여러 지역들 가운데 커먼즈 혹은 공동자원이 가장 많이 남아 있는 제주의 경우에도 커먼즈를 공동으로 이용하고 관리하던 협력의 전통과 문화가 점차 단절됨으로써, 커먼즈는 처분가능한 공유재산으로서의 의미로만 남게 된 것이다.

2010년대에 선흘리에 도입된 생태관광 프로그램은 위와 같이 단절된 숲과 마을, 커먼즈와 커뮤니티의 관계를 생태적으로 복원하는 사업이었다는데 그 의미가 있다. 이 속에서 주민들은 습지해설사 양성 프로그램에 참여하여 스스로 노인습지해설사, 꼬마숲해설사로 성장하기도 하고, 스스로 동백동산의 식생 변화를 관찰하는 주민모니터링 프로그램을 실천하기도 하며, 노인들은 삶의 이야기 그림책 만들기 프로젝트에 참여하여 숲과 맺어왔던 삶을 돌아보고 기억하며 전승하는 역할을 수행하고 있다. 이처럼 커먼즈를 새롭게 (재)구성하는 주민들의 실천은 이전의 폐쇄적인 생계자급의 커먼즈를 보다 개방적이며 생태적인 방식으로 전환하여 모든 시민들이 향유할 수 있는 것으로 변모시켜가고 있다.

물론, 이러한 전환이 반드시 장밋빛 미래만을 약속하고 있는 것은 아니다. 우선, 생계자급의 자원이 생태관광의 자원으로 전환되었다는 점에서 발생하는 문제가 있다. 과거의 생계자급 체계에서는 생계와 생존의 필요성 때문에 마을사람들 스스로 숲관리에 나서지 않을 수 없었다면, 생계와 생존의 필요성과 분리된 상태에서 마을사람들이 숲관리의 주체로 나서기 위해서는 끊임없는 교육과 인식의 전환, 실천활동이 보장되어야 한다. 그리고 이러한 실천활동은 현재 마을의 생산·생활방식을 보다 생태적인 것으로 전환하는 과정과 결부되지 않을 수 없다. 또한 이러한 인식과 실천의 형성·재형성 과정에는 마을의 핵심 활동가들의 역할이 결정적으로 중요한데, 이들의 재생산을 어떻게 담보할지도 커다란 과제라 아니할 수 없다. 둘째, 과거의 숲이 일정한 경계 안의 사람들이 이용하는 어느 정도 폐쇄적인closed 커먼즈였다면, 현재의 숲은 누구나 이용가능한 개방적인open 커먼즈다. 생태관광 프로그램이 지속되고 안정적으로 운용되기 위해서는 프로그램으로부터 일정한 수익이 발생해야 하지만, 숲 이용객이 너무 많아지게 되면 숲 자체가 훼손될 것이다. 따라서 지속가능한 숲 이용의 균형점을 찾고 그것의 변동 상황에 대처하는 적응적 능력이 갈수록 중요해질 것으로 예상된다. 말하자면, 마을은 외부의 이용객들과 숲 사이를 매개하고 조정하는 새로운 과제를 떠맡아야 하는 것이다. 셋째, 숲과 목초지를 둘러싼 소유관계로 인해 발생했던 마을 내부의 갈등에 대해 생태관광을 통한 협력적 관계를 확대하면서 치유하고 해결해 가는 과정이 중요하다. 갈등의 원천이었던 숲을 협력과 화합의 상징으로 바꿔내는 작업은 어렵지만 중요한 과제이다. 마지막으로, 선흘리 마을공동체와 선흘곶-동백동산의 관계는 국가의 정치변동과 규제정책, 그리고 자본주의적 시장경제의 변동에 의해 직접적인 영향을 받아 왔다. 현재 동백동산은 환경부로부터 위탁받은 형태로 마을주민들이 숲 관리에 참여하고 있지만, 과거의 경험으로 볼 때 국가의 정책변화에 의해 숲 관리권이 몰수당할 여지도 존재한다. 또한 보호구역으로 지정되지 않은 주변의 숲이 부동산 시장의 변동에 의해 파괴당할 가능성도 크다. 실제로 제주도청과 기업은 동백동산 주변의 곶자왈 지역에 동물원을 짓겠다는 계획을 내놓고 있다. 그렇다면 현재의 선흘리 마을공동체와 선흘곶-동백동산이 맺고 있는 관계가 지속가능하기 위해서는 국가정책과 시장경제의 생태적 전환이 이루어져야 한다는 결론에 도달하게 된다. 이러한 거시적인 구조개혁의 과제는 마을 수준에서 감당하기 힘든 문제이지만, 커먼즈-커뮤티니 관계를 변동시켰던 과거의 경험에 대한 역사적 인식을 갖추고 국가와 사회의 생태적 전환을 위한 움직임에 연대하는 것을 중요한 과제로 파악하는 것이 필요하다.

선흘리 마을과 선흘곶-동백동산의 관계에 대한 역사적 분석은 다음과 같은 사실을 말해준다. 즉, 과거의 커먼즈는 전통적 규범과 생계자급의 생활과 문화 속에서 유지되었지만, 현대의 커먼즈는 주민과 시민들 스스로의 인식의 전환과 실천commoning 없이는 존재할 수 없다는 것이다. 그리고 이러한 지역과 마을 단위의 실천이 지속가능하기 위해서는 보다 큰 규모의 정치경제체제를 개혁하는 공유의 정치와 운동이 필요하며, 이를 통해 커먼즈에 대한 권리가 보장되어야 한다는 것이다.

# 5장
# 강정, 미래를 선취하는 마을의 이름*

윤여일(제주대학교 SSK연구단 전임연구원)

## 1. 다시 강정마을을 주목하며

### 1) 강정, 싸우고 패배한 마을

강정은 전국적으로 알려진 마을이다. 알려진 마을이 되었다. 하지만 마을의 주민들 대부분에게는 바란 적 없는 유명세였을 것이다. 올레길이 지나가는 마을이지만 관광지가 되려 했던 것도 아니었다. 강정이라는 이름이 널리 알려진 것은 제주해군기지 건설과 거기에 맞선 반대운동을 통해서였다. 강정은 같은 제주의 마을인 가시리보다 차라리 밀양에 더 가까운 이름이 되었다. 투쟁하는 마을로 알려졌다.

강정은 여러 문헌을 통해 알려진 마을이다. 그런데 강정마을에 관한 문헌들은 2011년과 2012년에 집중된다. 2012년 3월 구럼비 발파를 전후로 반대운동이 고조되던 시기다. 논문을 살펴보면 2011년에는 「대한민국만의 제

---

\* 이 글은 「강정, 마을에 대한 세 가지 시선」(『환경사회학연구 ECO』 21(1))을 토대로 재구성한 것이다.

주해군기지가 가능한가?」(고권일), 「제주 해군기지와 미국의 동아시아 전략, 그리고 한국의 미래」(정욱식), 「강정마을에 드리운 무기의 그늘: 제주 해군기지 광풍의 현장」(윤용택), 「제주 미 해군기지 건설은 제2의 4·3 부를 시한폭탄」(김국상, 이정원), 「제주해군기지와 섬 연대」(홍기룡)가 발표되어 국가안보라는 명목 아래 추진되는 제주해군기지 건설이 오히려 평화에 반한다고 이의 제기하며 추진 목적의 타당성을 문제 삼았고, 「제주 강정마을 해군기지 건설과정, 무엇이 문제인가」(김아현), 「강정 해군기지 건설, 무엇이 문제인가?」(조영배), 「제주 주민소환운동의 정치적 동학: 자원동원이론 시각」(양길현), 「공공갈등과 공익의 재검토: 제주해군기지 건설 사례」(이경원)는 주민의 거센 반대의사를 거스르고 편법을 동원해 강행되었다며 절차적 정당성을 따져 물었다.

반대운동이 최고조에 달하는 2012년에는 「고립에서 연대로! 제주 강정 해군기지 반대 투쟁을 확장하자! 」(강정은), 「"중덕이가 백구를 물었다": 개싸움이 보여주는 강정마을, 제2의 평택 되려나」(이상원), 「강정과 구럼비를 그대로 둬라」(백창욱), 「고립에서 연대로! 제주 강정 해군기지 반대 투쟁을 확장하자!」(강정은), 「구럼비의 노래는 아직 끝나지 않았다 – '탈법·불법의 문' 열어 제낀 강정해군기지 사업」(김낭규)이 제주해군기지 반대운동에 대한 연대의 취지에서 작성되었고, 「동아시아 지평에서 바라 본 제주도 해군기지 건설 문제」(정영신), 「국가 안보냐 한반도 평화냐 : 강정 해군기지 건설과 핵안보 정상회의를 중심으로」(박정은), 「제주해군기지 건설에 대한 로컬–기반의 이해와 로컬리티의 정치」(배윤기), 「국책사업 갈등관리에 관한 연구: 제주해군기지 건설사업 사례를 중심으로」(임정빈)는 동아시아/한반도의 안보논리와 평화체제의 문제, 국책사업과 로컬리티 정치의 문제로 논점의 확장을 시도했다.

책으로 시선을 옮기더라도 2007년부터 시작된 제주해군기지 반대운동과 관련된 열 권의 단행본 가운데 김성규의 『구럼비 그 바다에 부치는 글』을 제외하고 모두 2011년에서 2013년 사이의 투쟁기에 출간되었다. 다만 책은 논문과 달리 『울지마 구럼비 힘내요 강정』, 『구럼비의 노래를 들어라』, 『너 영 나영 구럼비에서 놀자』, 『구럼비 깨져 앙불 나거든』, 『구럼비를 사랑한 별이의 노래』처럼 구럼비가 책제목으로 등장하며 논문과는 다른 문체와 성격임을 짐작케 한다. 구럼비는 확실히 반대운동의 상징이었으며, 여러 가치와 기억이 배어든 이름이었다. 그러나 2016년 2월, 결국 구럼비가 있던 자리 위에서 제주해군기지는 완공되었다. 그리고 해군은 같은 해 3월 서울중앙지법에 해군기지 공사 지연을 이유로 기지건설 반대에 나섰던 주민과 활동가 등 개인 116명과 강정마을회 등 5개 단체에 34억4800만원의 구상금 청구 소송을 제기했다. 현재 강정마을은 관심을 가졌던 많은 사람에게 패배한 마을로, 투쟁이 끝난 마을로 기억되고 있다.

## 2) 마을과 커먼즈

2017년 4월, 대선유세차 제주도를 찾은 더불어민주당의 문재인 후보는 "국책사업 추진과정에서 발생한 갈등과 아픔에 책임 있게 대처하겠다"며 "강정마을에 대한 해군의 구상금 청구소송을 철회하고 처벌 대상자는 사면하겠다"고 약속했다.[1] 문재인 후보는 19대 대통령으로 선출되었기에 약속이 지켜진다면 강정마을은 구상권이라는 무거운 짐을 내려놓을 수 있을 전망이다. 하지만 그렇다고 강정마을의 문제가 해결되는 것은 결코 아니다. 올해 12월 민·군복합형관광미항의 완공을 위해 여전히 공사가 진행중이며 반대활동이 이어지고 있다. 더구나 문재인 후보는 '제주의 접근성 강화를 위한 제2공항 및 신항만 조기 개항'을 공약했는데, '제2공항 전면 재검토와 새로

---

1 「제주 찾은 문재인 "4·3과 강정의 눈물 닦겠다"」, 『한겨레신문』 2017. 4. 18.

운 제주를 위한 도민행동'은 이와 관련해 "공군기지와 오름 절토 문제 등 문제가 드러나고 있는 제2공항의 문제점을 제대로 인식하지 못한 공약"이라며 철회를 요구했다. '제2공항 건설'이라는 또다른 국책사업에 맞닥뜨려 해당 마을의 주민들은 '제2의 강정'이라며 반발하고 있다.

제2의 강정. 이것은 제2공항 건설예정인 신산리뿐 아니라 해상풍력발전기 건설이 예정된 한림, 대정 등의 마을에서도 접할 수 있는 말이다. 제주도에서 강정은 국책사업으로 위기에 내몰린 마을의 대명사가 되었다. 땅이 비옥하고 물이 풍부해 '제일강정'이라 불렸던 마을은 "이것은 제2의 4·3이다"라고 절규했던 이후 '제2의'가 붙어 그 이름이 싸움 중인 여러 마을을 떠돌고 있다. 그 점에서 강정마을의 문제는 한 마을의 사례를 넘어서 여전히 중요한 의미를 지니며, 구상권 철회는 그 해결일 수 없는 것이다.

이러한 상황에서 이 글은 다시 강정마을을 '마을'로서 주목한다. 앞서 살펴보았듯이 강정마을에 관한 기존의 문헌들이 제주해군기지 건설의 목적이 타당한지, 행정 당국의 추진 절차가 정당한지를 따져 묻고 생태평화주의적 시각에서 구럼비의 가치를 조명하거나 저항주체들의 목소리를 기록했다면, 해군기지 건설 반대운동 이후의 시점에서 강정을 '마을'로서 다시금 주목하겠다는 것이다. 강정마을을 '마을'로서 주목하겠다는 표현은 일견 당연한 말로 들리겠지만, 이 글에서는 커먼즈commons와 커머닝commoning이라는 개념을 통해 반대운동 이후 강정의 마을 상황으로부터 지역 마을에 관한 일반적 문제의식을 도출해내고자 한다.

마을은 지도를 펼쳐놓고 내려다보면 구획되어 있는 평면적 공간이며 행정의 관점에서는 말단 단위지만, 삶의 지평에서 바라보면 여러 층 시간이 켜켜이 쌓이고 다양한 요소들로 구성되는 입체적 장場이다. 특히 지역의 농촌, 어촌, 산촌은 각자의 환경에서 땅, 산, 숲, 바다 등의 자연자원을 보존하며 공동생활을 영위해온 장구한 역사적 내력이 있다. 실상 마을의 어원은 물을 뜻하는 물에서 비롯된 말이라고도 하며, 마을과 더불어 쓰이는 '동네'는 '동 내洞內'가 변한 말인데 동洞은 같은 물을 마시는 곳을 뜻한다. 실제로 제주도에서 마을은 용천수가 있는 자리에 형성되었다. 용천수란 빗물이 지하로 스며든 후 대수층帶水層을 따라 흐르다가 암석이나 지층의 틈새를 통해 지표로 솟아나는 물이다. 상수도가 보급되기 이전, 지표수가 거의 없는 제주도에서 용천수는 유일한 식수원으로 마을들은 용천수를 중심으로 형성되고 용천수의 수나 수량이 마을의 크기를 결정했다. 이처럼 마을은 자연에 의지해서 형성되고 유지되는 주거지를 뜻하며, 바로 커먼즈란 인간 사회가 생계와 생존을 위해 의지하고 이용해온 다양한 자연자원과 이를 이용하기 위해 성원들 사이에서 형성되었던 협력적 제도 내지 관습들을 지칭하는 개념이라고 말할 수 있다.[2] 그런데 강조할 것은 커먼즈는 자연자원만을 가리키는 것이 아니라 이를 둘러싼 고유한 규칙·전통·가치들, 그리고 이러한 규칙·전통·가치들을 생활의 질서로 삼는 공동체까지를 아우르는 개념이라는 점이다. 즉 "커먼즈는 '자원+일련의 사회적 규약+공동체'이다. 이 세 가지가 상호의존적으로 영향을 미치면서 통합된 전체를 이루는 것"이다.[3]

이러한 커먼즈의 각도에서 마을을 바라보자면 마을, 즉 공동체community란 공동재commons를 이용하는 한 가지 방식이라고 말할 수 있다. 공동재 없이 공동체는 형성되기 어렵고, 공동재의 유지·관리를 통해 공동체, 즉 마을은 존속한다. 이후 『강정향토지』에서 살펴볼 테지만 강정 역시 다양한 커먼즈로 구성된 마을이다. 그리고 해군기지 건설 반대운동의 상징이었던, 하지

---

2  커먼즈 개념에 관한 자세한 이론적 논의는 엘리노어 오스트롬, 2010, 『공유의 비극을 넘어 – 공유자원 관리를 위한 제도의 진화』, 윤홍근·안도경 옮김, 랜덤하우스코리아; 최현, 2016, 「공동자원이란 무엇인가?」, 『공동자원의 섬, 제주 1』, 진인진; 정영신, 2016, 「엘리너 오스트롬의 공동자원론을 넘어서」, 『공동자원의 섬, 제주 1』, 진인진을 참조하시오.

3  데이비드 볼리어, 2015, 『공유인으로 사고하라』, 배수현 옮김, 갈무리, 40쪽.

만 파괴당했던 구럼비는 제주뿐 아니라 한국의 다른 마을에서 좀처럼 찾아보기 힘든 독특한 커먼즈였다고 말할 수 있다.

### 3) 강정, 위기 그리고 가능성의 마을

구럼비 바위의 발파가 시작된 2012년 3월 7일 직후인 3월 11일에 황평우 한국문화유산정책연구소장은 강정마을회관에서 기자회견을 열어 "문화재청과 해군은 구럼비 바위가 문화재로서 가치가 있는지에 대해 전면 재조사를 해야 한다"고 주장했다. 이에 문화재청은 바로 다음날 '제주 구럼비 바위 문화재 지정 가치에 대해 밝힙니다'라는 제목의 해명자료를 통해 "구럼비 바위에서 국가지정문화재로 지정할 만한 특별한 비교 우위를 찾기 어려워 문화재 지정 절차를 진행하지 않았다. … 2010년 10월 5일 천연기념물분과 위원장과 지질 전공 문화재위원이 현지조사를 한 결과 '구럼비 해안은 현무암질 용암류가 노출돼 있는 제주도 다른 해안과 비슷해 국가지정문화재로 지정할 만한 가치가 없다'는 검토 의견이 나왔다"고 입장을 밝혔다.[4]

구럼비 바위는 지질상 제주 일원에서 흔히 발견되는 용암바위라서 문화재로서의 가치를 인정할 수 없다는 것이다. 하지만 문화적 가치는 지질학적 분석으로 가려낼 수 없다. 커먼즈는 자연물과 인간 간의 상호작용에 의해 커먼즈가 된다. 구럼비 바위가 다른 데도 있는 용암바위였을 뿐이라면, 그것은 반대운동의 상징이 될 수도, 여러 책의 이름이 될 수도 없었을 것이다. 강정마을의 주민들에게 구럼비 바위는 대체불가능한 존재였다. 길이 1.2Km, 너비 250m에 이르는 거대한 너럭바위라는 사실도 중요하지만, 그 이유만은 아니다. 구럼비 바위는 주민들에게 오랫동안 동네마당으로서, 사랑방으로서, 놀이터로서, 쉼터로서, 성소로서, 그렇게 문화를 빚어낸 공간이었다. 그

---

4 「'구럼비' 바위에 대해서 미처 몰랐던 것들」, 『아시아경제』 2012. 3. 13.

렇게 다기능을 가진 커먼즈였던 것이다.

더구나 구럼비의 상실은 여러 기능을 가진 독특한 너럭바위를 잃은 것에 그치지 않고, 구럼비가 뭉개지고 그 위로 해군기지가 들어서며 주민들은 마을의 앞바다를 잃게 되었다. 강정 해안은 길고 넓고 평탄한 기수지역과 해안 암석지대가 이어져 있다. 민물과 바닷물이 만나는 기수역에서는 풍부한 수량의 소하천이 흐르고 해안습지가 조성되어 있었다. 제주의 어촌 마을에는 '우리 바당'이라는 말이 있는데, 우리 바당(=바다)는 단지 바다생물 채취로 생계를 도모하기 위한 어업권의 의미만이 담겨 있는 표현이 아니다. 앞 바다 또한 삶터이자 쉼터, 놀이터이며, 의례의 장이자 기억의 공간이다. '우리', 즉 마을은 앞 바다와 함께 형성되고 지속되어왔다. 따라서 구럼비와 '우리 바당'을 잃는다면 마을의 일부 공간에 대한 접근권을 상실할 뿐 아니라 마을 자체가 변형된다. 커먼즈를 상실하면 커뮤니티가 무너진다. 그 심각한 폐해는 해군기지 착공 이래 마을의 해체 현상과 주민 갈등의 고조로 드러나고 있다.

그리하여 강정은 현재 위기에 처한 마을이다. 앞서 마을의 커먼즈를 자원, 사회적 규약, 공동체라는 세 가지 요소의 조합이라고 밝혔는데, 구럼비(와 앞 바다)라는 자연과의 관계가 절연되자 인간 간의 관계(규약, 공동체)가 변질되고 있다. 커먼즈의 상실 이후 커뮤니티가 심각하게 훼손되고 있다. 이러한 양상은 공공사업이나 사적 개발로 커먼즈가 파괴된 한국의 여러 마을이 거쳐 간 공통의 운명이다.

그런데, 강정마을은 커먼즈의 파괴와 반대운동의 패배, 뒤이은 마을의 형해화로 귀결되지 않았다. 지금도 강정마을에서는 여러 활동이 이어지고 있다. 가령 매주 화요일 '강정친구들'은 제주시청 앞 버스정류장에서 선전전을 한다. 그들은 "2016년 2월에 공사가 끝나고 해군기지가 개관했지만 아직 싸움은 끝나지 않았다"고 말한다. 그렇다면 강정마을에서는 어떤 활동이 지속되고 있는가. 반대운동 이후 어떤 운동이 진행중인가. 그리고 이 글의 주된 관심사에 비추어 묻는다면, 파괴 이후, 패배 이후의 그 활동과 운동은 우리에게 마을을 이해하는 어떤 시각과 시야를 제공하는가. 이 글은 구럼비라는 마을의 커먼즈이자 운동의 상징을 잃고, 군사기지 건설 반대라는 운동의 목표를 잃은 '이후'라는 시간대에서 오히려 커머닝으로써 새로운 마을상을 만들어가고 있는 강정마을을 주목하고자 한다.

## 2. 「지역발전계획」, 개발대상으로서의 마을

이제부터 '마을상'이라는 이 글의 주제에 따라 세 가지 자료를 살펴볼 것이다. 세 가지 자료는 세 가지 다른 마을상을 보여준다.

먼저 검토할 자료는 「제주 민·군 복합형 관광미항 지역발전계획」(이하 「지역발전계획」)이다. 이 자료는 2012년 3월, 즉 구럼비 바위가 발파되어 제주해군기지 건설이 본격화된 시점에 발표되었다. 제주특별자치도의 발주로 국토연구원과 제주발전연구원이 연구용역을 맡아 작성했으며 기획재정부, 국방부, 행정안전부, 환경부, 국토해양부 등 열 곳의 관계부처가 협의조정을 거쳐 확정되었다.

총 74쪽에 이르는 「지역발전계획」은 Ⅰ. 계획의 개요, Ⅱ. 일반 현황, Ⅲ. 발전 전략, Ⅳ. 전략별 추진과제 및 세부계획, Ⅴ. 투자계획 및 사업추진 방안 순으로 짜여 있다. 가장 먼저 나오는 Ⅰ. 계획의 개요의 1. 수립 배경 및 근거는 "대한민국 남방 해역에 대한 영토주권 확보를 위한 민·군복합형관광미항 설치지역에 대한 지역발전 도모", "민·군복합항을 지역발전과 연계하는 동반발전 모델 제시"라고 밝히고 있다(「지역발전계획」. 3). 이를 보충하는 것이 Ⅱ. 일반 현황의 3. 여건변화인데, '대외적 여견변화'로서는 "한중일 동북아 지역과 연계한 관광요충지로 크루즈를 통한 해외 관광객 급증 예상", "민·군복합형 관광미항은 아시아의 거점 크루즈항으로 기대"가, '대내적 여건변화'로서는 "민·군복합형 관광미항 건설은 기반시설, 관광, 주거환경 등의 기능이 확충하여 지역발전 기회 증대", "혁신도시와 상호 연계된 새로운 중심지로 성장하고 특산품과 관광자원을 상품화하여 지역 경제 활성화"가 거론되고 있다(「지역발전계획」, 15). 즉 크루즈항으로 기능할 수 있는 민·군복합형 관광미항을 건설해 관광요충지로 자리매김하고 여기에 걸맞는 기반시설, 주거환경 기능을 확충해 지역발전을 꾀하겠다는 것이다.

이에 따른 발전계획이 총 다섯 가지로 그 내용이 52쪽에 이르러 「지역발전계획」의 대부분을 차지한다. 다섯 가지 전략이란 '전략1. 크루즈를 통한 관광허브 조성', '전략2. 농수산물 특화 개발로 주민소득 증대', '전략3. 풍요롭고 살기 좋은 정주환경 개선', '전략4. 화합과 공존의 민·군 커뮤니티 조성', '전략5. 친환경 경관조성 및 신재생에너지 구축'이다. 이 글의 관심에 따라 해당 전략은 마을에 어떤 영향을 미칠 수 있으며, 어떠한 마을상을 전제하고 있는지에 초점을 맞춰 하나하나 살펴보자.

### 1) 논점1. 삶의 터전과 관광지

순서대로 '전략1. 크루즈를 통한 관광허브 조성'부터 들여다보자. 추진과제는 다음처럼 설정되어 있다(「지역발전계획」, 25).

1. 크루즈 해양관광 연계 인프라 구축
   ◦ 크루즈 배후지를 활용한 크루즈 터미널 조성 및 강정항을 대표적인 해양관광의 테마항으로 육성
   ◦ 크루즈 관광객 테마 쇼핑거리 조성 및 강정 용천수를 관광자원화하여 주민 소득증대
2. 해양·녹색생태 테마공원 육성
   ◦ 해양생태, 역사·문화 자원을 활용한 범섬 해양공원, 서건도 해양레포츠 공원, 평화생태 공원 조성

◦ 해녀 및 스쿠버 다이빙 등 다양한 문화관광을 체험할 수 있는 '다이버 지원센터' 조성

　전략1은 크루즈항 건설과 이를 통해 대량의 관광객이 유입된다는 전제 위에서 마을과 연안에 각종 개발사업을 추진한다는 계획이다. 그런데 실제로 계획대로 추진된다면 마을 주민과 환경사회단체 등으로부터 커다란 반발을 부를 것이 우려된다. 무엇보다 심각한 자연환경 파괴가 예상되기 때문이다. 가령 '범섬 해양공원' 사업의 경우 범섬은 국내에 열 곳뿐인 천연보호구역이며, 유네스코 지정 해양생물권 보전지역이다. 아울러 강정마을 해안 지역은 경관미가 매우 높아 절대보전지역으로 지정되었던 경관보전지구 1등급지역이자, 해양수산부가 생물다양성의 보전을 위해 지정한 생태계보전지역, 유네스코가 지정한 생물권보전지역이다. 바다 속 생물군락지로는 처음으로 강정 앞바다는 문섬, 범섬, 숲섬, 새섬 주변 등 제주도 내 연산호 군락지와 함께 천연기념물로 지정되었다. 이것들은 공히 범섬을 포함한 강정 앞바다에서 개발행위를 금지하고 있다. 그런데 「지역발전계획」은 범섬에 해양수중생태관, 수중전망대, 스쿠버 시설 등을 계획하며 사업내용을 "범섬 주변지역을 해양생태계 관찰·교육·체험·관광이 가능한 해양공원으로 조성"이라고 설명하고 있다(「지역발전계획」, 33). 그 아래로 조성예시에는 개인이 타고 다니는 잠수정 이미지가 나오는데, 이렇게 무분별한 인간의 출입은 연산호를 비롯해 수많은 수중생물에게 치명적 손상을 입힐 것이다. 이미 인간의 탈 것 등에 치여 지느러미가 파손된 돌고래들이 늘고 있다.

　바다가 해양녹색생태 테마공원이라면 땅에서는 용천수공원이다. '강정 용천수공원 조성 사업'은 "강정지역 20여개의 용천수를 관광자원화하여 지역주민과 관광객들에게 친수·여가공간 제공"한다는 목표 아래 "가족과 어울릴 수 있는 용천수공원 조성", "용천수 음악분수 및 수중조명시설", "어린이들을 위한 용천수 물놀이 시설(워터파크) 조성" 등을 사업내용으로 잡아놓

고 있다(「지역발전계획」, 31). 앞서 강조했다시피 용천수는 제주의 마을에서 가장 중요한 커먼즈로서 오염과 남용에서 지켜져 왔다. 그런 기초적 사실에 비춰본다면 용천수를 관광자원화하여 음악분수, 수중소명시설, 워터파크 등을 조성하겠다는 발상은 반환경적일 뿐 아니라 반마을적이다.

여기서 이어지는 두 번째 문제점은 마을을 관광지로만 바라보는 시각이 농후하다는 점이다. 마을은 관광객의 눈을 자극하는 관광상품이기에 앞서 현지인들이 살아가는 터전이다. 그런데 가령 '강정마을 내 주택 개·보수 및 돌담길 정비 사업'의 기대효과로는 "크루즈 방문객 및 올레길 관광객들에게 제주의 살기 좋은 농·어촌 마을 모습을 보여줌으로써 관광미항의 이미지 제고 및 관광객 유치에 기여"가 상정되어 있다(「지역발전계획」, 48). 이어지는 '실개천이 흐르는 강정마을 조성 사업'도 두 가지 필요성이 거론된다. "강정마을의 풍부한 수량을 이용하여 실개천이 흐르는 친환경 생태마을로 조성", "지역주민의 친수·여가 공간 확보 및 관광객의 증가 유발 및 만족도 향상"이다(「지역발전계획」, 49). 그런데 이미 풍부한 수량의 실개천이 흐르는 강정마을을 새롭게 친환경 생태마을로 조성하겠다는 것은 관광객의 시선에 비쳐진 마을상에 불과하다. 여기서는 '관광객의 증가 유발'과 '지역주민의 친수·여가'가 상충할 수 있다는 사실에 대해 일말의 고려도 보이지 않는다. '다이버(해녀, 스쿠버) 지원센터 조성 사업'도 같은 문제점을 드러낸다. 사업의 필요성으로는 "해녀의 작업환경 및 지원시설 개선 사업이 필요"와 "스쿠버다이버들의 체험 활동 공간 제공" 두 가지가 제시되어 있는데(「지역발전계획」, 30), 현재 제주의 해안마을은 여러 곳에서 해녀와 다이버 사이에 충돌이 빚어지고 있다. 이 문제점은 '제주올레길과 연계한 관광자원화 구상'에도 해당될 것이다. 더구나 강정마을이 속해 있는 외돌개-월평마을아왜낭목 구간의 제주 올레길 7코스는 현재 제주해군기지로 중요 구간이 끊겨 있는 상태다.

이처럼 전략1은 마을 근처에 일부 관광시설을 마련해 경제적 뒷받침을 한다는 구상을 넘어 마을 자체를 관광지로 바꿔놓고자 마을 사람들의 생활공간에 섣불리 손을 대려 한다는 문제점을 안고 있다.

이어서 '전략2. 농수산물 특화 개발로 주민소득 증대'다. 이 중 많은 예산이 투입될 굵직한 사업은 양식단지, 바다목장, 수중 가두리양식 특화단지 조성 사업이다. 「지역발전계획」은 "민·군복합형 관광미항 건설에 따른 어장면적 축소로 조업수입이 감소"했음을 인정하며, "가시적이고 직접적인 소득을 올릴 수 있는 대체어장 개발 시급"하다는 이유로 이들 사업을 제시하고 있다. 이들 사업이 정말로 새로운 소득원이 될 수 있으며, 그 혜택이 누구에게 돌아갈지는 묻지 않겠다. 또한 이들 사업이 연안과 근해에서의 대규모 공사를 동반하며, 양식장과 바다목장의 관리를 위해서는 대량의 사료와 항생제가 투여되어야 한다는 점에 대해서도 자세히 논하지는 않겠다.

대신 주목하고 싶은 것은 '체험관광'이라는 표현이다. 바다목장 조성 사업은 "해양 체험·관광형"이라고 수식되며 그 필요성은 "수산동식물의 산란·서식환경 등 연안어장의 생태계 보호 및 어로, 체험관광 등 어업인들의 새로운 소득화 도모"라고 나와 있다. 여기서도 생태계 보호, 체험관광, 소득화가 서로 상충할 수 있다는 사실에 대해서는 일절 고려 없이 그저 항목으로 나열되어 있다. 사업내용에는 스쿠버다이버 관광체험용 해양수중공원, 수중관광쉼터, 해상낚시터 등의 조성이 열거되어 있는데, 기대효과는 "어업과 체험관광이 결합된 어업인의 새로운 소득사업 역할"이라고 제시되어 있다(「지역발전계획」, 42).

앞선 전략1에서도 범섬 해양공원 조성 사업은 "범섬 주변지역을 해양생태계 관찰·교육·체험·관광이 가능한 해양공원으로 조성"이라고(「지역발전계획」, 33), '강정 용천수공원 조성 사업'은 "강정지역 20여개의 용천수를 관광자원화하여 지역주민과 관광객들에게 친수·여가공간 제공"(「지역발전계획」, 31)이라고 그 목적이 풀이되어 있었다. 「지역발전계획」 전체에 걸쳐

관광, 체험, 관찰이라는 표현은 마을의 중요한, 따라서 보호해야 할 커먼즈로 외부인이 무분별하게 접근하는 것을 합리화하는 용어로 기능하고 있다.

## 2) 논점2. 현대화와 공동체

먼저 짚어야 할 것은 대자본이나 대기업에 특화된 사업이 많다는 사실이다. 대부분의 건설 사업은 대형 건설사가 일차적 편익을 누리며, 특히 803억이 책정된 프리미엄아울렛이 생긴다면 오히려 경쟁력이 약한 지역 업체는 부실화될 것이다. 하지만 전략3과 관련해 보다 주목해야 할 것은 '현대화'라는 표현이다. "주민 복지·의료서비스를 위한 커뮤니티센터 및 보건지소, 의료원 현대화 사업 추진", "주변지역 교육환경 개선을 위한 '학교시설 현대화' 사업 추진"(「지역발전계획」, 47)처럼 전략3에서는 '현대화'라는 표현이 산견되는데, 그것은 낙후, 정체의 상대어로 쓰이고 있다. 즉 현재 마을의 상태는 부족하고 열악하다는 가치판단을 깔고 있는 표현인 것이다. 전략1에서도 '해양관광테마 강정항 조성'과 관련해 "다양한 해양·레저 공간 조성 등이 매우 절실"하다며(「지역발전계획」, 28), 마을의 결여 상태와 함께 사업 필요성을 강조하고 있다. 그런데 마을의 오랜 쉼터이자 놀이터였던 구럼비 바위를 콘크리트로 덮고 그 위에 만들어지는 레저시설은 누구의 결여를 메우기 위한 것인가.

뒤에서 살펴볼 『강정향토지』는 강정마을이 일강정一江汀이라고 불린 연유를 "일강정이란 지난날 강정이란 이름 그대로 강정마을에는 물이 풍부하여서 논농사가 일찍부터 발달하여 삶이 풍요로웠기 때문이다"라고 밝히고 있다(『강정향토지, 167). 「지역발전계획」에서 현대화라는 표현은 결여를 극복하자는 수사, 보다 정확히 말하면 결여를 창출하는 논리로 쓰이고 있다. 현상태로는 복지와 레저 등의 측면에서 시설이 부족하니 새로 만들어야 하고, 경제적으로 자립하지 못했으니 외부에서 사람과 자본이 들어와야 한다는 것이다.

이 글의 핵심적 문제의식인 마을상과 결부지어 기술한다면, 「지역발전계획」은 다섯 가지 전략을 통해 실현될 강정마을의 미래상으로 "풍요로운 건강생태 도시"를 상정하고 있다(「지역발전계획」, 19). 「지역발전계획」에서 '마을'은 말단의 행정구역이라는 공간적 의미를 지닐 뿐이며 가치가 실리는 말은 도시다. 그리고 「지역발전계획」이 상정하는 도시란 현대화된 시설을 갖춘 편리한 주거·소비·레저의 공간이며, 사람과 상품과 자본이 많이 드나드는 곳이다. 대형 아울렛에서 쇼핑하고 해양레저를 즐기며, 화폐로 매개된 관계가 삶의 주요 영역을 차지하는 환경이다.

강정을 이처럼 도시로 만들겠다는 구상은 마을에서 생활기반은 물론 기존의 의미망과 공동체적 관계를 뒤바꾸거나 훼손할 위험성이 크다. 더구나 「지역발전계획」이 시행되어 '도시적 삶'이라는 혜택을 누릴 대상은 강정마을의 주민이 아닌 관광객들, 그리고 서귀포시와 인근 혁신도시에서 살아가는 사람일 가능성이 크다. 강정마을의 주민에게도 도시적 삶의 혜택이 일부 돌아가겠지만 마을공동체 해체, 인간관계 변질, 자연환경 훼손, 쓰레기 증가와 같이 도시적 삶이 요구하는 대가는 강정마을로 집중될 것이다.

이어지는 전략4는 화합과 공존의 민·군커뮤니티 조성이다. 해군 박물관, 퇴역함을 활용한 함상홍보관, 민·군 공동이용시설 조성이 사업내용이며 "민·군복합형 관광미항 건설로 발생한 해군에 대한 부정적 인식을 해소하고 해군의 평화적 이미지 제고 필요", "민·군공동이용시설 이용을 통한 지역주민과 군의 공동체 의식 고취"가 기대효과로 설정되어 있다(「지역발전계획」, 57~60).

먼저 짚어야 할 것은 해군박물관, 함상홍보관처럼 해군 편익사업을 마을주민들에게 혜택을 안기는 지역발전사업인 양 포장하고 있다는 점이다. 그나마 지역민이 고려된 "민군 소통·상생의 지역 공동체 육성"을 위한 '해양중심의 테마형 축제 개발'도 진지한 고민과 구체적 계획 위에서 제시된 것인지가 못 미덥다(「지역발전계획」, 56). 사업 예시의 이미지로는 일본 어느 마을의 마츠리 사진이 맥락 없이, 설명도 없이 올라와 있을 뿐이다.

전략4에서 또 하나의 축은 민·군 공동이용시설 조성 사업인데, 여기서 눈여겨 볼 표현은 '공동체'다. 전략4는 "민과 군이 공동으로 이용할 수 있는 체육관·수영장·종합운동장·종교시설·의무대 등 공공이용시설 조성"(「지역발전계획」, 56)으로 "국민과 함께하는 군의 이미지 제고"와 더불어 "민·군공동이용시설 이용을 통한 지역주민과 군의 공동체 의식 고취"를 꾀하고 있다(「지역발전계획」, 59). 여기서 공동체란 같은 시설의 이용자라는 의미를 갖는다. 또한 전략2에서도 결국 제주해군기지에 농산물을 납품한다는 의미인 '소비지 모델형 농수산물 유통 시범마을 조성 사업'은 "민·군복합항과 지역주민 간 교류 증대와 지역 공동체 활성화 기여"를 기대효과로 상정하고 있다(「지역발전계획」, 44). 그러나 제주해군기지 건설이 초래한 심각한 마을의 내분을 감안한다면, 해군 측과 친분이 있거나 기지건설 찬성측 주민 말고는 참가하기가 어려운 실정이다.

이러한 공동체 운운이 마을의 상황에 비춰보건대 안이한 수사임을 들추는 사례를 두 가지만 들어보겠다. 현재 해군은 마을의 경제활성화를 명목으로 매주 목요일마다 군인들에게 마을 안 식당을 이용하도록 권고하고 있다. 하지만 강정마을회는 반대 입장을 내놓았으며, 마을을 드나들 때는 군복을 입지 말 것을 요구했다.[5] 마을 안에는 군인들을 상대로 하는 유락시설이 조금씩 늘어나고 있고, 이런 풍경을 바라보며 기지촌이 되어가는 마을을 걱정하는 주민들이 많다.

또 하나의 사례로 해군기지 바로 옆에 종합복지시설인 김영관센터가 세워

---

5 김동원, 「평화를 거부하는 평화」, 『오늘의 문예비평』103호, 2016, 63쪽.

져 안에 커다란 수영장이 들어섰다. 현대식 시설에 물은 더할 나위 없이 깨끗하다. 요금은 도민 3천원, 강정마을 주민 1천원으로 저렴하다. 그러나 이용하는 주민은 드물다. 생업에 바쁜 탓도 있으며, 애초 수영장에서 수영을 해온 게 아니다. 더욱이 제주해군기지 건설을 반대했던 주민들은 거의 이용하지 않는다. 바다를 빼앗긴 자리에 들어선 수영장이기 때문이다. 반면 마을 바깥에서 자가용을 이용해 수영장을 찾는 사람은 조금씩 늘고 있다.

### 3) 논점3. 친환경과 발전發電/發展사업

전략5는 '친환경 경관조성 및 신재생에너지 구축'이다. 주요 사업으로 올라온 것은 "친환경 생태테마공간 조성"과 "풍력, 태양광 등 신재생에너지 기반구축"인데(「지역발전계획」, 61), 여기서 주력 사업은 후자다. 전략5는 마지막 전략으로 놓였으나 사업비는 가장 많은 3,574억원이 책정되어 있다. 전략 5의 사업 취지는 "강정마을 신재생에너지 공급을 위한 '태양주택 및 태양관발전시설'을 설치하여 에너지 자립마을 육성"이지만, 사업 내용을 들여다보면 연안풍력발전 사업은 사업비 850억원에 바닷가 3MW 3기, 해상 5MW 2기이며, 태양광발전단지 조성사업은 사업비 800억원에 기대 전력생산량이 30MW에 이른다. 거기에 민·군복합항 지열발전소 사업에도 1,580억원의 사업비가 잡혀 있다. 애초 강정마을을 에너지 자립마을로 육성하겠다는 구상이라기보다 강정마을에 풍력, 태양광, 지열 등의 발전시설을 집중하겠다는 취지인 것이다. 현재 제주에서는 한림, 대정, 월정·행원, 표선, 한동·평대 등 다섯 곳에서 행상풍력발전기를 설치 중이거나 설치하기 위한 행정절차를 밟고 있어 이를 둘러싼 반대운동과 주민 간 갈등이 일어나고 있다. 전략5는 해군기지 건설이라는 국책사업을 강행한 강정마을에서 발전소 설립도 도모하겠다는 계획으로 읽을 수 있다.

전략5가 시행되면 대규모 환경 파괴는 물론이며, 이를 위해서는 대규모 토지 수용이 필요하다. 가령 연안풍력발전사업은 '강정마을 해안변 인근'을 예정지로 하는데, 주민들의 생활기반과 재산권에 심각한 피해를 초래할 수 있다. 연안풍력사업으로 연안이 망가지고 소음 공해가 심해지면 생활하기 어려워지고 인근 토지가가 하락할 수 있다. 한편 다른 전략들도 대부분 토지 수용을 전제하고 있는데, 이 경우에는 역으로 지가 상승을 부채질할 공산이 크다.

그리고 전략5에서 주목할 표현은 '친환경'이다. 「지역발전계획」은 "풍요로운 건강상태 도시"라는 전체 비전 아래로 세 가지 목표를 내놓고 있다. 그 중 첫 번째 것이 '녹색의 도시'이며, 이어서 '풍요의 도시', '건강한 도시'가 제시된다. 여기서 '녹색의 도시'는 '친환경 지속가능한 마을 조성'으로 구체화되는데, 이는 곧 전략5의 '친환경 경관조성 및 신재생에너지 구축'을 뜻한다.

한편 전략5는 마지막 항목으로 놓였으나 사업비 면에서도 가장 중요하고 국책사업의 성격이 가장 뚜렷하다. 전략5의 '친환경'이 신재생에너지의 수식어라면, 「지역발전계획」에서는 다른 의미 계열의 '친환경'도 발견된다. "마을 순환형 '자전거 도로' 개설 및 실개천 정비로 친환경 생태 '수변 공간' 조성"(「지역발전계획」, 47), "(친환경 개발) 해안경관과 어우러진 친환경 개발을 원칙으로 개발사업 시행"(「지역발전계획」, 72), "해양녹색테마공원"(「지역발전계획」, 25) 등. 여기서 친환경親環境은 환경친화적이라는 의미라기보다 거리상 환경에 가깝다(親)는 의미로 쓰이고 있다. 즉 마을의 해안이든 수변이든 범섬이든 관광객이 걷거나 자전거, 잠수정을 타고 쉽게 접근할 수 있다는 의미인 것이다.

### 4) 논점4. 마을의 주체는 누구인가

정말로 「지역발전계획」에 따라 사업이 추진된다면 강정마을은 어떻게 될 것인가. 거리는 '쇼핑 스트리트'와 '음식테마 거리'로 조성되고 '야시장'이 들어서고 '마을 순환형 자전거 도로'가 깔린다. 학교는 '영상매체를 활용한 양질의 화상교육 시스템(s-learning)'이 구축되고 '원어민 영어 화상학습 프로그램 원격교육'이 가능해진다. 용천수 주위로는 '워터파크'와 '음악분수'가 지어진다. 강정항은 '조망 가능한 데크'와 'LED 조명'로 단장된다. 연안에는 '양식장'과 '바다목장'이 조성되고 '해상풍력발전기'가 올라가고, 범섬 쪽으로는 '범섬 수중공원'과 '해양수중생태관'이 자리 잡는다. 그것은 강정마을일 것인가. 강정, 그리고 마을일 것인가.[6]

이제껏 마을상에 초점을 맞춰「지역발전계획」을 조목조목 살펴보았는데, 사실「지역발전계획」은 그 청사진대로 추진되기 어려울 것이다. 무엇보다 발전계획으로서 허술한 지점이 많기 때문이다.「지역발전계획」은 '제주도특별자치도 설치 및 국제자유도시조성을 위한 특별법' 개정 이후 2011년 5월부터 2012년 2월까지라는 단기간에 모든 절차를 거쳐 그 내용이 확정되었다. 연구용역 기간은 5개월에 불과했다. 1조억원이 넘는 사업비가 책정되어 있는데, 십 개월도 안 되는 기간 동안에 졸속으로 짜인 것이다.

사업비 책정을 보더라도 해양 체험·관광형 바다목장 조성 사업 20억원, 해양관광테마 강정항 조성 40억원, 강정 용천수공원 조성 사업 100억원, 첨단 화훼·과수단지 조성 사업 300억원, 농수산물 현지 가공 공장 건설 사업 300억 식으로 주먹구구식이어서 하위 항목의 세부 내역을 합산해 나온 수치라고 보기 어렵다.[7]

---

6 또한 그 모습은 제주도일 것인가. 제주해군기지 건설을 강행하며 해군 측은 세계적인 미항 중에 해군항도 있다며 호주의 시드니항, 미국의 샌디에이고항을 자주 운운했다. 그리고 진즉에 하와이는 제주도(를 포함해 세계 곳곳의 여러 섬들)를 개발할 때 쓰이는 이름이 되고 말았다.

7 그런데도 사업으로 인한 효과는 2011년 대비 2021년에 인구수는 139% 증가한 34,800명, 고용은 208% 증가한 34,800명, 지역내 총생산은 349% 증가한 1조 3,900억원이고, 생산유발효과는 15,546억원, 부가가치는 6,248억원, 고용창출은 18,042명이 늘어날 것이라며 한 자리 수까지 예측치가 기술되어 있다(「지역발전계획」, 21, 72).

더욱이 예산의 편중이 심각하다. 앞서 말했듯이 가장 많은 예산은 전략5에 3,574억원이 책정되어 있다. 한편 강정마을의 주민에게 상대적으로 편익이 기대되는 전략3 '풍요롭고 살기 좋은 정주환경 개선'에 책정된 전체 예산은 875억원인데, "중국인 관광객들의 욕구 충족을 위한 프리미엄아울렛 유치"(「지역발전계획」, 32)라는 단일 사업이 거기에 맞먹는 803억원이다. 물론 책정된 대로 사업비가 집행될 가능성은 낮지만, 예산안은 전체 사업에서 무얼 우선시하는지를 보여준다. 가령 1조억원이 넘는 전체 예산안 가운데 "농어촌 공동체 기업 공동운영을 통한 마을 공동체 화합", "농어촌 공동체 기업 수익의 공유 및 마을기금 조성효과"가 기대효과라는 '농어촌 공동체 회사 설립'은 사업비가 4억원으로 유일하게 10억 원에 못 미친다(「지역발전계획」, 46). 물론 강정마을회의 일년 가용예산이 대략 1,500만원임을 감안한다면 십년 간 37개 세부사업에 총 사업비 10,771억원을 쏟아붓겠다는 「지역발전계획」은 마을의 입장에서는 실감하기 어려운 규모다.

1조억원이 넘는 사업비를 제시한 「지역발전계획」에 관해서는 예산 확보의 실효성과 사업비 집행안의 타당성을 면밀히 따져봐야겠으나 이 글의 관심은 거기에 있지 않다.[8] 사실 면밀한 검토를 거쳐 고안된 계획이라기보다 제주해군기지 착공 시점에 맞춰 급조된 정치성 짙은 문서, 따라서 일정 시점 이후에는 폐기되거나 대폭 수정될 문서에 가까우니 사업계획으로서의 실효성, 타당성을 자세히 따진들 그만한 생산성을 갖지도 못할 것이다. 따라서 지금껏 그 구상들 바탕에 자리하고 있는 마을을 대하는 시각에 초점을 맞췄던 것이다.

---

8  가령 토지수용 문제의 경우 제주해군기지 건설 이후 강정마을의 지가가 앙등해 대부분의 사업은 실제로 추진하려면 변경하거나 축소해야 한다. 그럼에도 어떤 사업 하나를 추진하면 그로 인해 지가가 상승해 다른 사업의 추진을 저해하는 악순환이 일어날 것이다.

그 각도에서 보자면 「지역발전계획」은 내용만큼이나 수립과정 자체가 비민주적, 반마을적이라는 문제점을 지닌다. 주민의견 수렴은 제대로 된 공지도 없이 2011년 10월 28일 한 차례를 거쳤을 뿐이다. 그 과정은 제주해군기지 건설 추진 과정을 떠올리게 한다. 국방부는 2005년에 서귀포시 화순과 2006년에 서귀포시 위미 지역에 해군기지를 건설하려다가 마을주민들의 강한 반대로 무산되자 2007년에 갑자기 강정으로 방향을 틀었다. 2007년 4월 26일 1,200명이 사는 강정마을에서 주민 87명만이 모인 임시총회가 소집되었다. 임시총회 공고 규정도 지켜지지 않았고, 해군과 제주도정은 마을주민들을 상대로 한 설명회도 갖지 않았다. 하지만 이날 임시총회에서는 박수로 해군기지 유치가 결정되었다. 그 자리를 채운 87명 중 절반이 해녀였고, 해녀와 어촌계 주민들은 해군으로부터 1억 원 이상의 보상금을 약속 받은 상태였다. 이후 주민들은 스스로 총회를 개최해 임시총회를 소집했던 마을회장을 해임시켰다. 그리고 2007년 8월 20일, 해군기지 유치 찬반을 묻는 주민투표가 실시되었고 전체유권자 1,050명 중 725명이 참가해 그 중 680명이 해군기지 건설 반대의 의견을 냈다. 하지만 이 결정은 무시되었다. 다시 말해 마을의 운명을 결정하는 일에서 주민의 목소리는 지워졌다.

이후 해군기지 공사를 강행하고자 김태환 전 제주도정이 특별법과 도조례를 위반해가며 국책사업이라는 이유로 강정 앞바다의 절대보전지역 지정을 해제처분했고, 2009년 12월 한나라당 의원이 다수인 제주도의회가 이를 날치기로 통과시켜 공사의 제도적 걸림돌을 제거했다. 이에 강정마을의 주민들은 절대보전지역 지정 해제처분이 내용상·절차상 중대한 하자가 있다며 제주지방법원에 절대보전지역 지정 해제처분의 무효 내지 취소를 구하는 행정소송을 제기했으나 제주지방법원은 그 위법성 여부는 판단을 하지 않은 채 강정주민들이 원고적격이 없다는 이유로 소송을 각하했다. 다시 말해 마을의 운명을 결정하는 일에서 주민은 주체일 수 없었다.

「지역발전계획」의 발상과 논리와 문법은 그때 일을 상기시킨다. 마을과 주민이 빠져 있다. 전체를 총괄하는 추진 전략은 "민·군복합형 관광미항 주변의 우수한 자원과 입지여건을 바탕으로 잠재적으로 최대화할 수 있는 추진전략"이라며(「지역발전계획」, 20), 전략, 자원, 입지여건, 잠재력 최대화가 마을과 주민의 삶을 대하는 주요 용어로 설정하고 있다. 더구나 「지역발전계획」에서 관광허브, 관광자원화, 현대화, 공동체, 친환경, 생태마을 등 핵심 용어는 모두 마을 바깥의 시점에서 만들어진 것들이다. 그리하여 「지역발전계획」은 마을이라는 화두와 관련해 중요한 물음을 던져준다. 마을 주민 대다수의 삶에 지대한 영향을 미치는 결정은 누가 어떻게 해야 하는가. 마을 사업의 당사자는 누구인가. 마을의 커먼즈는 누가 무엇을 근거로 어디까지 지킬 수 있는가.

### 3. 『강정향토지』, 역사로서의 마을

강정마을에 관해 전혀 다른 시선에서 작성된 책이 있다. 『강정향토지』다.

강정마을회가 1996년에 펴낸 『강정향토지』는 500쪽이 넘는 두툼한 분량이다. 총 8부 구성인데[9] 1부 설촌 유래, 2부 자연환경과 취락, 3부 지명 유래, 4부 마을 공동체, 5부 산업 경제, 6부 구비 전승, 7부 신앙 및 희생·유공자, 8부 교육·문화 순이다. 그리고 세대별 명부, 마을 자생 단체장이 부록으로 실려 있다.

『강정향토지』를 펼치면 설촌 유래로부터 시작한다. 향토지야 대체로 이런 기술 방식을 취하지만, 역시 「지역발전계획」과 견주면 차이가 뚜렷하다. 마을을 이야기할 때 사람들이 어떻게 모여들었는지부터 풀어나가는 것이다.

---

9    『강정향토지』는 부가 아닌 편으로 편제되어 있으나 이해의 편의를 위해 부라고 기술하겠다.

 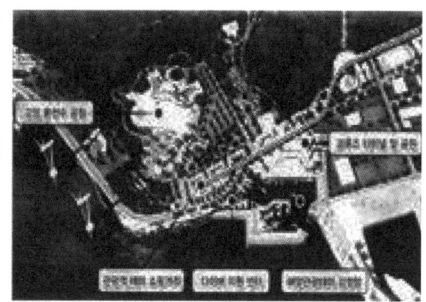

그림 1 『강정향토지』, 10쪽.   그림 2 「지역발전계획」, 25쪽.

반면 「지역발전계획」의 서두를 장식하는 내용은 서귀포시와 대천동의 지역 현황, 즉 인구추세, 지역 면적, 제주도 지역내 총생산(GRDP), 사업체수, 종사자수 관광객 증가 추이처럼 수치로서 기술할 수 있는 것들이다.

『강정향토지』의 맨 앞에 실려 있는 지도도 「지역발전계획」과는 판이하다. 『강정향토지』가 1872년에 제작된 대정군지도라면, 「지역발전계획」은 (2011년으로부터) 십년 뒤 개발사업이 마무리된 시점의 구상도다. 전자가 대가래천(강정천), 소가래천(악근천)을 비롯한 강정마을의 물길과 지세를 보여준다면, 후자는 강정 용천수 공원, 관광객 테마 쇼핑거리, 다이버 지원 센터, 해양관광테마 강정항, 크루즈 터미널이라는 관광시설을 표시하고 있다. 전자가 한라산을 비롯해 주위의 지형적 특성을 그려낸다면, 후자는 주위의 환경적 조건과 절연된 채 관광시설 집중지만을 부각시킨다. 무엇보다 시설이 있을 뿐 사람이 사는 마을이 보이지 않는다. 만약 「지역발전계획」이 추진된다면 현재 강정 마을은 두 장의 그림 사이에 놓여 있다고도 말할 수 있다.

### 1) 자신의 마을을 이야기한다는 것

이제부터 『강정향토지』를 살펴보겠다. 여기서는 『강정향토지』가 담고 있는 「지역발전계획」과는 전혀 다른 마을상을 간취하기 위해 커먼즈란 인간 사회가 생계와 생존을 위해 의지하고 이용해온 다양한 자연자원과 이를 이용하기 위해 성원들 사이에서 형성되었던 협력적 제도 내지 관습들을 지칭하는 개념이라는, 앞서의 정의를 떠올려주기를 바란다.

1부부터 들여다보자. 1부 1절은 '마을의 어원'이다. 강정의 옛이름인 가내 加內, 가래加來의 국어학적 뜻은 확실치 않다면서도 문헌자료와 고지도 등의 표기를 중심으로 해석을 시도하고 있다. 가장 이른 문헌은 1510년의 『중종실록』이다. 강정江汀이라는 이름이라면 1697년 『별합문기』부터 나온다. 1702년의 『탐라순력도』에는 "강정마을은 동쪽 47리의 거리에 있다. 민호는 96호, 남자는 199명, 여자는 257명이다"라는 기록이 남아 있다. 그리고 『강정향토지』는 "물이 많이 나는 마을이라는 데서 붙여진 이름", "냇가에 위치한 데서 붙여진 이름" 등으로 강정이라는 마을 이름의 유래를 풀이하고 있다(『강정향토지』, 23).

1부 2절 '설촌과 역사'에 따르면 강정마을은 세종 21년(1439)에 동해방호소(가내관방)가 설치되어 56명의 마·보병 군인이 모여든 데서 촌락 형성이 시작되었다고 한다(『강정향토지』, 43). 하지만 사람이 살기 시작한 내력은 훨씬 과거로 거슬러 올라가 1부 3절은 '유적과 유물'로 이어진다. 강정마을에서는 초기 철기시대 혹은 무문토기말기(대략 기원전 300년에서 기원전후한 시기)에 해당하는 골아가리토기편을 수습했는데, 이는 강정마을의 오랜 설촌 역사를 증명하고 있다는 것이다(『강정향토지』, 44).

1부 4절 '성씨별 입촌 내력'에서는 진주 강씨부터 창원 황씨까지 열 쪽에 걸쳐 86개의 성씨별 입촌 내력이 일일이 정리되어 있다. 처음인 '진주 강씨 (강동균)'과 마지막의 '창원 황씨 (황재봉)' 항목만을 확인하면 이러하다. "10대 조부(직)님께서는 남제주군 대정읍 일과리에 거주하고 계시다가 가족과 함께 강정마을에 오셔서 장착하셨는데, 가선대부嘉善大夫를 가자 받으셨다.", "아버님(진옥)께서는 서귀포시 월산동(종백이왓)에 거주하시다가 1948년 11월 13일 4·3사건으로 마을 소개령이 내려지면서 강정마을로 내려와 살게 되었다." 이어서 1부 5절에서는 '성씨별 입향조'가 성씨, 본관, 시조, 입도조, 입향조, 전거주지, 현재 직손 순으로 기재되어 있다. 1부 6절은 '사진으로 본 마을의 모습'인데 마을회관으로부터 시작해 26쪽에 걸친 사진들이 강정마을(거주지), 주거 유적과 문헌, 별포제 자료, 해안유적지, 교육·문화·종교, 민속놀이, 강정천·악근천이라는 큰 분류 안에서 배치되어 있다.

이로써 1부가 끝나고 2부 '자연환경과 취락'이 나온다. 먼저 자연환경으로는 비옥한 토질과 많은 물이 강조된다. 전, 답, 과수원을 합한 순수 농사용 토지는 서귀포시내 22개의 법정동 가운데 최대 면적이다. 여기에 "서귀포시가 직할시를 제외한 전국 46개 시 가운데 행정구역이 가장 넓다고 하니, 우리 강정동의 구역도 농경지만을 계산하여 비교하면 전국에서 몇째 안 가는 큰 구역임을 알게 되어 자부심을 느낀다"고 적고 있다(『강정향토지』, 102). 물 자랑은 더하다. "가래현에서 강정으로 마을 이름이 표현된 것은, 물이 너무 많음에서 비롯된 것임은 누구도 다 이해할 만큼, 참으로 귀한 천연수가 지금 이 시간에도 쉬지 않고 용출하고 있으니, 어찌 자랑스럽지 않겠는가. 제주의 어느 곳을 가 보아도 이렇게 맑고 맛있는 용천수가 많이 나는 곳은 없다. 서귀포시민의 이용하는 급수원의 80% 이상을 용출하는 강정천이 있는 강정 마을에 살고 있다는 자체만으로도 조상들에게 큰 감사를 드린다"(『강정향토지』, 103).

이어지는 자랑은 바다다. "서귀포시의 공동어장의 총 바다 면적은 1,667,764ha인데 여기에서 1/4에 해당하는 465.6ha가 강정어촌계에서 관리하고 있어, 경지면적과 아울러 바다 면적으로도 서귀포시에서 최대이며, 제주도내 어촌계 중, 하도 어장 다음으로 큰 바다를 강정동에서 차지하고 있는 것이다. … 강정은 물의 축복만 받은 것이 아니라 바다의 축복까지 받았다고 할 수 있다"(『강정향토지』, 104). 이어서 소라, 전복, 성게 등 해산물과 톳 같은 해초류의 생산량이 줄어들고 있어 어촌계에서는 날을 정해 물질하고 있지만, 바다의 황폐화를 막으려면 마을 사람 모두가 힘써야 한다고 당부하고 있다.

그리고 2부는 2절 '4·3 사건 이전 취락 지경'을 건너뛰면 59쪽에 달하는 긴 분량이 할애된 3절 '사진으로 보는 생활사'로 이어진다. 여기서는 무엇을 마을의 소중한 생활 모습으로 간직하고자 하는지를 엿볼 수 있다. 강정 포구, 초가집, 빨래터, 애기구덕세콜 방애, 냇길이소 같은 마을의 오래된 정경, 가래마을 어머니, 애기구덕과 여인, 마차를 물고가는 아주머니, 줌녀와 같은 여성의 모습, 은어 걸리기, 자리 거리기, 논갈이, 모내기, 고구마 썰기, 돼지 거세처럼 주기적으로 찾아오는 노동일, 쇠싸움, 운동회, 졸업식과 같은 연례행사, 쥐 잡기, 송충이 잡기, 진드기 구제 작업, 예방접종 같은 위생사업, 합도병 입대, 강정 특수 공동 수용소 같은 역사기록 등이 사진에 담겨 있다.

이제 3부는 '지명 유래'다. 1절 '문헌에 기록된 지명', 2절 '마을 지명', 3절 '하천 지명', 4절 '해안가 지명', 5절 '용천수' 순인데, 이중 가장 널리 알려진 지명이 된 구럼비만을 확인해두자(『강정향토지』, 190쪽).

> **구럼비**仇奄
> '구엄비'는 2731번지경부터 4670지경까지의 논이 있는 곳을 말하며, 지금에는 '구럼비'라고 부르고 있다. 옹정사년정월 일 대정현안부내수사노비무후기상전답기진타량성책(雍正四年正月 日 大靜縣案付內需司奴婢無後己上田畓起陳打量成冊)에는 '구엄원답(仇奄員畓-〈구엄〉의 논)'이라 표기되어 있으며, 1809년에 작성된 도허문都許文에는 '구엄부仇奄夫'라고 되있다. … 이로 미루어 현재의 '구럼비'라는 지명은 처음에는 구엄→구엄부→구럼비로 불려진 것이다. 그리고 현재 '구답舊畓'이라 불려지는 곳에서 처음 논농사가 이뤄졌다고 볼 수가 있다. 구답에는 '구답물'이라는 용천수가 있는데 또한 구답 전체가 습답(흐렁논)으로서 강정의 처음 논농사가 이곳에서 시작된 듯하다.

3부는 큰강정물, 가시물, 할망물, 통물, 안강정물, 앞물, 함백이물, 버드낭 샘, 체물, 동해물 등 용천수마다 붙인 이름과 그 내력으로 마무리된다.

4부는 '마을 공동체'다. 1절 '마을 자치', 2절 '마을 향약', 3절 '역대구·리·통장', 4절 '마을 공유 자산', 5절 '마을 자생 단체' 순이다. 그 중 강정마을회의 향약 제1장 제1조는 "본 향약은 강정마을의 자치에 관한 모든 것을 마을주민의 뜻에 의해, 가장 민주적인 방식으로 운영함을 목적으로 한다"고 되어 있다(『강정향토지』, 260). 마을자생단체는 노인회, 청년회, 4-H회, 부녀회, 민속보존회, 감귤 작목회, 화훼 작목반, 원예 작목반, 경자 갑장회, 마을 원로회, 어촌계 순으로 자세히 기술되어 있다.

5부 '산업경제'는 1절 '농업', 2절 '수산업', 3절 '마을 발전사' 순이다. 1절 '농업'은 시기별로 나눠지는데 '2. 1945년 이전 농업'을 보면 벼, 보리, 고구마, 조, 콩 등에 관한 작물별 재배방법과 지력유지방법이 상세히 적혀 있다. 그리고 '3. 1950년대의 농업'은 이렇게 시작된다. "해방은 되었어도 우리에게 남겨진 것은 없었다. 그렇다고 국가가 농업을 시급히 재건시킬 힘도 없었다. 다만 강제공출이 없는 가운데 열심히 농사에 전념하였다. 그러던 중 1948년 4월 3일을 기점으로 일어난 폭동사건은 모든 것이 파괴되고 사람들이 죽어갔다. 농업 그 자체보다는 살아남기 위한 수단이 중요한 과제가 되었다. 그 후 6·25동란이 일어나 끝나는 53년까지 해방되어 8년 동안은 국민생활이 지극히 어려운 나날이었다. 식량의 절대량이 부족하고 생활물자는 거의 정상 공급이 없는 상태였다"(『강정향토지』, 293).

2절 '수산업'을 보면 개인으로 고기잡이를 하는 것이 아니라 공동어업이 대다수를 차지하며, 강정동의 어장 면적 역시 서귀포시 전체의 어촌계에서 가장 크고 제주도 내 어촌계에서는 두 번째로 크다고 밝히고 있다. 몇 쪽을 넘기면 어부들의 애환이 나오는데 「강정에서 가장 오랫동안 풍랑과 싸우다가 살아 돌아온 분들의 이야기」만을 옮겨두자(『강정향토지』, 320).

1906~7년경, 음력 2월에 김홍조씨(김창원 증조부) 외 11명이 배를 타고 먼 바다로 나갔다가, 풍랑을 만나 바다에서 표류하는 동안, 집에서는 난리가 났다. 하루 이틀이 아니라 한달이 넘도록 돌아오지 않자, 동네 모든 분들이 '기다리지 말고 가신 혼이나 위로하라'고 했는데, 행방불명 된지 30여일이 되던 날, 일본 배의 도움으로 구조되어 대마도에 도착하였다는 연락을 받고서 안심했고, 이 분들은 집을 떠난지 41일만에야 집에 도착하였는데, 같이 배에 탔던 사람들 중 많은 분이 고기잡이를 청산하고 농사를 지었다고 한다.

3절 '마을발전사'에서는 지역 개발이 본격화된 시기로 1960년대를 꼽는다. 이때의 주요 개발사업으로 전기 가설, 상수도 시설, 도로 확장 사업, 버스 노선 개통, 마을 사무소 이설, 강정천 교량 개설이 열거되어 있다(『강정향토지』, 339~340).

6부 '구비 전승'은 1절 '설화', 2절 '속담', 3절 '민요', 4절 '방언', 5절 '세시 풍습', 6절 '생활 민구' 순인데, 가장 먼저 나오는 것은 '날대 돋힌 아기장수' 설화다(『강정향토지』, 346).

지금부터 약 150년전 이야기다. 강정에 처음 살기 시작하였다는 김씨 가문의 김성남의 7대손인 김성신과 그의 처 박씨 간에 쌍둥이 아들이 태어났는데, 그 아이들에게 겨드랑이에 날개가 돋혀 있었다. 나라에서 이 사실을 알게 되면 아기들이 크면 역적이 될 수 있다하여 죽여 버리고 집안이 망하게 될 것을 염려했다. 근심에 쌓인 부모는 조상의 묘를 잘못 모셨기 때문에 이런 일이 일어나지 않았나 의심하여 예래동 근처에 있는 군산에 묻혀 있는 선조의 묘를 이장하려고 파헤쳤더니 묘지 속에서는 시신이 황소가 되어 앞발은 굻고 뒷발은 일어선 형체였으며, 이때 비둘기 두 마리가 나와 남쪽 바다 가파도 쪽으로 날아가버렸다. 그후 부모가 집에 돌아와 보니 쌍둥이 아기는 모두 죽어 있었다. 얼마 후에 군산의 그 묘지에는 한림읍 금악리 박씨 가문에서 묘를 써 그 집안이 잘 되었다고 한다.

2절 '속담'에서 나오는 223개의 속담은 내용이 함축적일 뿐 아니라 제주 말이라서 이제는 외우기 어려운 것이 되었다. "멜에도 배설이 있다(어진 사람도 성질을 부릴 줄 안다는 뜻)", "서울년 서방질 헌디 전주년 애기베여(잘못은 타인이 했는데 누명 쓴다는 뜻)"처럼 뜻을 풀이한 경우도 있지만, "쇠 먹은디 몰 배불랴(소가 먹었는데 말이 배불 수 없다)", "집이랑 상 살곡 배랑 지성 타라(집은 사서 살고, 배는 직접 지어서 타라는 말)"처럼 제주말을 서울말로 옮긴 경우도 있다.

3절 '민요'는 노동요로 써레질 소리, 밀레질 소리, 밧 불리는 소리, 방애 찧는 소리, 해녀 노젓는 소리, 줄질허는 소리, 곰베질 소리, 노리깨질 소리, 의식요로 상여소리, 달구 소리, 타령요는 서우젯소리, 시집살이 노래, 너영 나영, 동요로 애기 홍그는 소리, 놀이요로 손놀이 할 때 부르는 노래, 고무줄 놀이 할 때 부르는 노래가 가사와 함께 채록되어 있다.

4절 '방언'에서는 벼-나록, 고구마-감저, 꽃-고장, 바다-바당, 마음-샘창아리, 제사-시께, 아궁이-솟강알, 귀뚜라미-공중이 등이 '표준어'와 '방언'이라고 비교되어 있다.

5절 '세시풍습'은 1월부터 12월까지 빼곡한데 1월만 해도 차례와 과세, 당굿, 토신제, 신구간新舊間, 정월 대보름, 새철 드는 날, 별포제 등의 세시풍습이 있다.

그리고 제7부 '민신앙 및 희생·유공자'는 1절 '민간신앙', 2절 '무속신앙', 3절 '종교' 순인데, 3절 종교에 속한 불교, 기독교보다 무속신앙이 먼저 기술된다는 점이 특징적이다. 그리고 4절 '4·3 사건과 마을 방위 축성'과 5절 '4·3 사건 희생자, 국가유공자'로 이어진다.

마지막 8부 '교육·문화'는 1절 '향사', 2절 '배영의숙', 3절 '초등학교', 4절 '유아교육', 5절 '초등학교 졸업자 명단' 순이다. 여기서 강정초등학교 교가만을 옮겨보자.

활-쏘아 힘 기르던 솔대왓 옛터 / 매-처럼 슬기로운 메머루 동산 / 냇가가 돋힌 듯이 말을 달려서 / 날림을 자랑하던 말길도 있다 / 용감스런 우리 강정 어린이-들아 / 의좋게 배우며 힘차게 살자

### 2) 제주해군기지와 강정마을사

『강정향토지』는 마을에 관한, 마을에 의한, 마을을 위한 기록이다. 「지역발전계획」과 비교하자면 「지역발전계획」에서 강정마을이 사업예정지인 일개 말단 행정구역이었다면, 『강정향토지』에서 강정마을은 대체할 수 없는 역사(시간)와 땅, 물(공간)을 가진 실체다. 「지역발전계획」이 연구용역을 통해 외부 시각에서 작성되었다면, 『강정향토지』는 주민들의 채록을 바탕으로 하고 있으며, 「지역발전계획」이 전략적 용어로 채워졌다면, 『강정향토지』는 고유명으로 가득하다. 그리고 「지역발전계획」이 현재의 결여 상태를 부각한다면, 『강정향토지』는 지금 모습에 대한 자긍심으로 충만하다. 마을향토지 발간 추진위원회 위원장인 김덕진은 발간사를 이렇게 마무리한다. "강정마을 향토지는 완성이 아니라, 새로운 시작인 것입니다. 그 찬란한 새 역사의 출발을 위해 우리는 부족하나마 자료를 정리하였습니다. 때문에 만족스럽지 못한 부분이 너무나 많습니다. 이러한 미진한 부분은 앞으로 자랑스런 제일 강정인들에 의해 하나하나 정리될 것이라 믿어 의심치 않습니다. 이 향토지가 미래의 일강정의 자존을 밝히고 지역의 앞날을 열어 나가는 디딤돌이 되길 간절히 바라면서, 향토지 발간에 정성을 모아주신 분들께 거듭 사의를 드립니다"(『강정향토지』, 14).

하지만 이후 강정마을의 역사는 그 바람대로 전개되지 않았다. 『강정향토

지』는 1996년에 나왔다. 그로부터 십년이 지나 2007년부터 강정마을은 해군기지 건설 문제로 몸살을 앓았다. 또 다시 십년이 지나 2016년 해군기지가 완공되었다. 만약 지금 시점에서 그 이십년간의 마을사를 쓴다면 절반은 해군기지 문제에 얽힌 시기이고, 이제부터 작성될 마을사는 해군기지 문제를 피할 수 없게 되었다.

현재 강정마을은 『강정향토지』에 기록된 유구한 시간대로부터 급격히 벗어나고 있다. 해군기지가 완공되었고 크루즈항이 완공을 앞두고 있다. 마을의 곳곳에는 공고문이 붙어있다. "마을이 공사판이다"라는 이야기를 자주 듣는다. 2011년에 절대보존지구 지정이 해제되어 뚫리자 공사는 걷잡을 수 없이 진행되어 불과 수년 사이에 마을의 풍경은 크게 바뀌었다. 수평적 팽창과 수직적 상승이 일어나고 있다. 해안가까지 공사판이고 건물은 고층화되고 있다. 마을의 어디서나 볼 수 있었던 바다와 범섬은 시야에서 점점 사라지고 한라산의 모습마저 잘려나가고 있다.

새로 올라가는 빌라들은 풀옵션이라며 도시적 주거환경을 광고한다. 거리에는 서비스 업종의 가게가 늘어난다. 골목길은 이곳저곳이 확장 공사를 거치더니 자동차 도로로 바뀌고 있다. 마을의 토지는 외지인과 해군 측이 차츰 사들여 용도변경되고 있다. 이미 해군기지와 크루즈항으로 해안의 절반과 땅의 4분의 1이 잠식되었다. 거기서 그치지 않고 유류 저장탱크들을 만들기 위해, 무기고를 만들기 위해, 헬기계류장을 만들기 위해 토지는 조금씩 수용되어 기지 관련 시설들이 차지할 것이다. 거기에 크루즈항이 완공되면 강정마을은 기지촌이자 관광지로 끌려갈 것이다.

이미 강정마을은 『강정향토지』가 기술된 시점과는 크게 달라졌다. 『강정향토지』는 강정을 물의 마을로 자랑했다. 하지만 큰 하천은 오염되고 있다. 강정천은 BOD가 크게 떨어졌고 퇴적물이 쌓여 썩어가고 있다. 강정천으로 올라오던 은어의 개체수가 급감했다. 바다 쪽도 오염이 심각하다. 해군기지 안에서 군함을 세척하고 페인트칠을 하느라 바닷물을 더럽히고, 해군기지 설계상의 오류로 대형 군함이 급변침해 서건도와 범섬 사이로 드나들어야 하는 것도 오염의 이유가 되고 있다. 더구나 해군기지 측이 강정천 상류 지역의 녹차밭에서 관정을 개발해 하루 2000톤의 물을 뽑아다가 해군기지에 500여톤, 크루주 선박에 1200톤, 터미널에 300톤을 가져다 쓰려는 계획이 드러났는데, 그리되면 물의 마을 강정은 생태계파괴와 더불어 물부족에 시달릴 수 있다.

마을의 공기도 바뀌고 있다. 해군기지 완공 이래로 해안에는 무기를 탑재한 군함과 잠수함이 정박해 있다. 군용차량과 군인들이 마을 안길을 다닌다. 군용차량은 화약류나 폭발물을 싣기도 하며, 총을 든 군인들이 강정초등학교 앞에서 군사훈련을 한 적도 있다. 강정마을회는 '군복차림과 군용차량 마을 안길 출입 금지'라는 현수막을 내걸었다.[10] 또한 보이는 것만이 아니라 들리는 것도 바뀌고 있다. 아침부터 저녁까지 여기저기서 공사 소리로 시끄럽고 해군이 마을로 내보내는 군가에 군함의 뱃고동 소리, 헬기의 소음도 입혀진다.

이렇듯 군사기지가 땅으로 바다로 소리로 마을을 잠식하는데『강정향토지』가 자랑하던 강정마을의 자치조직은 그 사이에 크게 형해화되었다. 200개 남짓한 자생조직 가운데 태반이 해체되거나 회원 탈퇴, 불참 등으로 파행 운영을 겪고 있다. 특히 갑장회는 스무살이 되면 자연스럽게 꾸리는 모임으로 남성 50여개, 여성 30여개에 이르던 가장 광범한 결속체였지만 대부분 해산됐다. 관광계, 동창회, 친목계, 강정조기축구회, 고운환경감시단 등도 마찬가지다. 여느 지방의 농촌 마을도 겪는 과정이라고 하기에는 그 정도가 심각하다. 대체로 근 십년 사이에 해군기지 건설을 둘러싼 찬반측 간의 갈등

---

10  김동원,「평화를 거부하는 평화」,『오늘의 문예비평』103, 2016, 63쪽.

으로 빚어진 결과이기 때문이다. 마을청년회와 부녀회도 찬성 또는 반대 한쪽만 참여하며 제한적으로 운영되고 있으며, 경우에 따라서는 가족과 친지 관계마저 갈라졌다. 이런 상황에서 「지역발전계획」은 또 다른 분할의 계기로 작용할 소지가 크다. 수용, 선별, 거부의 대립선은 해군기지 찬반의 대립선과보다도 어지럽다. 이리하여 마을의 뜻을 모아내기 어려워지고 그 틈으로 개발사업이 야금야금 진행되고, 그 개발사업이 균열을 더욱 벌려 마을의 뜻을 모아내기는 더욱 힘들어지는 악순환이다.

『강정향토지』는 당시 시점에서 마을의 지난날을 담은 것이었다. 그러나 그로부터 20년이 지나 강정마을은 『강정향토지』로부터 크게 달라졌다. 그리하여 현재 『강정향토지』는 강정마을이 어느 방향으로 얼마만큼 떠내려왔는지를 표시해주는 부표가 된다. 그대로인 것은 1부 설촌 유래와 3부 지명 유래 정도일 것이다. 나머지인 2부 자연환경, 4부 마을공동체, 5부 산업경제, 6부 구비전승 등을 모두 다시 써야 할 상황이 되었다. 물론 마을은 역사를 갖고 변해간다. 다만 그 변화가 얼마나 마을의 필요에 따라 주체적으로 이뤄지는지가 마을사 기술에서는 관건일 것이다. 그렇다면 『강정향토지』 이후의 시점에서 과연 해군기지는 마을의 무엇으로 기술해야 할 것인가.

「지역발전계획」을 보면 제주해군기지는 앞으로 자신의 역사를 기록해나갈 계획이다. 637억원의 사업비가 책정된 '해양관광 홍보·전시관 조성'은 「지역발전계획」에서 추진가능성이 높은 사업인데 "해군의 역사와 지역 관광자원이 융합된 전시·체험·홍보 등 기능을 갖춘 '해군 박물관' 건립", "해군 퇴역함을 활용한 교육·홍보를 위한 '함상 홍보관' 조성"을 골자로 하며, "민·군 복합형 관광미항 건설로 발생한 해군에 대한 부정적 인식을 해소하고 해군의 평화적 이미지 제고 필요"를 사업의 필요성으로 설정하고 있다(「지역발전계획, 56~57). 여기서 강정마을은 제주해군기지의 인접지이자 관광미항의 배후지로 설정되어 있다. 그렇다면 다시 작성될 강정마을사는 제주해군기지 그리고 관광미항과 관련해 어떻게 주어 자리를 되찾을 수 있을 것인가.

## 4. 『강정이야기』, 반경으로서의 마을

그런데 강정마을의 오늘은 기록되고 있는 중이다. 『강정이야기』라는 마을 신문이 있다. 강정이야기 발행위원회가 한 달에 한 번 발행한다.

신문인 『강정이야기』에서 접하게 되는 마을의 시간은 「지역발전계획」과도 『강정향토지』와도 다르다. 「지역발전계획」은 2012년이라는 발표 시점으로부터 개발사업이 마무리될 십년 후의 모습을 묘사하고 있으며, 『강정향토지』는 1996년이라는 발간 시점으로까지 이어진 지난 긴 시간을 서술하고 있다. 하지만 『강정이야기』는 한 달을 단위로 현재의 시간을 새겨가고 있다. 거기서는 사건이 잇따르며 부단하게 움직이는 마을의 모습이 드러난다. 「지역발전계획」과도 『강정향토지』와도 다른 마을상이 있다.

### 1) 마을, 부단한 움직임

지금부터 2016년 일년 간의 『강정이야기』를 읽어보기로 하자.

1월호의 첫 면을 장식하는 기사는 「2016년 강정마을 안녕기원제」다. 그 유래는 이렇게 설명되고 있다. "안녕기원제는 2007년 해군기지 문제가 강정마을에 발생한 후, 구럼비 바위 위에서 해맞이 행사를 할 때 마을이 침탈되지 않기를 기원하는 제사를 함께 봉행하기 시작한 것에서 시작되었다. 강정마을회는 해맞이 행사에 봉행하는 제사를 마을의 전통으로 삼기 위해 2015년 해맞이 행사부터 안녕기원제라는 이름으로 바꾸어 진행하였고, 해군기지 문제가 발생한 후 끊긴 별포제의 의미를 더했다." 해군기지 건설에 맞서려던 의례가 마을에 새로운 전통으로 기입된 것이다.

2면으로 넘어가면 「제주교구장 강우일 주교의 6년째 강정 해군기지 앞 성탄 미사」, 「매일 이어지는 작은 기적, 강정 길바닥 미사」라는 기사가 나온다. 이 기사는 미사에 참석해온 천주교 신부들과 신자들 여덟 명에게 서귀포 경찰서가 공사차량 통행을 방해한 업무방해 건으로 출석요구서를 발송했다고 알리고 있다. 또한 하단의 「미 평화활동가, 직접행동으로 구속」은 강정마을에 다녀갔던 미국의 평화활동가가 미국의 무기회사인 노스럽 그럼맨 건물 유리창을 파손한 혐의로 가택 침입 및 중범죄로 기소되었다고 전하고 있다.

3면에는 「국책사업의 저임금 외국인 노동자 고용」이 "견적서에는 한국인 인건비를 책정하지만, 하청의 하청업체들은 공사비가 빠듯해서 결국 인건비를 줄이려 싼 외국인을 고용한다"며 해군의 불법적 예산집행을 꼬집는다. 그리고 「군함의 뱃고동 소리 울리는 강정」은 "2015년 9월 16일 강정에 처음으로 이지스함 등의 군함이 입항한 이후 꾸준히 많은 수의 군함이 들어오고 있다. 이제 강정마을은 군함의 큰 뱃고동 소리로 하루를 시작하게 되는 날들이 많아졌다"며 마을의 달라진 풍경을 기록한다.

그리고 4면부터 6면까지가 「사진으로 보는 강정의 2015」이다. 이를 통해 『강정이야기』가 지난 일 년을 어떻게 회고하는지를 알 수 있다. 사진 제목만을 나열하면 다음과 같다.

> 2015년 1월 1일 0시 맷부리 별포제 / 2015년 1월 1일 중덕삼거리 천하대장군 지하여장군 장승 세우기 / 1월 31일 군관사 공사장 앞 농성 천막 행정대집행 / 3월 7일 '너영나영 할망물 만나러 가자' 구럼비 발파 4주기 퍼레이드 / 3월 28일 영등할망 바람질 걷기 퍼레이드 / 5월 16일 통물도서관 앞, 책마을 잔치 / 5월 12일~18일 오키나와 평화행진과 현민대회에 참여한 강정 / 5월 26일~29일 WCD대표단 강정 방문 / 5월 5일 멀구슬 논 쌀농사 / 7월 27일~8월 1일까지 강정생명평화 대행진 / 8월 23일~25일 밀양, 청도, 쌍차, 용산, 세월호 유가족의 제주 평화기행 강

정 방문 / 8월 3일 제주해군기지 반대투쟁대책위 결성 3000일 되는 날 / 9월 3일 성프란치스코 평화센터 축복식 / 9월 16일 첫 군함 입항 / 10월 23일 2015 션 맥브라이드 평화상 공동수상 / 11월 8일 강정천 운동장, 평화체육대회 / 12월 공사장 정문 앞, 공소회장님 교통사고 24시간 항의 / 12월 3일~9일 미국 평화재향군인회 강정방문 / 12월 8일 제주시청 상징탑, 강정 친구들 촛불문화제 / 12월 13일 알뜨르 비행장 난징대학살 추모식 / 12월 16일 마을회장 선출 임시총회, 조경철 회장 재임 결정

『강정이야기』가 회고하는 2015년은 사건과 행사가 연이어지는데, 곰곰이 살펴보면 세 층의 시간대로 이뤄져 있다. '별포제-영등할망축제-멀구슬논 쌀농사'처럼 제주의 농촌마을로서 지속되는 시간이 있다면, '농성천막 행정대집행-강정생명평화대행진-반대투쟁대책위 결성 3000일'이라는 투쟁하는 마을로서의 시간이 있고, 'WCD대표단 강정 방문-세월호 유가족 강정 방문-미국 평화재향군인회 강정방문'처럼 연대를 위해 찾아온 사람들과의 만남으로 기입되는 시간이 있다. 물론 이 세 가지 시간대가 마을 안에서 등가성을 갖지는 않는다. 두 번째, 세 번째 시간대는 제주해군기지를 반대하는 주민과 활동가에게 더한 의미를 갖는다. 다만 중요한 것은 강정마을 안에는 그런 복층의 시간대가 존재하며 앞으로도 지속되리라는 사실이다.

7면은 강정생명평화미사에 관한 소식이다. "2011년 8월 하순에 해군기지 공사장 정문에서 시작된 '강정생명평화미사'는 2015년 작년 한 해에도 눈이 오나, 비가 오나, 바람이 부나, 관계없이 1년 내내 해군기지공사장 정문과 맞은편 갓길에서 지속되었다." 아울러 강정평화 컨퍼런스준비위원회, 평화의바다를위함섬들의연대, 강정평화학교, 강정책마을의 소식을 알리고 있다. 이후 8면은 고영진의 연재소설 「구럼비는 살아있다」로 촘촘한 글씨로 수놓인 1월호가 마무리된다.

2월은 쉬어간 달이고 이후 3월부터 12월까지 거르지 않고 4면 내지 8면의 『강정이야기』가 이어진다. 1월호처럼 자세히 들여다볼 겨를은 없으니 이제부터는 각호가 집중한 내용을 한 대목씩만 취해보자. 2월 26일 제주해군기지의 개관 이후에 나온 3월호는 「다시 풀어 쓰는 제주해군기지 문제점」, 「친환경 돌제부두는 해양오염의 통로」, 「해군은 우리의 바다를 빼앗지 말라」 등의 기사와 칼럼을 통해 발 빠르게 해군기지가 야기할 문제를 집중 부각했다.

4월호는 전체 지면의 절반을 구상권 문제에 할애했는데, 「마을과 상생하겠다던 해군, 34억 구상권 청구」, 「강정마을회, '천막 마을회관'으로 다시 거리에 나와」 등이 주요 관련기사다. 「주민 김미량 씨, 국가 배상 소송 승소」에서는 "2015년 5월 10일에 있었던 행정대집행 중 강정천 난간 6m 아래로 추락했던 김미량 씨의 민사소송 재판 1심 결과가 나왔다. 법원은 가해자에게 살인미수 혐의로 벌금 600만 원형을 내렸다. 배상은 국가배상이다. 병원비 지출과 정신적 피해보상 등을 고려한다면 터무니없이 가벼운 처벌이라 하겠다"고 적고 있다.

5월호는 「오키나와 515평화대행진」, 「오키나와 헤노코 기지 공사중단!」처럼 오키나와 연대의 내용이 중심이며, 「군, 강정마을 내 무리한 훈련 강행하며 마을회와 충돌 야기」라며 제주해군기지 가동 이후 변화하는 마을의 공기를 전하고 있다. 6월호는 「강정천 은어 개체수 급감」, 「정의논깍 오수펌프장 오염문제 심각」 등에서 강정천을 비롯한 마을의 자연환경 오염문제를 조명했다. 7월호의 「해군기지를 향했던 세월호의 침몰, 의혹이 아니라 사실?」에서는 "지난 6·15 미디어 오늘은 세월호의 급격한 침몰의 주요 원인으로 지목된 과적에는 해군기지 건설지로 향하는 철근 400톤이 있었다는 보도를 했다"고 알리며 세월호 문제를 강정 문제와 결부지었다. 또한 「동아시아 강제철거 재판에 선 제주도 군사기지화 문제」에서는 7월 2일부터 4일까지 대만에서 열린 2016년 동아시아 강제철거 국제법정에 참여해 군사기지화에 따른 강제철거 문제를 알린 활동을 소개한다.

  8월은 강정마을에서 또 하나의 중요한 국면이다. 8월호는 1에서 6면까지를 강정생명평화대행진 특집으로 뺐다. 강정생명평화대행진은 2008년과 2010년 강정주민들이 도민에게 제주해군기지 문제를 알리기 위해 제주도를 일주했던 이후 2012년에 처음으로 일반인 참가자를 모집해 지금 같은 모습이 되었다. 2016년 대행진은 사전 신청자만 400여 명이 넘을 정도로 호응이 있었지만 "반면 강정 주민들의 참여가 눈에 띄게 줄었다. 예전 행진 때 기간 내내 세끼를 책임지던 마을의 부녀회와 진행을 맡았던 청년회의 조직적인 참여는 없었고 이번 대행진에서 이들의 빈자리는 언제나 함께해왔던 제주 전 지역의 시민사회단체와 제주 지역 성당의 신자들이 역할을 나누어 맡아주었다"는 내용도 주목해야 할 것이다. 마지막 8면에는 마가지주택협동조합이 조합 소유의 컨테이너들을 게이트볼장으로 옮겼다는 소식이 올라와 있다. 마을회가 행정대집행 대신 협의를 선택해 망루의 위치를 조정하게 되자 마가지주택협동조합도 활동가들이 거주하는 컨테이너들을 옮긴 것이다.

  9월호의 「9월 5일 조경철 마을회장 체포, 담화문 발표」는 부제목을 '강정마을 계엄지역과 동일 취급, 마을공동체 파괴하는 해군 강하게 비판'으로 뽑고 있다. 서귀포 경찰은 4월 28일 마을 안에서 군사훈련 중인 해군차량을 막고 항의한 것에 대해 교통방해죄와 모욕죄 혐의로 딸기밭에서 일하고 있던 조경철 마을회장을 긴급체포했다. 그리고 「해군 폭발물 차량 안전수칙은 지키고 있나?」는 해군기지 진입도로에서 폭발물 표지판을 단 군용트럭 두 대와 25톤 트레일러 차량 두 대가 마을 안길로 진입하려 하자 인간띠잇기 행사로 모인 사람들이 이를 막아선 일을 알리고 있다. 『강정이야기』에는 군사기지가 마을에 미치는 영향이 점점 선명히 기록된다.

  10월호는 강정생명평화미사 5주년을 맞이해 두 쪽에 걸친 특집 기록이 실렸다. 그리고 「해군기지 진입도로 공사로 손실될 위기에 처한 청동기 유적」은 해군기지 진입도로 공사가 이뤄질 중덕삼거리 뒤편과 천막 마을회관 뒤편의 유적 발굴 작업을 다뤘다. 2007년에 실시한 문화재 지표조사와 이후 발굴조사를 통해 해군기지 부지 일대에 청동기, 초기 철기시대부터 삼국시대, 조선시대 후기로 추정되는 유적들이 다수 출토된 바 있다. 제주에서는 보기 드물게 거의 모든 시대별 유구가 한 곳에서 나온 것으로 국가문화재로 지정되어야 한다는 의견이 나왔지만, 해군과 제주도정은 공사를 강행했고 지금은 도로가 깔리고 있다.

11월호는 다시 강정천과 강정바다 오염 문제에 집중하고 있다. 「강정천과 강정바다가 죽어간다」에서는 제주도정과 강정마을회가 함께 진행한 강정앞바다 해양생태조사 중간발표회를 보고하며 기지 건설 이후 강정천과 악근천은 물론 강정앞바다에서 총체적인 환경 악화가 급속히 진행되고 있다는 여러 지표를 제시하며, 주요 원인으로 1850m에 이르는 기지 남서방파제를 꼽고 있다. 하루도 거르지 않고 카메라를 통해 해군기지를 감시하고 있는 멧부리박은 「2016년 태풍에 대응한 해군의 세 가지 행태」에서 태풍이 오는 시기에는 군함이 제주민·군복합항에서 다른 항구로 대피해 해군기지로서 제 기능을 못한다는 사실을 고발하고 있다. 강정 앞바다가 태풍의 관문이라서 해군기지로 부적절하다는 지적은 건립 이전부터 있어 왔다.

끝으로 12월호는 「국민에 대한 국가의 손해배상청구소송 무엇이 문제인가?」와 「경찰, 적법성 결여 - 강정주민 항소심 '무죄'」를 통해 공권력에 의한 탄압을 고발하고 있다. 그리고 「문정현 신부 사제 서품 50년 금경축」이 기사로 올라왔다. 강정생활이 6년째로 접어든 문정현 신부는 이 자리에서 "주민들이 나서지 못할 정도로 기력이 쇠잔하고, 일어설 수 있는 용기조차 없는 강정마을에 측은지심이고 연민이다. 그래서 떠날 수가 없다. 남은 생은 강정이지 않겠는가 생각한다"고 소감을 밝혔다.

## 2) 마을, 자신의 눈높이

『강정이야기』의 2016년을 아주 짧게 살펴보았을 뿐이지만,「지역발전계획」은 물론『강정향토지』와도 마을을 대하는 시선이 다르다는 것을 알 수 있다.『강정향토지』가 마을의 역사를 서술했다면,『강정이야기』는 마을의 오늘을 기록하고 있다.

그리고『강정이야기』를 통해서는 강정마을이 독특한 시간을 겪고 있는 중이라는 사실도 알 수 있다. 강정마을은 확실히 독특한 시간의 공간이다. 한 해를 보더라도 별포제로 시작해 강정국제평화영화제, 강정생명평화대행진, 강정평화컨퍼런스를 거치는 시간이 있다. 하루를 보더라도 7시 생명평화백배, 11시 길거리미사, 12시 인간띠잇기로 이어진다. 별다른 행사가 없는 한 주도 여러 소모임으로 빼곡히 채워진다.

그런 의미에서『강정이야기』가 비추는 강정마을은 공간만이 아니라 어떤 시간의 이름이라고도 말할 수 있다. 혹은 세상을 대하는 특정한 눈높이라고도 말할 수 있다. 여느 도시생활에서 대중매체가 공급해주는 눈높이가 아닌 세상을 자신들의 집단적 시각에서 바라보는, 혹은 자신들의 세상을 구성하는 눈높이를 갖는 것이다. 가령『강정이야기』의 11월호와 12월호를 보면 당시 일반 신문에서 매일 같이 오르던 최순실이라는 이름이 보이지 않는다. 마을에서 생겨나 기록해야 할 일들이 많아 최순실이라는 이름이 들어설 자리가 없는 것이다.

그런데『강정이야기』가 '마을에서 일어난 일'을 말할 때, 그 마을은 일정한 구획으로 한정되지 않는다.『강정이야기』를 보면 마을이라는 공간을 구획보다는 반경이라고 읽어내야 할 대목이 산견된다. 이는「지역발전계획」은 물론『강정향토지』와도 다른 지점이다.「지역발전계획」에서 강정마을은 "법정동인 강정동 중 강정마을은 강정1통을 지칭"한다며, 말단 행정구역으로서 자리매김된다. 아울러 크루즈항의 배후지 내지 혁신도시의 인접지처럼 다른 시설이나 도시에 근거해 정의된다. 한편『강정향토지』에서 강정마을은 20여 개의 용천수가 있는 땅이고, 역사 문헌을 통해 그 외연이 보증된다.

하지만『강정이야기』에서 강정마을은 외부의 사람, 사건, 문제와 얽혀드는 장이다. 들숨과 날숨을 하듯 마을로 사람들이 드나들고 그로써 생겨난 일들이 다시 마을의 기억과 기록이 된다. 강정은 이미 이곳에서 살지 않는 많은 사람들에게도 마음속의 마을로 자리 잡고 있다. 더욱이 강정마을이라는 반경 안에서의 만남은 한국이라는 지역 범위로 국한되지도 않는다. 강정마을은 이미 오키나와, 대만, 미국 등지의 여러 지역운동, 사회운동과 연계되어 있다.[11] 비록 최순실이라는 이름은 등장하지 않지만,『강정이야기』를 읽으면 국내 어느 신문에도 나오지 않았던 이나가와 코지라는 이름과 만나게 된다. 강정마을에 다녀갔던 그는 '요나구니 섬의 밝은 미래를 바라는 이소바의 모임' 공동대표로 활동하던 중에 갑작스럽게 행방불명된 이후 시신으로 발견되었다. 강정마을의 평화센터에는 그의 죽음을 애도하기 위한 빈소가 마련되었다. 여느 신문에는 오르지 못하는 사건들이 '강정이야기'라는 프리즘을 거쳐 발신되고 있다.

## 5. 마을 이후의 마을

### 1) 마을의 위기와 커먼즈론

한국사회는 비약적인 속도로 산업화를 진전시켰지만 권위주의적 압축성장과 급속한 시장화는 자연환경을 훼손하고 지역 공동체의 삶터를 헤집어

---

11 가령 평화의바다를위함섬들의연대는 제주와 오키나와, 대만을 잇는 동아시아의 바다를 전쟁이 없는 비무장 평화의 바다로 만들고자 뜻을 모아 만들어졌다. 2014년, 제주도 강정의 평화의 섬 국제캠프를 시작으로 2015년 오키나와, 2016년 대만으로 국제캠프를 이어가고 있다.

놓았다. 성장과 개발이 압축적이었던 만큼 파괴와 위기도 압축적으로 진행되었다. 이처럼 공권력과 시장권력의 양축으로 짜인 현재 사회체계가 초래하는 마을의 위기에 대처하는 데서 커먼즈론의 문제의식은 커다란 시사점을 준다. 근대화 이래 자연자원은 주로 정부(공公)와 시장(사私)의 결정과 개입으로 관리되고 사용되어 왔다. 이러한 이항적 구도에 맞서 '제3의 길'로서 지역 주민의 자치(공共)에 기반한 자원관리의 가능성을 명시한 것이 커먼즈론이다. 시장의 지배(사유)도, 국가의 지배(국유)도 아닌 커먼즈의 운영원리가 지속가능한 삶을 가능케 할 수 있다는 새로운 관점을 제시한 것이다.

그런 관점에서『강정향토지』는 마을의 커먼즈에 관한 소중한 기록으로 읽을 수 있다. 그 안에는 이곳의 자연자원은 어떠한 것인지, 그 자연자원 곁으로 사람들은 어떻게 모여들었는지, 모여든 사람들은 어떻게 공동체를 일궜는지, 그 공동체는 어떤 전통, 관습, 서사, 기억을 만들어냈는지, 그러한 커먼즈의 형성사를 담고 있다.『강정향토지』는 마을이 이처럼 다양한 자연적·인위적 요소들로 짜이며 거기에 시간의 주름이 새겨진 역사적·입체적 장이라는 시각을 제공해준다.

하지만 강정마을의 커먼즈는 지난 십 년 동안 심각하게 훼손되었다. 그 위에서「지역발전계획」은 또 다른 마을상을 내놓는다. 앞서의 **그림2**를 상기해보자.「지역발전계획」에서 마을은 삶의 흔적들이 소거된 매끄러운 공간이며 마을을 이루는 다양한 요소는 교환가치로 환원되고 있다. 커먼즈론의 각도에서 평가하건대 마을의 발전을 내건「지역발전계획」은 반커먼즈적이며 반마을적이다. 앞서 지적했듯이「지역발전계획」의 발상과 논리와 문법에서는 마을과 주민이 빠져 있다.

그리하여「지역발전계획」과『강정향토지』를 통해 들여다보는 강정마을의 역사와 경험은 마을이라는 화두와 관련해 중요한 물음을 던진다. 마을 주민 대다수의 삶에 지대한 영향을 미치는 결정은 누가 어떻게 해야 하는가. 마을의 커먼즈는 누가 무엇을 근거로 어디까지 지킬 수 있는가.

## 2) 강정, 커머닝의 마을

그런데 강정마을에서는 다른 마을에서 좀처럼 보기 힘든 일이 일어났다. 그리고 그 특이성에는 마을을 사고할 때 강정마을이 발신하는 보편적 함의가 담겨 있다. 파괴의 위협에 처하고 실제로 파괴당하면서 구럼비 바위는 바깥에서 사람들을 불러들이는 상징이 되었다. 개척자들, 평화와 통일을 여는 사람들, 생명평화결사 순례단을 비롯한 여러 단체 그리고 많은 개인이 강정마을로 왔다. 그렇게 강정으로 찾아온, 다른 사회적 배경과 삶의 내력의 사람들은 마을에서 '지킴이'라는 공동의 이름을 갖게 되었다. 『강정이야기』 2016년 1월호는 모여든 사람들을 이렇게 기술한다.

> 아득히 먼 나라에서 강정마을을 찾아든 여러 나라의 친구들, 제주가 좋아 이주한 왕년의 장구잽이 출신 까페지기와 한때는 방송사 감독님이었던 고깃집 사장님, 자연과의 합일을 꿈꾸는 숲해설가, 어렵사리 언문 하나 겨우 깨우친 주제가 작가라고 갖은 폼을 잡는 제주토박이, 카메라와 장구체를 동시에 들고 내달리는 영상작가, 그리고 강정과 제주, 세계의 평화를 일구는 우리의 지킴이들

이들은 한 사람으로 왔지만 저마다 다른 사연과 성격과 바람과 능력을 갖고서 왔다. 이후로 시간이 지나고 반대운동도 가라앉으며 마을회관과 의례회관, 평화센터를 가득 채웠던 사람들이 하나둘 떠나가기도 했지만, 현재 강정마을로 주소를 옮겨 살아가는 서른 여명의 사람들이 있다. 그들은 이제 지킴이라기보다 신주민으로 생활하고 있다.

2000년대 중반 평택 미군기지 건설 반대투쟁 시기 대추리 마을로 들어간 일련의 활동가들이 '지킴이'라고 불린 이래, 지킴이들은 이곳저곳의 현장에서 드문드문 등장하며 한국의 사회운동에서 전에 없던 저항의 형태를 창출해냈다. '제3자', '외부세력'이라는 공세에 시달리기도 했지만 '새로운 당사

자'가 되어 그곳에서 주민들과 함께 지내며 생활의 장을 운동의 무대로 삼았던 것이다. 사는 식으로 싸웠다. 그리고 그 현장에서 생활하다가 운동의 끝을 주민들과 함께했다. 그런데 강정마을은 그 대목에서도 조금 달랐다. 일부 지킴이들이 지켜내지 못해 패배한 운동 이후에도 '신주민'이 되어 마을에 눌러 산 것이다.

그리하여 400년 된 강정마을에는 전에 없던 낯선 세대가 생겼다. 그리고 마을에는 그들의 활동이 생겼다. 강정친구들, 강정평화상단, 국제팀, 평화의바다를위한섬들의연대, 마가지협동조합 등. 해군기지 건설 반대운동은 패배하고 구럼비는 지켜내지 못했지만 그동안에 마을에는 전에 없던 공간들이 생겨났다. 평화회관, 평화센터, 평화책방, 길거리미사천막 등. 그 활동은 비록 기존의 커먼즈를 상실했으나 새로운 커먼즈를 일궈내려 한다는 점에서 커머닝적 실천이라고 말할 수 있다. 여기서 커머닝은 "공유된 자원을 관리하는 체제들을 창출하는 데 필요한 상호지원, 갈등, 협상, 소통 그리고 실험의 행동들"[12]로서 공公과 사私의 논리를 넘어 공동의 것을 생산하려는 공유화 실천이라고 풀이할 수 있을 것이다.

'지킴이'로 마을에 들어왔으나 구럼비를 지킬 수 없었던 그들은 마을에 남아 마을의 '사회-생태계 지킴social-ecological stewardship'[13] 활동을 해내고 있다. 「강정이야기」를 떠올려보자. 2016년 1월부터 12월까지 빼곡하게 그들이 마을에서 벌인 활동들은 "생태계 지킴이 역할의 목표는 생물의 다양성

---

12  David Bollier, "Commoning as a Transformative Social Paradigm", 2016, p. 1. http://thenextsystem.org/commoning-as-a-transformative-social-paradigm/ (검색일: 2017. 3. 25) 참고로 이 글의 한글번역본은 http://minamjah.tistory.com/122에 게재되어 있다.

13  G. P. Kofinas and C. Folke(eds.), Principles of ecosystem stewardship: Resilience-based natural resource management in a changing world. New York, Springer, 2009.

과 인류복지 및 적응능력adaptive capacity을 높여 전체 사회-생태계의 지속성을 확보하는 것이다"[14]라는 내용에 너무나 부합하지 않는가. 그들의 활동으로 인해 강정마을은 400년 간 간직해온 커먼즈를 잃었으나 현재 새롭게 세포분열 중이다.

그런 의미에서 다음의 문장은 구럼비가 어떻게 마을의 커먼즈였으며, 그들의 활동이 커머닝인지를 보여줄 것이다. 그리고 마을 이후 마을, 운동 이후 운동의 가능성도 시사해줄 것이다.

> 여기서 구럼비란 잃어버린 모든 것의 이름, 되찾아 회복해야 할 모든 일들의 이름이다. 아름다운 것이면 어디든 구럼비라고 부르고 선량한 의지마다 그렇게 또 부른다.
> 마을 큰 사거리에 평화센터가 있고 그 뒤에 들꽃을 사랑하는 친구의 작은 공방이 있다. 그 길 따라 포구 쪽으로 몇 걸음이면 강정에서 오랜 시간 평화운동을 하고 있는 평화바람과 제주교구가 함께 만든 프란치스코 평화센터가 있다. 먼저 사거리에서 서귀포 방향으로 평화책방이 있다. 돌아올 4월엔 그 길에서 한라산 보이는 방향으로 마을 동네 미술관도 준비 중이다. 놀랍게도 이 모든 공간들의 용도엔 구럼비가 담겨 있다. 함께 밥을 먹었다. 아름다운 바다를 보며 상념에 빠지기도 했다. 읽던 책이 손에서 떨어져야 잠이 든 것을 알았다. 아무 생각 없이 머릴 식히기에도 좋았다. 누굴 만나기에도 이만한 곳이 없었다. 구럼비는 모든 것의 모든 용도를 지닌 곳이었다. 지금 강정에 있는 여러 공간들의 모티브는 구럼비의 어떤 일부다. 여기 강정마을에선 구럼비가 모든 것의 이름이 되었다.[15]

---

14  최현·따이싱성, 2016, 「공동자원론의 쟁점과 한국 공동자원 연구의 과제」, 『공동자원의 섬, 제주1』, 진인진, 50쪽; Armitage, Derek, 2005, "Adaptive Capacity and Community-Based Natural Resource Management." Environmental Management 35(6).

15  엄문희, 2017, 「어디에나 있고 어디에도 없는」, 『말과활』 13, 362~363쪽.

### 3) 강정, 미래를 선취하는 이름

고병권은 '주변화marginalization'라는 개념을 통해 한국사회에서 대중에 대한 추방현상을 사고한 적이 있다. 그는 마진margin이라는 말이 갖는 다양한 함의에 착목한다. 마진은 한국어로는 주변, 한계, 이익 등의 사전적 의미를 갖는다. 그는 마진이라는 말을 이렇게 읽어 들인다. 마진의 첫 번째 의미인 '주변'은 권력과 부의 영역에서 부차화된 대중의 지위를 나타낸다. 마진의 두 번째 의미인 '한계'는 대중의 삶이 처한 상황을 나타낸다. 마진의 세 번째 의미인 '이익'은 국가권력과 자본이 대중을 주변화시켜 노리는 것이 무엇인지를 말해준다.[16]

그의 발상은 강정마을의 현상황을 해석하기에 유용하다. 아울러 강정마을의 현상황을 해석하는 일이 한국사회에서 갖는 보편적 의의가 무엇인지를 밝히는 데도 유용하다. 강정마을은 한국의 주변인 제주도에서도 남쪽 끝에 있는 마을이다. 그리고 주변이라서 군사기지가 들어선 마을이다. 다시 말해 주변화된 마을이다. 강정마을이라는 주변은 국민으로서의 권리를 보호받지 못하는 사각지대이자 국가의 폭력과 자본의 논리가 노골적으로 드러나는 한계지대다. 그곳에서는 불안정과 위기가 삶의 기본 조건이 된다.

하지만 그렇기에 강정마을에서 벌어지는 사태와 거기에 대응해 생겨나는 활동은 한국사회에서 중요한 의미를 갖는다. 강정마을은 상이한 논리와 가치들이 충돌하는 현장이다. 발전주의와 생태주의, 국가와 지역, 착취와 보존, 경쟁과 협동, 획일과 다양이라는 가치가 그곳에서 맞붙는다. 그 와중에 전자의 가치들은 'A를 위해 B를 희생한다'는 논리를 취한다. 강정마을만이 아니었다. 국가안보를 위해 마을공동체를 희생하고, 지역개발을 위해 갯벌을 희생하고, 무역환경 개선을 위해 농업을 희생해야 한다는 논리. 그렇

---

16  고병권, 2009, 『추방과 탈주』, 그린비, 24~27쪽.

게 국익이라는 가치는 비교대상이 아닌 A와 B를 비교가능하게 만들고 국익론은 A가 더 크다고 번번이 손을 들어줬다. 그것은 때로 개발주의라고 불리기도 했다. 강정마을에서는 구럼비가 앞바다가 공동체가 과거유적이 그 희생의 목록에 올랐다. 마을의 땅은 소비·교환가능한 부동산으로서 그 가치가 평면화되었다. 현재 이러한 국익론과 개발주의는 제주도를 비롯해 한국사회의 여러 마을을, 때로는 내부의 적대를 부추기면서까지 무너뜨리고 있다. 그래서 강정의 이야기는 그곳만의 이야기가 아닌 것이다.

더욱이 사적 자본에 의한 개발사업만이 아니라 국책사업과도 맞닥뜨려야 했던 강정마을은 마을에서 소유와 관리라는 문제를 사고할 때 중대한 논점을 제공한다. 현재 마을 안으로 군사기지와 관광시설이 들어오며 소유주체로서의 공共(마을/집단), 공公(국가/도정), 사私(개인/자본)와 관리주체로서의 공共, 관官, 개個가 뒤얽혀 있는 상황이다. 앞서 물었던 물음은 여기서 구체화된다. 마을 주민 대다수의 삶에 지대한 영향을 미치는 결정은 누가 어떻게 해야 하는가. 마을 사업의 당사자는 누구인가. 마을의 자연자원은 누가 무엇을 근거로 어디까지 지킬 수 있는가. 강정마을은 자신의 경험으로 이 물음들을 구체화했고, 커먼즈와 커머닝은 이 물음에 대한 한 가지 대답이 될 수 있는 것이다.

2016년 2월 26일 제주 민·군복합형 관광미항 준공식에 참석한 황교안 국무총리는 "제주 민군복합항은 국가안보와 제주발전에 크게 기여하게 될 것"이라며 "제주 민군복합항을 미국의 하와이나 호주의 시드니와 같은 세계적인 민군복합항으로 발전시키겠다"고 말했다. 이어 "많은 어려움 속에서도 항만 건설에 협조해 주신 강정마을 주민을 비롯한 제주도민 여러분께 감사드린다"고 밝혔다.[17]

같은 날, 강정마을은 '강정생명평화문화마을' 선포식을 가졌다. 강정마을

---

17 「황교안, 제주 해군기지 준공식 참석」, 『서울신문』 2016. 2. 26.

이 해군기지 부속마을로 전락하는 게 아니라 전통을 지키고 새롭게 생명과 평화의 가치를 실현하고자 끝까지 싸우겠다는 의지를 밝혔다. 강정마을이 강정생명평화문화마을로 나아가기 위해서는 생명, 평화, 문화는 구체적인 문맥 속에서「지역발전계획」의 저 추상명사들-친환경, 안보, 현대화와 맞서야 할 것이다. 그리고 이를 위해서는 자연적 커먼즈의 상실 이후 사회적 커머닝이라는 동사가 필요할 것이다. 강정마을은 공共의 재구성을 거쳐야 하는 것이다.

그런데 그 일은 실제로 진행 중이다. 평화센터, 평화회관, 평화책방, 길거리미사천막과 같은 공간들, 안녕기원제, 강정생명평화대행진, 강정평화컨퍼런스, 멧부리의 날과 같은 시간들, 강정친구들, 강정평화상단, 강정이야기, 마가지협동조합과 같은 활동들은 모두 몇 년 사이에 생겨난 커머닝의 고유명사들이다. 그것들은 현재 미약하더라도 다른 미래를 품는다는 의미에서 징후적이다.

강정마을의 운동은 비록 패배했지만 좌절한 것은 아니다. 반대운동 이후 대안적인 삶의 형식을 실험하는 운동이 재개되고 있다. 제주해군기지의 존재는 이 두 번째 운동의 성패를 가르지 못 한다. 마을에서 이 운동이 앞으로 무엇일 수 있느냐에 달려 있다. 여기서 마을은 주어의 자리를 되찾는다. 그리고 운동 이후의 운동은 서서히 그리고 분명히 전에 없던 마을상을 그려내고 있다. 그리하여 강정은 지금 존재하는 한 마을의 이름이자 미래를 선취하는 마을의 이름일 수 있는 것이다.

# 6장
# 악취문제 해결을 위한 제주 금악마을의 도전[*]

김자경(제주대학교 SSK연구단 공동연구원)

## 1. 들어가며

제주 서부 중산간 지역에 금악마을이 있다. 이 마을은 예로부터 목축업이 발달했으며 1960년대 이후에는 양돈 산업이 들어서면서 성장하기 시작하였다. 그 성장세만큼 마을에서 양돈분뇨로 인한 악취문제가 심화되었다. 금악마을 사람들은 목축문화와 마을공동목장이라는 마을 자산이 자신들의 삶과 멀어져 감과 동시에 악취문제로 인해 환경의 질이 저하되는 것을 절감하고 있다.

악취문제는 공동의 관리가 필요하다. 그러나 금악마을을 구성하는 다양한 주체들은 미묘하면서도 복잡한 관계를 형성하고 있다. 행정구역상 한림읍 금악리에는 금악마을 본동과 이시돌목장, 양돈단지가 있다. 금악리의 양돈단지는 제주도 양돈 생산의 1/5를 차지하고 있다. 문제는 이 양돈단지에

---

[*] 이 글은 「커머닝 개념을 통한 마을의 문제 해결 방안에 관한 사례연구」(『로컬리티인문학』 17)를 토대로 재구성한 것이다.

서 발생하는 악취가 금악마을 사람들의 삶의 질을 저하시켰다는데 있다. 이에 더하여 금악마을 본동 보다 위쪽 지역에 자리 잡고 있는 양돈단지에 금악마을 사람이 운영하는 양돈장은 몇 곳이 되지 않는다. 금악리에서 양돈업이 활성화된 계기는 금악마을에서 동남쪽 방향에 자리 잡은 이시돌목장의 조성에 있다. 1961년 맥그린치 신부가 한림성당에 부임하면서 금악리에 대규모 이시돌목장을 조성하고, 사람들에게 돼지를 분양하면서 양돈장이 들어섰다. 국가의 축산진흥정책이 양돈사업의 성장을 도왔다. 하지만 지금도 여전히 이시돌목장과 금악마을 간 교류가 거의 없는 실정이다. 마을 내 양돈업의 주체와 마을 주민이 다르다 보니 금악마을의 악취문제를 해결해야 하는 주체가 누구인지가 중요한 문제로 대두되고 있다.

이러한 금악마을의 상황은 커먼즈 연구자로서 매우 흥미로운 사례이다. 금악마을은 2014년부터 2015년까지 농업진흥청 사업에 공모하여 금악포크빌리지 사업을 시도하였다. 그리고 2016년에 환경부의 축산분뇨처리장을 유치하는 친환경에너지타운 조성사업에 공모하였다. 국가의 축산진흥정책과 농촌개발사업으로 인한 양돈단지 조성되었고, 양돈사업에서 발생하는 악취문제는 양돈업자 등의 이해당사자가 해결해야하는 문제이다. 그러나 금악마을 사람들은 금악포크빌리지 사업 등을 유치하면서 양돈분뇨로 인한 악취문제에 대응하기 시작하였다.

대부분의 자원들이 사적 소유가 된 시장경제 하에서 공해(악취)문제는 공해(악취)억제정책을 실시하는 정부와 공해(악취)를 직접 유발하는 당사자가 적극적으로 나서서 해결해야 한다. 그러나 어느 쪽도 제대로 해결을 하지 못하는 상황에서 금악마을 사람들의 대응은 어떤 의미를 가지고 있는가? 금악마을사람들이 여러 마을 사업을 추진하는 과정이 커머닝이라 할 수 있을까? 금악포크빌리지 사업은 악취문제에 직접적인 해결책이 되고 있는가? 또 이 사업이 금악 사람들에게 새로운 커먼즈가 되었는가? 친환경에너지타운 조성 사업은 금악마을 사람들에게 어떠한 커먼즈가 될 것인가? 볼리어는 "원래부터 정해진 커먼즈 목록은 없다"고 했다.[1] 그리고 그는 "공동체가 어떤 자원을 공정한 접근과 이용, 지속가능성을 고려하면서 공동으로 관리하는 것이 좋겠다고 결정하면 언제든지 커먼즈는 만들어 질 수 있다"고 했다. 이러한 볼리어의 견해에 따르면 금악마을에 새로운 커먼즈가 만들어지고 있는 것인가?

이러한 문제의식 하에, 본 논문은 금악마을의 악취문제를 해결해 나가는 과정을 커머닝의 시각으로 살펴보고자 한다.

## 2. 이론적 논의: 커먼즈에서 커머닝으로

하딘의 '공유지의 비극'은 너무나 잘 알려져 있는 우화이다.[2] 공유지의 비극은 관리되지 못하고 누구나 이용이 가능한 자유이용의 상태에서 벌어지는 자원 남용의 대표적인 사례이다. 하딘은 공유지를 '커먼즈'라 여겼지만, 실은 "주인 없는 땅과 혼동한 것이며, 커먼즈를 실패한 자원관리 패러다임으로 오도하는 우를 범했다"[3]고 볼리어는 지적한다. 영국의 중세 토지제도 연구를 통해 당시 공유지의 모습을 살펴보거나,[4] 영국의 산림헌장을 통해 숲이 있는 공유지의 관습[5]을 살펴보면, 영국 인클로저 이전의 공유지를 기반으로 살아갔던 영국 민중들의 삶 속에서 하딘이 말하는 관리되지 않은 공유지라는 것

---

1  데이비드 볼리어, 『공유인으로 사고하라』, 배수현 옮김, 갈무리, 2015, 34쪽.
2  Garrett Hardin, "The Tragedy of the Commons", SCIENCE 162, 1968, pp. 1243~1248.
3  데이비드 볼리어, 앞의 책, 51쪽.
4  심재윤, 『중세 영국 토지제도사 연구』, 선인, 2004.
5  피터 라인보우, 『마그나카르타 선언』, 정남영 옮김, 갈무리, 2012.

은 처음부터 존재하지 않았는지도 모른다. 오스트롬은 실제 하딘이 말하는 공유지의 비극은 쉽게 일어나지 않는다는 사실을 증명하였다. 또한 하딘이 제시한 공유지의 성격, 즉 초원 주변의 경계, 초원을 관리하는 규율, 과이용에 대한 상호 견제나 처벌, 뚜렷한 사용자 집단이 없는 시스템이라는 가정을 부정하였다.[6] 하딘이 언급하고 있는 공유지는 커먼즈가 아니라는 것이다. 커먼즈에 경계, 규율, 사회적 규범, 무임승차에 대한 규제가 존재한다. 이것이 오스트롬이 정리한 커먼즈의 운영원리이다. 특히 오스트롬의 공적은 시장의 지배도, 국가의 지배도 아닌 커먼즈의 운영원리가 지속가능한 삶을 가능케 할 수 있다는 새로운 관점을 제시한 점에 있다. 오스트롬은 커먼즈를 과거의 개념이 아니라 '오래된 미래'로서 현재의 공론장에 올려놓았다.

그럼 커먼즈는 무엇인가? 커먼즈란 "자본주의나 사회주의의 산업화가 그 공동체들을 자원으로 탈바꿈시키기 전에 유럽에서 특히 잉글랜드에 존재하는 다양한 사회적 형태들에 관한 포괄적 용어"이다.[7] 커먼즈는 중세 영어 단어로서, 환경 중에서도 관습법에 따라 공동체가 일정한 형태로 존중한 부분을 일컬었다. 일리치에 따르면, 커먼즈는 "자기 소유의 바깥에 놓여 있으나 상품 생산을 위해서가 아니라 집안의 생계를 유지하기 위해 사용할 권한이 인정된 부분을 가리킨다. 이 관습법은 대개 성문화되지 않았으며, 사람들이 성문화할 마음이 없었기 때문이기도 하지만, 문장으로는 도저히 표현할 수 없을 정도로 복잡한 현실을 지켜주기 때문이다. 커먼즈에 관한 법률에는 사람이 다닐 권리, 물고기를 잡고 사냥할 권리, 가축에게 풀을 먹을 권리, 숲에서 땔나무를 모으고 약초를 캘 권리 등을 다루고 있다." 다시 말하면 커먼즈

---

6  엘리너 오스트롬, 『공유의 비극을 넘어』, 윤홍근·안도경 옮김, 랜덤하우스코리아, 2010.

7  Gustavo Esteva, "Commoning in the new society", *Community Development Journal*, Vol.49, suppl_1, January, 2014, pp. i144~i159.

는 "환경 중 제한이 설정된 부분, 공동체가 생존하기 위해 필요한 부분, 여러 집단이 다양한 방식으로 살아가는데 필요한 부분, 그러나 엄밀히 경제적 의미로 볼 때 희소하다고 인식되지 않은 부분"을 가리킨다. 따라서 일리치는 커먼즈를 "공동체에서 희소성 인식이 확대되지 않도록 막아주는 일련의 규칙"이라고 보았다.[8] 커먼즈가 존재했기에 가난한 자가 들판과 숲을 이용할 수 있었고, 사람들이 길과 강을 이용할 수 있으며, 과부와 거지에게는 환경을 활용할 수 있는 예외적 권한을 보장해 준 것이다.[9]

따라서 커먼즈에는 자원[10]과 그 사용을 다스리는 뚜렷한 공동체가 존재한다. 커먼즈를 이용하는 사람들은 나름의 접근 및 사용 규칙들을 협상하고 책임과 권리를 할당하며 불로소득자(내지는 무임승차자)들을 찾아서 벌을 주는 감시체제를 세우는 등 커먼즈를 유지하는 행동을 한다. 그렇기 때문에 커먼즈는 자원으로만 구성되지 않고 자신의 고유한 규칙들, 전통들, 가치들을 고안함으로써 자원을 관리하는 공동체로도 구성된다. 다시 말해 커먼즈는 '자원＋일련의 사회적 규약＋공동체'이다. 이 세 가지가 상호의존적으로 영향을 미치면서 통합된 전체를 이루는 것이다.[11]

---

8   이반 일리치, 『과거의 거울에 비추어 : 현대의 상식과 진보에 대한 급진적 도전』, 권루시안 옮김, 느린걸음, 2013, 63~73쪽.

9   피터 라인보우, 앞의 책, 50~76쪽.

10  반다나 시바는 커먼즈의 반대말이라고 판단하고, 커먼즈를 자원으로 변형하는 것은 커먼즈의 해체와 다를 바 없다고 주장한다. 이들은 오스트롬이 이 점에 주목하지 않았다고 비판한다오스트롬은 자원의 지속가능한 관리에만 초점을 두고 있다. 때문에 커먼즈를 '비배제성과 경합성을 가진 자원'이라는 경제학적 재화의 범주에 가두고 있는 것이다. 정영신도 이와 비슷한 맥락으로 오스트롬이 커먼즈를 경제학적 의미의 자원으로 인식하고 있기 때문에, 사람들의 삶의 양식, 인간과 자연을 둘러싼 규범과 문화, 반사유화의 실천 등을 간과하거나 외부적 변수로 취급했다며 비판하고 있다.

11  데이비드 볼리어, 앞의 책, 40쪽.

한편 전 세계에 다양하게 존재했던 커먼즈들은 인클로저 운동 이후 상품으로 바뀌거나, 이용가치가 떨어지고 사람들의 삶과 괴리되면서 해체되었다. 반다나 시바는 "인클로저 운동은 사람들이 자연과 맺는 관계, 서로가 맺는 관계를 확 바꾸어 놓은 분수령이었다. 그리고 인클로저 운동은 커먼즈를 이용할 수 있는 서민의 관습적 권리를 사유재산법으로 쓸어버렸다"고 설명한다.[12] 인클로저는 공동관리와 사회적 상호주의 시스템을 사유화, 가격, 시장관계, 소비주의를 우선시 하는 시장 질서로 바꿔 버렸다.[13] 시장경제라는 체제가 들어선 이상 사람들은 시장 게임의 규칙에 따라서 굶는 것 말고는 다른 도리가 없다. 자본주의의 태동기였던 그 당시 영국의 도시 노동자들은 전통적인 촌락공동체에서 벗어나 원자화된 개인으로 모든 사회적 위험이나 필요에 대처해야 했다.[14] 인클로저 이후 생산력의 폭발적 증가는 대량생산과 대량소비의 시대를 열었다. 이제 세상은 시장에 의해 다스려졌으며 사람들은 더 이상 커먼즈를 운용하면서 살아나갈 수 없었다. 국가와 시장 그리고 시민사회가 이념적으로 의지하였던 재분배와 시장교환 그리고 호혜의 역할분담은 더 이상 작동하지 않게 되었다.[15] 복지국가의 재분배 정책을 통해 다양한 사회적 위험에 대응하는 정책 펼쳐지면서 전통적인 커먼즈의 경제는 공공부문의 일부로 재편되거나, 시장 부문의 일부로 전락하면서 주변화 되어 버렸다. 이와 같이 20세기 중반에 접어들어 사회적으로 주변화 되어갔던 전통적인 커먼즈는 자신들의 존재가치를 대체했던 가부장적 국가와 완전고용 시장의 역할이 제대로 작동하기 어려워지자, 다시 새롭게 자신들의 존재

---

12  반다나 시바, 『反자본 발전사전』, 이희재 옮김, 아카이브, 2010, 425~447쪽.
13  데이비드 볼리어, 앞의 책, 73쪽.
14  장원봉, 「협동운동의 새로운 전략으로서 사회적경제」, 『위기의 한국사회, 대안은 지역이다』, 메이데이, 2011, 368쪽.
15  같은 글, 373쪽.

의미를 찾고 있다. 선진국들은 커먼즈를 다시 부활시키고 확장하려는 움직임을 보이고 있으며, 개발도상국에서는 아직 완전히 사라지지 않은 커먼즈를 보호하자는 움직임이 나타나고 있다.[16] 즉 커먼즈론은 현재 자본주의 사회에서 드러난 다양한 폐해를 극복할 수 있는 단초를 제공할 수 있는 이론적 자원으로 인식되고 있다. 페더리치를 중심으로 하는 여성주의 입장에서는 다양한 지역에서 보이고 있는 커먼즈를 재구축하는 운동이나 사례에 대해 "공유지 뿐만 아니라 사회적 관계에마저 울타리를 치는 행위에 대한 오래된 저항"이라고 지적하고 있다. 특히 "일상 생활의 재생산 문제"에 대한 해답을 찾기 위해 커먼즈론이 가지는 함의를 강조하고 있다.[17] 이러한 경향은 커먼즈의 개념을 국가와 신자유주의에 대항하는 운동[18]으로서, 새로운 유형의 도시 공유재를 만들어 내는 도시 운동[19]으로 맥락을 같이 하고 있다.

한편 일본의 커먼즈 연구는 그 경향이 좀 다르다. 일본은 1980년대부터 커먼즈에 대한 연구가 시작되었다. 일리치와 교류하면서 엔트로피 경제학의 시각에서 출발하였다. 이와 함께 사회적공통자본론, 생태인류학적 접근이 주류를 이루었다. 2000년대에 들어서 일본의 커먼즈 학계는 기존의 커먼즈론을 체계적으로 정리하고 비판하면서 발전시켜나갔다. 이들의 주제는 크게 환경보전, 지역경제, 지역문화라는 키워드를 중심으로 전개되었다. 그들 연구의 특징은 일상의 삶을 살아가는 사람들의 입장에서 진행되었다는 점이다. 그 중에서도 이노우에井上는 국가의 틀 안에서 커먼즈가 중층적 정합구조로 존재하는 것에 주목하였다. 즉 커먼즈를 이용하는 제도나 사회시스템

---

16  필립 맥마이클,『거대한 역설 : 왜 개발할수록 불평등해지는가』, 조효제 옮김, 교양인, 2013.
17  실비아 페데리치,『혁명의 영점』, 황성원 옮김, 갈무리, 2013.
18  제이 월재스퍼,『우리가 공유하는 모든 것』, 박현주 옮김, 검둥소, 2013.
19  데이비드 하비,『반란의 도시』, 한상연 옮김, 에이도스, 2014.

은 '마을-지자체-국가-지구'라는 순서로 그 규모를 확대해가는 경향이 있다는 것이다. 이러한 커먼즈의 공공적 관리를 위해서 이노우에는 현지 주민을 중심으로 다양한 이해관계자와의 연대와 협동에 의한 환경이나 자원관리의 구조를 구성해야한다고 강조한다. 이노우에를 중심으로 한 일련의 연구 성과들은 지역주민을 중심으로 해서 그 내부뿐만 아니라 공동체 외부의 사람이나 조직 등과 네트워크를 포함한 공동관리 즉 협치를 강조하는 방향으로 나아가고 있다.[20]

우리나라의 커먼즈 연구는 행정학을 중심으로 사회적 딜레마의 해결방법을 모색하기 위해 출발하였다. 오스트롬의 논의를 중심으로 커먼즈의 관리제도나 관리규칙을 지역 사례에 적용하는 연구가 중심이었다. 최근 들어 커먼즈에 대한 정치생태학적 접근이 시도되고 있으며, 마을공동목장과 마을공동어장 등에 대한 실증연구도 증가하고 있지만 여전히 오스트롬의 논의로 환원하는 경우가 많다. 이에 대해 정영신은 "커먼즈는 공동의 것을 요구하고 만드는 과정과 실천을 통해서 계속 형성, 재형성되는 존재로 파악되어야 하며, 커먼즈는 사회생태체계 속에서 구성주의적 시각으로 분석되어야 할 생활양식의 하나로 인식되어야 한다"고 강조한다. 그리고 "공동의 것, 우리 모두의 것에 대한 권리를 요구하는 정치와 운동, 연구가 필요하다"는 것을 주장한다.[21] 정남영도 "대안근대를 구축하는 일이 커먼즈를 구축하는 실천"에 있다는 것을 강조하면서, 커먼즈 패러다임을 구성하는 벡터들을 살펴보았다. 특히 "지역성의 문제를 중심으로 지역의 자급과 자치의 회복 및 특이한

---

20  김자경, 「일본 공동자원론의 비판적 검토」, 『제주대안연구』 창간호, (사)제주대안연구공동체, 2015, 78~98쪽.

21  정영신, 「엘리너 오스트롬의 자원관리론을 넘어서-커먼즈에 대한 정치생태학적 접근을 위하여」, 『환경사회학연구 ECO』 20(1), 2016, 399~442쪽.

삶의 형태 회복이라는 재지역화"의 관점을 주장하고 있다.[22]

이러한 시각에서 커먼즈를 명사로 보지 않고 동사로 인식하는 볼리어의 주장은 시사점이 크다.[23] 커먼즈는 커머닝이라는 사회적 실천이 핵심이기 때문에, 정치철학이나 정책 과제가 아니라 능동적이고 살아있는 과정이기 때문이다. 결국 커머닝이란 "공유된 자원을 관리하는 체제들을 창출하는데 필요한 상호지원, 갈등, 협상, 소통 그리고 실험의 행동들"이 될 수 있다.[24] 커먼즈에 대한 관심이 증가하고 있다고 해서 과거의 커먼즈를 그대로 복원할 수는 없을 것이다. 우리 모두는 인클로저 운동 이전의 사회로 되돌아 갈 수 없기 때문이다. 이러한 점에서 커먼즈를 만들어가는 상상은 매우 중요하다. 또한 새로운 커먼즈를 만들어가는 다양한 실천들에 주목하는 것이 필요하다. 그러나 커머닝의 시각에서 우리나라의 지역 사례를 살펴본 연구는 거의 없다.

이에 본 논문에서는 커머닝의 관점에서 금악마을의 사례를 살펴보고자 한다. 금악마을 사람들은 공통적으로 양돈 악취문제에 대해 고심하고 있다. 커머닝의 시각으로 이를 살펴보면, 문제의 핵심은 양돈 악취문제가 커먼즈냐 아니냐 하는 것이 아니라 금악마을이 악취문제를 커먼즈로 관리할 만한 동기를 갖게 되는가 하는 것이다. 그리고 마을 공동체가 그 시스템이 작동할 수 있도록 규칙과 규범을 세우고, 집행할 수 있는 기재를 만들어 낼 수 있을까 하는 것이다. 이러한 문제의식을 바탕으로 다음 절에서 제주의 금악마을 사람들이 악취문제를 해결하기 위해 고군분투하는 과정을 살펴보고자 한다.

---

22  정남영, 「커먼즈 패러다임과 로컬리티 문제」, 『로컬리티 인문학』 14, 부산대학교 한민족문화연구소, 2015, 89~122쪽.

23  David Bollier, "Commoning as a Transformative Social Paradigm", 2016. http://thenextsystem.org/commoning-as-a-transformative-social-paradigm/(검색일: 2017. 2. 24.). 참고로 이 글의 한글번역본은 이곳 (http://minamjah.tistory.com/122)에 게재되어 있다.

24  같은 글, 1쪽.

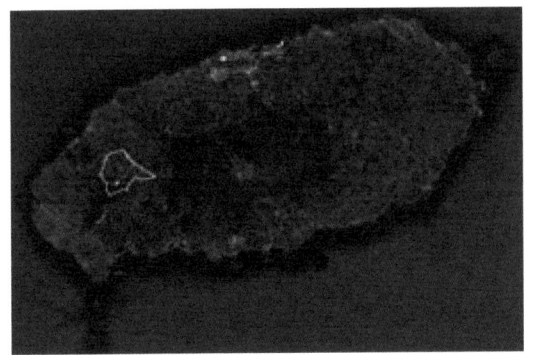
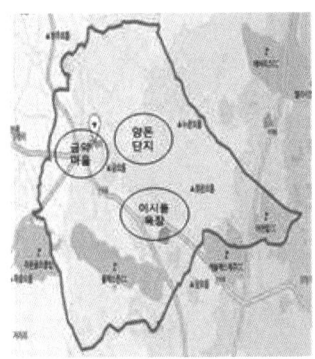

그림 1  제주 서부 중간지역 한림읍 금악리 위치
(구글 위성사진)

그림 2  금악리 지도

## 3. 금악마을의 악취문제 발생 배경

### 1) 금악마을의 소사小史[25]

금악마을은 제주시에서 서남쪽으로 29㎞ 떨어져 있으며, 한림읍에서는 가장 동쪽의 해발 230m에 위치하는 중산간 지역이다. 지형은 동쪽 끝이 뾰족하고 서쪽으로 부채꼴 모습으로 펼쳐진 형태를 보이고 있다(**그림 1, 그림 2 참조**). 험준한 바위나 깊은 골짜기가 없으며, 지형상 굴곡과 고저에 특이한 변화가 보기 힘든 지역이다. 국도 16번인 도로인 중산간 도로와 지방도

---

25  행정구역 상 금악마을은 제주특별자치도 제주시 한림읍 금악리에 해당한다. 본 논문에서는 금악리와 금악마을을 구분하고자 한다. 금악마을은 양돈단지가 모여 있는 웃뜨르 지역과 이시돌목장, 골프장을 제외한 마을을 의미한다. 전 이장의 인터뷰를 통해서 금악마을 사람들이 양돈단지와 이시돌목장에 대한 인식을 이해할 수 있다. "금악은 단일공동체를 이루기 어려운 조건에 있다. 이시돌목장은 그 나름대로 하나의 독립된 사회이고, 골프장은 본동 주민들과는 전혀 교류가 없다. 게다가 양돈단지에 입주해있는 농가들도 이 마을 출신들이 아니기 때문에 본동주민들과 일체감이 부족하고 오히려 갈등이 많다(『오마이뉴스』, 2007. 8. 14)". 그리고 금악마을의 역사에 대해서는 양돈장의 설립으로 인한 악취문제의 근원을 살펴보기 위해 금악마을의 산업이 말과 소의 목축업에서 양돈업으로 변화되는 과정을 주로 살펴보았다.

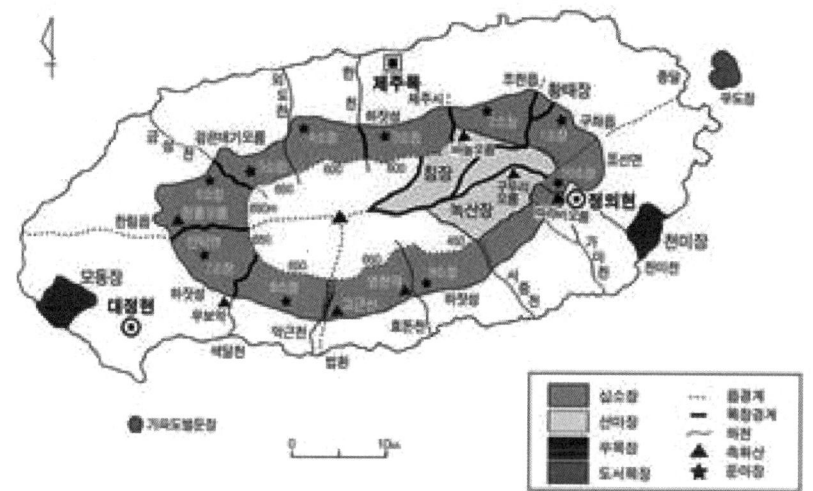

그림 3 제주 조선시대 10소장의 위치[26]

 1121번 도로가 마을을 지나고 있으나 내륙 산간에 위치하고 있어 외부지역으로의 이동은 불편한 편이다. 금악봉(금오름)을 중심으로 정물오름, 누운오름, 세미소오름 등이 금악봉을 호위하고 있으며, 주변에는 나지막한 동산들이 펼쳐지고 넓은 초원 위에 말떼들이 자유로이 풀을 뜯는 고수목마로 영주십경의 풍경을 자랑하는 마을이기도 한다.[27] 마을은 금악오름 서쪽으로 형성되었으며, 금악오름 동쪽으로는 한라산을 마주하는 넓은 평야가 펼쳐진다.[28] 2016년 12월 현재 금악리 인구는 502세대, 1,119명이다.

 한편 제주에서 말목장은 고려시대(1237년) 원나라 지배의 영향으로 중산간 지역에 형성되었다. 조선시대(1429년)에 10소장으로 재편하여 국가

---

26 김동전, 강만익, 『제주도 목축문화의 실태와 보전 활용방안』, 제주발전연구원, 2014. 24쪽.
27 제주특별자치도 마을만들기종합지원센터(http://www.jejumaeul.or.kr)의 자료 인용. (검색일: 2017. 2. 24.)
28 제주특별자치도문화관광해설사회, 『제주 서부지역의 공동목장사』 2012. 81쪽.

가 관리하였다(**그림 3** 참조). 금악마을은 10소장 중 6소장에 해당하는 지역이다. 고려 공민왕 17년(1368년) 원나라가 폐망하여 목자들이 원나라로 귀국하였는데 일부 귀국하지 못한 목자의 후손들이 수류천(水流川, 금악리의 옛 마을 이름) 주변 여기저기에 산재하여 살았다고 한다. 이 목자들이 지역의 원주민들과 결혼하여 금악리에 입주한 것으로 추정된다. 1594년 수류천리 갯거리 동쪽 소와리물 동편에 집터를 정하여 입주한 어른이 강응선이며, 이 분이 금악리에 처음 입주한 어른이 되는 셈이다. 이 어른이 수류천리 내에서 많은 사람들을 교육시키고 혼혈족 노비들을 호적에 솔자로 입적시켰다. 그리고 황야를 개간하여 농사를 짓고 목축에 힘쓰면서 살기 시작한 것이 마을을 형성하는 계기가 된 것으로 전해 내려오고 있다.[29]

6소장은 조선시대 말 국장이 폐지된 후 대부분 인근 주민들의 방목지가 되었고 일제 강점기에는 한림읍 관내 주민들이 해변마을, 중산간마을 가릴 것 없이 골고루 나눠가졌다. 그래서 대부분이 사유화되어 옛 국장터 중에 국·공유지로 남은 곳이 거의 없는 곳도 이곳의 특징이다.[30]

마을공동목장이 있는 마을의 삶은 대체적으로 다음과 같다. 봄에 파종을 하고 난 뒤 거센 제주의 바람에 흙과 씨앗이 날리지 않도록 말이나 소를 이용하여 밭을 밟아 주는 진압농법을 시행한다. 이후에는 말이나 소를 이용할 일이 거의 없어 마을의 공동목장에 방목하는 것이다. 즉 마을공동목장은 비육용 소를 키우는 산업이 아니라 농기계를 대신하는 소나 말의 먹이를 제공하는 용도로 주로 사용되었다. 금악리 사람들은 오래전부터 목축과 함께 밭농사를 중심으로 농사를 짓고 살아왔음을 알 수 있다.

한편 1948년 4·3 때 금악리 사람들은 중산간 마을 소개 작전에 의해 해안마을 등지로 피신을 갔다. 4·3이 어느 정도 진정되고 나서 금악리 사람들

---

29  한림읍,『한림읍지』, 1999, 1177쪽.
30  남도영,『제주도 목장사』, 한국마사회 마사박물관, 2003, 398쪽.

은 마을로 돌아와 재건할 때 한림 일대의 사람들이 맡긴 소를 키워주면서 목축을 시작하였다. 당시 제주의 상호부조의 문화(수눌음)로 병작並作이라는 관습이 있었다. 남의 소를 돌보아 주면 새끼를 낳았을 때 주인과 번갈아 나눠 갖는 관습이다. 주인이 송아지를 맡기면 그 송아지는 3년이 지나면 어미 소가 되어 새끼를 낳는데, 첫 새끼는 관리해 준 사람이 갖고 다음 해에 난 새끼는 주인의 소유가 된다. 이렇게 해가 지나면 주인이나 관리자 모두 소유한 소가 많아지게 되는 것이다.[31] 제주의 수눌음 문화가 금악마을의 재건에 도움이 된 것을 확인할 수 있다.

최근에는 소를 길러 남기는 수익이 많지 않아서 목축을 포기하는 농가가 많아져가고 있다. 마을공동목장 내에 있는 금악오름의 경우 KBS의 송신탑 부지 임대료를 조합원들의 수입으로 삼고 있으며, 곶자왈 지대로 목장으로 이용하지 못한 곳은 라온 골프장에 매각되었다.[32] 또한 다른 일부는 블랙스톤 골프장에 매각되었다.[33]

1961년 맥그린치 신부에 의해 299만평에 달하는 방대한 면적의 이시돌 목장이 금악리에 들어섰다. 금악리의 양돈단지는 이시돌목장 측에서 목장의 일부를 천주교인 12세대에게 불하하면서 형성되었다. 양돈단지 초기 입주민은 천주교에서 자금을 지원받았으며, 드럼통 같은 집(테쉬폰)을 짓고 축사를 지어 양돈을 시작했다고 한다.[34] 이후 소가 많았던 금악리는 양돈 산업의 메카로 바뀌게 된다. 그 과정은 다음 절에서 살펴보고자 한다.

---

31 김동전, 강만익, 앞의 책, 101쪽.
32 제주특별자치도문화광관해설사회, 앞의 책, 87~89쪽.
33 김동전, 강만익, 앞의 글, 101쪽.
34 전 이장 인터뷰 내용을 토대로 정리하였음(『오마이뉴스』, 2007. 8. 14).

## 2) 양돈단지의 조성과 악취문제의 발생

돼지는 예로부터 제주도의 모든 가정에서 사육되었으며 일제강점기에서도 돼지를 기르지 않는 가정이 없을 정도였다.[35] 제주 양돈의 특색은 농가뿐만 아니라 일반 가정에서도 대부분 1~2두를 사육하여 농사용 퇴비의 생산과 혼례와 제수용으로 집집마다 이용하고 있었다.[36] 1929년 조선총독부가 작성한 『생활생태조사(2권)-제주도』와 1939년 발행된 『제주도세요람』을 살펴보면 제주도의 축산업 개황을 알 수 있다. 일제강점기 하에서도 제주도 농가의 98%가 사육하고 있었으며, 도내 돼지고기의 수요를 충족시키고도 잉여의 상태였다는 기록이 있다.[37] 화장실 밑에 돌담 울타리를 설치한 돼지우리(돗통시)는 이러한 상징이다.

1945년 광복과 1948년 4·3사건 및 6·25전쟁을 겪은 제주도의 축산기반은 거의 소멸되고 가축 사육두수는 사상 최하의 수치를 나타냈던 수난기라 할 수 있다. 제주도 양돈에 획기적인 공헌을 한 것은 1962년 발족된 이시돌농촌사업개발협회(이하 이시돌협회)였으며, 중산간 지역의 개발을 양돈을 통하여 시도한 대규모 양돈사업의 착수였다.[38]

1960년대 정부는 가축사료를 목적으로 사료곡류의 도입을 시작했고, 미국으로부터 옥수수를 '미공법 480(PL 480)호'에 의해 도입한 바 있다. 1963년 사료관리법이 제정되면서 우리나라에서 배합사료 제조가 본격화되는 한편 이시돌협회는 미국의 잉여농산물인 옥수수 도입을 교섭, 1963년에 1차로 2,968M/T를 제주에 도입하여 대규모 양돈업을 시작하였다. 이와 같

---

35  남도영, 『제주도 목장사』, 한국마사회 마사박물관, 2003, 628쪽.
36  한림읍, 『한림읍지』, 1999, 303쪽.
37  제주특별자치도 제주대학교 아열대농업생명과학연구소, 『제주축산사』, 2007, 306쪽.
38  제주특별자치도 제주대학교 아열대농업생명과학연구소, 같은 책, 571쪽.

은 대량의 사료용 옥수수의 도입은 제주도에 배합사료제조의 계기가 되었다. 이시돌협회의 배합사료공장이 설치되었고 양돈배합사료를 제조하여, 이시돌 양돈장과 개척농가에 배합사료를 공급하였다. 이시돌협회는 중산간 부락인근에 양돈 개척농가단지를 형성하는 한편, 금악리에 대규모 번식돈 및 비육돈 양돈장을 개설하여 회원의 교육과 양돈개척농가의 양돈사업을 후원하기에 이르렀다. 결과 1970년대는 양돈규모 농가부업형태에서 전업 양돈농가 형태로 전환되면서 돈사 형태도 점차 개량되어 돼지사육 전용 돈사가 등장하기 시작하였다. 이시돌협회는 1973년 3월에 양돈 협업농가를 200세대 조성하여 기술, 시설, 사료를 지원하였으며, 종돈을 분양하였다. 1976년 12월에는 개척농가 조성 사업(7개 지구 98세대 약 1000ha) 완료하였다.[39] 그리고 1975년부터 시내 일원에서 돼지의 사육이 금지되었고, 제주도내의 소규모 양돈농가는 국내 축산물 수요의 급격한 증가에 힘입어 규모가 확대되며 전업 양돈장으로 전화되기 시작하였다. 1978년까지는 상당수의 전업 양돈장들이 형성되고 소규모 부업양돈의 형태는 사라지기 시작하였다.

전업양돈장이 증가하기 시작하자 돼지의 과잉생산 문제가 대두되었다. 과잉생산에 따라 제주의 양돈업계는 극심한 타격을 받게 되었고 1979년에는 최악의 양돈파동이 일어났다. 생돈가격의 하락, 대량 방매현상이 일어나고 분만자돈의 인위적인 도태처분 등으로 인하여 양돈농가의 손실은 물론 사육 두수도 현저히 감소하게 되었다. 양돈파동은 동양최대의 기업양돈장으로 지칭되던 이시돌협회의 양돈장에 큰 타격을 주어 1979년 양돈사업은 종지부를 찍게 되었다. 이시돌협회는 1980년 2월 양돈사업부를 해체하고 당시 이시돌 농장에서 사육하고 있던 7천여마리와 그 양돈 시설들을 양돈 사업부에서 일하고 있는 20명의 종업원들에게 인계하여 주었다.[40] 이후 이시돌협회

---

39 김봉옥, 『증보 제주통사』, 도서출판 세림, 2000, 271쪽.
40 김봉옥, 앞의 책, 389~392쪽.

는 소를 중심으로 한 목축업으로 전환하였다. 1982년 호주에서 육우 1,016두를 도입하고, 1986년에는 농공병행사업의 일환으로 치즈와 우유를 가공하였다. 이마저도 1991년에는 농협으로 이관하여 운영하고 있는 실정이다. 현재의 이시돌협회는 양로원, 농촌노인 복지회관, 성이시돌회관(피정의 집), 이시돌 사회교육연수원, 요양원 등을 개설하면서 사회사업에 주력하고 있다.

1980년대에 들어서자 돼지 분뇨처리가 양돈업계의 현안문제로 등장하게 되었다. 1977년 12월 환경보전법이 제정됨에 따라 1981년 12월에는 폐기물 관리법이 공포되어 전업규모 축산농가도 정화시설 설치가 의무화 되었다. 전업화, 기업화가 이루어지고 뇨의 배설량이 많은 양돈의 경우 일반 공장 폐기물과 같이 환경보전법과 폐기물관리법에 의해 규제를 받게 됨으로써 새로운 투자와 이를 운영 관리하는데 생산비가 상승되고 효율적인 분뇨처리 방법이 보급되지 않아 많은 시행착오와 중복투자가 이루어졌다. 1983년 하반기부터 돼지가격 하락으로 양돈 불황이 심화되자 농림수산부는 돼지 수매와 아울러 양돈의 인정사육두수 유지를 목표로 기업양돈장에서 보유하고 있는 번식용 모돈 중 25% 이상을 감축시켜달라고 각 도와 이업양돈장에 지시하였으나, 그 효과가 있었는지는 모호했다. 농림수산부는 1984년 축산법을 개정하여 모돈 500두 이상만을 허가대상으로 하여 규제하였다.[41]

한편 제주도 양돈 산업이 집중 육성되어 그 규모가 확대됨에 따라 파생되는 공해문제로서 축산폐수문제기 부각되어 1990년도부터 축산폐수처리사업이 추진되었으며 양돈장별 축산폐수처리시설 설치사업이 추진되었다.[42] 1990년 8월 환경보전법을 폐지하고 환경정책기본법을 제정하여 '오수분뇨 및 축산폐수처리에 관한 법률'을 제정 공포함으로써 축산폐수가 별도로 다

---

41 제주특별자치도 제주대학교 아열대농업생명과학연구소, 앞의 책, 71~579쪽.
42 제주도, 『제주도지』 제4권 산업경제, 2006, 252쪽.

루어지는 법을 만들었다. 특히 1994년 시행령이 개정되면서 더욱 강화되어 돈사 1,000㎥ 이상의 농가는 허가대상이 되었다. 새로 개정된 시행령에는 축산분뇨를 폐기물이 아닌 유기질 비료자원으로 활용하는 길을 대폭 열어 놓았으나 분뇨를 살포할 지역이 좁아 문제가 되고 있다.[43] 이와 같이 축산분뇨 관련 법령이 제정되고, 시행령이 강화되었지만, 양돈장 악취 민원은 매년 증가하고 있다. 2014년 306건, 2015년 573건, 2016년 666건이다. 행정차원에서 악취 저감을 위해 각종 대책을 시행하고 있음에도 관련 민원이 증가하고 있다. 제주도는 2014년 8월부터 태스크포스팀을 운영하며 약 300개에 이르는 양돈장을 전수조사 했다. 이어 지난해 1월 5개 분야, 17개 과제, 33개 세부사업을 담은 '양돈장 냄새저감 혁신 3개년 계획'을 수립해 추진하고 있다.[44]

## 4. 악취문제에 대한 금악마을의 대응 과정[45]

### 1) 악취문제의 인식

제주 금악마을은 축산분뇨의 악취문제로 인해 심각하게 골머리를 앓고 있다.[46] 악취문제는 제주 양돈 산업 전반에 걸쳐 발생하고 있는 문제이며, 그중에서도 대규모 양돈단지가 모여 있는 금악리는 더욱 심각하다. 마을길을

---

43  제주특별자치도 제주대학교 아열대농업생명과학연구소, 앞의 책, 321쪽.
44  『제주신보』, 2017. 2. 22.
45  금악포크빌리지에 대한 진행과정과 마을사람들의 이해정도를 알아보기 위해 3명을 인터뷰하였다. 2017년 2월 21일에는 금악포크빌리지의 교육담당자, 2월 24일에는 금악마을 주민, 2월 27일에는 금악포크빌리지를 함께 추진했던 당시 서부농업기술센터 담당공무원을 각각 인터뷰하였다.
46  2016년 현재 제주의 양돈농가는 298농장에 54만 마리가 사육되고 있으며, 이 중 금악마을에만 59농가, 약 10만 마리가 사육되고 있다

돌아다니다보면 곳곳에 축산분뇨 차량의 마을길 이용 반대 현수막이 내걸어져 있을 정도이다. 악취문제를 해소하기 위해 제도적, 행정적 노력이 있었으나 그 효과는 미미했으며,[47] 많은 금악마을 사람들은 그 피해를 고스란히 받고 있다.

특히 금악마을 사람들은 양돈장 악취문제에 대한 피해의식이 존재한다. 금악리 양돈단지협의회에서는 악취문제에 대한 여러 가지 대책을 마련하고, 양돈장을 증축할 때는 마을의 동의를 받고, 마을 행사 때 찬조금을 지원하기도 한다. 하지만 "실제 금악마을 사람이 양돈장을 운영하는 곳은 적기 때문에 외지인-주로 제주시 사람- 사람들이 양돈장을 경영하면 돈은 다 벌어가고, 악취로 마을 이미지를 좋지 않게 만들었다고 생각하는 사람들이 많다"고 담당 공무원은 증언하고 있다(금악포크빌리지 담당 공무원 인터뷰, 2017. 2. 27). 금악마을 주민의 의견도 이에 동의한다.

> 마을에서 농사짓고 사는 사람들은 양돈장과 관계없다. 기업적인 양돈단지들이 마을에서 사업을 하는 것인데, 양돈장을 운영하는 마을사람은 3가구에 불과하다. 마을의 입장에서 볼 때, 악취문제가 지가 상승에 악영향을 준다고 생각한다. 개발이익에서 상대적으로 박탈되는 느낌이 강한 것 같다(금악마을 주민 인터뷰, 2017. 2. 24).

---

[47] 축산분뇨 악취 문제가 심각한 마을 주민들이 대책위원회를 구성해 악취근절 운동에 나서고 있다. 도내 양돈장 최대 밀집지역인 한림읍 금악·대림리 주민들로 구성된 양돈장환경피해대책위원회가 2016년 5월에 출범했다. 지난 수십 년간 행정에 관련민원을 제기했지만 개선은커녕 문제가 악화되자 스스로 해결하겠다고 나선 것이다. 대책위는 상명리와 명월리, 상대리 주민들과의 연대 활동을 모색하고 있다. 축산악취와 관련해 그동안 개별 마을이 환경감시단을 구성해 운영한 사례는 있지만 마을간 연대 움직임은 이번이 처음이라고 한다. 축산악취 문제가 참을 수 없는 지경에 이르렀기 때문이다(『제주매일』, 2016. 9. 12). 악취문제에 대한 마을 연대 대책 활동은 본 논문에서는 다루지 않지만 커머닝commoning의 관점에서 주목해야 할 움직임이다.

금악마을에 양돈장이 모여 있으나 마을사람들의 주산업이 아니다. 하지만 악취문제가 금악마을 사람들이 공통으로 인식하고 있는 과제라는 점은 확실하다. 다음 절에서 마을사람들이 악취문제를 해결해나가는 과정을 커머닝의 시각에서 살펴보고자 한다. 볼리어가 지적하듯이 커먼즈를 만드는데 가장 중요한 것은 마을 사람들의 이익을 위해 자원을 관리하는 사회적 관습에 참여하기로 공동체가 결의하는 것에 있다.[48] 즉 금악마을 사람들이 악취관리라는 커먼즈를 만드는 과정에서 어떻게 금악포크빌리지 사업에 참가하고 있는지를 살펴보고, 이러한 일련의 과정이 바로 커머닝의 과정임을 보이고자 한다.

## 2) 금악포크빌리지의 조성과 역할

금악포크빌리지는 2013년 농촌진흥청에서 공모한 '6차 산업 수익모델 시범사업'에 선정되면서 2014년 7월부터 2년간 본격적인 사업(사업비 12억 6600만 원)으로 추진되었다. 겉으로 드러난 금악포크빌리지 사업에 대한 평가는 화려했다. 2014년 '6차 산업 수익모델 시범사업 1년차 평가 전국 1위', '농촌진흥청 6차 산업 경진대회 최우수상'을 수상하면서 전국에 금악마을의 이름을 알렸다. 그러면 금악포크빌리지 사업을 추진하는 과정이 어떠했는지 살펴보자.

(1) 사업의 시작 단계

금악포크빌리지 사업을 공모할 때 그 시작은 녹록치 않았다. 마을 전체의 동의를 얻어 시작한 사업은 아니었기 때문이다. 마을 사람들은 금악리가 양돈 악취가 심한 마을이라는 이미지가 고착될까봐 반대했다.[49] 또한 행정의

---

48  데이비드 볼리어, 앞의 책, 45쪽.
49  현 금악리 이장에 따르면 "포크빌리지 조성사업 초기 금악리가 양돈장 밀집 지역이라는 이미지로 굳어질까봐 마을주민들의 반대가 많았다"고 하였다. "하지

일방적인 주도사업으로 보일 여지도 매우 컸다.[50] 특히 돼지를 키우는 사람이 많지 않아 굳이 돼지고기를 이용하는 사업을 한다는 것에 대한 거부감도 존재했다. 게다가 이장 선거로 인한 리더십의 교체도 금악포크빌리지 사업의 안정적 진행에 긍정적인 요소로 작동되지 못한 것으로 판단된다.

> 행정과 마을의 리더가 사업 진행의 기초를 만들었으나, 주민들의 의지나 의식은 담기기가 쉽지 않았다. 마을 사업을 할 때 주민들이 무엇을 원하는 것에 대한 논의와 조사가 없었던 점이다. 주민들에 대한 설득과 이해를 구함이 없이 진행되었다. 그러나 사업 과정에서 많은 교육이나 설명회를 가지게 되었다. 마을 안에서는 돼지를 키우는 사람이 적기 때문에 포크빌리지에 대한 이미지가 좋지 않은 점이 존재한다. 마을 사람들은 전통적으로 소를 키웠던 사람들이 많기 때문이다(금악마을 주민 인터뷰, 2017. 2. 24).

금악마을에 "금악포크빌리지 사업은 시행초기 마을 이장과 농업기술원 공무원이 중심이 되어 추진하였다. 그러던 중 이장교체가 있었고, 그 과정에서 마을사람들의 동의를 구하는 것에 대해 미흡한 점이 많았다. 사업은 비록 관 주도로 진행되었지만 꾸준히 마을 사람들을 설득하였다. 장기적인 관점에서 사업성과를 널리 알렸다. 더불어 일본의 모꾸모꾸팜 사례를 연구하여 마을 특화사업의 장점을 널리 알렸다. 결과적으로 마을 사람들이 이 사업에 동참하게 되었다"고 당시 사업의 교육 담당자는 증언한다(금악포크빌리지 교육 담당자 인터뷰, 2017. 2. 21).

---

만 양돈이라는 마을 자원을 활용하지 않으면 소득을 더 올릴 수 없다는 생각에 포크빌리지 사업을 추진"하게 되었다고 설명하였다(『연합뉴스』, 2016. 2. 9).

50  당시 서부농업기술센터의 농촌사회지도과장은 "첫 출발은 양돈 냄새가 끊이지 않는 금악리에서 무엇을 할까 고민하다가 지역에서 제일 풍부한 자원인 돼지를 이용한 6차 산업의 실현"이었다고 설명하였다(『제주레저신문』, 2015. 10. 6).

(2) 사업의 전개 과정

2014년 7월에 마을회의가 열렸다. 사업선정이 되었으나 마을 사업으로서 시작할 것인가를 재논의하였다. 마을에 있는 모든 돈사의 이전은 실질적으로 불가능했다. 금악포크빌리지 사업을 추진해서, 금악리를 방문하는 사람들이 많이 와서 악취문제를 건의할 수 있게 만들자는 의견이 나왔다. 마을회의의 결과 매주 화요일 저녁은 소시지 만들기 실습, 수요일 저녁은 마을 주민들이 시식을 하면서 토론하기로 하였다. 이러한 방식으로 교육컨설팅이 시작되었다. 금악포크빌리지 사업은 마을회의를 거치면서 비로소 본 궤도에 오르기 시작했다.

사업 공모 당시는 100평 건물에 소시지 가공공장을 건설하는 것이었다. 전기, 기계운용, 시설관리, 판매까지 생각하면 부담이 커서 설계를 변경하였다. 가공공장은 30평 규모로 줄이는 대신에 손님을 맞이할 수 있는 매장(20평)과 마을의 사랑방 역할도 할 수 있도록 카페(50평)를 조성하였다. 가공시설이 지어지기 전까지는 소시지 가공 등의 교육을 할 장소가 없어서 마을회의를 통해 마을부녀회의 시설 중 일부를 사용할 수 있도록 허가를 받았다. 그 과정에서 마을 부녀회의 반대도 있었지만, 교육생을 모집하고 금악지역에서 생산되는 농산물을 이용한 떡갈비와 소시지를 제조하는 교육을 시작하였다. 교육을 거듭하면서 교육생들의 적극적 의지가 높아졌고, 국내 현장견학을 통한 동기부여 프로그램도 진행하였다.

우선 소시지 제조 자동화 시설이 되어 있는 강진의 한 가공단지를 견학하였다. 이곳의 소시지는 유통기한이 3개월인데 반해 금악소시지는 식품첨가물을 사용하지 않기 때문에 5일이면 부패가 시작한다. 이 공장의 견학을 통해서 금악포크빌리지에서 만드는 소시지가 착한 소시지가 될 수 있다는 인식을 처음으로 공유하게 되었다. 부산의 고급 레스토랑 체인점을 견학하면서 인테리어를 보고, 손님접대에 대한 교육을 받았다. 원주의 돼지문화원을 견학하면서 돼지 식문화와 체험활동을 경험하였다. 홍성에서는 공동체 문화를 체험하였다. 현장견학을 통해 마을의 비전에 대한 토론이 시작되었다. 교육생들은 보다 적극적으로 변하기 시작하였다. 또한 마을사람들도 모이기 시작하면서 소시지 관능평가[51]에 합류하면서 품평회가 북적거리기 시작했다. 그리고 마을사람들의 소시지 구매가 시작되었다. 이때부터 금악포크빌리지는 소시지와 떡갈비 제품을 판매하여 12월말까지 1억 원의 매출을 올렸다. 매출액의 일부는 금악초등학교 학생들에게 장학금을 주고 금악노인회에 기부를 하였다. 농촌진흥청 6차 산업분야 경진대회에서는 최우수상을 수상하였다.

하지만 마을 평가회에서 부녀회 공간 이용에 대한 문제 등 여러 가지 문제가 제기되었다. 또한 금악포크빌리지 사업에 참여하지 않는 사람들의 반발도 심해졌다. 게다가 양돈장 중 일부에서 마을과 의논하지 않고 몰래 양돈시설을 신축하는 일이 발생하였다. 이를 계기로 금악포크빌리지를 반대하는 마을사람이 다시 많아지기 시작하였다. 2015년이 되자 금악포크빌리지 사업은 지지부진하게 되었고 개점휴업인 상태가 상당기간 지속되었다. 그 사이 부녀회 공간에 설치되었던 설비들은 완공된 가공시설 쪽으로 이동되었다. 그리고 다시 금악포크빌리지 경영에 대한 논의가 시작되었다. 금악포크빌리지 축제(2015년 11월 21일~22일)를 포함하여 수많은 이야기들이 오고갔다. 이 사업에 반대하는 마을사람들을 설득하는 것은 공무원이나 컨설팅이 할 수 있는 영역이 아니었기 때문이다. 또한 현 이장의 임기만료가 다가오면서 마을의 분위기가 어수선해졌다. 금악포크빌리지는 마을 공동체의 합의를 이끌기 위한 일종의 성장통을 앓고 있다.

---

51  관능평가는 사람의 오감으로 음식, 식료품, 향료, 주류 따위의 품질을 평가하고 분석하는 일을 말한다.

(3) 금악포크빌리지 축제: 마을 소통의 장 마련

금악포크빌리지 축제는 원래 금악마을을 홍보하기 위해 마련한 것이다. 2015년 첫해는 이벤트 회사에 돼지 관련 프로그램을 요청하였지만, 2016년 축제는 마을 사람들이 스스로 기획하고 홍보하는 것을 목표로 하였다. 축제는 소시지 만들기 등의 체험을 중심으로 프로그램을 준비하였다. 체험비 중 일부는 기부하기로 하였다. 매장에서는 그동안 만든 소시지와 떡갈비를 직거래하였고, 마을 사람들이 나와서 프리마켓에서 금악의 농산물과 수공예품 등을 판매하였다. 부녀회는 국수를 판매하고 이 중 일부를 부녀회 수익이 될 수 있도록 하였다. 축제의 결과 1,500명 정도 제주도민들이 참여할 것으로 예상했으나 연인원 3,400명이 참가하였다. 2016년에는 10월 29~30일 간 축제가 열렸다. 이번 축제는 마을 사람들이 스스로 준비한 최초의 경험이다. 금악포크빌리지 축제에 대한 평가는 다양했지만, 마을사람들에게 사업을 알리고 소통하는 계기를 마련했다는 점에서 고무적이었다.

> 축제가 크게 성공한 것은 아니지만 마을의 가능성을 봤다는 점에서 긍정적이다. 2016년 가동률이 30일 중 10일도 안 되는 상황이 발생하고 있다. 여전히 마을은 논쟁 중이기 때문이다. 그래도 마을 발전에 대한 의지는 계속 유지되고 있었다고 생각한다. 그래서 친환경에너지타운 사업도 추진했다고 본다. 물론 마을 이장 선거의 결과에 따라 바뀔 수도 있다. 하지만 마을에서 해결할 수 있는 계기를 스스로 만들어 나가는 중이라고 본다. 금악포크빌리지 축제도 크게 성공한 것은 아니지만 2016년 축제는 마을사람들이 처음으로 스스로 준비하면서 마을의 가능성을 봤다는 점에서 긍정적이다(금악포크빌리지 교육담당자 인터뷰, 2017. 2. 21).

금악포크빌리지 축제는 마을 사람들에 대한 이해와 설득 과정이었다는 것을 인정한다. 두 번의 축제를 거쳐서 금악마을의 이미지가 쇄신되었다. 그리고 사업 초기에 제대로 의논의 과정을 거치지 못했지만, 2015

년 축제 때 현 이장이 전 이장의 공로를 인정하면서 마을의 갈등이 풀어지게 된 계기를 마련하였다. 그리고 마을 사람들의 자신감이 고취된 듯하다(금악포크빌리지 담당 공무원 인터뷰, 2017. 2. 27).

축제를 준비할 때 여러 의견이 존재했다. 금악 소시지를 알리고 브랜드를 높이자, 공연 하나만이라도 잘 해서 마을 사람들이 잘 놀 수 있는 축제로 가자 등의 의견이 있었다. 축제의 모습을 하나로 합의해 가는 과정이 중요한데 협력하고 회의하는 과정이 충분하지는 못했던 것 같다. 그저 1년에 다 같이 모여 밥 한번 먹는 날로 생각하는 마을사람들도 많다. 그래도 금악포크빌리지 축제는 동네사람들의 단합의 계기가 되고, 사업을 설명하는 계기가 되었던 것 같다(금악마을 주민 인터뷰, 2017. 2. 24).

### 3) 금악마을의 새로운 도전 – 친환경에너지타운 조성 계획 수립

한편 금악마을은 2018년 2월 준공을 목표로 친환경에너지타운이 조성된다. 이는 산업통상자원부와 환경부가 기후변화 대응을 위한 신산업 육성 사업의 일환이다. 친환경에너지타운 조성 사업은 환경기초시설에 주민 수익 개념을 더해 신재생에너지를 생산하고 주민소득을 창출해 환경과 에너지 문제를 동시에 해결하는 모델이다. 금악마을의 친환경에너지타운 조성사업은 환경순환형 가축분뇨 공공처리시설에서 배출되는 바이오가스와 폐열로 전기를 생산하고 인근에 있는 금악포크빌리지의 가공판매장, 생태습지, 금오름과 연계하여 6차 산업을 확대하여 주민 소득원으로 활용하기 위한 사업이다. 이 사업은 2017년부터 총 52억 원(국비·지방비 각 26억 원)을 투입해 바이오가스 공급시설, 친환경 게스트하우스, 태양광 발전시설 등을 조성하며 오는 2018년 2월 준공할 계획이다. 한편 친환경 게스트하우스는 가축분뇨에서 발생되는 바이오가스를 난방 등의 연료로 사용하고, 옥상에 태양광 발전시설을 설치해 에너지 사용 비용을 절감한다. 금악마을의 친환경에너지타운은 독일의 윤데마을을 모델로 삼고 있다.

가축분뇨 처리시설은 혐오시설로 마을에 유치하는 것을 꺼려할 수도 있지만, 금악마을은 마을총회를 거쳐 이를 수용하였다. 금악포크빌리지 사업이 금악마을의 악취문제를 해결하기 위한 간접적인 해결방식이었다면 친환경에너지타운 계획은 악취문제의 직접적인 해결을 시도하는 것으로 판단된다.

> 친환경에너지타운은 제주시에서 제안하였다. 우선 마을개발위원회에서 설명을 했고, 마을 총회에서 논의과정을 거쳐 결의하게 되었다(금악포크빌리지 담당 공무원 인터뷰, 2017. 2. 27).

> 축산분뇨 처리장은 님비 때문이라도 유치하려 안한다. 금악마을도 처음에는 무조건 반대의견이었다. 그러나 여러 인센티브를 주니 받자는 의견이 나왔고, 이것이 에코타운 계획으로 수립되었다. 친환경에너지타운 사업계획은 마을 청년회가 주도적으로 이끌어 나가고 있다(금악포크빌리지 교육담당자 인터뷰, 2017. 2. 21).

실제 님비현상으로 인해 마을 안에 유치하기 꺼려하는 축산분뇨 처리시설을 설치하여 악취문제의 근원인 축산분뇨를 처리하기 때문이다. 실제로 제주의 가축분뇨 공공처리시설은 부족한 상태이다. 1일 2037톤 배출되지만 공공시설에서는 400톤만이 처리될 뿐이다. 나머지는 1637톤은 민간시설에서 퇴비나 액비를 제조하거나 자체 처리하고 있는 실정이다. 금악마을은 1일 230톤을 처리할 수 있는 시설을 설치하고, 이를 계기로 신재생에너지를 생산하는 친환경에너지타운의 전망을 그리고 있다. 양돈 악취 문제로 인한 양돈마을의 부정적 이미지를 금악포크빌리지라는 이미지로 개선하였고, 이를 계기로 친환경에너지타운 유치로 연결된 것이다.

> 축산분뇨 처리를 통해 마을에 돈이 들어올 수 있으니 이런 저런 사업을 추진해 볼 여지는 존재한다. 그러나 친환경에너지타운 계획에 대한 설명회가 여러 차례 있었으나, 충분한 공론장이 형성되지는 못했다. 금악포크

빌리지와 마찬가지로 행정이 주도한 사업계획이라고 판단한다. 금악포크빌리지라는 아이템은 잘 선정했다고 본다. 하지만 다양한 마을 사업이 금악에서 추진하고 있는데 실제로 이것들이 주민들의 삶에 어떠한 영향을 미칠지에 대해서는 잘 모르겠다(금악마을 주민 인터뷰, 2017. 2. 24).

물론 친환경에너지타운 조성 계획은 긍정적인 면만을 가지고 있는 것은 아니다. 위의 금악마을 주민 인터뷰 내용처럼, 여전히 금악마을 주민들의 삶에 밀접한 연관성을 어떻게 만들어 갈 것인가에 대한 과제는 남아있다.

## 5. 커머닝의 시각에서 본 금악마을의 과제

금악마을 사람들은 모두 축산 악취 문제를 인식하고 있었고, 그 이미지를 개선하고자 하였다. 금악포크빌리지 사업을 통하여 양돈마을 이미지를 개선하였는데, 양돈단지는 마을 내에 있는 것이 아니라 웃뜨르지역(마을의 위쪽 지역)에 주로 위치한다. 그리고 금악포크빌리지의 운영을 통하여 악취문제가 직접적으로 해결되는 것은 아니었기 때문에 마을의 입장에서는 미묘한 괴리감을 느낀다. 실제 부녀회나 마을 사람들의 반대는 이 괴리감에 기인했을 것이다. 더군다나 마을 사람들은 이장이 누구냐에 따라 마을의 악취가 상당히 달라진다는 경험을 이야기하였다. 이장의 대응책에 따라 강력하게 양돈장 감시활동을 하여 악취가 거의 없었던 경우도 있었다. 금악포크빌리지의 경험은 과거와는 다른 방식으로서 지속적인 대응방법이 모색될 수 있다. 직접적인 악취 문제를 해결할 수 있는 축산분뇨 처리장을 유치한 것이다. 마을 사람들과의 적극적인 소통은 부족하였지만 이러한 모든 사업은 마을총회를 거쳤다는 점에서 평가받을 수 있다. 이로써 금악마을의 사례는 커머닝의 첫 걸음을 내딘 지역의 사례로 볼 수 있다.

커머닝의 실제 실천과정은 녹록치 않다. 우선 금악포크빌리지를 마을 공통의 자산으로 인식하는 단계가 필요하다. 그 논의의 시작이 커먼즈를 실현하는 첫 내디딤이기 때문이다. 그 실천과정은 다양한 이해관계자들의 이해와 참여를 이끌어내는 방식으로서 공통의 인식을 만들어내는 과정이고, 금악마을에 있어서 금악포크빌리지는 그러한 과정의 구현을 실체적으로 보여주고 있다.

> 실제 금악포크빌리지의 운영을 위한 마을의 전문가가 없다. 경영전문가를 마을에서 육성하지 못했다. 또한 의사결정과정은 대부분 개발위원회 회의 거쳐 마을총회에서 의결한다. 그러나 중요한 의사결정 순간이 되었을 때 이장, 컨설팅담당자, 행정의 3자 결정으로 인해 마을회와 공유가 부족한 점이 있다. 그래서 실질적인 사업의 주체인 마을 사람들은 사업의 상황을 잘 모르는 경우가 많은 것 같다. 그러다 보니 현재 금악포크빌리지는 필요한 사람만 생산하고 관리하고 있는 실정이다. 추석이나 새별오름축제 등이 있을 때 제한적으로 가공시설을 사용하고 있는 실정이다. 앞으로의 과제는 자립의 길을 걸어 나가야 한다(금악포크빌리지 담당 공무원 인터뷰, 2017. 2. 27).

금악포크빌리지는 하나의 계기가 되었을 뿐이다. 앞서 언급했듯이 금악포크빌리지를 마을의 자산으로 인식하여 활용할 수 있는 논의를 시작하는 단계가 커머닝의 첫걸음이 될 것이다. 그러기 위해서는 금악포크빌리지 운영이 마을사람들에게 어떤 기여를 했는지에 대해 구체적으로 생각해봐야 한다. 마을 이미지 개선과 밭농사를 영위하는 삶은 여전히 별개의 사안으로 인식되고 있기 때문이다. 이러한 과제는 친환경에너지타운 조성 사업에서도 동일하게 적용된다. 그리고 금악마을 사람들의 마을 사업에 대한 '간절함'을 어떻게 끌어내고 공유할 것인가가 또 다른 과제가 된다. 자본의 가치와는 다른 가치로 표현할 수 있는 이 '간절함'을 금악마을 사람들과 함께 구체화시키는 작업이 필요하다. 이 작업이 금악마을 사람들의 삶 속에 커먼즈를 만들어가는 중요한 과정이 될 것이다.

기술적인 어려움은 둘째이고, 청년회가 친환경에너지타운 사업을 하면 밀어주겠다는 것인데, 청년회가 주도하게 되어 성공하게 되면 마을의 자산을 가지고 왜 너희들만 돈을 버냐는 의견이 나올 것이다. 마을 사업은 돈을 많이 벌지 못하더라도 간절함이 담겨 있어야 한다. 마을사람들의 삶과 밀접하게 공통으로 인식하는 문제가 있어야 한다는 뜻이다. 악취문제도 자기랑 연동되어 있기에 자신의 삶과 밀접하다고 느낀다. 하지만 금악포크빌리지 그 자체는 그러한지 잘 모르겠다(금악마을 주민 인터뷰, 2017. 2. 24).

## 6. 나가며

금악마을에 마을공동목장이라고 하는 커먼즈가 존재했다. 하지만 시대가 지남에 따라 마을공동목장을 중심으로 한 목축업은 쇠퇴하기 시작하였다. 금악리에 자리 잡은 이시돌협회가 양돈장을 금악리에 조성하였고 제주도가 축산정책을 적극적으로 도입하면서, 금악리는 제주도 양돈 산업의 메카가 되었다. 하지만 금악마을과 양돈단지, 이시돌목장은 모두 금악리라는 공통의 행정구역에 속해 있으면서도 서로 다른 경제주체로서 상호간의 교류는 거의 없는 실정이다. 그런 상황 속에서 금악마을 사람들은 자신들을 양돈악취 문제의 피해자로 인식하고 있다.

이 논문은 금악마을 사람들이 악취문제를 공통의 문제로 인식하고 이를 해결해나가는 과정을 커머닝의 시각에서 접근하였다. 금악마을에 마을공동목장이 있었으나 점차 마을사람들의 삶과 괴리되어 갔다. 원래 금악마을 사람들이 가지고 있던 커먼즈가 쇠퇴하는 가운데, 2013년 농촌진흥청에 공모한 시범사업에 선정되면서 '금악포크빌리지 사업'을 추진하게 되었다. 사업의 시작은 탑다운top-down 방식으로 마을사람들의 의견을 모두 수렴하지 못한 채 추진하였다. 그러나 마을회의를 거듭 개최하고, 금악포크빌리지 축제를 통하여 마을 사람들 간의 단합과 소통을 꾀하는 시도를 하였다. 실제로 금악포크빌리지를 통해서 금악마을의 이미지는 개선되었다고 판단된다. 이러한 경험을 기반으로 하여, 기후변화 대응을 위한 신산업 육성 사업의 일환으로 추진하는 친환경에너지타운 계획에 공모하였다. 2018년 2월을 목표로 환경부와 소통에 노력하면서 친환경에너지타운이 금악마을의 자산이 될 수 있도록 논의하는 과정에서 진통을 겪고 있는 중이다. 그럼에도 불구하고 금악포크빌리지 사업은 마을 이미지 개선 함께 친환경에너지타운이라는 비전을 세우게 된 계기가 되었다는 점에서 의의가 있다.

　마을 사업을 추진하다보면 마을 내 다양한 이해관계자들의 긴장관계가 당연하듯이 자주 드러난다. 마을 사업을 통해 마을의 단합과 협력을 꾀할 수도 있고 분쟁의 계기가 될 수 있다. 하지만 이러한 과정은 마을사업을 실패로 이끄는 것이 아니라 성공으로 이끄는 자기 학습과 관련의 과정이 된다. 금악마을 사람들이 새롭게 만들어진 금악포크빌리지를 '우리 모두의 것'이라고 느끼기 위해서 마을에 진짜 필요한 것이 무엇이냐를 판단하는 논의과정이 중요하다. 2년간의 사업이 종료되면서 지자체의 지원은 더 이상 기대할 수 없다. 실질적으로 금악마을 사람들의 주도하에 마을 사업 운영을 논의해야 할 시점에 선 것이다. 마을공동체는 항상 찬반 의견이 있고 내홍을 겪게 된다. 이를 극복하는 것도 건강한 공동체가 형성되는 과정이라면, 당장의 사업 결과물을 창출하기보다 합의과정에 보다 집중하고 보다 큰 의미를 부여할 필요가 있다. 금악포크빌리지를 통하여 금악리 마을사람들이 함께 공유할 수 있는 가치를 세워야 한다.

　이와 더불어 커머닝을 위해서 마을의 숙원 사업을 마을 과제로 선정하고 예산을 신청하여 마을 사업으로 공유해나가는 것도 필요하다. 금악마을의 친환경에너지타운 사업은 행정의 주도로 신청이 된 사업이지만, 마을 총회를 통해서 양돈악취 문제의 실질적 감소를 꾀하는 축산분뇨 처리시설을 유치하면서 마을 사람들의 주도적 역할을 회복하려고 노력했다. 이러한 점에서 금악마을은 이제 첫 발을 디딘 것으로 판단된다. 금악마을의 비전이 구체화되는 과정에서 금악마을 사람들의 삶이 생태적 영향을 받으면서 그 삶의 방식에 변화를 꾀할 수 있다면, 우리 사회는 소중한 커머닝의 사례 하나를 얻을 수 있을 것이다.

# 7장

# 한동 단지모살 숲 조성, 공동자원의 창출과 변화

김평선(제주차롱 사회적협동조합 이사장)

## 1. 공동자원과 마을만들기

일본의 마치즈쿠리まちづくり는 1962년 나고야시 에이토 지구의 도시 재개발 시민운동에서 처음 사용되면서 70년대 일본 전역에 확산되었다. 나고야시 에이토 지구의 도시계획 수립 과정에서 마치즈쿠리는 주민이 참여하는 방법으로 활용되기 시작했다. 도시 지역의 경우, 정부와 전문가가 도시계획을 수립하던 방식에서 벗어나 지역 주민들이 스스로 자신들이 살고 싶은 도시 공간에 대한 계획을 수립하기 위해 네트워크를 형성해가는 방식으로 이루어졌다. 농촌 지역의 경우 도시화와 산업화에 따라 농촌의 황폐화·고령화·인구감소 등의 문제를 해결하기 위한 차원에서 접근이 이루어졌다. 이처럼 일본의 마치즈쿠리 운동 혹은 마을만들기 운동은 근대화 과정에서 나타난 각종 사회문제에 대한 반작용으로 나타난 현상이다.

1990년대에 일본의 마치즈쿠리 운동이 국내에 '마을만들기'로 소개되면서 시민영역의 마을만들기와 정부가 지원하는 각종 마을만들기 정책이 이루어졌다. 부평 재래시장 상인들이 대형마트에 맞서기 위해 시작한 '문화의 거리 조성' 운동, 성미산을 지키기 위한 주민들의 저항운동, 고령화 문제로 농촌이 활력을 잃어감에 따라 농촌을 활성화시키기 위해 시작한 한드미 마을의 마을만들기 등 국내에 마을만들기 운동이 진행되어 왔다. 마을만들기 운동은 주민 주도성, 양적 성장이 아닌 주민의 실질적인 삶, 지역의 생태환경적 조건 등 공간의 질, 발전 노선의 다양성, 공동체 회복을 그 특징으로 한다.[1]

사회의 개별화, 개인화 경향이 강해질수록 서로 협력할 기제가 감소함에 따라 공동체의 유대, 연대성이 약화되는 문제가 발생하게 된다. 공동체에 대한 관심과 실천 활동의 증가는 이러한 사회 위기가 반영되어 나타나는 결과물이라고 할 수 있다.[2] 그렇다면 공동체는 무엇인가? 공동체는 단순히 특정한 공간 혹은 특정 지역 주민들의 총합으로 이해되기 어렵다. 공동체는 다층적 의미를 띠고 있지만, "긴밀하고, 다층적이며 상대적으로 자율적인 사회적 관계망"으로 이해될 수 있다.[3] 이런 의미에서 마을만들기는 특정 지역의 주민들이 공동체를 창출하거나 기존의 공동체를 회복 강화하는 방향으로 이루어지는 실천 영역이다.

공동자원의 형성을 통해 공동체가 형성 강화되기도 한다. 해외 공동체 형성하기 community building 운동에서 공동자원을 창출하는 commoning 데 주안

---

[1] 박재묵, 「'살기 좋은 지역 만들기'와 지역거버넌스」, 『NGO 연구』 6(1), 2008, 106쪽; 여관현, 「마을만들기를 통한 공동체 성장과정 연구」 『도시행정학보』 26(1), 2013, 53~87쪽.

[2] 이선미, 「근대사회이론에서 공동체 의미에 대한 비판적 연구」, 『한국사회학』 42(5), 2008, 101~139쪽.

[3] Jenny Pickerill, "Building the Commons in eco-community", Samuel Kirwan, Leila Dawney, Julian Brigstocke ed. *Space, Power and the Commons: The Struggle for Alternative Futures*, Routledge 2016, p. 32.

점을 두는 사례들을 발견할 수 있다.⁴ 국내의 마을만들기 운동에서 공동자원을 형성하는 사례를 찾기 어려운 점과 비교해볼 때 유럽의 사례는 공동자원과 공동체 만들기 운동과의 관계에서 의미하는 바가 크다고 할 수 있다. 공동자원을 창출한다는 것은 개인화된 사회를 넘어 대안적인 공동체를 형성할 수 있는 전략이라 할 수 있다. 공동자원의 감소는 그 만큼 공동체의 약화를 대변한다고 볼 수 있다. 전통적으로 공동체를 유지하는데 기여한 농촌의 공동자원이 점차 감소하고 있으며, 다른 기술의 도입에 따라 그 이용 역시 줄어들고 있는 실정이다. 대표적인 농촌마을의 공유토지인 '리유지'가 그러한 사례에 해당된다.

1912년 토지조사사업을 하면서 조선총독부는 마을주민이 정한 규약에 의해 운영되는 동리계의 토지를 등기할 경우, '계'의 명칭을 떼고 'OO리'의 명칭을 사용하여 등기하도록 조치했다.⁵ 이러한 지침에 따라 마을 주민들의 동리계가 관리하던 토지가 등기되었다. 조사 대상지인 한동마을의 경우, 1961년 지방자치에 관한 임시조치법, 1978년 부동산소유권이전등기 등에 관한 특별조치법 등에 의하여 구舊 북제주군의 소유로 이전되었다가 1990년대 마을회 소유로 등기된 이후 현재까지 리유지가 대체로 유지되어 오고 있다. 이 글에서 살펴보는 한동마을의 리유지 역시 이와 같은 정치 사회적 맥락에서 변화 유지되어 왔다. 식민지 시대부터 한동마을 주민들은 공동자원을 형성하고, 관리하는 활동을 전개해 왔다는 점에서 다양한 공동자원의 창출과 변화 과정을 살펴볼 수 있다.

공동자원에 관한 기존의 연구들은 바람, 물, 공동어장, 공동목장, 산림에 집중되어 공동자원의 이용과 관리, 그리고 해체에 초점을 맞추어 왔다. 기존

---

4  Karl Linn, *Building Commons and Community*, New Village Press, 2008.
5  최원규, 「일제초기 조선부동산 등기제도의 시행과 성격」, 『한국민족문화』 56, 2015, 139쪽.

연구들은 공동자원이 어떻게 형성되고, 변화되는지 관심이 부족한 상황이다. 공동자원을 이용하고 관리하는 주체들에 대한 실천사례 연구는 있지만, 공동자원을 창출하는 주체에 대한 연구는 거의 이루어지고 있지 않다. 또한, 공동목장의 해체 과정 연구에서 드러나듯이 공동자원을 이용하던 마을 주민들은 외부 환경변화에 따라 수동적으로 행동하는 주체로 묘사된다. 인간은 어떤 이유로 공동자원을 필요로 하는지, 어떤 과정을 거치며 공동자원을 창출하는지에 대한 연구는 공동자원이 사라지고 있는 현재의 상황에 비추어 볼 때 매우 의미있는 작업이다.

한동마을의 공동자원은 다양한 유형으로 형성되어 왔다. 지금은 해체되어 존재하지 않지만, 한동마을은 제주의 다른 마을처럼 1930년대부터 공동목장을 설치하고 1990년대 초까지 운영되어 왔다. 또한 1950년대 말 지역사회개발계획의 일환으로 지원된 도정공장인 정미소가 설치되어 공동으로 1990년대 말까지 운영되었다. 이 글은 기존 연구에서 다루지 않았던 리유지와 통물(우물)을 중심으로 주민들이 공동자원을 창출하는 과정, 그리고 공동자원의 변화 과정을 다루고 있다. 공동자원을 필요로 하고 창출하는 과정을 통해 공동자원의 창출과 관리에 있어 주민들의 이익과 역할에 대해 기술하고자 한다. 국가, NGOs, 마을만들기 실천가, 전문가 등 다양한 층위에서 주민들을 지원하면서 공동자원의 이용 관리에 기여하는 사례들이 있다.[6] 마

---

6   Agrawal, A. and Ostrom, E., "Collective action, property rights, and decentralization in resource use in India and Nepal", *Politics & Society* 29(4), 2001, pp. 485~514; Duthy, S. and Bolo-Duthy, B., "Empowering people's organizations incommunity-based forest management in the Philippines: the community organizing role of NGOs", *Annals of Tropical Research* 25(2), 2003, pp. 13~28; Bray, D. B., Antinori, C. and Torres-Rojo, J. M. "The Mexican model of community forest management: the role of agrarian policy, forest policy and entrepreneurial organization", *Forest Policy and Economics* 8(4), 2006, pp. 470~484; Sundar, N. "Unpacking the 'joint' in joint forest management", *Development and Change* 31(1), 2000, pp. 255~279.

찬가지로 한동마을이 단지모살에 숲을 조성하면서 공동자원을 창출하고 이후 변화되는 과정에서 국가와 전문가의 역할도 살펴보고 있다. 마지막으로 최근 마을만들기 운동을 시작한 한동 주민들이 공동자원의 필요성을 인식하게 된 배경을 기술하고 공동체의 미래를 위한 제언을 있다. 이러한 과정에 대한 체계적인 사례 분석이 이루어져야 하겠지만, 현존하는 마을의 자료의 한계로 인해 체계적인 사례분석이 이루어지지 않은 한계가 있다. 하지만 이러한 사례를 통해 향후 공동자원의 창출과 이용의 활성화를 위한 분석틀의 개발에 도움이 되기를 기대해본다.

## 2. 한동마을의 생태적 특징

한동마을은 설촌 과정과 이후 이주민의 정착을 거치며 마을이 확대되었다. 문헌 기록을 통해 드러나는 한동마을의 설촌은 원의 제주 직접 통치 시기와 관련된다. 삼별초를 평정한 후 원이 제주(탐라)에 총관부를 설치하고 제주 동서로 목마장을 설치하면서 한동마을에 본격적인 설촌이 이루어졌다. 제주 좌씨의 2대조 '좌자이左自以'의 묘가 좌가장 터에 남아 있고, 한동마을 지명에 좌가연대, 좌가봉수대가 존재한다는 점을 고려하면 감목관직을 대대로 세습한 좌씨가 한동마을의 '좌가장'에 정착하면서 마을이 형성되기 시작했다고 볼 수 있다.[7] 좌가장은 '고래물(용천수)'이 있는 곳으로 현재 일주도로 아래 해안 지역에 위치하고 있다. 고려 말 원의 쇠퇴기 '목호의 난' 이후 좌씨 가문이 제주의 서부 지역으로 이주한 후, 김씨, 조씨, 제주 고씨 가문이 한동마을의 방축굴 일대로 이주하면서 마을이 본격적으로 형성되기 시작했다. 방축굴은 한동마을에 존재하는 모래가 바람에 날리는 피해를 줄이기 위해 벽을 쌓아 사람이 거주하던 곳이다.

---

7  한동리 『둔지오름(漢東里紙)』 1998, 101쪽.

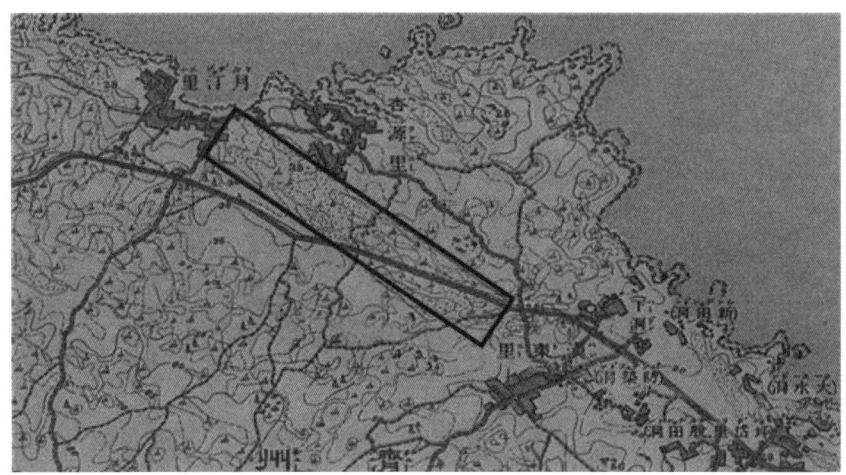

그림 1 20세기 초 김녕 지형도[8]

한동마을의 설촌 과정에서 나타난 지명을 통해서 한동마을의 생태적 특징을 파악할 수 있다. 한동마을에 단지모살, 한모살이라는 지명이 존재한다. 단지모살과 한모살은 고해빈-내만사층으로 구좌읍 지역에 넓게 분포하고 있다. 고해빈-내만사층은 패사층으로 오랫 동안 바다 속에서 퇴적된 후 제주도의 융기운동에 의해 지금의 모습을 하게 되었다.[9] 조선총독부가 제작한「조선 5만분의1 지형도」에서 한동리와 해원리에 단지모살沙地이 넓게 분포하고 있음을 확인할 수 있다.

한동마을은 해발 280m 둔지오름에서 해안까지 서서히 낮아지다 평탄해지는 구조가 반복적으로 나타나는 계단식 지형을 하고 있다. 이런 지형은 구좌-성산 곶자왈의 형성과 관련이 깊다. 구좌-성산 곶자왈의 한 부분인 종달-한동 곶자왈은 동거문이오름에서 시작해 한동리 방향으로 높은오름, 손

---

8  조선총독부 육지측량부,「金寧(濟州島北部三號)」,『朝鮮五万分一地形圖』, 1918.

9  한국농어촌공사 제주도본부,『제주도의 지질』, 2006, 47~48쪽; 윤선·정차연·현원학·송시태,「제주도 구조운동사」,『지질학회지』50(4), 462쪽.

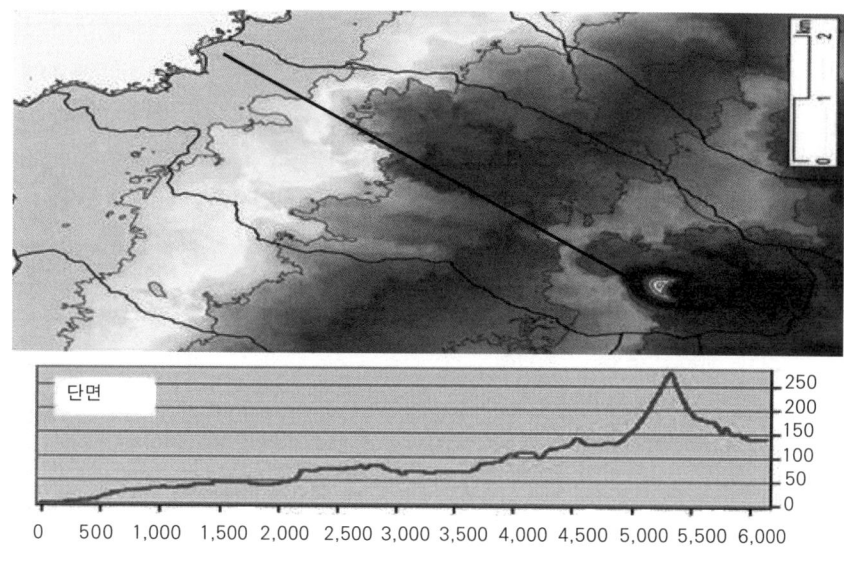

그림 2 한동마을 지형 단면도

자봉, 둔지오름, 돗오름 주위를 거쳐 한동리 해안 30m 지대까지 분포하고 있다. 종달-한동 곶자왈은 둔지오름과 돗오름 주변의 송이 퇴적층 및 한동 메인동산과 한두술로 부분적으로 단절되거나 폭이 좁아진다.

## 3. 단지모살 숲 조성과 공동자원의 변화

현재 구좌읍 지역 고해빈-내만사층 대부분은 사유화 되어 농경지로 활용되고 있는 실정이다. 하지만 한동마을과 인접마을인 행원 마을의 일부 토지가 현재까지도 마을의 공동자원인 리유지로 남아 있다. 단지모살은 처음부터 한동마을 주민들이 공동으로 이용하고 관리하는 공동자원이 아니었다. 소유권이 마을에 존재했을 뿐 이용되거나 관리되지 않았다. 단지모살이 숲으로 조성되어 공동자원으로 관리되고 이용되기 시작한 것은 마을 주민들이 우물을 개발하기 위한 노력과 관련되어 있다.

한동마을에 주민들이 이용하던 거슨물, 솟는물, 기러기물, 구싯물, 잔목통, 돗끄슨개 등 용천수가 다수 존재했다. 하지만 주로 바다 조간대에 용천수가 발달해 있었다. 동동東洞 주민들은 조간대의 용천수를 이용하는데 불편을 느껴 4~5가구가 공동으로 이용할 수 있는 우물을 개발해 식수로 이용했다. 현재의 계룡동인 서동西洞 주민들은 '개동산' 부근의 우물을 이용했다.[10] 상동上洞 주민들은 주로 계룡동과 평대 마을 경계에 있는 '잣목통물'과 한동초등학교 내에 있었던 '새물통'을 식수로 이용했다. 상동과 새물통과 잣목통물 사이에 개판ᄆᆞ르가 있어 이동에 불편함이 있었다. 여성들이 물허벅을 지고 '개판ᄆᆞ르'(ᄆᆞ르'는 언덕을 지칭하는 제주어)를 넘나들며 식수를 운반해야만 했다.

이런 상황에서 1930년대 초 한동마을은 제1구장 김대휴의 제안으로 용천수 개발 추진위원회를 구성하여 우물이 없었던 상동에 공동으로 이용할 우물을 개발하기 시작했다. 하지만 문제는 우물을 개발하기 위해 기술자를 고용해야 했지만 상동 마을의 주민들이 자금을 모으기 쉽지 않았다. 단지모살의 모래로 농경지와 일상생활에 불편함을 느끼고 있던 한동 주민들은 전라남도에 조림사업 지원을 요청하여 공사비와 인건비를 지원받아 우물 개발 비용을 충당했다. 단지모살 조림사업에 지원한 노임의 절반을 주민들이 기부하여 공사 기술자 세 명을 고용하여 공사 착수 3년인 1935년 우물 공사가 마무리되어 제주도에서 가장 깊은 우물(22m)이 만들어졌다. 기술자에 대한 식사 제공은 호별로 윤번제로 담당했고, 매일 반별로 우물을 파면서 생긴 흙과 돌을 공회당 부지로 운반해 나갔다.[11] 이 때 만들어진 우물은 수도가 보급되기 전까지 상동 주민들이 이용했다.

1920년대에 경제불황에 따른 불안 요소가 발생했고, 목재의 무분별한 벌채로 인해 목재 수급에 문제점이 노출되었다. 1921년 조선총독부 산업조사

---

10 한동리, 『둔지오름漢東里誌』, 1998, 81쪽.
11 같은 책, 81쪽.

위원회 회의에서, "목재수급의 조절, 임리의 개발 및 보속을 도모하기 위하여 국유림야의 관리경영을 통일하여 합리적인 경영"의 필요성이 제기되었다.[12] 그리고 1920년대에 잇따른 수해로 철도 피해가 발생[13]하면서 수해에 대한 대책 수립이 필요해져갔다. 1924년 부임한 시다오까 조선총독부 정무총감은 산업발전의 근간이 치수사업에서 시작되어야 한다고 강조한 후 임정 계획이 수립되기 시작했다. 조선총독부는 국유림에 대한 임정계획뿐만 아니라 소유권을 불문하고 하천 주변에 사방사업을 추진하도록 사방사업에 지원을 하는 등 불안 요소에 대응해 갔다. 1933년과 1934년에 발생한 낙동강 수해가 발생하자 조선총독부는 1933년 조선사방사업령을 제정하여 치안 불안 요소에 대응해 가기 시작했다. 조선총독부는 경제불황과 수해로 이재민이 증가하자 치안 불안을 해소하기 위해 지역 주민이 사방사업을 추진하도록 하고 이에 노동 임금을 지급함으로써 불안 요소를 완화시키는 정책을 추진했다.[14]

한동마을 단지모살의 모래가 바람에 날려 농사와 생활에 불편이 초래되었기 때문에 이 피해를 줄이기 위해 주민 스스로 사방사업을 실시했다. 주민 스스로 사방사업을 추진한 것은 조선사방사업령이 제정되기 직전으로 재정적 지원을 받지 못했다. 하지만 동 법령이 제정된 후 2차례 전라남도청의 인

---

12 조선산림회, 『조선임업사(상)』, 한국임정연구회 옮김, 2000, 29쪽.
13 「各地의 水害, 함경선과 평남선의 철도에 피해가 만타」, 『동아일보』 1920. 5. 11; 「湖南線水害, 사가리 신흥리간 선로가 파손되야」, 『동아일보』 1921. 7. 19; 「論山에도 水害, 증수십륙척, 침수가옥 오십호」, 『동아일보』 1921. 9. 3; 「各地水害狀況」, 『동아일보』 1922. 8. 6; 「全鮮水害總額 침수가옥 일만칠천구백호, 류실가옥 일천이백여호, 死亡者 二百七名의 多數」, 『동아일보』 1923. 8. 10; 「開城水害同情」, 『동아일보』 1924. 8. 20; 「水害罹災民 復舊를 陳情, 전답복구와 호안공사등 二百餘名連署提出(全州)」, 『동아일보』 1931. 9. 12.
14 조선산림회, 『조선임업사(하)』, 한국임정연구회 옮김, 2000, 277쪽.

부임과 사방사업 재료 등 재정지원을 받을 수 있었다.[15] 한동마을이 재정적 지원을 받으면서 추진한 사방사업은 당시 제주도에서 처음 실시되었다. 앞서 언급한 바와 같이 한동마을의 사방사업은 조선총독부의 사업 목적과 다소 다른 측면에서 추진되었다. 주민들은 상동의 우물을 개발하는데 사방사업을 활용했다.

한동 주민들이 조선총독부의 정책을 활용할 수 있었던 주요한 요인으로 지식과 기술을 습득한 인적 요소가 지적될 수 있다. 당시 한동마을에 산림조합 농회기사로 일하던 허수길과 일본인 기사의 지식과 기술을 바탕으로 마을 자체의 조림사업을 실시할 수 있었다. 모래땅에 나무를 식재하는 일이 당시 쉽지 않았지만, 나무뿌리에 흙과 콩 비지를 섞여 나무를 식재하면서 나무의 생존율을 높일 수 있었다.

단지모살의 조림을 통한 공동자원 관리는 해방 이후 위기를 맞게 되었다. 1948년 제주 4·3 발발하면서 소개령이 내려지고 주민들을 동원하여 한동마을에 큰 규모의 축성이 만들어졌다. 이후 군경은 효과적인 토벌작전을 이유로 주민들을 동원해 한동마을의 나무를 벌목했다. 이 때 사방사업으로 심어져 있던 단지모살의 나무들이 벌목되었다. 1950년 중반 벌목되어 버린 단지모살에 숲을 조성하기 위한 움직임이 일어났다. 1956년 한동마을의 대표가 면의회와 도의회에 진정하여 마을 자체 사방조림 사업을 실시하면서, 단지모살에 대한 관리가 이루어지기 시작했다. 이 때 조림사업의 노임은 행정의 지원으로 충당되었다.

한동마을의 단지모살이 주택과 가까이 위치해 있어서 주민들은 겨울철 단지모살에 조성된 소나무 부산물인 솔잎을 주어다 땔감으로 이용했다.[16] 대체난방 연료의 보급으로 단지모살 임야의 부산물을 더 이상 이용하지 않지만, 사

---

15 　전라남도, 「사방공사계획서」, 1933, 국가기록포털(http://www.archives.go.kr)
16 　한동리, 『둔지오름漢東里紙』, 1998, 172쪽.

그림 3 현재 한동 단지모살의 모습

방 사업으로 인해 조성된 숲은 모래의 유실과 확산을 막는 역할을 하고 있다.

1950년대 중반에 실시된 사방사업은 한동마을 사회의 공공재 창출과 관련되어 추진되었다. 1930년대와 유사하게 사방사업의 노임 일부를 한동 초등학교 건립 기금으로 조성할 수 있는 이점이 있었다. 한동마을 주민들과 이웃 마을인 평대 마을 주민들은 해방 직후 홍화국민학교를 건립하기로 합의하였지만, 평대마을과 한동마을의 경계에 학교 부지를 물색했지만 토지 소유주의 완강한 거부로 공동으로 학교 건립이 무산되었다. 하지만 당시 운영되었던 보성서당을 홍화국민학교로 인가받아 개교하게 되었다. 홍화국민학교가 이후 평대국민학교로 개칭되고, 먼 거리를 통학해야 하는 불편함 때문에 한동 주민들 사이에 한동마을 자체의 학교 설립 여론이 증대되었다.[17] 1956년 리민대회를 거쳐 학교 설립 기성회가 조직되었고, 사방공사 출역자의 노임 절반을 설립 기금으로 적립하고, 호별 할당액도 결정되었다. 하지만 일부의 반대로 기성회는 해산되었고, 노임과 할당액도 반환되었다.[18] 한동마

---

17  같은 책, 154쪽.
18  같은 책, 154쪽.

을의 학교 건립은 1968년에야 이루어졌다.

단지모살 리유지는 1961년 지방자치에 관한 임시조치법, 1978년 부동산 소유권이전등기 등에 관한 특별조치법에 따라 舊 북제주군으로 귀속되었다. 이후 구좌읍에 당근이 재배되기 시작하면서 단지모살의 일부가 농가에 임대되어 당근 지배 토지로 이용되기 시작했다. 90년대 단지모살이 다시 마을의 재산으로 반환되었지만, 이전에 구 북제주군과의 계약에 따라 농사를 짓던 농가에 이용 우선권이 주어져 현재에 이르고 있다. 단지모살 리유지 운영권은 기본적으로 한동마을이 가지고 있지만, 실제 이용과 관리는 일부 주민에게 위임되고 있는 실정이다.

한편 리유지는 국가의 산업화 정책에 따른 산업단지 입지로 편입되어 그 규모가 줄어들게 되었다. 제주도는 용암해수 자원의 산업화를 위해 제주전략산업기획단을 운영하면서 '제주지하해수를 이용한 산업화 소재 및 제품개발에 관한 기획'을 시작한 후 2008년 4월 제주용암해수산업 종합발전 기본계획이 수립되었다.[19] 2009년 2월 제주도는 총 19만5천㎡ 규모의 용암해수단지를 개발한다고 발표했고,[20] 2009년 12월에 일반산업단지 제1호로 용암해수산업단지가 지정되었다. 이 계획은 8대 도의회의 동의를 얻지 못하다가 2011년 산업단지에 제주도의 부지를 현물 출자하는 공유재산 관리계획 변경동의안이 도의회 동의를 얻으며 본격 개발에 들어가게 되었다. 이 과정에 한동마을 리유지(단지모살) 약 1만 5천㎡ 토지가 매각되었다.

리유지 일부가 산업단지 개발로 매각되었지만, 한동마을은 공공재의 활성화를 위해 다시 공동자원을 만들었다. 리유지 일부 매각으로 얻은 수익금은 소규모 학교로 전락한 한동초등학교를 살리기 위해 공동주택을 건설할 토지 매입에 사용되었다. 제주도의 재정 지원을 받아 공동주택이 건설되었다. 현재

---

19 김창숙, 「화산섬 속의 잠든 보물을 켜다」, 『혁신동향』 27, 2012, 203쪽.
20 「제주 용암해수단지 2012년 본격 가동」, 『한겨레신문』 2009. 2. 9.

공동주택에 십여 가구가 입주해 살아가고 있다. 소규모 학교 활성화뿐만 아니라 고령화 사회로 진입한 한동마을에 활력을 제공해주고 있다.

한동마을 공동자원인 리유지의 창출과 그 이용변화를 통해 공동자원의 창출과정에 공통의 이익이 중요하다는 점을 확인 할 수 있다. 1930년대 단지모살을 숲으로 조성하고 이용하는데 있어 모래로 인한 피해 방지, 그리고 마을의 공동우물 개발이라는 공통의 이익은 중요한 역할을 했다. 제주 4·3 이후 단지모살의 숲을 재조성하는 데 학교 설립이라는 마을 사회의 공통이익이 중요한 역할을 했다. 또한 한동마을의 경우 공통의 이익을 실현시킬 수 있는 지식과 기술이 중요한 요인으로 작용했다. 특히 공동자원으로서의 지식은 공동자원을 활성화시키고 주민들이 원하는 방향으로 행동할 수 있도록 하는 데서 매우 중요한 역할을 한다.[21] 한동 상동의 우물을 개발하기 위해 다이너마이트 기술이 이용되었고, 바람에 날리는 모래를 방지하기 위한 숲 조성에 나무의 생존율을 높이는 기술이 적용되자 소유권으로 존재했던 리유지가 공동으로 이용 가능한 공동자원으로 변화될 수 있었다. 주민들의 공통의 이익, 그리고 이를 실현시킬 수 있는 지식과 기술은 주민들이 협동할 수 있는 환경을 조성했다.

한편, 지식과 기술의 변화는 공동자원의 이용에 부정적인 영향을 미치기도 한다. 한동 상동의 우물은 수도 기술의 보급으로 더 이상 공동자원으로 이용할 수 없게 되었다. 또한 모래 토양에 적합한 작물의 보급됨에 따라 리유지의 이용방식이 변화되었다. 용암해수에 대한 지식과 기술이 개발됨에 따라 산업정책의 변화를 가져왔고, 한동마을의 리유지의 일부가 매각되는 위기를 맞기도 했다. 그럼에도 불구하고 한동마을은 마을 공동의 이익에 맞게 새로운 공동자원을 창출하면서 변화를 모색했다.

---

21  Heather Menzies, *Reclaiming the Commons for the Common Good* New Society Publishers 2014, p. 161.

국가의 정책은 공동자원의 창출과 이용에 긍정 혹은 부정적인 영향을 미칠 수 있다. 한동마을의 경우, 국가 정책을 활용하는 지역 주민의 지혜가 공동자원의 창출과 지속가능성에 중요한 요소로 작용했다. 식민지 시대에 한동 주민들은 노임을 받고 단지 모살에 나무를 심었고, 그 노임의 일부를 우물 개발에 투입시켰다. 그리고 해방 이후 제주 4·3의 토벌작전을 위해 벌목해 버린 단지모살에 다시 숲을 조성하기 위해 재정적 지원을 이끌어 내어 다시 숲을 조성했다.

## 4. 공동자원의 창출과 공동체의 미래

16세기 영국에서 시작되어 유럽으로 확산된 인클로저 운동은 역사적 현상으로 그치는 것이 아니라, 현재까지도 지속되고 있는 현상이다. 조선은 고려 말 토지의 사점폐단을 극복하기 위해 산림의 사적 점유를 엄격하게 관리했다. 목재 수요를 위한 금산禁山, 말의 사육을 위한 목장牧場, 군사훈련과 왕의 수렵을 위한 강무장講武場 등 특정 목적을 위한 자연자원을 제외하고 지역 주민의 이용과 관리를 허용하고 이에 대한 사적 점유를 금지했다. 하지만 대한제국 1907년 국유미간지이용법 제정과 토지조사사업을 거치면서 지역 주민의 공동으로 이용되던 자연자원이 국유화되거나 사유화되면서 사적 점유와 사적 이용으로 전환되었다. 그리고 1960년대 리유지의 지방자치단체 이관 조치 이후 마을의 공동자원에 대한 지역주민의 접근과 공동 이용을 막고, 계약에 의한 사적 이용이 허용되었다. 또한 대규모 관광개발이 추진되면서 제주의 상당수의 국공유지가 기업, 개인에게 매각되고 있는 실정이다. 지난 백여 년의 세월 동안 인클로저 운동이 꾸준히 진행되어 왔다. 인클로저 운동으로 인한 폐해에 대응하는 것이 제주 사회의 과제로 마을이 공동자원을 창출하는 일이 인클로저 운동으로 인한 폐해의 대안이 될 수 있을 것이다.

농업기반의 사회에서 공동자원은 공동체 구성원의 삶과 매우 밀접하게 관련되어 있었다. 국가와 사장이 마을 구성원의 삶의 방식을 변화시키기 이전까지 공동자원은 마을 구성원이 관계를 맺을 수 있는 하나의 통로였다. 공동자원을 통해 얻을 수 있었던 재화가 국가와 시장이 제공하게 되면서 공동자원의 이용이 감소해 왔고, 공동자원을 관리하는 방식도 새로운 지식의 확산으로 변화되거나 통제받게 되었다. 이러한 과정에서도 환경변화와 마을의 공통의 문제에 대응하기 위해 한동마을은 공동자원을 창출해 왔다. 그럼에도 불구하고 한동마을은 새로운 환경변화에 직면해서 공동자원을 창출하고 이용하는 문제가 마을의 중요한 과제가 될 것이라 생각된다.

제주뿐만 아니라 다른 농촌 지역은 이주민이 증가함에 따라 선주민이 이주민과 어떻게 관계 맺을 것인지 중요한 이슈로 부각되고 있다. 이주민은 제주의 전통 문화와 마을 상황을 제대로 인식하지 못해 선주민과 오해를 낳을 수 있다. 제주의 농촌 마을은 마을회의를 통해 마을 주민들이 부담하거나 상호 협력을 통해 마을 현안을 해결해 왔는데, 도시에서 태어나고 자란 이주민의 경우 이런 문화가 이질적일 수도 있다. 이주민이 선주민과의 관계를 원하지 않을 수도 있어 이들 사이에 갈등이 발생할 여지가 있다. 선주민과 이주민이 어떤 관계를 어떻게 맺을 것인가는 마을 공동체 형성에 있어 매우 중요한 이슈라 볼 수 있다.

한동마을 역시 이러한 제주 이주 현상에 따른 문제와 마주하고 있다. 한동마을은 선주민과 이주민이 공동으로 이용할 수 있는 복합문화공간 창출을 추진하고 있다. 한동마을은 1960년대 지역사회개발사업의 일환으로 주민의 농산물을 공동으로 저장할 수 있는 마을 공동 창고를 마련했다. 이후 농협 조직의 등장과 작물의 변화로 공동창고는 더 이상 이용되지 않았다. 하지만 최근에 한동마을에 거주하는 이주민이 많아지고 선주민과 이주민들이 일상적으로 소통하고 이용할 수 있는 공간이 필요해졌다. 이에 따라 한동마을은 마을 공동창고를 활용하여 주민들이 공동으로 이용하면서 공동체를 형성할 수 있는 복합문화공간 창출을 추진하고 있다. 최근 몇 년 동안 서구 지역 사회에서 공동자원 창출을 통해 공동체를 형성하기 위해 복합문화공간이 실천되고 있다. 문화공간은 지역 주민과 거리 면에서 가까울수록 그 효과가 크다. 한편 지역 주민의 공동자원으로서의 복합문화공간은 주민의 문화 향유를 넘어 개인화된 사회와 이에 따른 사회문제를 해결하면서 공동체를 형성할 수 있는 방법이다. 그리고 무엇보다도 공동자원으로서 문화공간이 창출되고 공동으로 이용될수록 다른 공동자원의 창출과 이용을 위한 토대가 강화될 것으로 예상된다.

한편 한동마을은 급변하는 사회변화에 따라 새로운 과제에 직면하고 있다. 구좌읍은 다른 농어촌 지역에 비해 관광개발이 추진되지 않은 지역이었다. 하지만 최근 관광개발 압력이 높아짐에 따라 제주다운 경관이 훼손되거나 사유화될 위기에 직면하고 있다. 구좌읍은 삼성사 소유의 토지가 많이 분포하고 있는 지역으로 최근 구좌읍 송당 마을 내 고양부 삼성재단(이하 삼성사)이 구좌읍 송당 마을 내 토지를 토석취재를 위한 임대사업 추진으로 송당 마을, 덕천 마을, 그리고 한동마을 주민들의 반발을 일으키고 있다.

토지의 사유화는 농촌지역의 고령화 현상과 결부되면서 공동체 활성화와 삶의 질에 부정적인 영향을 미치고 있다. 한동마을은 최근 5년 사이에 70세 이상 주민의 비율이 22%를 차지하면서 초고령화 사회로 진입하게 되었다. 이에 따라 토지의 매매가 급증하면서 한동마을에 하루가 다르게 새로운 건축물이 들어서고, 건축이 중단되어 흉물이 되어 버린 건축물도 나타나고 있다. 이러한 상황에서 마을 경관을 보전하는 문제가 화두로 제기되었다. 한동마을의 전통적인 경관 자원인 습지, 한머을 곶자왈이 개인과 법인, 그리고 문중 재산으로 되어 있어 보전운동의 장애 요소로 작용하고 있다. 한동 주민들 앞에 새로운 사회변화에 따라 제주다움을 유지하기 위해 경관을 보전해야 하는 과제가 놓여 있다.

이러한 문제를 해결하기 위해 공동자원 창출이 방법이 될 수 있다. 마을의 공동자원 창출과 이용은 마을이 단순히 주민들의 거주 공간으로 전락하여 사적 공간의 집합으로 남을 것인지, 공동체로서 활성화 될지를 결정짓는 중요한 요소이다. 마을의 공동자원이 없다면 마을 주민들의 공동 이익을 위해 공동자원을 창출하려는 노력이 필요하다. 자산으로서 리유지가 존재하지만, 개인에게 위탁하는 형태로 관리되고 있다면, 마을 주민들이 공동으로 관리하는 방식으로 전환하는 지혜가 필요하다. 이에 덧붙여 마을 주민들의 공동자원 창출을 활성화하기 위한 법적 제도적 변화가 수반되어야 한다.

서구사회는 토지의 사적 소유와 시장화에 따른 사회, 경제적 문제를 해결하기 위해 다양한 정책을 추진하고 있다. 스웨덴의 주택가격 안정화를 위한 비영리 조직을 중심으로 한 토지신탁Community Land Trust 운동, 인디언 거주 농촌 지역의 농지 보전을 위한 토지신탁Indian Line Farm 운동 등 다양한 변화들이 시도되고 있다. 스코틀랜드는 시장 원리에 의해 나타나는 토지 불평등 문제에 대한 처방으로 공동체 소유 중심으로 토지개혁을 실시했다. 1999년 스코틀랜드 의회가 부활된 이후 첫 과업으로 토지개혁을 논의하고 2003년 토지개혁법을 제정했다. 이 법은 국유, 사유에 관계없이 산, 들, 호수 등의 공간에 대한 자유로운 통행을 보장하고, 마을 단위, 소작농 공동체에 토지와 농지매입 우선권을 보장해주고 있다. 그리고 이 법에 따라 마을 등 공동체가 우선적으로 토지와 농지를 매입하기 위해 토지기금이 조성되었고 마을과 소작농 공동체의 토지와 농지 매입에 지원하고 있으며, 최근 그 기금의 규모도 확대되었다. 이런 측면에서 웨스톤과 볼리어는 공동자원과 생태 거버넌스를 지원하는 법률과 정책이 필요함을 지적하고 있다.[22] 제주도

---

22  Burns H. Weston and David Bollier, *Green Governance*, Cambridge University Press, 2013, p. 179.

의 경우, 신흥리 동백마을과 곶자왈 도립공원 등 보전할 필요가 있는 자연자원의 매입과 운영에 재정 지원을 했지만, 마을과 소작농 공동체의 공동자원 창출과 이용에 대한 제도적·재정적 지원 제도는 존재하지 않고 있다.

지금까지 우리 사회는 국공유지를 기업 혹은 개인에게 임대하거나 불하·매각 등을 통해 토지의 사유화를 추진해 왔다. 특히 제주도는 국가 주도의 관광개발 정책을 통해 이러한 흐름을 주도해 왔고, 토지가격 상승, 마을주민 간의 갈등, 농촌의 인구감소와 고령화 등 부작용이 나타나고 있다. 이러한 문제를 해결하고 제주다운 모습을 유지·보전하기 위해 마을이 공동자원을 창출하고 이용·관리할 수 있도록 법적·정책적 지원이 요구되고 있다.

# 3부

마을만들기의 현장에서

## 8장

# 지난 십 년에서 앞으로 천 년까지, 제주의 마을이야기를 듣다

### 김진숙이 묻고 라해문이 답하다

라해문(제주문화예술재단 문화재생사업팀장)
김진숙(제주대학교 SSK연구단 연구원)

**곶자왈 이야기로 시작하다.**

　**김진숙(이하 '김')**: 제주에서 마을만들기 사업이 시작된 지 10년이 되는 동안, 선생님은 제주의 마을 만들기 활동가로 오랫동안 활동해 오신 것으로 안다. 이번에 제주대학교 SSK연구단에서는 『제주의 마을과 공동자원』이라는 책을 펴내면서 현장에서 활동하시는 분들의 목소리를 담고자 몇 분의 인터뷰를 기획하였다. 특히 라해문 선생님은 다양한 현장에서 많은 활동을 해오셨다. 인터뷰는 이제까지의 주요 활동에 대한 이야기부터, 현장에서 활동하시면서 느꼈던 소회들, 그리고 제주의 마을과 공동체에 대한 생각에 대해 여쭙는 방식으로 진행하고자 한다.
　그동안 여러 직함으로 활동하셨다. 곶자왈 도립공원 소장, 가파도마을 발전자문위원, 산과들농수산 제주사업팀 마을지원 팀장, 제주환경교육센터 이사, 그리고 '제2기 서귀포시 매력있는 마을만들기 포럼 위원장'까지 다양하다. 먼저 곶자왈 도립공원 소장으로 일하셨을 때 이야기를 여쭤보겠다. 곶자왈은 제주의 생태계보고이자 제주의 허파라고 불리지만, 많은 면적이 사라졌고 현재도 사라지고 있는 중이다. 곶자왈 도립공원 조성 당시의 상황이 궁금하다.

**라해문(이하 '라')**: 제주도에는 도립공원이 다섯 군데가 있다. 대부분 바다 쪽이다. 마라도, 우도, 성산포, 추자도, 서귀포 문섬, 범섬 일대의 해양도립공원들인데 처음으로 육상에 도립공원이 만들어진 게 구억리와 보성리, 신평리 일원의 곶자왈이다.

제주곶자왈도립공원 지정 과정의 몇 가지 문제점을 말씀드린다면, 제주도 곶자왈 전체를 도립공원으로 지정한 것이 아니고 극히 일부 곶자왈 지역을 도립공원으로 지정했다는 점에 있다. 제주곶자왈도립공원은 영어교육도시가 만들어지면서 공원지정이 이루어졌다. 2011년 당시에 환경단체나 시민단체의 문제제기는 이것이었다. 제주도 곳곳에 곶자왈 지역들이 산재해 있는데 전체 지역들은 놔두고 영어교육도시가 입지해 있는 극히 일부만 도립공원으로 지정하는 것은 부적절하다는 것이었고 그건 결국 영어교육도시를 위한 공원이 아니냐는 것이었다.

최근 제주곶자왈 전체면적(110㎢/제주도 전체면적의 6% 해당)의 20% 이상이 개발로 사라졌다는 언론보도를 접하면서 당시 지자체의 곶자왈 보전에 대한 행정 의지가 얼마나 낮은 수준이었는지 알 수 있다. 도립공원은 자연보전지구와 자연환경지구 두 개의 영역으로 용도지구가 설정되어 있다. 그리고 공원지정 지역을 핵심지역이라고 한다면 핵심지역을 보호하는 전이지역과 완충지역이 있어야 한다. 그래야 이 핵심지역에 해당하는 공원이 보호되고 관리와 이용이 가능한 조건이 된다. 그런데 제주곶자왈도립공원은 핵심지역만 있고 전이지역과 완충지역 없다. 핵심지역을 둘러싸고 있어야 할 전이와 완충지역이 있어야 하는데, 핵심지역 전체를 둘러싸고 있는 곳이 개발지구다. 아파트와 상가가 지어지고, 학교와 공공시설들이 들어서고 있다. 이곳과 얼마 떨어지지 않은 곳에는 신화역사공원이라는 대규모 개발사업 지구도 있다. 주거지의 울타리가 공원지역의 경계를 이루고 있거나 도로면이 공원의 경계가 되고 있다. 이런 것 자체가 자연공원으로서 지정 위치가 적절하지 않다고 할 수 있는 논리적 근거가 된다.

제주국제자유도시개발센터(이하 JDC)는 2015년 제주곶자왈도립공원을 조성해서 이를 지자체에 기부체납하였다. 1단계로 탐방로와 주차장 조성사업, 2단계로 탐방안내소, 전망대 등 조성하는 사업이 추진되었다. 공원조성에 투여된 사업비는 57억 원이었다. 공원조성 후에는 지자체가 관리운영의 주체가 되고 이를 다시 민간에 위탁해서 관리하는 방식을 취하고 있다. 관리비용은 매년 3~4억 정도 들어간다. 그 이상이 들어갈 수도 있다. 10년이 지나면 조성비용에 가까워질 것이다. 탐방데크나 탐방안내소 등의 수선비가 발생한다면 그 이상의 비용이 발생할 수도 있다.

JDC가 제주곶자왈도립공원 조성에 기여를 한 것은 분명하나 제주곶자왈도립공원이 지정될 수 있었던 가장 커다란 근거는 곶자왈 공유지를 공원지정이 가능하도록 허락했던 지역민들의 동의가 있었기 때문이다. 공원지역은 대부분 공유지이다. 마을공동체 소유의 땅이 한 30% 정도 되고 나머지가 도유지와 국유지이다. 그러나 영어교육도시 거주민과 이곳을 찾는 방문객들은 "제주곶자왈도립공원이 JDC가 조성해서 기부체납 한 것이다"라고 말하고 있다.

김: 말씀하신 것처럼 곶자왈 일부 지역만 도립공원으로 지정되었고, 조성

이후의 관리비용에 대한 고려가 부족했던 것은 문제점으로 지적될 만한 것 같다. 어쨌든 제주곶자왈도립공원이 지정될 수 있었던 근거가 된 것은 지역민들의 동의가 있었기에 가능했다고 하셨는데, 마을사람들이 곶자왈을 바라보는 시선은 어떤지 궁금하다.

**라:** 앞에서 이야기했듯이 현재 곶자왈은 일부가 마을 소유이고, 일부는 도유지와 국유지로 되어있다. 또한 이곳의 곶자왈 지역 전체가 도립공원으로 지정된 것은 아니고 일부 지역만 지정되었다.

마을사람들이 이곳에 대해 어떻게 인식하고 있느냐 하면, 원래 제주곶자왈도립공원의 일부가 마을공동소유의 목축지였다. 지금은 마을사람들이 이곳을 함께 공유하는 공간으로 생각하지 않고 있다. 일정 부분 주민 개개인이 소유하거나 지분을 주장할 수 있는 것으로 인식하는 듯하다. 지난 수년의 마을 활동 경험에서 마을공동체가 이기적 공동체로 변화되었다는 생각을 하게 되었는데 이곳도 이기적인 행동들이 작동되고 있다. 누구나 함께 공유하는 도립공원이라고 인식하지 않고 마을 땅이 저기에 있기 때문에 마을과 주민은 다시 저것을 '우리 것', '내 것'으로 생각한다.

우리가 생각하는 마을 공동체가 서로 돕고 나누는 공동체가 아니다. 사실 지금 우리가 알고 있는 마을들이 순수하지 못하다고나 할까. 어떤 면에서 아주 이기적인 집단의 이익을 대변하고 있는데 자세히 들여다보면 다수의 이익이 아니라 몇몇 사람들, 개인들의 이익을 대변하고 있다. 마을과 주민들이 제주곶자왈도립공원을 바라보는 시선은 제주의 모든 마을에서 발견할 수 있다.

곶자왈은 제주가 지닌 수많은 공공재 중의 하나이다. 그런데 공공재에 대한 인식 자체가 조금씩 다르다. 공공재를 보존이나 보전적 가치로 보느냐 또는 이용적 가치로 보느냐의 인식에서부터 출발하고 있다. 공공재를 이해하는 수준은 다를 수 있다. 문제는 공공재를 바라보고 활용하는 출발점이 어디에 있느냐에 따라 공공재로서 함께 공유하고 향유할 수 있느냐 공공재이지만 특정 개인이나 기업이 독점하느냐로 귀결된다.

　시대가 바뀌면서 인식 수준이 좀 높아질 수도 있지만 그렇지 않으면 여전히 낮은 수준에서 관리를 한다. 개발과 이용 중심의 관리를 하는 것이 지금의 현실이 아닌가 생각한다. 전국에 산재한 도립공원들을 살펴보면 보존적 측면보다는 이용적 측면이 강하다. 지자체의 입장료 수입과 지역경제활성화를 목표로 하고 있는 측면들이 상당히 있다. 실제로 조례를 살펴보면 자연생태계 또는 환경보전을 위한 조항보다 입장료 징수와 관리 기준을 위한 조항 중심으로 조례가 만들어져 있다.


**마을공동체의 희망, 작은 모임에서 보다.**

　**김**: 제주의 마을과 공동체, 행정에 관한 이야기는 뒤에서 다시 질문 드리려고 한다. 우선 그간의 활동 중에서 마을공동체에 주목해서 마을사람들의 활동을 이끌어낸 것 가운데 좋았던 사례들을 말해 달라.

　**라**: 제주시에서 전부는 아니지만, 소규모 공동체 지원 사업을 하고 있다. 재작년부터 했고, 작년에 2년차 사업을 진행했다. 소규모 공동체 지원 사업의 기준이 5명 이상 모이면 공동체로 인정을 해 준다. 단 보조금을 받기 때문에 보조금을 받을 수 있는 여건을 만들어야 한다. 그게 비영리단체로 등록을 하거나 하는 것인데, 읍, 면, 동이나 시, 도에 신청을 할 수가 있다. 그러면 사업자등록을 받을 수가 있고, 500만원 이내로 지원을 받을 수 있다.

　처음에는 500만원이 적을 줄 알았다. 근데 돈을 못 쓰는 거다. (웃음) 행정 때문에 못 쓰는 부분도 있지만 돈을 지급하는 명목이 없는 거다. 스스로 하는 활동들이기 때문에 돈이 들어갈 일이 별로 없다. 그렇다고 해서 보조사업인데 밥 먹고 과자 사먹고 하는데 사용할 수는 없잖나. 늘 모여서 회의하고 만나서 밥 먹고, 이게 기본이잖나, 사람의 관계라고 하는 게. 그런데 그런데는 돈을 못 쓰는 거니까 그거는 스스로 알아서 하는 것이고. 뭔가 사업을 하려고 하는데 그것도 십시일반 조금씩 모으면 사실 돈 들 일이 별로 없는 거다. 그래서 너무 힘들게 500만원을 쓰고 있다고 한다. (웃음)

근데 그 결과물들을 보니까 기가 막히더라. 마을에서 하는, 몇 십억 씩 들어가서 하는 사업보다 만족도가 상당히 높다. 그들의 만족도가 높은 거다. 그리고 본인들이 한 활동을 자랑하고 싶어 한다. 다른 마을에, 다른 단체에. 마을에서 연극을 하는 모임도 있었고 마을에서 마을 이야기를 가지고 달력을 만드는 데도 있었고, 어떤 마을은 또 뭔가를 만드는 그런 일을 하는 데도 있었다. 하도리에서는 마을 아이들하고 쓰레기 문제에 대해 다루는데, 내가 제주시 담당 과장에게 그 영상물 돈 주로 사면 좋겠다고 했다. 진짜 몇 천만원 주고 사도 아깝지 않을 영상들으로 기가 막히게 만들었다. "지금 제주시에서 쓰레기 줄이려고 노력하고 있지 않느냐? 저것 가지고 홍보영상 만들어라. 대 시민 홍보영상으로 만들었으면 좋겠다"라고 말할 수 있을 정도의 수준이었다. 우리가 기대하는 것 그 이상의 어떤 소박하고 아름다운 이야기로부터 퀄리티가 아주 상당히 높은 형태의 광고물까지 만들어내는 역할들을 하고 있었다. 물론 그 중에는 조금 부족한 부분도 있지만 나는 그렇게 다양한 사람들의 활동들이 담긴 이야기들이 있었으면 좋겠다고 생각했고, 그 단계가 이미 시작이 됐다고 본다.

**김**: 연극을 하고 달력이나 영상물을 제작하는 등의 작은 모임, 작은 활동에서 사람들의 만족도가 높다는 사실이 흥미롭고 시사하는 바도 많은 것 같다. 그런데 이런 활동들이 아이들이나 주부나 노인들 외에 청장년층에서도 이루어지고 있는지 궁금하다. 마을 공동체 단위로 보면 다양한 계층의 참여도 중요할 것이다. 경제활동을 이유로 바쁜 청장년층의 참여율은 어떠한가?

라: 청장년층도 있다. 대상은 아주 다양하다. 마을회는 거의 없지만 청년회나 부녀회까지는 있다. 이 공모사업이 처음 시작되니까 마을이 신청을 했다. 그런데 와서 심사받으라고 하니까 마을 이장님이 전화를 해서 "기껏, 고작 500만원 주면서 오라 말라 한다. 그거 안 받고 만다"라고 했다. 그거 다 예상한 일이었다. 그렇게 얘기할 만하다. 그동안 마을은 그래왔기 때문에. 그러나 그것이 옳은 것은 아니다. 전혀 이 사업에 대한 취지나 내용을 모르는 것이다. 의도를 모르는 거다. 마을 단위로 한 사업은 기존의 것이 있으니까 그걸로 하시라고 했다. 오히려 이것은 소규모 공동체다, 기존의 청년회, 부녀회도 정말 잘 생각해서 오시라고 했다.

**마을 만들기, 사람이 중요하다.**

김: 지금 말씀하신 사례도 그렇고 아무래도 마을에 들어가서 활동하는 분들의 역할이 중요한 것 같다. 마을 만들기에 전문가들의 참여가 이루어지는 경우도 있다. 이러한 활동들을 어떻게 바라보는가?

라: 전문가들의 컨설팅은 좋은 것인가? 전문가들이 마을을 방문해서 전문적 식견을 제시했다. 마을은 어떻게 반응할까? 마을은 더 어려워지고 난해해진다. 심지어 어떤 분의 의견이 맞는지 헷갈린다. 전문가는 전문가라고 생각해서 가서 도움 되는 말을 한다고 생각을 할 수도 있겠지만 마을, 주민의 입장에서는 전혀 도움이 안 되는 경우가 많다. 왜냐하면 전문가 다섯 분이 가면, 다섯 분이 다 다른 말을 한다. 마을에서는 그 다섯 분의 다른 말을 담아낼 수도 없다. 어느 것이 중요하고 어느 것이 덜 중요하고 어느 것이 더 우리에게 도움이 되고 덜 도움이 되는지 판단을 못한다. 마을주민은 "우리는 역량 없어. 전문가가 와서 얘기해봐야 우린 못 알아들어" 이런 얘기를 한다.

그래서 마을에 가서 주민의 의견을 먼저 듣고 이야기하는 자리를 다섯 번 해보자고 한다. 그러는 취지는 우리가 현재 할 수 있는 최대치로 설정해 본 것이기도 하지만 서로가 교감할 수 있는 최소의 시간이라는 생각 때문이다. 열 번일 수도 있고 그 이상일 수도 있지만, 열 번 하자고 하면 하지도 않을 것이고. (웃음) 한 번은 턱도 없고 세 번도 부족하고 그래도 다섯 번은 좀 해야 되지 않을까, 하는 기준을 제시한 것이다.

**김**: 말씀하신 대로 마을 상황에 맞춤한 전문가의 조언이 필요한데, 이를 위해서는 전문가와 마을사람들의 소통이 정말 중요하고, 또 소통을 위한 충분한 시간도 필요할 것이다. 그런데 마을 만들기에서 그 시초가 어떻게 시작되는지 궁금하다. 마을만들기 첫 단계에서 어느 쪽이 더 중요하다고 보는가? 리더십일까 아니면 주민들의 역량일까?

**라**: 살고 있는 사람들 중에 깨어있는 사람이 있어서 그렇게 된 게 아닐까 싶은데…….(웃음) 깨어있는 사람, 변화를 수용하고 내재화할 수 있는 사람이 있었기 때문에 지속가능한 부분을 만들어 갈 수 있지 않나 싶다. 스스로를 잘 들여다볼 수 있는 사람이 리더인데, 그렇지만 아무리 좋은 사례를 만든다고 하더라도 마을사람들이 받아주지 않으면 지속가능하지 못한 부분이 있지 않을까, 하는 생각을 한다.

요즘은 마을사람들이 충분히 모든 일을 감당할 수 있다. 마을 주민들 대학 나온 주민들 많다. 다만 그것을 경험하는 시간과 자신의 노력이 필요할 뿐이다. 이미 주민들 각자는 먹고 사는 일을 하며 살아가는 생활인이고 경제인이다.

문제는 스스로의 필요에 의해서 행동하고 있지 않고 외부 행정의 지원이 있어야만 사업을 한다는 것이다. 행정은 보조금 시스템으로 마을을 관리한다. 행정은 마을을 불신한다. 반대로 마을도 행정을 신뢰하지 않는다. 확장하면 우리사회가 서로를 믿지 않는 사회인 듯싶다.

　보조금 시스템은 서로를 신뢰하지 않기 때문에 점점 강화되고 있다. 이제는 안 받고 싶다는 마을도 생겨나고 있다. 행정도 마을이 보조금을 투명하게 쓰지 않고 있다고 생각한다. 입찰 시스템도 비슷한데 사업의 특성을 고려하지 않는 입찰 체계도 문제다.

　**김**: 행정에 대한 이야기는 뒤에서 더 여쭤보기로 하고, 이제까지의 말씀을 정리하면, 시작도 지속도 마을사람들이 중요하다는 의견이신데, 그렇다면 마을사람들의 역량을 위해 필요한 것이 무엇이라고 보는가?

　**라**: 역량강화사업이라고 하는 사업이 있는데 이게 명목상으로는 다 사람을 중심으로 하는 사업이다. 그런데 역량강화사업이라고 하는 것이 1억이라고 한다면 1억이 전부 다 사람을 중심으로 하는 사업은 아니다. 그 안에 들어가 보면, 거기에는 용역비가 있고 1억 중에서 30~40% 정도가 사람을 위한 교육 사업으로 쓰인다.

　예를 든다면 권역단위사업이 있다. 사업규모가 60억 원이다. 60억 원 중에 사람을 위한 역량강화사업은 전체 사업비에서 2~3억 원 수준이다. 컨설팅 수행업체 비용을 포함하고 있다. 해외 선진지역 견학을 다녀오는 비용 등을 제외하면 교육비용은 수천만 원 정도가 된다. 백문이 불여일견 한 번 보여주고 난 후에 교육은 대부분 선진사례 또는 성공사례 중심으로 강연이 이루어진다. 4년 동안 비정기적이고 형식화된 교육이 진행되는데, 결과는 역량강화가 안 된다는 것이다.

　자신의 삶을 들여다보고 자기의 마을을 들여다보고, 그리고 내 삶에 대한 비전도 세워보고 우리 마을에 대한 비전도 그려보고 하는 그런 교육이 안 된다. 4년 동안 소위 그 마을에 대한 인문학적 소양도 전혀 없는 거고, 그런 교육을 한 번도 안 받는 거다. 그리고 스스로 한 번 도전해 보고 실행해 보는 사업도 안 해보는 거다. 역량은 자신이 배운 것을 스스로 계획을 세워서 실행하고 그 결과를 확인할 때 비로소 길러진다. 역량이 생기는 것이다.

지난해 12월인 듯싶다. 농림부의 농촌중심지활성화 사업 중앙기획단 워크숍이 제주에서 있었다. 다음날에는 제주시 구좌읍 중심지 기본계획 최종심의가 있었다. 참여했던 전문가 중 한분이 주민역량강화에 대한 필요성을 강조하는 의견을 제시하였다. 이때 질문 겸 의견을 제시했다. "주민역량강화의 필요성 공감한다. 그런데 무엇을 해야 역량강화가 되는지 말씀해 주셨으면 좋겠다. 지난 10년 동안 우리는 마을만들기라는 이름의 사업을 하면서 주민역량강화 사업을 하였다. 결과는 달라지지 않았다. 필요성만 강조했지, 방법과 내용은 없었다."

주민역량강화 사업은 가장 일반적이고 기초적인 이론 중심의 강좌 중심으로 이루어진다. 이것은 기본이다. 이것은 가장 낮은 수준의 역량강화이다. 우리가 학교에 가서 수업을 받는 것, 이것은 가장 낮은 수준의 공부인 것이고 그 다음에 스스로의 학습이 필요하다. (웃음) 스스로 학습하는 과정은 조사와 연구, 그리고 연구를 통해 자신들이 필요로 하는 계획을 수립하는 것이고 마지막으로 계획을 실천하는 과정이 필요한 것이다. 이때 비로소 역량이 길러지고 쌓인다. 지금까지 우리는 전체 과정을 해 보지 않았다. 여전히 이 역량강화사업의 내용이 어떤 방식으로 채워져야 되는지 그리고 실행이 되어야 되는지에 대한 것이 없다.

**행정은 마을과 교감해야 한다.**

김: 마을 사람들도 소중하지만 그에 못지않게 행정의 역할이 큰 것 같다. 이제까지 마을사람들과 행정 사이에서 많은 일들을 해 오셨고, 2017년에는

'서귀포시 매력 있는 마을 만들기 포럼' 위원장이 되셨다. 행정에 제안하고 싶은 것이 있다면?

**라**: 보통 행정에서 만든 위원회는 일종의 정책자문의 성격을 넘어서지 못한다. 민선이 들어서면서 이런 각종 행정위원회들이 만들어진 것인데, 이러한 위원회에 변화가 좀 필요하다. 위원회의 내용과 형식이 바뀌고 있지 않고 있다. 자문위원회를 운영하고 있는 행정기관의 국에서 또는 과에서 정책자문을 받고 있나? 받고 있지 않는 경우가 많다. 형식적 통과 의례 또는 민간전문가의 참여라는 명분 쌓기다. 사실 이번에는 서귀포시 마을포럼을 그만하려고 했다. 그런데 위원장을 맡으면서 곤란해졌는데, 앞으로 2년을 이끌어가야 하는 난처한 상황이 되었다. 제주시에는 마을만들기 워킹그룹이라고 하는 것이 있다. 제주특별자치도에는 마을발전위원회가 있다. 이 세 위원회에서 가장 형식적인 곳이 도에서 운영하는 위원회다. 두 개의 행정 시는 보다 실행력을 갖춘 위원회를 만들려고 한다. 그런데 아직 경험들이 없다. 그리고 어느 한 사람이 혁신적인 생각을 가지고 있다고 해서 위원회가 바뀌지 않는다. 참여하는 민간위원들은 지난 20년 동안 비슷한 자리에서 행정에서 원하는 비슷한 유형의 위원회에 참여를 하였다. 그 내용과 형식을 바꾸려는 사람이 거의 없다. 대부분 팔짱을 끼고 지켜보거나 한 마디 거드는 정도다. 어렵다. 혼자는 할 수 있지만 함께는 못한다. 그래서 오히려 그런 생각을 가지고 있어도 다수의 사람들에게 맞춰서 일을 한다. (웃음) 그런 상황이다. 제주시에 워킹그룹 사례에서 좀 더 실행력이 있는 활동이 나타났다. 마을을 찾아가서 일종의 컨설팅을 하는 일이다. 비정기적인 컨설팅이지만 마을을 방문하고 주민을 대면한다는 점에서 진일보한 활동이다.

서귀포시에 집담회를 하자했다. 최소한 다섯 번의 집담회를 하자고 제안했다. 아까 말한 것처럼 가서 듣고 또 듣고 또 듣고 또 들어보자, 그것을 기록으로 한 번 남겨보자. 처음과 끝의 변화도 있을 것이고, 다섯 번 듣다 보면 마을의 다른 이야기도 듣게 될 것이고, 그 마을에 도움이 되는 이야기도 조금 정리가 되지 않을까, 하는 생각이다. 더도 말고 덜도 말고 한 번만 딱 한 번 해보자고 했다. 마을 만들기를 했다고 하면서 10년이 넘는 시간동안 단 한 번도 마을과 주민과 깊은 교감을 나눈 적이 없다면 믿겠는가? 행정이 마을사람들과 만나면서 교감을 해야 한다.

자칫 우려되는 것은, 당시 취지를 잘 담아서 시작했던 제주시의 담당자들이 지금 다 바뀌었다. 이게 담당하는 사람이 누구냐에 따라 사업이 달라진다. 잘 되다가도 그 의의를 잘 잡지 못해서 매년 형식적으로 지원하는 데에만 그치면 이 일은 끝나는 거다. 그런 변화의 흐름을 만들었음에도 그 변화의 흐름을 인식 못하는 경우가 많다. 지금 마을 만들기 분야도 마찬가지이다. 마을 만들기 분야가 사실 그렇다. 그 변화의 흐름이 마을에 있고 지역에 있고 작은 규모의 공동체에 있다는 인식까지 가서 그 제도와 정책을 만든 건데 실제 실행단계에서는 아무도 마을로 가지 않는다.

공무원들이 마을로 가야하는데 왜 안 가느냐? 안 가는 이유가 있다. 가면 뭐 해달라고 한다. 그것에 대한 답을 못한다. 그래서 이렇게 이야기했다. "당연하다. 어쩌다 왔는데, 오랜만에 왔는데, 당연히 그런 이야기 하지 않겠냐? 그런데 또 가봐라, 그럼 또 얘기 할 거다. 그럼 또 가라. 또 가보시라, 그리고 또 가라! 그럼 그때는 이야기 안 한다. 그때는 다른 이야기 할 거다. 그때 그 얘기부터가 진짜 이야기다."라고 말한다. 그러니까 우리는 사람들하고 이야기를 나누려면 그것을 넘어서야한다. 그걸 넘어서지 않으면 형식적인 이야기, 오늘 나의 이야기도 마찬가지일 수 있다. 내면의 이야기는 그 이야기의 소재가 끝나는 시점부터가 내면의 이야기일 수 있다. 그 내면의 이야기는 어쩌면 일상의 이야기, 나 어떻게 살고 있어, 근데 살다보니까 이런 게 불편하더라, 이런 이야기일 수 있다는 거다. 문제는 그런 이야기까지 듣질 않는다는 점이다. 그런 이야기까지 듣지 않고 일 년에 한두 번 방문 해가지고 주민 의견 수렴했다! 이렇게 하는 건데 그 수렴한 내용을 보면 대부분이 민원성 이야기, 그리고 토목 이야기들이다. 매년 반복적으로 해결되지 않으면 매년 반복적으로 주민숙원사업으로 나타난다.

이것을 지자체장에게 잘 이야기를 해서 그걸 넘어서게 하면 지역이 바뀔 수 있다. 제주도가 확 바뀔 것이다. 제주도의 지역정책이 바뀔 것이라고 본다. 그런데 그런 것을 하는 사람을 아직 못 봤다. 그래서 또 가봐라. "가보면 그런 얘기 하죠?" 그러면 고개를 끄덕끄덕 한다. "그러면 또 한 번 가보시죠?" (웃음) 또 가면 또 그런 얘기만 해서 안 간다고 한다. 그래도 또 가야한다고 말한다. "최소한 다섯 번만 가보라. 했던 말 하는데도 한계가 있는 거고, 그리고 그걸 넘어서면 정말 당신이 듣고 싶었던 이야기 그리고 그들이 하고 싶은 이야기부터 나온다." 나는 그렇게 생각한다.

**김**: 지금까지 마을 만들기 사업이라고 하는 것이 거의 관에서 예산이 내려오고 그걸 써야 되니까 여러 가지 사업도 하는 것 같은데, 예산이 어떻게 내려오고 쓰이는지 알고 싶다.

**라**: 마을단위의 행정지원은 예산 규모가 큰 편이다. 최근 제주시에서 자발적 주민공동체 지원 사업이 생기면서 500만 원 이하의 사업이 생긴 것이고 지금까지 마을단위의 지원은 장기 지속사업, 그러니까 최소 1년에서 최대 10년까지 지원한다. 그 이상 갈 수도 있다. 사업비는 1천만 원에서 5천만 원, 1억에서 5억, 10억에서 40억의 규모로 확장된다. 비슷하지만 다른 유형에서는 20억에서 60억, 80억에서 120억 원이 지원되는 경우도 있다.

농림축산식품부(이하 '농림부')가 중심이지만 해양수산부(이하 '해수부') 와 국토교통부(이하 '국토부'), 행정자치부(이하 '행자부')도 있다. 대부분의 중앙부처에서 마을지원이 이루어지고 있다. 농림부와 해수부에서는 농촌마을과 어촌마을을 중심으로 지원하고 국토부는 도시지역을 지원한다. 행자부와 문화체육관광부(이하 '문광부')는 농촌이든 어촌이든 산촌이든 도시지역이든 상관없다. 마을과 지역의 작은 도서관, 작은 영화관 비즈니스 모형의 공동체 지원을 한다. 그리고 환경부나 산림청도 곶자왈 숲이 있거나 습지가 있는 마을, 제주의 경우 생물권보전지역에 해당하는 마을들에게 지원이 이루어진다. 지원규모가 가장 큰 부처는 농림부와 해수부이고 다음으로 국토부이다. 누적된 사업으로 한다면 최대 200억 원대다. 공식적으로는 부정하겠지만 한 마을이 200억 원을 받는다면 대단한 거다.

국토부는 최근 도시재생사업을 한다. 여기에 제주시도 마중물 사업을 한다며 200억 원의 사업비를 받았다. 농촌지역의 마을의 면적은 도시보다 클지 모르지만 하지만 인구수와 구성은 도시보다 적다. 그런데 200억이라고 하는 돈이 지원된다. 여기서 국비는 70%고 지방비는 30%다. 국토부는 국비와 지방비의 비율이 50 대 50이다. 100억이 국비고 100억이 도비다. 이 사업은 한 5년 정도 걸린다. 지금 시작하고 있는 단계이다. 도시는 재생사업이 이루어지는 면적은 작을지 모르지만 이해당사자들은 훨씬 더 많고 복잡하다. 그래서 국토부의 재생 사업이 더 어렵다. 예산은 농림부보다 적으면서 더 어려운 사업이 재생사업이다. 농림부 사업은 지원규모는 많고 주민수가 도시지역보다 상대적으로 적기 때문에 수혜를 받을 수 있는 기회와 비용은 많은 편이다. 그리고 사업비가 투입되는 시간도 길어서 서두를 필요가 없다.

마을만들기가 본격적으로 시작된 시기는 2007년이다. 그 전에도 마을만들기 사업이 이루어지긴 했지만 행정에서 정책화하고 지원규모가 체계화되기 시작한 것은 2007년이 기점인 된 듯싶다. 이 때 "살기 좋은 지역 만들기"라고 하는 이름으로 마을만들기 사업이 이루어졌다. 그리고 지금은 창조적 마을만들기 사업이라는 이름으로 이어지고 있다. 나름 행정은 지속성을 가지고 마을만들기를 추진해 왔다. 초기에는 하드웨어 중심의 시설지원이었지만 최근에는 교육과 같은 소프트한 사업, 또는 문화나 복지, 환경보전 같은 사업으로 다각화, 다양화되었다. 처음에는 주민들이 필요로 하는 사업에 가깝지 않았다. 필요로 하는 사업들이 제안되지 않았다. 주민들의 욕구가 있고 그 욕구를 바탕으로 필요로 하는, 필요를 느끼는 사업들이 제안되어야 하는데 그런 사업들이 제안되지 않았던 거다. 그러다 보니까 전부 다 팔짱끼고 (웃음) "어떻게 하나 지켜보자" 했던 거다.

농촌마을에 쏟아지는 사업비는 다시 도시에 있는 토목업자, 건축업자, 또는 컨설팅이나 전문가들에게 간다. 아. 농어촌공사도 가져간다. 주어진 예산의 30%는 세금, 대행수수료 등으로 사라진다. 1억을 받으면 7000만원만 쓴다. 3000만원은 어디 갔는지 모른다. 물론 10%는 세금으로 낸다. 20%는 어디 갔는지 모른다. (웃음) 아무튼 이렇게 사라진다고 한다. 누구를 위한 사업인지 의문을 제시하는 분들도 있다. 결국 도시에 거점을 두고 있는 토목회사와 건설회사, 컨설팅, 전문가, 농어촌공사가 자신들의 몫을 챙기는 개발사업이라는 지적을 하시는 분들도 있다. 농어촌공사는 행정의 뒤에 숨어서 대행수수료를 챙기고 있다. 농어촌공사가 조금 더 책임 있는 파트너로 마을과 주민들의 입장에 있길 바라는 마음이다.


### 제주 마을만들기의 빛과 그림자

김: 그렇게 내려온 예산들로 그간 여러 지역에서 마을만들기 사업이 이루어졌다. 선생님은 특정 지역이 아니라 제주의 여러 마을과 관련된 활동을 하셨기 때문에 남다른 견해를 가지고 있으실 거라는 생각이 든다. 이제까지 제주에서 진행된 여러 마을 만들기 활동에 관한 비평 내지 제언을 듣고 싶다.

**라**: 10년 동안 마을을 경험했다는 이유로 가끔 제게 성공사례를 이야기해 보라 한다. 그러면 내가 할 말이 없다. 직접 오랫동안 관여한 마을은 한 마을 밖에 없는데……. (웃음) 물론 10년 동안 여러 마을을 다니긴 했다. 어쩌면 가장 많은 마을을 다닌 사람이 있다면 그 중에 몇 손가락 안에 들어가는 사람일 것이다.

서귀포시 남원읍에 동백마을이라는 곳이 있다. 지난 10년의 시간 동안 성장해 온 마을이다. 수백 년 된 동백나무 몇 그루가 전부였다. 300년을 기념하기 위해 시작된 마을만들기가 우연히 시작되어 10년이라는 시간을 보냈다. 2007년부터 시작되었던 동백마을가꾸기는 2013년 리더가 바뀌면서 서로 갈등하며 어려움을 겪는다. 좋았던 관계를 유지하기 위한 노력을 해왔다. 다시 몇 년이 지나 제 자리를 찾아가는 과정에 있다. 좋은 때가 있으면 또 나쁜 때가 있듯이, 이게 인간의 삶이 아닌가, 하는 생각을 한다. 긍정이 있으면 부정이 있다. 그리고 긍정도 부정도 아닌 게 있다. 꼭 긍정이어야 하는 이유도 꼭 부정이어야 할 이유도 없을 때 취하는 태도처럼, 우리에게 주어진 시간은 반드시 옳은 것만 있어야 하는 것, 또는 그것이 옳다고만 할 수 있는 것이 아닐 수 있다는 것을 알려준다. 시간은 상황을 변화시키고 관계를 변화시킨다. 중요한 것은 서로에 대한 신의와 신뢰이다. 내재적 힘은 여기에서 나온다. 동백마을이 스스로 내재적 힘과 역량을 길러 왔다면 다른 마을도 그랬으면 한다. 특정인이 있든 없든 서로를 믿고 있다면 사람이 바뀌고 서로가 가능하더라도 제자리로 돌아가려는 의지와 시간이 주어진다면 다른 마을도 동백마을과 같이 성장할 수 있을 것이다.

신흥2리 동백마을의 어르신들은 젊은 사람들을 믿고 의지하고 인정해주는 정서가 있다. 마을에는 어른이 있어야 한다. 신흥2리는 2013년부터 작년까지도 내부에 여러 문제들이 많이 있었다. 그리고 다시 자리를 잡아가고 있는 과정들이 작년부터 시작되고 있다. 그래서 지금 그 내용도 지켜보고 있는

데, 그런 마을들이 좀 더 있었으면 좋겠다. 선흘리도 그렇고 동백마을 신흥 2리도 그렇고 가시리도 그렇다. 가시리에도 조랑말 공원이 만들어지고 했는데 거기 있던 사람들 다 나왔다. 그냥 나온 것이 아니다. 마을 내부에 문제들이 있었기 때문에 다 나온 거다. 그런데 나온 사람들은 잘못이 없는가? 아니다. 그런 환경들을 스스로도 만들어 온 것이다.

금악리도 마찬가지다. 금악리는 또 다른 방식으로 마을사업이 추진되었다. 돼지고기 육가공 사업으로 6차 산업화하였고 나름 성공했다는 평가를 받고 있다. 그런데 과연 내부는 문제가 없을까? 어쩌면 동백마을이나 선흘리보다 더 많은 갈등 요소를 안고 있을 것이다. 참여문제, 수익에 대한 분배 문제, 사업의 지속성을 유지하기 위한 여러 문제가 골칫거리로 남아 힘들어하고 있을지 모른다. 그 마을도 내재적 역량이 있지 않을까, 하는 기대를 하며 지켜보고 있다.

무릉리의 무릉리외갓집도 문 닫을 뻔 했던 시기가 있다. 외갓집을 시작한 지 1년이나 지나서 회원들이 빠져나가기 시작했다. 농산물을 한 달에 한 번씩 포장해서 회원들에게 제주의 청정 농산물을 공급한다 그 자체가 쉬운 일이 아니다. 수급 자체가 어려운 일이다 제주도 전역에서 품질 좋은 농수산물과 가공품을 엄선해서 포장하고 배송하고 소비자들의 만족도를 늘 확인해야 하는 일이다. 거기에 제주에 이주해 온 한 사람의 귀촌인이 들어가면서 지금의 무릉외갓집이 되었다. 그 분은 서울에 있을 때 문화예술 분야에서 일을 했던 분으로 알고 있다. 쉽지 않는 제주살이를 낯선 마을에서 시작했다. 대단하다. 많은 시간이 흘러 마을주민들로에게 두터운 신뢰를 쌓았고, 외갓집만의 생산과 유통 등의 환경도 구축했다. 걱정은 그가 나왔을 때이다.

지금 제주도의 마을만들기가 많이 부족하고 낮은 수준이지만 그나마 동백마을, 가시리, 무릉외갓집, 선흘1리 같은 마을이 있다는 데에 위안을 삼는다.

## 신앙·경제·교육·생활·복지의 공동체

김: 마을만들기에 대한 이야기를 하면서 무엇보다 마을공동체에 대한 이야기를 빼놓을 수 없을 것 같다. 예전 마을공동체와 지금의 마을공동체는 매우 다르며, 마을만들기에서 보는 마을공동체도 좀 다른 것 같다. 마을공동체의 정의를 내린다면?

라: 십여 년 넘게 마을을 돕는 일을 해왔다. 공동체와 사람을 중시하는 마을운동을 해왔다. 그런데 나눔과 보살핌이 있는 마을 공동체가 없다.

마을공동체에는 다섯 가지 유형의 공동체가 있다. 첫째, 당제(굿)이나 마을포제를 지내는 신앙공동체가 있다. 둘째, 경제공동체가 있다. 바다의 어촌계라든가, 농사일의 물을 함께 공유하는 수리계, 농사를 짓는 데는 물관리가 굉장히 중요하다. 만약 수리계에 속하지 못하면 가뭄 때에 물 공급을 못 받는다. 마을공동목장으로 관리하면서 소와 말을 방목했던 목축조합 등은 다 여기에 속한다. 셋째, 교육공동체이다. 마을마다 학교가 있었다. 지금은 사라지거나 폐교된 학교들이 있지만, 교육공동체를 형성하고 있었다. 넷째, 일상의 삶을 살아가는 공간, 살림집이 있고 살림집들이 모여 마을을 이루는 생활공동체가 있다. 다섯째, 복지공동체도 있다. 복지공동체는 기본적으로 어른이 있고 아이가 있었다. 복지라고 하는 것이 따로 있는 것이 아니라 서로가 존중하고 배려하고 그리고 그 안에서 세대와 이웃을 돌보는 것이라 생각한다. 요즘은 돌봄이라고 하는 게 행정에서 제공되는 복지서비스로 해결하고 있지만 마을은 아직도 돌봄이 필요한 이웃이 가까이 있다.

지난해 서광동리라고 하는 마을에서 주민들이 뮤지컬 공연을 한 편 올렸다. 주민들로 구성된 뮤지컬 배우는 40대에서부터 75세까지 25명이 참여했다. 당신들의 생애에 배우가 되어서 뮤지컬 공연을 할 것이라고 생각이나 해보았을까? 주민을 포함해서 600여 명의 사람들이 관람을 했다. 네 번의 공연을 했다. 감귤 창고였던 조그만 공연장은 100여 명 정도가 들어가면 움직일 수 없을 정도로 불편한 장소였다. 공연이 끝나고 나서 참여했던 어르신들은 눈물을 흘리셨다. 뮤지컬공연에 참여했던 배우들만이 아니라 공연을 관람했던 모두가 큰 감동과 행복감을 느꼈을 것이라 생각한다. 그 어떤 복지서비스보다 나았다. 행복한 시간을 함께 나누었다.

그런데 어쨌든 이러한 공동체들이 온전한 것이 하나도 없다. 대부분 와해되어 있다. 와해된 공동체는 사라지거나, 이익화된 공동체로 바뀌었는데 특히 경제공동체는 특히나 결속력이 높은 이익화된 공동체로 변화되었다. 마을의 이익 공동체는 확장이 되어 있다. 영농회, 어촌계 등의 경제공동체는 물론이거니와 지금은 청년회, 부녀회, 노인회로 확장되어 가고 있다. 이익화된 공동체는 개인의 확장성이다. 공동체 집단 내 개인의 이익을 우선하고 서로 갈등한다. 지금의 마을의 모습이다. 이러한 마을을 변화시켜야 마을을 살릴 수 있고 우리가 살 수 있다고 생각한다.

김: 예전에는 신앙·경제·교육·생활·복지의 공동체가 한 마을 안에서 다 이루어졌지만, 지금은 그렇지 않다. 제주 역시 과거에 비하면 마을의 공동체가 다 와해된 것처럼 보이지만, 다른 지역과 비교하면 그래도 마을 공동체가 존재하고 있다는 생각이 든다. 예를 들어 우뭇가사리나 톳 채취 작업 등등 그런 마을 일을 안 하면 문제가 되지 않나?

라: 아직까지는 표면적으로 그렇게 보이는 측면이 있다. 인정한다. 그러나 실제로 내면적으로 들어가 보면 이익화되어 있다. 지난 10여년 경험을 통해 내린 결론이다. 나 역시 부정하고 싶다. 마라도에서는 2월이 되면 톳 작업을 하는데 해녀조합이 주도하고 젊은 장정들이 함께 참여하는 공동 작

업을 해왔었다. 공동작업에 대한 수익은 함께 나눈다. 참여했던 장정들의 몫도 나눈다. 이 과정에서 해녀 할머니들을 위한 톳바당은 따로 있었다. 해녀 할망들의 톳도 힘든 작업이기에 과거에는 해녀들이 수눌음하듯이 도왔다.

그런데 언제부터인가 2월이 되면 갈등이 나타났다. 공동작업을 할 것인지 개인들이 알아서 자기 몫 큼 톳 채취를 가능하도록 허용할 것인지 다툼이 시작됐다. 다툼은 매년 반복되었고, 어떤 해는 개인들의 몫으로 어떤 해는 공동작업으로 결정되었다. 서로 돕거나 배려했던, 또는 서로를 신뢰하던 해녀조합의 규약이 흔들리기 시작했다. 지난해에는 잠수일이 어려워진 해녀할망도 참여시켜서 톳작업을 했다고 들었다. 다행스러운 일이기는 하지만 80년대 이후 변화되기 시작했던 공동체를 회복했다고 또는 회복할 수 있는 변화의 모습이었다고 보기에는 여러 면에서 의심스럽다. 조금 더 지켜봐야겠다.

지금 그 섬에는 할망바당이 사라졌다. 예전에는 해녀할망들의 바당들이 존재했는데 그런 바당 자체가 사라졌다. 할망바당은 할망들만 들어갈 수 있는 바다이다. 할망바당은 마을 공동의 톳 작업할 때도 건드리지 않는 거였다.

또, 자리돔을 잡는 시기는 4월 중순부터 6월 초·중순까지이다. 그런데 언제부터인가 사람들은 1년 365일 자리돔을 먹고 있다. 누군가는 6월 이후에도 자리돔을 잡고 있다는 것이다. 돈을 주니까! 전통적으로 배우고 답습했던 어법의 규칙, 규범이 무너지면서 지키지 않는 뱃사람들이 생겨났다.

예전의 놀이는 배우고 노는 과정에는 자연을 대할 때 금해야 될 것과 금하지 말아도 될 것, 그리고 취하고 취하지 말아야 할 시기를 같이 배운다. 섬 아이들은 새를 잡아먹었다. 잡는 시기가 되면 새를 취했다. 그 시기를 넘기면 새를 잡을 생각을 안 한다. 너무나 당연하게 배운 것이다. 자연스런 배움의 과정을 세대를 거듭하면 가르치고 배워왔다. 사람이 사람에게 자연이 사람에게 가르치는 것을 배운 것이다. 그게 너무나 자연스러웠고 나중에 시간이 지나고 나서, 이렇게 돌이켜보니까, '왜 그때만 잡았을까?' 라고 생각을 다시 해보면 그걸 아주 자연스럽게 몸으로 배웠던 것이다. 누가 가르쳐주지 않았어도. 그런데 누군가 물어보면, 아주 단순하게! 그냥 "그때만 잡는 거야!"라는 표현만 했을 것이다. 다른 이유도 없다.

그런데 다른 이유를 말하는 어른들도 있었을 것이다. 그분들은 좀 더 지혜로운 어른들일 수 있다. 지혜는 일상의 경험이 축척되고 축척된 경험들이 전승되고 이를 잘 엮어내는 사람. 잘 해석하는 사람들이 전승되는 지혜로운 내용들을 만들어내고 그것을 전승시키는 역할을 하고 있지 않나 싶다. 마을이 공동체가 이제는 이러한 마을의 지혜나 유산을 전승하고 있지 않고 있다.

**김**: 그렇게 마을사람들에게 내재되어 있고, 자연스럽게 전승되고 학습되는 마을의 규약들이 존재했음에도 불구하고 지금은 그러한 것들이 잘 지켜지지 않는 이유는 뭐라고 생각하는가?

**라**: 이미 바다가 바뀌었다. 그런데 이것은 그분들의 잘못만은 아니다. 세상이 바뀐 거다. 세상이 어떻게 흘러가느냐에 따라 자연도 그렇게 바뀌어왔다. 과거 80년대 후반까지만 해도 지켜졌었다. 그런데 90년대 들어서면서 변화의 속도가 남달랐다고 생각이 든다. 80년대 말까지만 해도 바다에는 나오는 생산물이 많았다. 돈이 되기 시작한 것이다. 그 당시의 기억에 해녀 수입이 월 200, 300만원의 수입을 올렸다. 90년대 초반도 유지되었다. 생산물이 줄고 소득이 줄기 시작한 90년대는 제주의 새로운 개발의 바람이 불기 시작한 시기이기도 하다. 60년대부터 시작된 제주의 관광개발은 80년대 말까지는 대규모 관광지를 중심으로 이루어졌다면, 90년대부터는 좀 더 많은 지역에 개발지구 지정이 이루어진다. 그리고 이 시기부터 중산간 일원에 골프장 개발이 시작된다.

행정은 그 개발의 방향성에 도움을 주는 개발을 한다. 도로개발, 항만개발, 특히 해안도로 개발 등의 사회간접시설 확충이 이루어진다. 제주신항 관련해서 해양업무를 담당하는 공무원에게 한 말이다. "대한민국의 해양수산부는 왜 해양수산부 설립 목적에 충실하지 않고, 왜 국토부 사업을 하고 문광부 사업을 하느냐?"고 질문을 했었다. 환경부는 말 그대로 국토의 자연을 보호하고 보존하는 업무가 우선이고, 해수부는 해양환경의 보존과 해양수산의 지속가능한 이용 업무가 기본이어야 되는데 토목공사 중심의 항만공사와 최근에는 크루즈여객선을 유치하는 사업에 더 혈안이다. 국토부의 토목사업과 문광부의 관광사업에 더 많은 행정노력 기울이는 부서가 해수부가 되었다. 그렇다보니 지방행정의 해양부서도 항만개발정책에 제주의 명운을 걸고 있다. 제주신항 공사비가 무려 2조 8천억 원 민간투자가 절반임을 감안하면 실현가능성은 또 다른 문제이긴 하지만 신항이 건설되면 제주가 큰돈을 벌 수 있을 것처럼 선전한다. 신항을 이용하는 크루즈 여객선 방문객들로부터 떨어지는 낙수효과를 기대할 수 있다며! 웃기는 소리다.

아무튼 바다는 육상의 환경에 영향을 받는다. 태평양은 더 깊은 곳이라 조금은 더디겠지만 사람이 살고 있는 섬의 육상에서 나타나는 현상은 바다에 영향을 준다. 그 영향이 주변 지역의 생산물에 영향을 준다. 해안도로가 만들어지고 해양항만공사가 진행되며, 주변의 바다 환경이 급격하게 바뀐다. 환경이 바뀌면 그 사이에도 적응하는 생물들이 있고 적응하지 못하는 생물들이 있다. 적응속도와 변화의 속도를 따진다면 변화의 속도가 훨씬 빨라서 문제다. 육상보다 바다가 더 민감하다. 바다의 수온이 변화되면 바다생물체들이 민감하게 반응을 한다. 그럴 것 같지 않나? 육상의 동물, 포유류보다 바다에 있는 생물이 더 민감할 것이라는 것은 손을 물속에 담겨보면 알 수 있다. 포유류보다 뱀이나 개구리 같은 양서류가 더 민감하게 반응을 할 것이다. 털이 있는 것보다 털이 없는 게 더 민감하게 반응을 하듯이. 바다도 마찬가지다. 해양환경을 오염시키거나 변화가 나타나면 바다도 바뀐다. 그 대표적인 변화가 백화현상이다. 백화현상은 주변의 감태, 미역, 톳, 우뭇가사리 등과 같은 해초들의 생육환경에 영향을 주고 이것들은 다시 물고기들의 번식과 영양 섭취에 영향을 준다. 구젱기나 전복 같은 해산물의 수량도 감소시킨다. 특히 난류성 어류의 계절적 회귀를 방해하거나 습성의 변화를 일으켜 어획량 감소가 나타난다.

반면, 해양개발은 오랜 시간 바다를 점유했던 이들에게 개발에 다른 보상을 통해 다수의 민원을 잠재우는 방식으로 접근한다. 결국 개발이 이루어지는데, 이런 개발이 이루어질 때 주고받는 돈은 일종의 보상이라고 하는 형태로 명분을 부여한다. 갑자기 목돈이 생기는 거다. 바다는 멀쩡하게 그냥 있는데, 여기 개발하는 데 돈도 주네. 이거 우리 꺼네, 우리한테 돈을 주네, 이런 생각을 갖기 시작한다. 그러면서 바다를 팔아먹기 시작한다. 내 꺼가 아닌데. 나의 것이 아닌데 심지어 우리들의 것도 아닌데 말이다. 물려받은 것이다! 잘 물려줘야 하는 것인데……. 우리가 함께 공유하는 것들은 소유하는 것이 아니다. 함께 공유하는 것이다. 공유는 소유하는 게 아니라 선대도 그렇고 후대도 그렇고 늘 공유하는 것이지 소유하는 게 아니다. 그런데 사람들은 이걸 소유한다고 생각하고 있다. 그래서 보상을 받는 것이다. 왜 보상을 받나? 왜 보상을 주나? 보상을 주기 때문에 보상을 받고 있다는 것이다.

**김**: 개발논리와 자본 논리가 기세등등해진 세계적인 흐름 속에서 제주만 예외로 남을 수 없었을 것이다. 어쨌든 무너진 마을을 다시 세우기 위해서는 무엇보다 서로 간 신뢰를 회복하는 일이 필요할 것이다. 옛날에는 한 마을에서 태어나서 자라서 함께 생산 활동을 하고 죽을 때까지 거기에서 사니까 자연스럽게 신뢰관계가 형성이 되었는데, 현재 신뢰가 깨진 상태에서 어떻게 하면 신뢰를 회복할 수 있을까? 제도나 법 외에 또 다른 방법이 있다고 보는가?

**라**: 어쩌면 협동이 아닐까 싶다. 협업과 협동을 해야 된다고 본다. 우리가 협업과 협동이 잘 안 된다. 집단이 공동체가 이기적으로 바뀌었다고 했다. 공동체에 속해 있지만 개인의 이익을 위해서 공동체를 움직이고 있다. 제주에는 제주만의 협동 방식이 있다. 예를 든다면 개인의 이익을 보장하면서 집단의 협동을 이루는 방식이다. 집단에서 약자를 배려하는 대등하고 평등한 협동이 있다.

바다목장에서 마을 공동 목장에서 나타난다. 예를 들어 목장에서는 똑같이 한 마리씩 키우지 않는다. 어떤 사람은 두 마리 키우고 어떤 사람은 세 마리 키운다. 그리고 그 목장을 관리하는 것은 전체가 똑같이 한다. 한 마리를 키우고 두 마리를 키우고 세 마리를 키우는 것은 개인이 선택하는 거다. 그러면서 협동을 하고 있는 것이다. 이런 협동의 방식, 제주의 문화 안에 녹아져 있는 협동의 방식을 되살리는 것, 이게 나는 신뢰 관계를 회복하는 출발이 되지 않을까, 하는 생각을 한다. 그리고 또 그게 답일 수도 있겠다는 생각을 한다.

**김**: 협동 방식을 되살리는 것이라면 전통적인 수눌음을 말하는 것인가?

**라**: 아니 꼭 전통적인 수눌음이 아니다. 이미 수눌음이라고 하는 그 형태나 방식은 달라져 있다. 생산방식이 많이 달라졌기 때문에. 지금의 생산 방식에 협업이나 협동을 할 수 있는 방식이 무엇이 있을까를 찾아내는 것도 필요하다는 것이다. 우리가 마을 만들기를 할 때, 가시리 이야기에서 목장 이야기를 했는데, 목장을 되살린다면 이게 협동이 필요하다는 거다.

집단의 협동 방식들을 규제할 수 있는 내부 규율을 만드는 거다. 협업을 위한 규율이지 뭔가를 제약하거나 혹은 패널티를 제공하기 위한 규약이 아니다. 우리가 뭘 만들더라도 벌을 주기 위한 것보다 긍정적으로 뭔가 하기 위한 규약, 규율을 만드는 게 중요한데 그래야만이 신뢰관계를 구축할 수 있다. 그 다음에 행정, 소위 요즘 협치 이런 얘기 많이 나오듯이, 행정과 다른 집단과의 협업이나 협동이 필요하다. 협치도 협동이나 협업에서 출발할 수 있다고 생각한다. 지금 서로 경계의 선을 그려 놓고 서로 욕하고 있고 얘기해도 안 듣고 있다.

사실 이게 어찌 보면 쉬운 일인데 그 빗장을 열지 않고 있다. 그 빗장을 여는 시간을 서로 허용해주고 있지 않다. 솔직하지 않다. 더 중요한 것은 솔직하지 않다는 것이다. 솔직하지 않아서 솔직한 사람이 나쁜 사람이 되거나……. (웃음).

## 농업과 어업, 그리고 목축업이 중요하다!

김: 말씀하신대로 마을 만들기의 성공적인 사례를 보더라도 협동을 통해 서로의 신뢰를 회복하는 일이 정말 중요한 것 같다. 그런데 성공사례로 소개되는 마을에서도 크게 아쉬웠던 점은 2,30대 젊은층이 다른 세대에 비해 취약하다는 것이었다. 당장에 먹고 사는 일이 해결되지 않으면 젊은이들은 마을을 떠날 수밖에 없거나 마을에 남더라도 마을 활동에 참여하기 쉽지 않을 것이다. 마을 안에서도 먹고 사는 일이 해결될 수 있을까? 이와 관련지어 제주 마을만들기가 앞으로 어떤 형태로 이루어져야 한다고 보는가?

라: 가시리의 마을사업 지금의 가시리가 아닐 수 있는 사업을 했더라면 어찌되었을까? 정작 가시리에서 가서는 단 한 번도 이야기하지 못했지만 리더로서 가시리 마을에서 마을사업을 했다면 우리 마을이 230만여 평이라는 목장을 갖고 있다면 생각해 본다. 제주도는 목축의 섬이었고 목축의 유산을 가지고 있다. 대한민국에서 유일한 섬이고 지금도 목축의 환경은 드넓은 초

지와 너른 평원이 최고이고 그 자산을 아주 독보적으로 가지고 있는 마을에서 목축사업을 했다면 어찌되었을까? 지난 10년 동안 100억 이라고 하는 돈을 들여서 목축업을 일으켰으면 아마 100년 아니 천 년을 먹고 살아가는데 큰 어려움이 없는 마을이 되지 않았을까?

이것이 우리가 가지고 있는 농업의 문제이기도 하다. 농업을 산업으로만 바라보고 있다는 거다. 산업으로만 바라보고 있으니까 가둬놓고 키우고 있고 생산만을 위한 것으로 알고 있다. 그런데 지금 환경이 바뀌고 있다. 우리가 왜 우리가 로컬을 이야기하는가? 제대로 된 목축을 하자라고 하는 것이 과거의 목축으로 가자는 것은 아니다. 과거의 목축 환경에다가 과학적인 목축체계와 시스템을 만들면 가시리도 송당리도 제주의 목축산업을 크게 일으켜 목축문화의 전승과 더불어 지속가능한 삶을 살아가는 근간을 만들 수 있다.

목축에서 가장 중요한 요소 중의 하나가 초지관리다. 제주도 송당마을은 제주에서 가장 드넓은 목축지을 가지고 있었다고 한다. 오름도 가장 많은 마을이었다. 대한민국 제 1호 국영목장이 바로 송당 목장이다. 이 목장 안에 대통령 별장이 있고, 마을의 목축지는 600만 평에 달했다고 한다. 그 목축지는 빼앗기고, 나눠 팔아버리고, 분할하다보니 지금 40만여 평 밖에 남지 않는다고 한다. 그럼에도 마을주민들이 소유한 목축지를 합하면 100만여 평 남짓 한다니 아직도 송당리는 목축을 하기에 참 좋은 곳이다.

목축은 소를 키우는 것만을 이야기하는 것이 아니다. 풀을 먹이는 가축은 모두 해당된다. 닭부터 시작해서, 토끼에서 돼지, 양, 소, 말까지. 풀을 먹는 가축과 목초지를 하나의 생태계로 인식하고 이를 둘러싼 생산과 소비, 환류의 시스템을 구축하는 목축을 하자는 것이다. 말과 소가 싼 똥을 누가 헤집느냐? 돼지가 헤집는다. 돼지도 초식이다. 풀어놓고 키우고 있다. 거기에 잡식이다, 잡식. 풀을 먹는다, 돼지도. 돼지가 싼 똥은 오리가 헤집고. 오리가 헤집으면서 땅에 밀착시키는 거다. 그러면 이건 누가? 땅 속에 있는 미생물이 분해하고 분해된 다량의 영양분을 풀들이 초지로 키워내는 방식이다. 목초의 순환, 초지의 순환, 가축들의 순환이다 이루어지는 목축을 하는 것이며, 과학적 목축경영을 위한 학습체계와 가공과 유통, 체험과 휴식이 이루어지는 경영체계를 마을이 마련하였다면 가시리가 어떻게 되었을까? 물론 안 해봤기 때문에 실패할 수도 있겠지만. (웃음) 경험하거나 어느 누구도 이야기해주거나 이야기해주었다고 해서 하는 것이 아니라 용기와 도전을 하는 사람이 마을에 있었다면 가시리는 지금의 가시리가 아닐 것이다.

지금처럼 가만히 있어도 매년 얼마의 돈을 받는 것이 아니라 주민들 스스로 노동을 통해 생산 활동에 참여해서 버는 돈의 차이는 분명히 존재한다. 앞서서 버는 돈은 그건 사실 공돈이다. 소비적인 돈이 될 것이다. 생산적인 돈, 스스로 생산에 참여해서 벌어들인 돈, 특히 공유된 공간에서 합동에 통해 함께 벌어들인 돈은 혁신적이다. 농촌의 마을 만들기는 그런 것이라고 본다.

가시리문화가 가시리 문화인가? 나는 도시의 문화라고 본다. 물론 도시의 문화라고 해서 꼭 농촌에 가면 안 되냐? 그건 아니다. 그런데 스스로의 문화를 들여다보지는 않았다는 거다. 원래 있었던 문화는 들여다보지 않고 도시 사람들이 와서 집어넣은 도시의 문화가 가시리 문화가 된 것이다.

**김**: 목축업으로 제주를 다시 일으키자는 말씀은 경제적으로나 생태적으로 제주에서 시도해 보면 좋은 아이디어라고 생각되고, 우리 연구단의 사업 주제인 '지속가능한 삶'과도 연관된다. 현재 선생님은 제주문화예술재단의 문화재생사업팀장으로 일하고 계신데, 이제까지 마을만들기와 관련해서 많은 활동들을 해 오셨고 이처럼 좋은 아이디어도 많이 갖고 계시니, 본격적으로 제대로 된 마을 컨설팅을 해 볼 생각은 없으신지?

**라**: (웃음) 가파도라는 섬이 있다. 청보리 축제가 처음 열리던 시기 즈음

이다. 이장님께 청보리맥주 만들 생각이 없느냐고 물었다. 맥주공장 같은 것은 지을 생각 하지 말고 맥주 제조기술을 배워서 수제맥주를 만들어보라고 하였다. 가파도에서만 맛볼 수 있는, 맥주 상표도 가파도청보리맥주라 하고, 필요하다면 소액이지만 지원하는 투자자도 만들어주겠다고 한 적이 있다. 그 시기에 가파도에 20억 원의 사업비가 지원되는 정부지원사업이 있었다. 그 때 가파도에서는 실현되지 않았다. 몇 해 지나 어느 중산간 마을의 이장님께 이 이야기를 해드렸더니 이장님이 맥주를 만들고 싶다고 하셨다. 맥주 제조 관련 책을 선물했더니, 그 이장님이 혼자 직접 맥주를 만들어서, 맛있는 맥주를 맛보고 있다.

**김**: 대형화하는 것에 반대하는 건가?

**라**: 대형화가 나쁘다고 보지 않는다. 우리가 감당할 수 있는 수준에서부터 하는 것이 맞다고 생각하는 것이다. 시간이 지나서 어느 정도 경험도 실력도 쌓이면 조금 더 도전하는 것이다. 공동체는 더디 갈 수 밖에 없는 여러 요소들이 있다. 보조금을 쉽게 생각하는 나쁜 풍토가 감당할 수 없는 사업을 벌여놓는다. 그런 다음 아무도 책임을 안 진다. 그것은 마을 주민들뿐만 아니라 지역도 마찬가지다. 전문가도 지자체도 마찬가지다. 지자체에서 하는 온갖 사업들이 제주도에서 감당할 수 있는 사업을 하고 있는가, 하는 질문을 해 볼 필요가 있다. 그렇게 안 되기 때문에 그게 나중에 그 도지사가 끝나면 문제가 되는 거다. 하는 과정에서도 문제가 되는 것이고.

가파도 예를 하나 더 들어보면, 가파도 풍력? 안 돌아간다. 탄소제로사업이라고 하는 터무니없는 정책을 국가가 나서서 했고 지자체가 따라했다. 보여주기식의 행정행위를 여론을 동원하고 전문가와 기업을 통원해서 하였다. 결과가 어떤가? 아무도 책임지는 이 없고 풍력의 날개는 멈춰 있다.

김: 마지막으로 마을이나 공동체에 대해서 더 하고 싶은 말이 있다면?

라: 마을공동체에 대한 이야기는 지역이 활성화 되고 마을이 마을다운 마을이 되려면 어떻게 해야 할까, 하는 질문으로 바꾸어 생각해 볼 수 있겠다. 쉽게 얘기 하면 마을에 아이들이 있어야 된다고 하는 걸로 얘기 할 수 있을 것 같다. 그러려면 젊은 사람들이 와야 되는 것이고, 도시에만 있지 않고. 그리고 젊은 사람들이 일할 수 있는 꺼리들이 마을에 있어야 된다. 그러려면 마을은 농업을 하는 곳이고 어업을 하는 곳이고 목축을 하는 곳이어야 한다. 그래서 그들이 돌아온다면 그들은 농부가 되는 것이고 또는 어부가 되고 테우리가 되는 것이어야 한다. 농부와 어부가 결코 천한 직업이 아니라고 하는 생각을 우리 사회가 가졌으면 좋겠다. 그리고 교육과정에 나는 왜 농업을 안 가르치는지 이해가 안 간다. (웃음) 왜 우리 아이들한테 아빠의 직업 엄마의 직업을 물었을 때 우리 아빠는 농업, 우리 엄마는 어업이라고 쓰게 하는지 모르겠다. 그것은 직업이 아니고 산업을 얘기하는 것이다. 그런 교육이 왜 이루어지고 있지 않느냐는 근본적인 질문을 하고 싶다.

당장에 뭔가를 집어넣으면 뭔가가 마을을 확 바꾸는 게 아니다. 지금의 마을 공동체는 지난 40~50년간의 환경의 산물이다. 왜 농사가 천하의 근본이 되는 것을 잃어버렸는지 모르겠다. 먹고 살려면 땅에서 나는 것과, 바다에서 생산되는 것들이 먹거리가 되고, 내 삶을 유지할 수 있는 기본, 근본이 되는 것인데, 왜 우리는 그것을 천하게 여기는지 모르겠다. 그래서 대한민국의 다음 대통령은, 저의 소망은 그런 정책이 제1정책이 되었으면 좋겠다는 소망이다. 정말 그렇게 됐으면 좋겠다. (웃음)

김: 선생님과 제주의 마을만들기에 대한 이야기를 나누면서, 제주의 자연과 마을, 공동체에 대한 근본적인 물음들을 되짚어 볼 수 있는 기회가 된 것

같다. 다양한 현장에서 활동하신 경험을 바탕으로 말씀해 주신 덕분에 마을만들기 사업에 대해 폭넓게 조망해 볼 수 있었다. 선생님의 말씀을 듣다 보니 역시 사람이, 그리고 농업과 어업, 목축업이 소중하다는 생각도 새삼 하게 되었다. 연구단에서는 선생님의 귀한 경험과 의견을 연구단 활동으로 이어나갈 수 있는 방안들을 고민 중이다. 앞으로도 선생님의 고견을 부탁드린다. 바쁘신 데도 불구하고, 귀한 시간 내 주시고 장시간동안 인터뷰에 응해 주셔서 감사하다.

# 9장

# 마실다니는 마을전문가, 마을에 희망을 묻다

김자경이 묻고 고성환이 답하다.

고성환(제주차롱사회적협동조합 이사)
김자경(제주대학교 SSK연구단 공동연구원)

### 한림3리, 유자 향기를 품고 있는 작은 마을의 발견

**김자경(이하, 김)**: 그동안 활동하신 '한림3리 마을만들기'의 내용이 흥미로웠다. 고성환 님은 원래 한림3리에 대해서 잘 몰랐는데 마을만들기 사업에 들어가게 되어 굉장히 의외였다고 했다. 처음에 어떻게 한림3리 이장님을 만나게 되었나?

**고성환(이하, 고)**: 박원철 도의원이 소개를 했다고 들었다. 나중에 가서 보니까 이장님이 나하고 고등학교 동창이었다. 박원철 도의원과 이장님이 고등학교 동창이었다. 이장님은 마을에 돈이 없으니까 공짜로 마을컨설팅을 해줄 사람을 찾다가 나에게 연락이 온 것이다. 당시 제주주민자치연대에서 활동을 하였는데, 제주주민자치연대는 마을에 1차 컨설팅을 들어갈 때 비용을 받지 않았다. 마을의 입장에 서서 계획을 세워주었다. 그런 이야기가 마침 예산이 없던 한림3리 이장님한테 귀에 들어가서 만나게 된 것이다. 박원철 도의원은 제주에서 시민사회에서 운동을 함께 했다. 한림청년회 만들기나 금악리의 골프장 반대 운동을 할 때 함께 했던 동창이자 친구이다.

김: 한림3리에서는 왜 마을만들기를 하겠다고 했나?

고: 한림3는 가서 보면, 마을이 워낙 정체되어 있고 전형적인 농촌마을이다. 한림 큰 길에서 해봐야 한 5~600미터밖에 안 떨어져 있는데, 마을이 워낙 작고 자원이 없고 알려지지 않았기 때문에 마을 자체가 수년간 변화가 전혀 없었다고 한다. 그리고 지금 계속 '이러다가 마을이 사라지지 않을까?' 하는 우려도 있었고. 임남호 이장님이 마을을 맡기 전까지는 나이 드신 분들이 쭉 이장을 연임해 와서 별로 마을을 바꾸겠다는 생각을 하지 못했다고 한다. 그런데 마침 본인이 마을에 대해서 봉사하게 되니까 '어떤 형태로든지 외부적 충격을 좀 주고 싶다'라는 의도가 있었다고 한다.

김: 그럼 한림3리 마을만들기에서 고성환님은 주로 무엇을 하였나?

고: 전문적인 컨설팅이다. 하나에서 열까지 마을사람들과 의논을 하면서 '어떻게 이 마을을 바꿀 것인가', 그리고 '어떻게 그 변화를 줄 것인가', '한림3리의 실정에 맞는 사업들은 무엇인가' 등을 찾는 작업을 내가 맡았다.

김: 고성환님은 한림3리의 '외부적 충격'이었는가?

고: 처음에 임남호 이장님이 이장에 취임했을 때, 이장님은 마을 일을 아무 것도 해보지 않았다. 다른 이장님들 같은 경우에는 동네 일을 하다가 이장이 되었는데, 임남호 이장님은 동네 일을 거의 보지 않다가 맡게 되어서 무엇을 어떻게 손대야 할지 막막했던 것이다. 또 한림의 경우 상대적으로 마을만들기가 잘 안되는 읍이다. 그래서 사례들을 구할 수도 없었다. 그나마 상명리나 월령리의 마을만들기 사업이 진행되고 있는데, 거기는 마을의 자원이 굉장히 좋은 마을이어서 한림3리는 벤치마킹을 할 수 없는 조건이라고 이장은 생각했었다.

한림읍 전체가 마을만들기가 잘 진행이 안되는데, 그 이유는 잘 사는 마을이기 때문이다. 잘 사는 마을들은 그것에 관심이 없다. 그리고 큰 마을일수록 마을에 예산이 많다. 그리고 도의원이나 정치인을 통해서 마을을 발전시키는데 필요한 사업을 끌어들이는데 어려움이 없다. 이렇게 마을에 필요한 사업들을 배정받기 때문에 굳이 마을만들기 사업을 하지 않는다. 마을 예산이 풍부하다. 중요한 것은 마을 리더의 생각이다. 내가 초기 마을만들기에 들어갈 당시에는 그랬지만, 지금은 아니다.

지금은 모든 마을이 마을만들기 사업을 하지 않으면 예산 배정의 불이익을 많이 받는다. 그런 것 때문에 더 신경을 많이 쓰기 시작해서 지금은 많은 마을들이 마을만들기에 관심이 많다.

김: 고성환님은 한림 출신인데 한림3리 마을만들기를 할 때 장점으로 작용하였는가?

고: 인맥 관계가 친근한 게 있으면 굉장히 중요한 무언가를 갖게 된다. 그러니까 아무 것도 없이 들어갔을 때, 마을공동체가 갖고 있는 배타의식을 굉장히 약화시키는 장점일 수가 있다. 그리고 아는 사람이 하면 신경 써 줄 것

이라는 제주도 사람들의 그 특유의 믿음, 그런 것들은 강점으로 많이 작용하는 것 같다.

**김**: 외부 전문가라고 하면 그 역할이 굉장히 어렵게 느껴진다. 왜냐하면 그 마을 사람들한테는 익숙해짐이 중요한데, '넌 떠날 사람이니까'라는 생각 때문에 외부전문가의 역할 수행이 어렵다는 이이기를 많이 들었다. 외부 전문가는 그 자체가 외부충격이면서 그렇지 못할 수도 있는 양날의 칼 같다. 제주 출신이라는 점이 마을만들기 할 때 신뢰관계 형성에 장점이 되었는가?

**고**: 컨설팅 할 때 가장 조심하고 중점을 둬야 될 게 마을하고 급속도로 가까워지는 것이다. 그것이 성패를 좌우한다. 어떤 사업을 진행할 때도 보면, 마을만들기에 들어가서 사업을 진행할 때 서로의 불신이 끼어들면 사업진행이 굉장히 힘들어진다.

나는 계속 마을에 들어가서 계속 어울린다. 그런 방식을 취하니까 신뢰관계가 잘 형성되는 편이다. 그리고 나는 사업을 빨리 진행하는 스타일이 아니고 천천히 진행하는 스타일이다. 돈을 받고 하는 컨설팅이 아니니까 성과 같은 데 매일 이유가 없다. 그러다 보니 성과중심이 아니라 공동체와 의견 모으기에 초점을 더 많이 맞추는 편이다.

**김**: 한림3리의 마을만들기 내용을 보면, '당유자나무 정원 만들기'가 굉장히 독특하다. 유자나무만 해도 30년 이상 걸려야 될 건데, 그 의견은 어떻게 나오게 된 건가? 그 과정이 너무 재미있는 것 같다.

**고**: 처음에 한림3리에 가서 보니까 너무 막막했다. 어떻게 손대야 될지 모르는 마을이었다. 마을에 자원도 하나도 없고 그렇다고 인적자원 자체도 거

의 없었다. 인구도 작고, 청년회나 부녀회, 노인회가 특별한 재능이나 기능을 가지고 있는 것도 아니다. 아니면 하다못해 다른 지역에서 이주해 와 문화와 관련된 사람들이 와서 살고 있는 것도 없었다. 인적자원은 거의 없고, 물적 토대는 아주 취약하다. 심지어는 자연경관이라 할 수 있는, 제주에서 남들이 다 가지고 있는 바다도 없다. 그리고 마을의 면적 자체가 작다. 그래서 조건불리직불금 자체가 500만원도 안 되는 작은 마을이다. 그만큼 마을의 영토 자체가 굉장히 작다는 이야기다. '한림3리에서 이것을 가지고 과연 마을사업을 진행할 수 있을까?'에 대해서 거의 비관적이었다. 하지만 이장님의 부탁을 받고 같이 한 번 해보자고 의견을 모았다.

마을만들기 초기에 세 번을 갔었는데 갈 때마다 절망을 느꼈다. 답이 없고 노인층은 나이가 너무 많았다. 그래도 보통 제주의 마을은 5~60대 층이 살짝 두꺼운 마을들이 대부분을 차지하는데, 한림3리는 5~60대 숫자가 적고 70대 이상이 대부분을 차지하고 있어서 그것도 힘든 요인으로 작용했다.

그래서 마을을 쭉 돌아보니까 작은 마을이기 때문에 예산이 조금만 투여돼도 마을을 확 바꿀 수 있겠다는 그런 생각을 했다. 대개는 1차적으로 마을만들기 단계에 들어가면 경관 보존 사업부터 진행을 한다. 그래서 아예 컨셉을 그쪽으로 가져가자고 생각했다. 그리고 마을 가운데 팽나무 세 그루가 있다. 이것을 중심으로 컨셉을 잡으면 좋겠다고 생각했다. 또 묘하게 골목길도 좁고 길도 작은데 팽나무 있는 곳만 광장이 형성되어 있다. 팽나무 주변에 창고 마당이 있고, 맞은편에 리사무소 마당이 있어서 다른 제주의 마을에서 보지 못한, 의도하지 않은 광장을 가지고 있었다. 이것을 중심으로 마을 자체를 하나의 정원으로 꾸며보자는 구상을 이장님에게 이야기 했다. 이장님도 "그래, 그러면 1년에 2~3000만 원 정도는 마을 예산으로 사용할 수 있으니까, 년차 10년 계획으로 한번 작업해 보자."라고 합의를 하게 된 것이다.

김: 마을의 어르신들의 70대 이상이면, 마을 유자도 30년 키우면 그분들은 100세이신데 동의가 잘 되었는가? 그리고 유자나무를 심을 때 마을의 규칙 같은 것이 있었는가?

고: 나무는 후손들을 위해서 심는 거라고 하니까 오히려 어르신들이 더 적극적이었다. 사실 심은 나무는 관리를 안 하니까, 오히려 어지러운 꽃을 심거나 돌담을 정비하거나 하면 어른들은 잘 받아들이지를 못한다. 특히 그 세대의 어르신들은 콘크리트나 시멘트에 거의 환상을 가지고 계신 분들이다. 직선의 현대적 의미와 발전의 환상을 갖고 있기 때문에 도리어 나무를 심는 것은 다른 것에 비해서 더 쉽게 설득이 된다.

김: 당유자를 심을 때 뭐 규칙 같은 것은 만들었는가? 이 집에 몇 그루, 이런 식으로?

고: '한 가구당 5그루 이상씩을 심는다'를 기준으로 마을 예산을 이용하여 묘목을 사다가 나눠주었다. 마을 예산이 허락하는 대로 4년 계획으로 계속 심어나갈 것이다. 마을 공터나 자기 집에 텃밭이 있거나 공터가 있는 곳은 다 심었다.

### 마을만들기, 폐가살리기협동조합과 연대하다

김: 팽나무 광장에서는 여러 문화제 행사(퐁낭문화제 등)를 하고 있다. 이 문화제 행사의 주체로 폐가살리기협동조합이 눈에 띈다. 이 폐가살리기협동조합도 일종의 외부 자원으로 한림3리에 들어와서 결합하면서 문화적인 자원들을 만들어냈다고 판단된다. 폐가살리기협동조합과 마을과 어떤 관계를 맺고 있는가?

고: 의도적으로 폐가살리기협동조합을 끌어들였다. 폐가살리기협동조합의 김영민 대표를 개인적으로 알고 있었다. 김영민 대표는 제주 마을의 폐가에 대한 전수 조사를 하고 있었다. 처음에 만났을 때 제가 마을만들기를 한다고 하니까, 김영민 대표가 괜찮은 마을 있으면 세 마을만 소개시켜 달라고 했다. 우선 한림3리에 가서 시범적으로 사업을 진행하되, 마을에 가서 살면서 사업을 진행할 수 있었으면 좋겠다는 조건을 설명했다. 한림3리 이장님하고도 논의를 했는데, 마침 한림3리에 폐가가 세 채 정도 있었는데, 두 채를 폐가살리기협동조합에게 빌려줘서 시범사업을 진행하기로 했다. 물론 마을에 살면서 마을 사업을 도와주는 것을 조건으로 해서 폐가살리기협동조합이 한림3리에 들어오게 되었다. 그래서 초창기에 폐가살리기협동조합 친구들이 마을에 들어와서 마을 어르신하고 같이 농사도 짓고, 자원봉사도 하면서 잘 어울려서 분위기가 좋았다.

김: 어쨌든 마을사람들이 자원이 없는 상태에서 폐가살리기협동조합이랑 고성환님과 같은 마을전문가가 들어가면서 여러 가지 문화사업이라든가 경관조성사업 등을 추진하면서, 이 와중에 밖거리살리기협동조합이 만들어졌다. 굉장히 재미있는 결과인 것 같다. 이 협동조합은 마을 사람들이 만든 것인가? 마을만들기의 결과로서 나온 것인가?

고: 폐가살리기협동조합 같은 경우에는 김영민 대표와 제주도내에 있는 관심있는 청년들로 구성되어 있다. 밖거리살리기협동조합 같은 경우엔 초창기 당시 이장인 임남호 이장님을 중심으로 마을개발위원회 중심으로 만들었다. 마을 사무장이 간사 역할을 맡아서 밖거리 사업을 추진하는, 일종의 마을사업 형태인 협동조합이 되고, 김영민 대표도 같이 참여해서 진행되었다. 그러니까 폐가살리기협동조합하고 마을이 공동으로 만든 협동조합이라고 보면 되지 않을까!

**김**: 처음부터 마을 사업이 잘 될 것으로 보는 것은 아니다. 장기적인 전망에서 전망에서 접근하는데, 어쨌든 내부에서, 그러니까 마을사람들이 협동조합을 구성을 해서 밖거리 살리기 사업을 한다고 하는 것은 굉장히 좋은 것이라는 생각이 든다. 마을의 폐가를 그대로 내버려 두는 것 보다는 좋지 않은가. 현재 밖거리살리기협동조합의 운영 상황은 어떠한가?

**고**: 일차적으로 예산문제 때문에 어려움이 있다. 지방정부에서 지원하는 예산 자체가 폐가를 리모델링하기에 부족하다. 설계를 시작으로 여러 가지 계획을 세우다 보니, 2차 투자가 필요했다. 폐가 살리기에는 조직이 두 개 존재하는 셈이다. 마을 주민들이 만든 밖거리살리기협동조합 그리고 폐가살리기협동조합. 그래서 책임 주체가 살짝 불명확해 진거다. 다만 앞으로도 이 문제만 해결 되면 당장 사업이 다시 시작될 수 있을 정도로 조직이 다 갖추어져 있는 상태이다. 이미 필요한 공사도 거의 끝난 상태이다. 내부 인터리어 하고 몇 가지만 정리하면 되는 상태이다.

한편 이 밖거리 사업의 경우는 굉장히 독특한 사업이다. 그래서 밖거리살리기협동조합의 설립에 의의를 둔다. 아주 훌륭한 일이다. 마을에 새로운 것을 건축하는 것이 아니고, 협동조합을 만들어 주고 거기서 다시 자원을 재생시키는 것이기 때문이다.

**김**: 지금도 고성환님은 여전히 한림3리와 관계를 맺고 있는가?

**고**: 그렇다. 놀러 가끔 가고 커피도 얻어먹으러 가고 있다.

**김**: 저는 오히려 폐가살리기협동조합 그 자체보다는, 외부적 자원이 들어가면서 그 마을에서 사람들이 스스로 협동조합을 구성케 하고 없는 자원을

만들어낸 것 아닌가? 여기서 일종의 사회적 경제일 수도 있는데 협동조합 형태의 사업체까지 만들어지면서 마을의 사회적 목적을 위해서 뭔가를 하겠다는 것 자체가 굉장히 중요하다고 생각한다.

**고**: 한림3리에는 부녀회장을 중심으로 영농조합법인을 하나 만들어서 여기서 생산되는 농산물 판매하는 곳이 있다. 폐가살리기협동조합 출신의 젊은 친구가 함께 하고 있다. 폐가살리기협동조합의 젊은 친구들이 들어오면서 마을에 새로운 변화를 많이 주었다. 예를 들면, 마을 사람들은 개별로 농산물을 판매했는데, 협동조합, 영농조합법인을 만들어서 마을의 물건을 직접 판매하는 일들을 시작하고 있다. 다만 이것은 마을 구성원 전체가 참여하는 것이 아니라 마을의 몇 명 중심으로 되어 있기 때문에 어떻게 진행되고 있는가에 대해서만 관심을 가지고 있었고, 그 운영 자체에는 신경을 쓰지 않았다. 이것도 하나의 변화가 될 수도 있다.

우리 사업이 일단락 지어지면 마을 사업은 입찰에 의해 진행된다. 이때부터 우리는 관여를 못하고 컨설팅업체가 맡아서 들어오게 된다. 우리는 개인이어서 입찰 자격이 없기 때문에 관련 사업에서 손을 떼야 한다.

**김**: 그럼 그 성과는 마을만들기 컨설팅 회사가 가져간 것인가?

**고**: 마을만들기 컨설팅 회사도 어차피 그 시기만 진행하고 나머지는 손을 뗀다. 마을발전계획은 단계별로 추진되고, 입찰을 해야 한다. 1단계는 교육중심이고 2단계는 역량강화 이런 식으로 진행된다. 교육의 경우 한 2~3,000만원 정도의 예산이 투여되면서 해외나 육지의 선진지 견학을 하는 등의 사업을 말한다.

우리가 진행했던 것들은 마을의 의견 모으기 교육이나 마을만들기에 가장 기초적인 개론 같은 교육 등이다. 우리가 워크샵을 통해서 한림3리에 마을의 의견을 모아준 것이고, 그 당시에 한림3리가 2단계로 넘어가면서 역량강화사업을 추진하게 되는데 그때부터는 이제 입찰이 들어오는 거다. 그래서 마을만들기 컨설팅 회사가 관여를 하게 된다. 마을만들기 컨설팅 회사가 들어오면 우리는 조언도 조심하게 되고 그냥 관계만 맺고 있을 뿐이다.

## 시민사회운동에서 마을만들기 운동으로

김: 고성환님은 자타가 공인하는 '마을전문가'이다. 어떠한 20대, 30대, 40대를 거쳐서 지금의 마을 전문가가 되셨는가? 왜 마을의 전문가가 되었나보다 왜 마을에 집중을 하고 계시는지 더 궁금하다. 그리고 제주포럼 활동을 하셨을 때도 굉장히 마을을 많이 돌아다니셨는데, 어떠한 계기로, 왜 마을을 돌아다니게 되었는가? 또 우리에게 마을은 지금 무엇인가? 이 내용에 대해 좀 구체적으로 듣고 싶다.

고: 내가 대학을 졸업 하고 제일 먼저 활동했던 곳이 제민협이다. 정식명칭은 제주민주민중운동협의회이다. 거기서 맡았던 일이 민중생존권위원회 일명 민생위원회이다. 민생위원회 간사 활동을 시작하면서 주민들 갈등문제에 많이 관여하게 되었다. 대표적인 것인 90년대 초반의 금악마을 골프장 반대 투쟁이다.

그런 마을 주민들의 민원을 해결하는 사업들을 주로 하면서 마을에 대해서 조금씩 알기 시작했다. 그 이후에는 나이도 들어가고 승진도 하게 되니까 조직, 기획, 정책파트로 이동을 하게 되었다. 그리고 한 20여년 사회운동을 했는데 중앙문제에 주로 집중을 하다 보니 나에게 남아 있는 것이 거의 없었다. 이러한 문제의식을 바탕으로 제주주민자치연대를 만들게 되었다. 사실

주민자치연대 제주연합을 해소하고 제주주민자치연대를 만들게 된 배경은 중앙 이슈 중심의 싸움을 백 날 해봐도 뿌리를 내릴 수 없었다. 지역의 문제에 좀 더 고민해보자는 생각을 하게 되었고 이 고민이 지역운동에 대한 고민으로 연결되었다. 그래서 지역운동에 기반한 조직들을 만들어보자고 생각했고, 그것이 바로 제주주민자치연대로 결실을 맺었다.

1997, 98년 즈음 제주주민자치연대가 주로 했던 것이 쇼핑아울렛 반대와 같은 싸움이다. 그리고 그 유명한 지방자치 행정 개편 문제, 제주특별자치도 반대 싸움을 했다. 가장 가열차게 싸웠다. 이제야 우리들 의견에 귀를 기울여주는데, 그때는 어느 시민단체도 우리 의견에 귀를 안 기울여 줄 때 우리는 그 문제를 가지고 싸웠었다.

그러면서 지방자치 문제에 관심을 갖다 보니까 주민자치위원회, 그러니까 읍/면/동별 주민자치위원회의 권한 강화에도 굉장히 관심을 많이 가졌다. 그래서 제주도 특별자치도법에 규정되어 있는 자치위원의 권한과 육지에 있는 지방자치위원의 권한을 비교해 보면 차이가 많이 난다. 주민자치 위원의 권한 강화와 그 권한을 제대로 행사할 수 있도록 교육프로그램들을 우리가 읍/면/동 들을 다니면서 많이 진행을 했었다. 우리가 주로 교육을 할 때, 초장기에는 조례와 법을 가지고 교육을 했는데 재미없어 하고 다들 관심이 별로 없었다. 그래서 5P기법, 카드 라이팅 같은 참여형 교육기법을 많이 활용했다. 워크샵 형태로 교육을 진행하다 보니까 마을들이 무엇을 고민하고 있는지, 문제가 무엇인지에 대해서 고민하게 되었다. 개인적인 이야기를 하자면, 사실 사회운동을 오래하다보니 다른 사람들이 저를 정책통이라고 평가를 한다. 실제로 온갖 사회문제를 섭렵하다보니 특징이 없는, 아무 것도 없는 사람이 되어 있었다. 그런데 주위를 보니까 자기 분야를 가지고 공부하는 그럼 사람들이 인정을 받고 있었다. 그래서 저도 무언인가 하나 전문 분야를 가져야겠다고 생각하면서 접근 한 것이 바로 마을이었다.

**김**: 그런데 그 마을 공부가 쉽지 않았을 것 같다. 제주의 마을은 가는 곳마다 다 다르다. 마을에 대한 공부를 어떻게 했나?

**고**: 마을에 관해 공부할 그때 당시에는 자료가 없었다. 당시는 전국적으로도 마을만들기가 만들어지기 시작한 초기에 해당한다. 지금이야 쏟아지는 것이 자료인데, 당시는 인터넷도 그다지 발달하지 않았던 당시였다. 그래서 조금만 자료가 나오면 신문자료든지 다 스크랩을 하고 직접 발로 뛰면서 자료를 수집하였다. 육지에 뭐하는 마을이 있다고 하면 직접 가보기도 했고, 그쪽에 잘하는 사람이 있으면 초청해서 교육도 받으면서 거의 3년은 그렇게 보냈다. 그나마 농촌진흥청에서 추진했던 평화마을만들기 사업이 있었는데, 그 해당 사업 마을들을 다 돌아다니면서 문제점이 무엇인지에 대해서 현장조사를 하였다. 그것이 많이 공부가 되었다. 자료로 나오는 것을 믿지 않고 현장에 직접 가서 잘 되는 것 말고, 어려운 점이라든가 문제점 중심으로 살펴본 것이다. 마을사람들이 잘 이야기해주지 않았지만, 어렵게 입 떼게 만들어서 이야기를 들었다. 그때 그런 공부가 사실은 내공이 좀 쌓이게 된 것이다. 그 후에 시간이 조금 흐르니까 마을 관련 자료들이 많이 쏟아져 나오게 되었다.

**김**: 지금 시점에서 당시의 마을의 어려운 점과 지금의 마을의 어려움 등을 비교해보면 어떤 차이나 변화가 느껴지는가?

**고**: 아주 많다. 초창기 우리가 시작할 때만 해도 제주의 마을은 대부분 관광하고 무관한 마을이었고, 외부적 충격에 그렇게 좌지우지 하지 않는 그나마 잘사는 농촌이었다. 잘 사는 농촌에 굳이 마을만들기 사업이 필요할까라는 생각을 할 정도로 당시 제주의 마을은 육지의 웬만한 읍/면에 버금가는

인구 규모를 갖고 있는 마을, 대략 1,000~2,000명 이상 마을 인구가 되는 마을도 많다. 보통 마을의 인구수는 600~700명 정도가 되는 마을이 대부분일 것이다. 제주의 마을은 제가 보기에도 전국적으로 비교해서 그렇게 못사는 마을들이 아니었다. 그리고 제주의 농부들이 상대적으로 새로운 것을 받아들이는 것이 굉장히 빠르다. 도리어 공무원들이 따라가지 못할 정도로 선진 농법이라든가 경영기법들을 많이 구사하고 있기도 했다. 제주는 동서남북이 다 다른데, 어차피 남쪽이야 감귤에 의존하기 때문에 마을만들기에 별 관심이 없고, 주로 못사는 마을 중심으로 아니면 자원이 없는 마을, 작은 마을을 중심으로 마을만들기가 진행이 많이 되었다. 대평리를 보라. 지금이야 떴지만 그때는 대평리가 어땠나?

그때 초창기에 마을만들기가 시작되었던 대평리, 낙천리, 청수리 같은 마을들은 작은 마을들이다. 동쪽으로 가면 신풍리, 신흥리가 나중에 마을만들기가 진행된 마을이다. 그때 당시에 제주의 마을은 그렇게 큰 어려움을 못 겪고 있었고, 또 제주 같은 경우는 마을 이장의 권한이 상대적으로 굉장히 강하다. 그렇기 때문에 정치인들로부터 대접이 좋았다. 정치인들로부터 인정을 받는다는 건 예산을 딸 때 굉장히 유리하다는 거다. 그러니까 마을 독자적으로 예산을 섭외할 수 있는 능력이 있다는 이야기와 같은 말이다. 따라서 굳이 다른 지역처럼 마을만들기와 같은 프로젝트 사업을 통해서 마을을 바꾸는 계획에 대해서 관심이 없었던 것이다. 국회의원이나 도의원하고 잘 이야기가 되면 마을에 웬만한 예산은 끌어들 수 있는 섭외능력이 있는 이장들의 정치력이 꽤 세다고 봐야한다. 그리고 이장협의회를 읍/면별로 구성하고 있고, 이 자체도 정치력을 발휘하는 것이다.

제 생각에, 자치분야에서 제주는 주민들의 자치 역량이 상대적으로 높은 것으로 바라봐야 된다. 제가 마을을 볼 때면 이러한 점이 좀 다른 것이다.

**김**: 초창기 마을만들기를 할 때는 규모가 작고 자원이 없던 마을이 주로 참여를 했지만, 지금은 제주도 전체가 마을만들기 사업에 참여하고 있다. 마을만들기 초창기와 비교해서 문제점 자체도 아까 약간 변화되었다고 하는데 조금 설명해 주길 바란다.

**고**: 지금은 공동체 파괴가 우려할 만한 수준에 도달했다고 봐야한다. 외지인의 급격한 유입, 그로 인한 문화파괴 뿐만 아니라 공동체 파괴도 서서히 진행이 되고 있다. 그리고 급격한 땅값 상승으로 인한 생활변화, 가치변화가 진행되고 있어서, 도리어 그때보다 지금이 더 두렵게, 우려의 눈으로 바라보고 있다.

마을만들기를 진행할 때 갈등해소 쪽에 관심이 더 많다. 그리고 마을사람들은 그 폐해를 눈앞에서 보다 보니까 옛날에 비해서 점진적 개발론에 더 많은 사람들이 환영을 한다. 이것은 요사이 긍정적 기능으로 보인다.

**김**: 아까 이야기가 잠깐 나왔던 것 같은데, 과거에 비해서 지금은 마을에 대한 문제 자체가 바뀌었다. 마을만들기에 대해서도 시각이 크게 변화될 시점이라고 생각한다. 그리고 마을의 갈등해소에 대해 언급했는데, 이제까지 제주는 개발로 인해 외부인과 내부인의 갈등이었지만, 지금은 마을과 외부의 갈등, 그리고 지방정부와 마을의 갈등 등 갈등 자체가 굉장히 다변화 되어버렸다. 이러한 갈등들이 마을만들기로 해소가 가능할까?

**고**: 마을만들기는 예전이나 지금이나 주체를 세워나가는 문제다. 그것이 우리가 주로 공동체만들기의 목적이라고 이야기한다. 공동체의 주체들이 좀 더 장기적 목표를 갖고서 마을을 변화시켜나가는 것을 개념적으로, 원론적으로 마을만들기라고 단적으로 이야기한다. 그럼 공동체 문제에 있어서 주

체의 문제가 예나 지금이나 가장 중요한 변수로 작용한다. 주체를 어떤 형태로 계속 세워나가기 시작하게 되면, 그 주체가 외부로부터 들어오는 문화적 충격을 어떻게 흡수할 것인가에 대한 문제, 그리고 지방정부하고의 관계 속에서 어떤 형태로 마을이 위치해야 할 것이냐는 문제, 제주도 전체에 걸쳐서 제기되는 환경보존이냐 개발이냐의 문제에 대한 마을의 입장이 있다. 요 근래에 점점 들어서 마을의 입장이 굉장히 중요한 정책 결정의 의제로 삼지 않는가? 그것 때문에, 주체문제를 정확히 제대로 세워나가기 시작하면 많은 갈등문제라든가 지금 나타나고 있는 문제들이 많이 해소될 수 있다고 본다.

**김**: 실은 마을의 입장이 굉장히 중요하고, 마을도 의견수렴 하는데 협치 얘기도 많이 하지만, 마을의 개발위원회 등을 보면 굉장히 풀뿌리이면서 보수다. 그런 분들이 오히려 개발을 요구하기도 한다. 그러니까 민주주의, 풀뿌리 민주주의라 해서 의견을 다 수렴해야 하지만, 이걸 어떻게 받아들이는가? 풀뿌리 보수를 어떻게 설득을 하는가? 하는 것이 어렵다고 생각한다.

**고**: 근데 과거의 마을은 그럴지 몰라도, 지금의 마을은 웬만하면 마을이 이장을 직접 선거한다. 이장의 직접선거가 되면서 한 집단이 독점적 지위를 형성하지 못한다. 이제는 옛날하고 달라졌다. 이장을 연임해서 계속 선출하는 것도 불가능하다. 반대파가 꼭 강하게 있어서 과거처럼 그렇게 개발위원들이나 이장이 독단적으로 진행하지 못한다. 그런 이장들은 탄핵된다. 제주도의 이장들이 탄핵되는 사례가 많아지고 있다. 반대 정치세력들이 강해지기 시작했다는 거다.

이장의 직접선거는 오래되었다. 원래 다 직접선거였는데 한동안 이장을 안 하겠다고 해서 기존 이장들이 계속 장기집권을 했고 하기 싫을 때까지 했던 거다. 그런데 이제는 마을의 정치세력들이 분화되고 있다. 마을은 가만히 있는데 외부 정치세력 등에 의해서 이장 출마도 하게 되고, 그러면서 자체적으로 이장파, 반이장파가 존재한다.

김: 그러면 이장파, 반이장파의 존재로 인해 마을은 항상 갈등의 불씨를 가지고 있게 되는 것이 아닌가?

고: 그걸 부정적으로 보던데, 저는 긴장감 때문에 긍정적으로 본다. 함덕마을 사례를 살펴보는 것이 좋다. 함덕이 제주도에서 최초로 가장 강력하게 이장선거가 붙는 마을이다.

김: 그 이유가 뭔가?

고: 우선 마을의 이권이 강하다. 해수욕장에 대한 이권도 있고, 또 마을 자체의 자산이 굉장히 많다. 굉장히 부자마을이기 때문에 이장이 된다함은 조천읍장하고도 안 바꿀 정도의 권한을 갖는다고 한다. 함덕리 사무소를 가보았나? 면사무소 직원도 거기 와서 근무한다.

그러니까 면장은 위로부터 통제를 받지만 이장은 그 마을의 대통령이다. 그래서 이장을 하고 싶어 하고 웬만한 정치인들은 표를 의식해서 함덕리에 와서 고개를 숙인다. 함덕 이장은 제주시장하고도 안 바꾼다고 한다. 그런데 함덕리 같은 경우 여야에 의해서 바뀐다. 정권교체이다. 몇 표 차이 아니다. 이런 상황이 1980년 대 후반부터 였으니까, 자치의 역사가 한 30년이다. 그래서 지방자치 연구하는 사람들에게 함덕 이장선거, 함덕마을 규약, 정관을 공부해보라고 한다. 그것을 보면 굉장히 세세한 것까지 규약에 규정이 되고, 또 함덕은 마을정관 개정할 때는 피터지게 싸운다. 그러한 규약이 나오고 또 그것을 해소할 수 있는 방안들을 또 마을이 자체적으로 만들어가는 거다. 그래서 나는 그런 갈등을 마을 분열로 보지 않고 사회 다양화를 통한 정치과정의 성숙단계로 바라본다. 다 보는 입장이 다르다.

### 제주탐방, 마을의 잠재성을 보다

**김**: 지금까지의 이야기를 정리해보면, 고성환님은 대학 졸업 후에 제민협 활동을 하면서 마을을 알게 됐고, 그 후에 20년 동안 중앙 이슈에 집중을 하다가 다시 마을로 들어왔다. 지금 이제 마을전문가로서 활동을 하고 있는데, 고성환님의 활동 중 뜻 깊었던 것이 제주포럼C에서 주최한 '제주탐방'이었다. 저도 50회차와 51회차에 참석했었다.

제주탐방에 대한 설명을 해주시고, 제주의 지금 마을에 대해 어떻게 생각하고 있는지 알고 싶다. 현재 제주는 제2공항, 오라 관광단지 개발, 강정 해군기지 건설 등 어쨌든 마을 안에서 지자체 아니면 국가와의 갈등 등이 굉장히 복잡하다.

**고**: 제가 제주에서 운동을 하면서 다른 사람에 비해서 주로 현장 중심으로 가니까 마을하고 접할 기회가 많았다. 그리고 알려져 있는 관광지 외에 제주도에서 숨겨져 있는 그런 자원들이 많이 눈에 띄었다. '이 자원들을 사람들이 관심을 가질 수 있을까?'라는 의도 하에 우연찮게 제주탐방 프로그램을 한 번 기획을 해봤다. 그런데 한 40명 정도 어렵지 않게 모이더라. 그래서 그럼 한 번 해보자 해서 1회, 2회, 3회 되어가니까, 다양한 주제를 갖고서 제주탐방 프로그램들을 진행하기 시작한 것이다.

5년을 채우려고 했는데 다 못 채웠다. 5년이면 60회니까, 58회까지 진행했다. 그걸 기획을 하면서 주로 제주도 문화, 역사, 경관 그리고 시기별 등의 형태로 주제를 다양하게 선택을 해봤다. 제주탐방하면서 제주도의 그 숨겨져 있는 비경들, 그리고 제주도가 가장 소중하게 여겨야 될 것들에 대한 가치를 발견하는 것, 그런 작업의 일환으로 기획했던 거다.

　이 제주탐방 보다도 저에게 자극을 주었던 것은 제주포럼C 활동을 할 때, 〈현장에서 길을 찾다〉라는 프로그램을 통해 제주도에 있는 모든 행정리를 전부 돌아다니보는 것이다. 이 프로그램이 사실은 제가 제주도 마을을 이해하는 데 큰 자산이 되었다고 본다. 마을에 가게 되면 주로 이제 이장님이나 노인회장, 그리고 부녀회장, 그 외에 마을 어르신, 또 마을에 새로운 사업이나 새로운 형태의 일들을 하는 사람들, 하나의 신기술을 받아들인 경영을 하는 그런 분들을 중심으로 만났다. 예를 들어 망고농사를 제일 처음 재배한 사람이라든가, 수박농사를 제일 처음 재배한 사람이라든가. 그리고 양배추는 제주도에 언제 들어왔나? 왜 양배추 하다가 브로콜리로 바꿨나? 이런 이야기들을 들었던 거다. 신품종 도입 같은 것은 관이 한 것이 아니다. 제주도 농민들이 다 알고 한 거다. 그때 제가 제주도 마을의 잠재성, 그리고 제주도 농부의 뛰어남을 알았다. 그래서 더 마을에 더 미련을 가져서 '마실감저'라는 마을탐방을 진행하는 거다.


김: 금방 제주 마을의 잠재성 이야기가 나왔는데, 좀 구체적으로 설명해주길 바란다. 잠재성이라고 하기엔, 일단 지금 우리 세대만 하더라도 대학교는 거의 다 당연히 육지로 나갔고, 이제 직장까지 육지서 하다 보면 굉장히 돌아오기가 어렵다. 또 막상 돌아오려고 하니까 집값도 너무 뛰었다. 일단은 그런 속담이 있지 않나, '말은 제주로 보내고, 사람은 서울로 보내라'. 그리고 저희 부모님 세대만 하더라도 제주로 돌아오려고 하니까 "왜 돌아오느냐"는 타박을 한다.

　고: 한림3리에 빗대서 이야기를 좀 하고 싶다. 한림3리에서 가장 만들고

싶어 하는 게 떠난 사람들이 돌아올 수 있는 고향으로 존재하기 위해서 한다고 한다. 그러니까 '아름다운 정원'은 관광객들을 많이 받아들이기 위해서 하는 게 아니고, 내가 살고 싶어 하는 마을과 한림3리에 살다가 떠난 사람들이 언제든지 돌아올 수 있는 그런 마을을 만들고 싶어 하는 것이다. 제주도 마을 같은 경우 잠재력 측면에서 한 번 이야기 해보자.

잠재력 측면에서 이야기 할 때, 사실 제주의 마을 규모는 미국의 카운티에 버금가는 정도의 인구를 가지고 있다. 작은 카운티 같은 경우 인구 2~300명도 안 된다. 근데 마찬가지로 제주의 마을도 작은 마을이 인구 300명이고 큰 마을들 같은 경우는 인구 3,000명이다. 웬만한 시티에 버금가는 그런 인구들을 갖고 있는데 제주의 마을은 하나의 완결체다. 마을의 자체 예산, 자체적으로 그러니까 독립예산제를 운영하고 있다. 읍에서 하는 지원은 형식적이다. 그러니까 보통 우리나라 마을은 지방자치제하고 거의 비슷하다. 예를 들면 가난한 마을들 같은 경우에는 읍의 예산에 거의 의존하지만 잘사는 마을들 같은 경우는 읍이나 면에서 지원하는 예산에 기대질 않는다. 마을 예산 자체가 보통 3~4억 되는 마을이 수두룩하다.

**김**: 예산의 근거가 어디서 나오나?

**고**: 마을의 자산운용이다. 마을공동목장 임대비도 있고 건물 임대비도 있다. 그리고 기금조성회가 있어서 마을기금 운용하는 것도 있다. 마을에 따라서 특징이 많이 다른데, 주는 마을 공유재산 임대료가 거의 주를 이룬다.

대표적인 사례가 가시리이다. 가시리는 풍력 때문에 1년에 7억 이상 들어온다. 월령리 같은 경우도 풍력발전기 하나 때문 2,000만 원이 매해 들어오고 있다. 신창리도 마찬가지로 풍력발전기 두 개에 2억 들어온다. 그러니까 이제 마을은 자체 예산을 확보하는 데 관심이 굉장히 많아졌다. 마을이 자산

운용을 어떻게 할 것인가에 대해서 마을예산 계획을 어떻게 세울 것인가?

바닷가 마을들 같은 경우는 이미 톳을 수확하는 공동작업을 통해서 과거부터 마을 운영 예산을 마련하였다. 어촌계가 전부 하는 마을도 있지만 어촌계 반 마을 반 이런 식으로 운영하는 마을도 굉장히 많다.

김: 이게 제주도만의 특색인가?

고: 그렇다.

김: 제가 보니까 수눌음의 역사를 공부하면서 젯밭(계의 공동기금 운용을 위한 밭)이라는 것이 있었다. 마을사람들이 공동 소유해서 공동으로 경작하고 공동으로 수익금을 나눠가지는 데, 그걸 마을기금화 해서 쓰더라.

고: 그니까 마을이 갖고 있는 것들은 오랫동안 그 마을재산에 대한 개념이 마을에 잡혀있다.

김: 이게 역사적으로 기인한 것인가? 바닷가 마을은 마을공동어장, 중산간 마을은 마을공동목장 이런 식으로 볼 수 있는가?

고: 역사적으로 기인한다. 하지만 마을공동장은 일제시대 이후에 형성된 것이어서 그게 관계가 없다.

주로 이제 당굿, 마을제를 지내는데 공동재산이 필요했다. 가장 큰 행사에도 십시일반 얼마를 모아서 제사 비용을 만들거나 아니면 마을 공회관을 짓는데 돈을 낸다거나 했다. 과거에는 마을 도로 포장비도 마을이 50%를 부담 했다. 그런 예산이 필요한데 없으니까 재일교포들 돈을 빌려 썼다. 그리고 재일교포가 아무 재일교포가 아니고 동네 살던 사람이다. 그런 식으로 마을공동재산에 대해서 내 개인 돈이 나가는 것은 좀 주저되고, 그런데 마을에 필요한 것은 해야 된다는 인식이 있으니까 당연히 그런 것들을 진행하는 거다. 그니까 마을공유재산을 만드데 있어서 마을 간, 구성원 간의 합의를 용이하게 하는 습관과 훈련이 굉장히 잘 되어있다고 바라보는 거다.

문제는 그게 오랫동안 축척되다 보니까 마을의 자산규모들이 꽤 된다. 공유재산이나 소위 말해서 하드웨어, 각종 시설들이 제주도만큼 잘 되어있는 데가 없다. 그럼 그것을 운영할 소프트웨어가 필요하다. 그 소프트웨어 같은 경우를 나는 이주민에게서, 그 문화이주민들에서 찾는다. 그들이 갖고 있는 재능을 잘 활용하고 프로그램화 하게 되면 어디서도 보지 못한 독특한 형태의 어떤 모델이 하나 양산되지 않을까? 그런 생각을 해본다.

**김**: 이것은 그래도 농촌지역이어서 가능하다고 생각된다. 제주의 삼도동이나 이도동 같은 제주의 도시지역은 좀 다르지 않을까?

**고**: 제주시 마을의 약점이다. 제주시의 외곽마을 같은 경우에 마을재산을 갖고 있다. 그런데 제주시에서도 요새 마을회를 만들고 있다. 서사라 마을회, 서광마을회 등이 있는데, 이를 중심으로 해서 하나의 이익집단화가 되고 있다. 그들이 우선순위로 둔 게 자기 마을의 이익이다. 그리고 공동의 전통이나 이런 것들을 쌓는데 마을회가 관심을 갖는다. 대표적인 것이 '서사라 벚꽃축제'를 마을회가 주관한다. 제주시지역의 마을회도 앞으로 희망과 비전을 볼 수 있다. 서사라 벚꽃축제는 마을회가 관장하고 있는데, 이것이 역사가 쌓이게 되면 전통이 쌓이게 되고, 그러면 충분히 마을회도 기능을 한다. 그런데 시 지역은 다른 형태의 공동체 복원사업을 진행하는 것이다. 시 지역은 공공미술과 도시 재생을 중심으로 진행하고 있다. 우리는 작은 공동

체 복원사업 중심으로 진행하는데, 제가 관심 있는 것은 제주의 마을이다. 제주의 마을은 굉장히 다르면서 독특한 형태고 또 규모가 있고, 또 그 구성원들이 대부분 적당히 평균적인 경제를 가지고 있다.

**앞으로의 과제, 다시 마실을 다니다**

김: 실제 지금 육지부의 지방은 지방 소멸이 진행되고 있는 일본처럼 아예 없어질 것이라 얘기를 하는데 제주의 상황은 좀 다르다. 그럼 제주 마을의 앞으로의 과제는 무엇인가? 우리가 무엇을 주의 깊게 바라봐야 할까?

고: 저는 너무 급속도로 진행되는 도시화를, 그러니까 제주시의 팽창을 막아야 된다고 생각한다. 가장 두려운 게 급격한 땅값 상승으로 인해서 마을 사람들의 의식변화가 일어나고 있다는 점이다.

잔칫집에 가보면 잘 알 수 있다. 노름을 하는데 판돈이 엄청 커졌다. 그러면서 뭐라고 얘기하냐면 "야, 너 돈도 별로 버는 거 없는데 왜 이래?", "밭 하나 팔면 되지."라고 한다. 밭 팔아서 한 천만 원 이천만 원 해도 껌 값이다, 이거죠. 굉장히 단순한 농담인데도 저에게는 충격이었다. 자기 스스로 생기는 돈이 없는데도 부자라는 생각을 하기 시작한 거다. 과거에는 자기가 1억 원을 벌어도 부자라는 생각을 안 했다. 제주도 농촌 같은 경우 수익이 웬만하면 7~8,000만원에서 1억원이다. 그런데도 자기가 부자라고 생각을 안 했는데, 이제는 '내가 부자'라고 생각을 하기 시작했다는 말이다. 이러한 의식변화가 앞으로 제주도 마을공동체를 해체하는 데 큰 영향을 줄 거라고 생각한다. 그래서 땅값을 굉장히 빨리 잡아야 된다고 생각한다. 이 땅값 상승으로 인한 문제는 지금 그들이 그걸 팔고 밖에 나가서 또 할 수 있는 일이 없다는 말이다. 그러니까 마을사람들한테 굉장히 부정적 영향만을 주고 있다.

옛날에는 마을자산이 돈이 안 되기 때문에 팔 이유가 없어서 후손들이 가지고 있었는데, 이제는 마을재산을 처분하게 되면 그들이 돌아올 공간이 없어진다는 거다. 그럼 마을공동체 자체가 완전히 깨진다는 이야기다. 굉장히 위험한 형태의 삶의 마을공동체가 진행되고 있다는 거다.

**김**: 마을 전문가로서 고성환님은 개인적으로 앞으로 어떤 활동을 할 것인가?

**고**: 지금은 '마실감저'라는 마을 탐방 프로그램을 진행하고 있다. 이 마실감저는 저의 10년 놀꺼리이다. 한 달에 두 번씩 마을을 다니는데, 오늘도 제가 답사를 갔다 왔다. 저는 일주일에 두 번을 마을로 가는 거다. 제주도 마을은 보면 볼수록 재미있다.

**김**: 구체적으로 어떤 점이 재미있나?

**고**: 제주도 마을은 동서남북이 다 다르고, 172개 마을이 다 다르다. 형성조건도 다르고 바로 옆 마을인데도 작부체계가 다른 곳도 있다. 예를 들면, 대표적으로 하귀 1리 같은 경우에는 부추농사를 전문적으로 한다. 그런데 하귀 2리는 부추농사를 안 짓는다.
토질도 똑 같은데 그렇다. 신엄리는 수박농사를 짓는데 구엄리는 수박농사를 안 짓는다. 애월리는 취나물 농사를 짓는다. 특히 애월읍은 제주도에 있는 마을의 집합체다. 하귀 2리 같은 도시형 마을들도 있고, 또 각 마을마다 개별적 특징이 굉장히 강한, 비슷한 마을이 하나도 없는 곳이 애월읍이다. 광령 1리, 2리, 3리가 다 다르다. 작으면서도 굉장히 다양하다. 서로 문화적 영향과 농사기법 같은 것들이 금방 영향을 받는데, 곽지에서 양배추 농사가 시작되었는데 지금 한경까지 쫙 가듯이. 그런데도 묘하게 애월은 그런

게 이루어지지 않은 거다. 예를 들면, 신도 3리 같은 경우는 풋마늘로만 먹고 산다. 귀덕 1리 같은 경우는 쪽파로만 먹고 살고, 그렇게 주작목이 그런 식으로 다 다르다.

**김**: 이러한 것이 마을의 성격과 연결이 되는 건가?

**고**: 문화하고 많이 연결이 된다. 그러니까 그 마을 같은 경우는 새벽 3시, 4시부터 깨어난다. 안 깨어나면 그 마을에서 버티지 못하고 이사가야한다. 겨울철 한 철을 먹고 살기 위한 마을공동체가 그렇게 변화돼 버린 거다. 그런데 제가 보기에 이런 마을들 특징이 개인 소유 땅들이 약한 마을일거다. 그러니까 굉장히 집약적 노동을 투여해서 그 수입으로 먹고 사는 마을이 된 것이다. 이런 특징들이 마을의 문화를 만들지 않았나 생각을 하긴 하는데, 조사를 안 해봐서 잘 모르겠고, 연구자들이 조사를 해야 될 내용이라 생각한다.

**김**: 되게 재밌을 것 같다.

**고**: 제주는 동서남북의 작부체계도 다르다. 동쪽의 세화는 당근, 북쪽은 양채류, 남쪽은 감귤. 북쪽에 살던 사람이 남쪽의 남원에 가면 외국이다. 대화가 안 된다. 그나마 감귤농사를 짓는 사람들은 대화가 되지만, 남쪽은 감귤농사, 여기는 양배추 이야기를 하고 있는 경우는 대화가 안 된다. 서로 농번기도 다르기 때문이다. 여기서는 잔치와 같은 큰일을 감귤 수확철에 하지 말라고 하는데, 저기서는 양파를 심을 시기나 브루콜리를 심을 시기, 양배추를 심을 시기에는 하지 말라고 하는 거다. 생활풍토나 고민하는 지점이 작부체계에 의해서 달라진다. 따라서 올해 같은 경우에 서쪽은 웃고 있고, 감귤 값 안 좋은 남쪽은 울고 있는 경우도 있다.

김: 제주도라는 이름으로 170 여개의 다양한 마을의 성격을 어떻게 담아내야 되나? 아니면 그냥 그대로 둬야 되나? 제주도정에서는 정책을 펼칠 때 이걸 어떻게 인식해야 하나? 행정차원으로 제주도가 되면 이게 층위가 좀 굉장히 복잡해서, 어떻게 바라봐야 할까?

고: 행정적인 것은 저는 모르겠다. 마을 자체를 주제별로 한 번 접근해 볼 수도 있고, 아까 제가 얘기했던 농사를 짓고 있는 작부체계별로 한 번 접근해 볼 수도 있다. 그리고 과거의 역사와 전통을 교류하는 그룹들, 제주목, 정의현, 대정현, 이런 식으로 접근해 볼 수도 있다. 문화 그 자체와 풍토, 고민 자체가 완전히 달랐던 마을을 제주라는 이름으로 단일하게 묶어놓을 순 없다고 본다. 동서남북이 언어도 다르고, 기후 같은 경우는 현격하게 다르다. 동서남북이 다 다르니까 그런 형태도 한 번 작업해 보는 것도 굉장히 재미있을 것 같다는 생각을 한다. '마실감저'라는 제주 마을 탐방을 계속하면서 책 만들어내기 시작하면 좋을 것 같다. 이런 식으로 일단 하는 데 까지만 작업해보려고 한다.

김: 아까 마을의 갈등해소에 중점을 두고 접근을 한다고 했는데, 마을이 아니고 제주도라고 하면, 이쪽 마을에서는 이런 문제가 불거져 나왔고, 저쪽 마을에서는 저런 문제가 있는데, 그걸 어떻게 함께 대응해나가나? 이런 고민을 했었다.

고: 그런 마을 같은 경우에는 자치능력을, 그러니까 자생력을 키워주는 게 맞다고 본다. 행정에서 관여하는 순간 갈등이 더 깊어져버리고, 그걸 돈 문제로 해결할 수도 없다. 그런 문제 같은 경우 마을 자체가 자기완결 구조를 굉장히 강하게 갖고자 하는 것이 제주도 마을의 특징이다. 다른 어떤 마

을보다도 굉장히 강하고 그래서 마을 간의 배타의식도 강하고 경쟁의식도 굉장히 강하다. 역사를 같이 하지 않은 마을들 같은 경우에, 예를 들면, 한림 3리 같은 경우에 왜 한림 2리 하고 합치지 않느냐? 그렇게 이야기하면 안 된다. 거기는 서로 다른 마을이다. 한림3리는 계속 장원동으로 존재했지만, 역사적으로도 도리어 대림리하고 더 가깝지 한림2리 하고 가까운 마을이 아니다. 그런 것들이 제주도 마을을 이해할 때, 우리가 쉽게 빠지는 논리, 즉 '어! 뭐 한림 1리, 2리, 3리 합쳐서 큰 마을을 만들면, 그럼 함덕 만큼 큰 마을이 되어서 그럼 한림읍 전체에서 맹주의 마을이 될 것 아니냐?' 그렇게 단순하게 얘기하는데, 실제 내면으로 들어가서 보면 전혀 다른 마을이라는 거다.

그리고 역사적으로 모멸감을 받았던 마을들이 분리되는 경우가 많았다. 그러니까 한 마을 내에서 한라산 쪽 중산간은 양반층이 존재했고 해안가 쪽은 상민촌이었다. 양반촌이 상민촌에 대해 계속 억압을 가했는데 이 갈등과 앙금이 잔존해서 분리되어 나갔는데, 합치라고 하면 그게 쉽지 않은 거다.

다른 역사적 배경을 보면, 예를 들어 판포의 경우가 있다. 판포 같은 경우는 금등리를 따돌림하려고 할 때가 있었다. 해안가에 시신이 막 떠오르니까 서로 다른 마을회에서 공동으로 처리하려고 하는데 그때는 판포리가 세력이 강했으니까 "너네 한계것(금등리 사람들)들은 판포하지마!"이랬다. 그니까 금등리의 다섯 집은 토호니까 난 판포로 옮겨서 판포로 인정받고, 나머지는 금등리가 되었다. 결국 금등리 마을 한 가운데 판포리가 또 존재한다. 이렇게 말도 안 되는 짓들을 했다는 말이다. 그러면 금등리 같은 경우에 그런 역사적 배경을 갖고 있는데 판포하고 합치라면 합치겠나?

그니까 그런 인위적 관계도 중첩되어 있고 마을 간 경계의 문제도 있다. 마을별로 신엄, 구엄, 중엄 같은 경우에는 경계가 명확하다. 법정리는 구엄리로 되어있다. 그럼 직불금을 탈 때 경계문제가 굉장히 첨예해져서 싸움이 된다. 마을경계를 어디까지 할 것이냐? 지금 마을 간의 영토문제가 지금 굉장히 심각하다.

**김**: 이렇게 보면 굉장히 마을이 복잡한데 실제로는 제주에서 마을연구가 별로 안 된 것 같다. 그런데 왜 우리가 이걸 인식을 못했을까? 앞으로 마을 연구에서 무엇을 중점적으로 봐야할까?

**고**: 기초적인 걸 봐야 한다. 또 빠지기 쉬운 오류가 육지마을의 연구를 제주도에 차용하지 말라는 거다. 우리도 마을만들기를 처음 하면서 빠졌던 오류가 육지의 성공사례를 중심으로 본 것이다. 그런데 제주도에는 맞는 게 하나도 없다. 인구가 다르고 인적자원이 다르고 그리고 물적토대가 다르다. 우리는 억지로 관광객을 끌어들이지 않고 관광객이 오는 곳이다. 저쪽은 거의 억지로 끌어들여야 하니까 육지에서는 하드웨어 중심으로 마을만들기가 되었다. 제주도는 소프트웨어 중심으로 가도 충분한데 이런 것들을 이야기 하지 않는다. 그리고 제주의 마을 같은 경우는 제주다운 새로운 형태의 접근 방식을 취해야 한다. 옛날의 집단적 산출 그런 마인드로 마을을 접근하는 것은 제주의 마을이 아니다.

그리고 제주도 마을 부락의 형성 자체도 철저하게 물을 중심으로 형성되어 있다. 물론 모든 마을도 그랬지만, 제주의 마을들은 철저하게 그렇다. 그리고 물이 굉장히 귀했고, 물을 지키는 싸움에서부터 마을이 형성되었다. 자기 물을 지키기 위한 것, 그리고 물통을 계속 만들어내는 것들이 다 공동노동으로 이루어져 있다. 여기에 토지개발 같은 경우에도 다 돌을 일구고 돌을 캐면서 서서히 마을을 강화시키고 확장시켜 나간 형태로 마을이 발전되어 곳이다. 대단위로 개발이 진행된 마을이 아니다. 그러니까 한 두 사람이 그 마을에 정착하면 그 집을 중심을 밭을 만들고 물통이 좀 있으면 다른 사람들이 들어와서 더 크게 만들고.

**김**: 제주 마을의 설촌 유래가 그렇게 독특하다는 것을 느낀다.

**고**: 그러니까 다 물을 중심으로 이루어져 있다. 그게 조금 솟는 물이든 아니면 고여 있는 물이든. 그래서 제주도 마을에 있는 습지의 보존은 굉장히 그 뿌리를 형성하는 것이기 때문에 중요하게 생각해야 할 자원이다. 그전에 몰랐던 마을들은 모두 베어버렸는데 이제는 마을들도 그 습지를 굉장히 소중하게 생각한다. 자기네 뿌리라고 이제 알면서부터다.

**김**: 마지막으로 한 가지만 더 묻겠다. 고성환님은 '제주차롱사회적협동조합'을 새로 만들었다. 지금 사회적경제 내지는 협동조합이 붐이 일고 있는 상황 속에서 제주차롱사회적협동조합을 만들게 된 계기와 협동조합을 통한 사회적 활동, 그리고 이것이 고성환님의 마을에 대한 활동과 어떻게 연계되어 있는가?

**고**: 우리가 마을만들기를 제주주민자치연대에서 7년 정도 진행했다. 중간에 잠시 쉬기는 했지만, 마을들하고 계속 지속적으로 관계들은 형성해 왔었다. 이 경험 속에서 아쉬웠던 게 지자체의 사업은 2,000만 원부터 모든 게 공개입찰이다. 그럼 입찰이 시작되는 순간 우리와 관계를 맺고 있던 마을에서 손을 떼야 된다. 우리가 해왔던 일을 뺏긴다는 게 억울한 게 아니고 마을을 한 번 들어가면 지속적으로 오랫동안 관계를 맺으면서 진행되는 게 맞다고 생각을 한다. 그러니까 전문컨설업체처럼 치고 빠져버리는 그런 사업은 마을에도 도움이 안 된다고 생각을 한다. 그래서 사회적협동조합을 만든 것은 그런 걸로부터 한 마을을 좀 더 장기적으로 들어갈 수 있는 조건을 형성한다는 데 우선 필요성을 느껴서 논의가 시작된 것이다. 앞으로 만약에 한 마을에 1차 컨설팅을 들어가게 되면 6단계까지 끝까지 한 번 마을사람들하고 같이 해보고 싶어 하는 게 우리 꿈이어서 제주차롱사회적협동조합을 만들었다고 보면 된다.

김: 마실감저도 계속 진행할 것인가?

고: 한 달에 두 마을씩 마실 다녔으니까, 지금 한 20곳 돌아다녔다. 재밌는 게 첨에는 열다섯 명 정도 시작했는데, 횟수를 거듭하다 보니 일곱 명, 여섯 명으로 딱 줄어들어서 정예멤버가 구성될 줄 알았는데 숫자가 더 늘어났다. 차를 타고 돌아다니는 마을과 마을을 걸어서 마을의 골목길을 도는 그 느낌이 엄청나게 다르다. 오늘도 명월리 갔다 왔는데, 과거에 갔던 명월하고 오늘 또 마을 안길을 돌면서 걷는 명월이 느낌이 또 다르더라. 그런 식으로, 아마 그런 매력 때문에 사람들이 늘어나는 것 같다. 사실 우리들 같은 경우에는 1차적으로 이렇게 마을을 돌아다니고 난 다음에는 몇 개 마을을 선정해서 2차 조사, 3차 조사 들어가서 책을 내려고 한다.

김: 인터뷰는 여기까지 하겠습니다. 긴 시간 소중한 말씀을 들려주셔서 감사합니다.

# 10장

# 숲을 다시 만난 마을, 선흘리 생태관광의 이야기를 듣다

정영신이 묻고 고제량이 답하다

고제량(사단법인 제주생태관광협회 대표)
정영신(제주대학교 SSK연구단 전임연구원)

## 1. 제주의 자연 속에서

**정영신(이하, 정)**: 제주에서는 2천년대부터 여러 마을에서 마을만들기 사업을 진행해 오고 있고, 최근에는 생태관광 프로그램을 통해 마을을 활성화하려는 시도가 주목을 받고 있는 것 같다. 고제량 대표 이전에도 마을과 생태 문제에 대해 고민하신 분들이 계신 건 사실이지만, 그래도 과거부터 꾸준히 한길을 걸어오신 분을 꼽으라면 고제량 대표를 거론하지 않을 수 없을 것 같다. 마을과 생태관광을 결합시켜 왔다는 점에서 고 대표님의 작업이 상당히 의미를 가지고 있다고 생각되어서, 우리 연구단이 이번에 펴내는 『제주의 마을과 공동자원』에 고 대표님의 이야기를 꼭 넣고 싶었다. 고 대표님이 그 동안 하셨던 과거의 인터뷰 기사들도 미리 참조를 했는데, 그 동안 하셨던 활동을 일단은 시간 순서에 따라 들어보고 싶다. 본격적인 활동 이야기를 하기 전에, 이전 인터뷰에서 1990년대까지 살아오던 이야기들 중에서 고등학교 때 제주의 자연에 대해 느꼈던 감각과 그 이후의 제주 자연에 대한 감각이나 생각이 달라졌다는 기사를 봤다. 우선 그 이야기부터 시작해보면 좋겠다. 고제량 대표에게 제주의 자연과 관련해서 떠오르는 기억이 있다면 이야기해 달라.

**고제량(이하, 고)**: 저희 집은 굉장히 오지에 있었다. 지금 현재 일도 지구에서 남쪽으로 올라가면 신설동이라는 곳이 있다. 지금은 건물도 많이 들어서고 했지만 예전에는 그곳은 집이 한 채도 없는 그린벨트였다. 지금은 해지된 상태다. 당시엔 전체가 야산이나 과수원 아니면 하천 이런 곳이어서 그냥 그런 곳에서 파묻혀 살았기 때문에 자연이 뭔지, 자연이 없는 게 뭔지에 대한 인식 자체가 없었다. 그냥 그곳에 머물러 살았다.

지금까지 내가 이 일을 왜 지속하고 있나 하는 것을 돌이켜보면, 고등학교 때의 기억은 아니다. 그보다 훨씬 전의 일로, 아주 어렸을 때 나는 흙과 벗하며 흙무더기 위에서 놀았었다. 어느 날 꽃삽 같은 것으로 흙무더기를 파고 있었는데 거리에 쭉 작은 구멍들이 있었다. 당시에 나는 그것이 무슨 구멍인지 전혀 알지 못했다. 그냥 어린 호기심에 그 구멍을 파고 있었는데 큰 오빠가 일하러 지나가면서 내가 그 구멍을 헤집고 있는 것을 보았다. 오빠는 그 구멍이 어떤 생명체의 구멍이라는 것을 알고 있었기 때문에 아무것도 모르고 장난을 치고 있는 나에게 오빠가 한 마디를 했다. "너 그렇게 하면 그 속에 있는 아이가 숨을 못 쉬어서 죽는다." 오빠는 그 말을 그냥 던지고 지나갔지만 나에게는 그것이 굉장한 충격이었다. 지금도 그 현장이 생생하게 기억날 정도로 그때 큰 죄책감을 느꼈다. 누군가를 죽인다는 말이 나에게 굉장히 큰 파장을 일으킨 것 같다. 오빠의 말을 듣는 그 순간 하던 일을 멈추고 그

후엔 다시는 그 구멍들을 건드리지 않았다. 그것이 자연, 생명에 대한 첫 번째 인식이었던 것 같다. 죽이면 안 된다고 하는 죄책감 또는 보상심리가 지금까지 있었던 것 같다. 미안해서.

고등학교 때까진 자연이 없는 것이 어떤 것인지 느끼지 못하고 살았다. 그러다 대학을 환경학과에 진학했다. 우리 때 대학시험에 논술이 들어갔다. 대학 논술 시험의 주제가 당시에는 환경에 대한 것이 많았다. 그것을 준비하면서 공부를 많이 하게 되었고 그 과정에서 이런 과를 가서 공부하면 좋겠다는 생각을 하게 되어 진학했다.

**정**: 고등학교까지는 제주에서 나온 걸로 알고 있는데, 대학은 어디를 나왔고 대학생활은 어땠는지 궁금하다.

**고**: 제주대학교 해양대에 있는 환경학과. 우리 선배 때는 환경학과 우리 때부터는 개명해서 환경공학과다. 주로 배우는 것이 수질오염처리, 대기오염처리 같은 것들이다. 나는 대기 전공이다. 대기기상학 같은 것을 배우고 대기처리기사 시험도 봤다. 지금 생각해 보면, 그런 식으로 환경을 배우는 것보다 환경철학이나 자연의 생명을 배웠더라면 좋았겠다는 생각이 든다. 환경에 대한 인식, 자연에 대한 인식은 대학 졸업하고 생겨난 것 같다. 대학 다니면서 환경에 대한 문제, 제주도에 대한 문제를 다루다보니 여기에 내가 어떤 역할을 해야 되겠다는 생각을 한 것 같다.

## 2. 개발에 대한 문제제기, '관광을 바꾸자!'

**정**: 지금 하고 계시는 일을 선택하는 데 대학에서의 경험이 큰 역할을 한 것 같은데?

**고**: 내가 생각해봐도 내가 웃기는 것인데, 나는 관광 쪽에서 일을 할 것이라고는 한 번도 상상해본 적이 없다. 그냥 환경교사를 하던지 환경신문기자를 하던지, 이런 쪽에서 일을 할 것이라고 생각했었다. 한때는 대기환경기사로 업체에서도 일을 했었다. 그런데 처리하는 게 환경문제 해결이 아니었다.

대학을 졸업하자마자 한 일은 지금 환경운동연합의 전초였던 '푸른 이어도의 사람들'이라고 하는 곳이 있었다. 전국에 환경단체가 전무할 때 몇 명이 모여서 환경운동을 하자고 의기투합하고 제일 우선적으로 해결해야 할 문제가 무엇인지에 대해 논의했다. 거기서 나온 것이 개발, 관광개발이었다. 관광의 문제가 제주환경의 문제와 맞닿아 있다는 이런 인식을 하게 되었다. '푸른 이어도의 사람들'을 할 때 제주도 기행도 많이 다녔고 조사도 많이 다니면서 환경운동으로 나아가는 과정 중에 결혼을 했고 그래서 잠깐의 공백기가 있었다.

그 후에 참여연대와 함께 환경운동을 다시 시작했다. 나는 그때도 지금도 포크레인 앞에 누울 자신이 없는 사람이다. 다만 문제 하나를 파악하고 그 문제를 해결하는 일에 전념하는 일은 할 수 있을 것 같았다. 그래서 시작한 것이 관광의 문제였고, 관광이 문제라면 '관광을 바꾸지, 뭐!' 이렇게 시작한 것이 지금까지 생태관광 일을 하게 된 것이다. 남들이 보기엔 관광인데 나에게는 이 모든 것이 환경의 일이다. 환경 일을 쭉 하고 있고 그 목표는 환경보존이다.

그때 나와 같은 생각을 한 사람이 있었는데, 당시 제주참여환경연대에서 제공한 생태문화해설가 교육을 같이 받은 사람들이다. 김진우, 고재봉, 오병윤, 윤순희, 홍영철. 이렇게 해서 (다섯,) 여섯 명이 그런 필요성에 대해서 같이 논의를 시작했다.

**정**: 그때가 2000년대 초반이었죠?

**고**: 2000년대부터 같이 고민을 하기 시작해서 2002년부터 실질적인 일을 시작한 것 같다. '푸른 이어도 사람들'은 1991년, 92년도 일이다.

**정**: 그런 활동을 하시다가 1999년에 '이야기 제주'를 시작하시잖아요? 한 3년 하신 걸로 알고 있는데, 그 일은 혼자 하셨다고 알고 있다. 쉽지 않은 일이었을 것 같은데, 다른 곳에 취직을 한다거나 하지 않고 굳이 이 일을 혼자서라도 해야겠다고 생각하신 데는 무슨 이유가 있으신가?

**고**: 투철한 역사적 사명을 띠고 한 것은 아니다(웃음). 환경운동을 하려고 하다가 1991년에 결혼을 하게 된다. 그 후 7, 8년 동안은 아이만 키우면서 그냥 결혼생활에 파묻혀 살았다. 그러다 1999년도에 IT회사에 취직해서 사회생활을 다시 시작한다. 그 회사 이름이 '제주넷'이다. 주로 하는 일이 IT하고 제주도 문화체험, 역사 등등에 관한 것들을 홈페이지에 글을 쓰는 것이다. 나는 거기에 들어가서 제주관광에 대한 좋은 정보를 제공하는 홈페이지를 제작 운영했다. 한 일 년 정도 했는데 그 회사를 퇴직할 때 그 일을 계속할 수 있는 사람이 없어서 회사의 제안으로 그 홈페이지를 내가 가지고 나온다.

나 혼자서 '이야기 제주'라고 하는 사이트 이름으로 간간이 역사문화생태기행 이런 걸 필요로 하는 사람들에게 제공해주고 있었다. 그때 그걸 계속한 이유는 당시 특별히 할 일이 없어서이기도 했겠지만 관광을 바꾸지 않으면 안 된다고 하는 문제의식이 나에게 있었는데, 제주에 좋은 관광 프로그램이 없는데 어떻게 바꾸겠는가, 못 바꾸지 않겠는가. 그래서 제주도에 오는 관광객이 선택할 수 있는 좋은 프로그램을 만들어야겠다는 생각에 사로잡혀 있었다.

역사전문프로그램, 문화전문프로그램, 생태전문프로그램 등 전문가들이 프로그램을 준비해 가지고 있어서 관광객들이 필요로 할 때 언제라도 제공할 수 있어야 된다고 생각하고 있었기 때문에 그때 역사문화기행을 이 사이트에 전문적으로 만들어서 제공해주자고 생각했다.

혼자 한 이유는, 정말로 역사적 사명이 있어서가 아니고, 이 일이 돈이 안되지 않나. 그래서 사람을 채용해도 급여를 줄 수 있는 상황도 아니었다. 나처럼 자기의 돈을 투자하면서 이 일을 할 사람도 없었다. 그래서 이런 생각을 하고 있는 나만 할 수밖에 없는 상황이었다. 문제를 인식했고 해야 된다고 하는 확신을 가진 내가 이 일을 꾸준히 하고 있으면 언젠가는 같은 생각을 가진 사람들이 함께 해줄 것이라는 희망으로 한 3년을 혼자서 꾸려나갔다. 그러고 나자 3년 후에 이 일을 같이 할 사람들을 만났고 그래서 주식회사를 만들어 등록하고 하면서 체계를 갖추게 되었다. 혼자 하면서도 행복했다. (웃음)

## 3. 생태관광을 만든 사람들

**정**: 지금 뒤돌아서 생각해보면 1999년에 '이야기 제주'를 시작해서 2002년에 '제주생태관광'을 만들기까지, 그 시기가 제주에서도 상당히 중요한 방향 전환이 모색됐던 시기인 것 같다. 1999년, 2000년 이 때에 제주 4·3 특별법도 제정되고, 제주도개발특별법이 개정이 되면서 평화의 섬을 만들기 위한 논의가 시작되기도 했다. 동시에 제주도개발특별법을 개정을 해나가면서 국제자유도시건설에 대한 이야기도 진행되기 시작한다. 그러면서 제주 관광에 대한 기대라든가 이런 것이 많아졌다. 어찌 보면 그 시점이 제주의 미래와 관련해서 여러 가지 이야기들이 나오면서도 다른 한편으로는 민선 도지사를 중심으로 한 개발주의 드라이브가 가동되는 시기이기도 했다. 그 시점에 고 대표님이 생태관광이라는 화두를 잡고 뛰어들었던 것이, 지금 와서 생각하면 그 시기가 굉장히 의미 있는 시기였지 않나 하는 생각을 하게 된다.

**고**: 맞다. 내가 처음 환경운동을 해야겠다고 마음먹었던 1990년도, 91년도 그때가 제주특별법을 만들 때였다. 제주도특별조치법. 우리가 장난말로 제주도만 특별히 조져분다. (웃음) 그러면서 법을 비판하고 법 조항조항을 면밀히 공부하고 환경관련 조항 찾아내고 그랬던 때다. 그리고 내가 밖으로 생태관광이나 의미 있는 관광을 내세울 때가 바로 그런 때였다.

물론 내가 혼자서 그 모든 것을 다 한 것이 아니고 문화관광, 대안관광 하면서 문화관광이라는 이름을 내걸고 시작했던 선배님들이 있다. 많이 아는 대로 말해봐도, 전 이지훈 시장님, 강남규 소장님, 지금 무릉생태체험골(정식명칭: 제주자연생태문화체험골) 하는 강영식 씨, 김진우 선생님 같은 선배 그룹이 있다. 이 그룹들이 제주도 관광이 이래서는 안 된다는 문제의식을 가지고 먼저 운동을 쭉 하고 계셨다. 문화관광개발원이라는 이름으로 대안 프로그램을 많이 하고 있다. 우리는 그것을 보고 배운 것이다. 2002년도가 세계생태관광의 해로 지정된 해였다. 이때를 기점으로 제주도에서도 보다 의미 있는 생태관광을 해보자는 뜻을 가지고 앞서 말한 선배님들이 생태관광포럼을 만든다. 우리는 그것을 보고 배우다가 같이 일을 하게 된 것이다. 그런데 선배님들도 하고 우리도 했는데, 지금 우리는 계속하고 있는데 왜 선배들은 그만두게 되었는가, 이게 정말 안타까운 일인데 그 흐름이 같이 계속되었다면 더 많은 시너지를 낼 수 있었을 것이다. 그럼에도 불구하고 선배님들이 운동을 하던 그 시절은 사회적으로 준비가 안 된 시절이었기 때문에 지속적으로 일을 하는데 한계가 있었던 것이 아닌가 하는 생각을 한다. 문제의식은 충분했지만, 사업으로서는 힘들 수밖에 없던 시기였다. 반면에 저희들은 사회적 필요가 그때보다 무르익었다고 할 수 있다. 국제자유도시라는 것이 비전으로 잡히면서 개발이 첨예하게 물밀듯이 들어오니까 운동에 더 박차를 가해야하는 시기였다. 나는 호시기를 타고 이 일을 시작한 것이라면, 선배님들의 시기는 앞 선 문제의식의 시기여서 완주하는 데 어려움이 있지 않았나 싶다.

정: 그러면 생태관광을 새롭게 시작할 무렵에는 혼자서 '이야기 제주'를 꾸려가던 시기나 선배들의 시기와는 다른 방식으로 출발할 수밖에 없었을 것 같다.

고: 처음 다섯 명이 시작할 때는 출자의 부담을 최소화했다. 그리고 급여를 가져가는 형태를 취하지는 않았다. 지속적으로 이 일을 하기 위해서는 너무 많은 투자를 해서 갖게 될 부담을 줄였다. 대신 반발만 들여놓자! 모두가 전업으로 이 일을 하는 것이 아니고 각자가 가진 여건에 맞춰서, 예를 들면 자신의 직업을 가지고 있는 사람은 직업을 유지하면서 투자하는 방식, 올인 할 수 있는 사람은 전적으로 이 일에 전력투구하는 방식으로 일을 시작했다. 홍영철, 오병윤, 나, 김진우, 고재봉. 다섯 명이 초기 멤버이고 나중에 윤순희 씨가 합류했다. 그 사람들 그대로 지금도 이사로 남아있다. 올인하지는 않지만 필요하면 다 역할을 하고 있다.

정: 그때부터 '제주생태관광'이라는 틀을 가지고 계속 활동을 한 것인가?

고: 그렇다.

정: 그러다가 2010년에 사회적 기업이 된 거죠?

고: 그때부터 체계가 잡혀가죠. 그전에는 쉽게 말하면 주먹구구식이었다가 사회적 기업이 되고 나면서 체계를 갖춰가고 급여도 나갔다.

**생태관광, 마을과 만나다.**

정: 2010년, 11년 사이에 또 약간의 사회적 변화가 있었던 것 같다. 사회적 기업 인증도 받고, 제주생태관광협회 같은 것들이 생겨났다. 그리고 또 하나는 생태관광이란 것을 마을과 관련지어 작업을 하는 것들도 이때 생겨난 것 같다. 이전까지는 주식회사, 기업이라는 틀을 가지고 생태관광을 하시다가 마을과 만나게 된 계기는 무엇인가?

고: 생태관광의 정의는 이렇게 되어 있다. "지역경제 활성화와 지역주민의 복지를 위하여 환경보존의 목표를 갖고 자연으로 떠나는 책임여행." 생태관광의 목표는 지역경제 활성화와 환경보존이다. 이러한 목표들을 이루면서 여행프로그램을 기획하다보면, 지역이 기반인 프로그램을 활용해야한다는 것은 당연한 것이다. 지역기반프로그램을 만들기 위해 지역에 어떤 프로그램이 있는지 살펴보게 된다. 그러다 보면, 그때 당시에 신풍리라는 마을이 '어멍아방 잔치마을'이라고 해서 문화체험마을 이런 것을 시작하고 있었다. 이것이 마을만들기의 초창기였던 것 같다. 우리는 그 프로그램을 사용한다. 매 프로그램마다 신풍리 프로그램을 하는데 갈 때마다 불만이 나왔다. 여행자들의 컴플레인이 말도 못하게 많았다. 의지는 있으나 정작 그곳에 가서 보면 인프라가 안 갖춰져 있고 인력도 구비되지 못해서 가면 갈수록 우리에겐 손해가 났다. 손님들도 떨어지고. 이런 경우가 자꾸 생겨나면서 이렇게는 계속할 수 없으니 우리가 지역까지 갖추는 것에 대한 필요가 생겼.

우리가 주식회사이기 때문에 지역에 직접 들어가서 사는 것은 어렵지만, 마을 프로그램을 기획하는 단계에서부터 마을에 가서 마을 사람들과 함께 프로그램을 준비하고 운영하는 일도 해봤다. 그러나 결과적으로 너무 많은 인력과 노동과 시간을 투자해야하는 것이어서 지속가능하지 않다는 결론에 도달한다. 결국 주식회사가 해야 하는 일과 정부가 해야 하는 일이 서로 분리해야 할 필요성을 느꼈다. 인프라를 갖추는 일은 주식회사가 할 일이 아니고 정부가 해야 할 일인 것이다.

　그러다가 2011년도에 마침 동백동산이 람사르습지보호지역으로 등재가 된다. 그러면서 국립습지센터에서 습지생태체험이라는 프로그램을 한다. 지금은 주민역량강화사업으로 이름이 바뀌었다. 우리는 처음부터 주민역량강화사업으로 하고 같이 하자고 제안을 했다. 국립습지센터에서 우리에게 전화를 해서 이 프로그램을 함께 하자고 제안을 해왔다. 비용은 1년에 2천만 원. 그리고 과업지시서에 여러 내용이 담겨 있었다. 마침 지역이 필요했던 우리는 우리의 경험을 토대로 프로그램의 성공을 위한 주민역량강화, 그리고 필요한 인프라 구축 등에 관한 수정안을 제출했고, 그게 받아들여져서 같이 일을 하게 된다. 전국적으로 몇 군데가 같이 이 프로그램을 했는데 지금까지 성공을 거두고 있는 데는 제주도 선흘이 가장 많이 알려져 있다.

　이 사업으로 우리가 지역으로 확 들어갈 수 있는 계기가 된다. '보호지역 주민역량강화사업'이라는 틀이 습지보호지역에서 먼저 일어나고 국립습지센터의 정책에 함께 하면서 가능한 일이었다. 그러면서 당시 우리의 고민은 생태관광 프로그램만 성공했다고 해서 성공이라고 할 수 있느냐? 주식회사의 매출의 상승만으로 성공이라고 할 수 있는가? 우리의 목표인 환경보존을 이룩할 수 있는가? 이에 대한 질문에 거기에 있던 멤버 모두의 대답은 "아니다"였다. 이 프로그램 안에 수 십 개의 지역이 들어와야 그것이 비로소 성공이라고 생각했다. 그래서 우리가 지역컨설턴트가 되어 지역으로 들어가기로 결정한다. 그때는 이미 우리에게도 내부에 활용할 수 있는 인적자원이 있었다. 사회적 기업을 하면서 재정적 지원도 조금 있었고 홍보물도 지원받아 어느 정도 인지도도 있어서 프로그램 요청도 많았다. 회사 매출도 생기고, 저 말고도 윤순희 대표도 있고 대표님 아래 직원도 좀 있고 해서 윤대표님이 회사를 맡고 나는 지역으로 들어가서 일을 하는 방식으로 일을 나누었다. 그래서 저는 선흘에 거의 들어와서 살고 윤대표님은 주식회사를 챙겼다. 그러다 일을 맡을 수 있는 후배가 생기면 윤대표님은 하례리라는 마을에 들어가서 주민들이 스스로 할 수 있게끔 역량을 갖추는 일을 하게 된다.

여기서 우리가 가진 차별성을 평가받을 수 있는 충분한 것이 있는데, 그것이 뭐냐 하면 지역주민 참여라는 부분에 대한 것이다. 마을만들기나 다른 곳에서 하는 것을 보면 주민들에게 역할을 주는 것으로 끝나는 경우가 많다. 예를 들어 부녀회는 와서 밥하는 역할, 해설하는 사람이 있으면 해설하는 역할 등 어떤 역할을 할당하는 것으로 주민참여라고 생각한다. 그러나 내가 선흘에 들어 온 이유나 윤순희 대표님이 하례리에 들어간 이유는 주민이 주인이 되어서 이 일 전체를 도모할 수 있게 하는 역량을 만드는 것이었다. 관광이라는 부분에서 주민의 역할만 있는 것이 아니고 주민이 책임지고 역할을 나누는 것까지, 주민이 주체가 되는 그런 것을 나는 원했다. 관광의 주체가 주민이다. 내가 지금 선흘에 온 지 7년이 되었는데 이 7년 동안 주민이 스스로 할 수 있는 일들을 도와주고, 또 어떤 때는 내가 앞에 나서서 일을 하기도 했다. 그래서 어떤 경우에는 "선흘에 가봤더니 고제량이 알아서 다 하더라. 그것을 주민이 한다고 할 수가 있나?" 이런 오해도 많이 받기도 했다. 선흘에 들어가서 2, 3년 까지는 그런 경우가 있었는데 그때 와서 보고 간 사람들이 그런 말을 많이 한다. 그 후 4년차부터 바뀌어서 현재 7년차에는 나는 완벽히 이 일에서 빠졌다. 원래는 작년에 그만두었어야 했는데 이장님이 오셔서 지금 그만두면 안 된다고, 1년 만 더 해달라고, 80먹은 어르신이 하도 강권을 하셔서 마지못해 맡은 것이 문제가 되어버렸다. 원래 박수칠 때 떠나야 되는데. (웃음) 작년에 떠났더라면 화려했을 텐데. (웃음), 그 일 년 동안에 여러 일들이 다 벌어졌다. 지금이 가장 어려운 시기임에도 불구하고 스스로 할 수 있다고 판단을 한 것이다. 어려운 시기지만 틀은 갖춰졌으니 해보겠다고 해서 협동조합 창립을 마지막으로 저는 완전히 빠지고 사무국장이 책임을 지고 팀장과 마을 삼촌들 열 명의 이사들, 동의서를 낸 협동조합원 118명 정도가 서로 받쳐주면 독립적으로 일을 해나갈 수 있을 것으로 본다. 전문가가 보면 인정해줄지 아닐지는 잘 모르겠지만, 선흘의 생태관광이 지닌 이 차별성을 인정해주면 좋겠다.

## 마을은 하나가 아니다!

**정**: 선흘리와 동백동산습지센터를 오가면서 확실히 그런 부분이 눈에 띄는 것이 사실이다. 생태관광 프로그램이 안정적이고 지속성이 있다는 느낌을 받는데, 그게 아마 고 대표님이 말씀하신 내용과도 관련이 있는 것 같다. 그런데 주민들이 역량을 갖추고 스스로 프로그램을 만들고 유지해 나가는 과정이 얼핏 보기에도 결코 쉽지 않을 것 같다. 어떻게 그게 가능했나? 그리고 그 원천이 무엇이라고 생각하는가? 다른 마을들에 기계적으로 적용할 수는 없겠지만, 선흘리의 사례를 아는 분들은 굉장히 궁금해 할 질문들일 것 같다.

**고**: 사연이 길다. 어마어마하게 길다. (웃음) 저에게 나름 자랑스러운 것이 있다면 그 부분일 것 같다. 돌이켜보면 내가 그걸 어떻게 견뎠지? 나만 견뎠나? 같이 일하는 저 두 분은 울고불고 하면서 지나온 것이니까. 그러고 보면 계산 없이 순수했다. 현상이 일어나면 그 현상을 어떻게 헤쳐가지 하는 고민만 했지, '에이 이거 목표대로 안 되니까 때려치워버려야지' 이런 생각은 한 번도 안 했다. 또 우리가 어떻게 나아가자는 확실한 계획도 없었다. 목표만 있었고 그것이 흘러가는 과정 속에서 일어나는 현상들에 대해서 그때그때 헤쳐 나갈 방법을 찾았다. 우리가 정해놓은 것이 없었기 때문에 그 당시에는 울고불고는 했으나 지금까지 가슴에 남는 것은 없다.

**정**: 마을에서 여러 사업이나 프로그램을 운영하고, 그것의 지속가능성을 보장하기 위해서는 넘어서야 할 장벽이 많은 것 같다. 결국 그런 장벽들을 어떻게 헤쳐 나가는지가 지속가능성을 보장하는 데 중요할 것 같다. 제가 제주의 여러 마을을 다니면서 어르신들을 만나고 마을활동가들을 만나다 보면, 제주의 여러 마을들이 안으로 내부적인 갈등을 겪고 있는 경우가 많은 것 같다. 제주4.3사건으로 인한 것도 있고, 마을공동목장의 처분 문제를 둘러싼 갈등도 있고, 인근 마을들을 행정적으로 통합하는 과정에서 생긴 갈등도 있고 이유는 몇 가지가 있었던 것 같다. 여기 선흘리에도 마을 내에 몇몇 집단들이 있어서 갈등을 안고 있는 것으로 알고 있다. 다른 마을들의 사례를 보면, 이런 경우에 마을 공동의 사업을 벌이는 게 굉장히 힘든 것 같고, 새로운 사업이 새로운 불화의 원천이 되는 경우도 있는 것 같다. 선흘리에서도 마을 주민들을 다양하게 참여시키기 위해서 이런 문제를 넘어서야 했을 것 같은데.

**고**: 거기("마을에서 시작하는 생태관광"_책)에 보면 "공동목표를 설정했다"라고 있는데, 그 목표를 설정하는 과정이 마을 전체 원탁회의를 통해서 한 것이다. 원탁회의를 왜 했는가? 이제는 말할 수 있는데(웃음), 선흘리에서도 선생님이 말씀하신 그런 문제들이 있었다. 이러면 마을 성원들이 다양하게 참여하기가 힘들다. 예를 들면, 내가 "교육합니다!" 하면 한 삼십 명이 나온다. 지역에서 삼십 명이 모이는 것은 굉장히 힘든 일이다. 그런데 모인다. 그 다음에 다른 주제로 또 "간담회를 합니다!"하면 또 삼십 명이 나오는데 전에 나왔던 사람들이 그대로 온다. 이런 식으로, 참여하는 마을 사람들 구성이 거의 바뀌지 않는다. 저나 마을활동가들의 입장에서는 마치 원통 안에 갇힌 느낌이었다. 확산되지 않는 그 답답함을 해결하기 위해 '찾아가는 간담회'를 시작했다. 마을의 각각의 자생단체를 따로따로 돌아다니면서 간

담회를 한 것인데, 부녀회에 따로 가고 청년회에 따로 가고 노인회나 향우회에 따로 가는 식이었다. 동백동산이라는 주제를 가지고 각각의 자생단체들을 찾아가면 거기에는 모임에 왔던 사람과 오지 않은 사람들이 모두 있어서 섞여서 논의를 한다.

또 중요한 건 마을 일들을 결정하는 데서 마을 사람들 다수를 참여시키는 것이었다. 모임에 열성적으로 참여하는 분들이 마을의 중심이라고 하더라도 그 모임에서 만든 목표를 영원히 우리들의 목표라고 말하기는 힘든 것 아닌가. 공동의 목표를 설정하기 위해서는 다른 틀이 필요했다. 주제를 던지고 모이는데, 열린 자리를 만들자. 그래서 넓은 체육관에 모두 모여 원탁회의를 한 것이다. 4~5회의 원탁회의를 거쳐 공동목표를 정했다. 그렇게 한 목적은 자기들이 지지하지 않는 다른 집단에서 이장이 선출되더라도 반드시 지켜지게 하기 위한 것이었다. 모든 마을 사람들이 모여서 갑론을박을 통해 서로가 동의하여 만들어낸 목표이기 때문에 파당적인 차원을 넘어서는 것이다.

'마을이 희망이다', '공동체의 활성화가 중요하다', '주민기반', '주민참여', 이런 것들이 맞다고 내가 판단한 것이 바로 이것이다. "마을이 결정한 것을 내가 싫다고 안 하면 안 되지." 이것이 아직도 마을 구성원들에게 남아있는 기본 정서다. 이미 공동목표로 세운 것을 개인적으로 틀어버리지는 않는다. 비록 불만이 있다고 해도.

그러면 공동목표를 다 함께 설정했으니, 다 같이 움직이느냐. 꼭 그렇지는 않다. 공동의 목표를 틀어버리지는 않되 참여는 하지 않는 방식으로 공동목표를 소극적으로 지킨다고나 할까? 그런 정서 또한 마을에 존재하는 엄연한 현실이다. 어느 부류가 옳다 그르다를 떠나서 어디나 사람이 사는 곳에는 갈등이 있다. 그럼에도 마을이 갖는 중요한 자산은 아무리 서로 다른 생각과 부류에 속해도 함께 만들어 놓은 패러다임을 흔들지는 않는다는 점이다.

**사람에게서 장벽을 만나고, 사람에게서 답을 찾고**

정: 생태관광이라는 생각을 가지고 마을 분들을 만나서 사업을 추진해나갈 때, 가시리도 그렇고 하례리도 그런 부분이 있는 것 같은데, 주민들이 뭔가 새로운 구상이라든가 아니면 외부에서 오신 분들에 대한 불신이라든가 이런 것들이 있잖아요. 초기에 이런 부분들을 어떻게 해결해나가셨는지?

고: 그냥 생으로 몸빵하는 것! (웃음) 처음에 사업설명회 할 때, 선흘은 지금도 생생한 게, 지금하고는 달리 조그마한 리 사무실에서 설명회를 하는데 어떤 분이 "너 그거 하면 얼마 버냐?" 반말로 이렇게 말하더라. 그 질문의 요지는 '너 안 믿는다'는 건데, 그렇게 시작했음에도 마을의 대표가 "안 하겠다"고 하지 않았다. 주민들이 나에게 상처 주는 것을 뻔히 보면서도 "하겠다"고 했다. 그래도 믿어보겠다는 맘, 반신반의 하면서도 2~3년을 같이 일을 하면서 흘러갔다. 저의 장점이 계산할 줄을 모른다. 그냥 그것만 열심히 한다. 그것을 주민들이 2~3년 동안 쭉 보면서 조금씩 믿음이 생긴 것 같다.

다른 마을의 사례는 더 심했다. 윤 대표하고 같이 설명회를 끝내고 돌아오는 한 시간 내내 울고 그 밤에 잠을 못 잤다. 억울하고 분하고 우리의 진정성을 몰라주는 것이 너무 안타까워서. 윤순희님이 먼저 가서 설명회를 했는데, 너무 거부감이 심해서 2차 설명회에는 대표라고 내가 갔는데 그 마을에서는 대표라고 하니까 더 혹독하게 했던 것 같다. 지금도 나에게 혹독하게 했던 그 친구에게 옛날에 "니가 나한테 그랬지?"라고 말하면 그렇다고 인정한다. 그러면서 자기들은 그땐 그랬고 그렇게 비춰졌다고 그런다. 그래서 그때 이미지가 어땠냐고 물어 보면, "맨날 사기꾼들이 와서 그랬어, 돈 벌기 쉽지? 그래서 돈 벌고 나면 가겠지"라고 생각했었다고 말한다. 프로그램에 집행되는 예산을 해먹으려고 온 사람이라고 인식했다는 것이다. 그런 말을 들었을 때의 모욕감은 이루 말할 수가 없다. 그러나 그들의 불신이 아니 땐 굴뚝은 아니다. 예전에 그렇게들 많이 해먹은 것이 사실일 것이다. 그래서 그때까지 당한 것들을 우리에게 퍼붓다 시피 했다. 그런데 그 마을은 자기네가 하겠다고 신청한 것이었다. 지도자 한 두 명이 신청서를 낸 것이었는데 주민 전체를 모아놓고 사업설명회를 하니까, 주민들은 다른 소리를 한 것이다. 주민들 사이에서도 인식의 편차가 심한 것이다. 그러나 그 힘든 시간을 이겨낸 것은 하겠다는 사람 한 사람만 있어도 우리는 한다는 생각이었다. 그런 생각으로 그냥 했더니 해지더라.

지금은 우리를 많이 신뢰한다. 그러나 그 신뢰가 영속적인 것은 아니다. 이해관계에 어떻게 얽히느냐에 따라서 언제라도 돌아설 수도 있는 것이 지역 일이다. 그것이 현실이다. 그래서 늘 마음에 준비를 하고 있다. 어느 날 갑자기 돌아서서 나를 다시 적대시해도 나의 목표는 거기에 있고 단 한 사람이라도 나의 진정성을 알아주는 사람이 있으면 견디겠다고.

그래도 무엇이 원천이었나에 대한 대답은 사람이 원천이었다고 생각한다. 우리가 흔히 우스갯소리로 '어쨌든 미친년 미친놈이 있어야 돼!'라고 하는데 정말 그렇다고 생각한다. 마을에 미친 사람이 있었다. '이것이 옳은 방향이다.'라고 확실하게 틀어쥐고 가는, 지도자도 아니면서 보조의 역할을 충실하게 해 준 두 사람이 있었다. 이 두 사람이 바로 원천이었다.


**정**: 그 두 분이 김호선 팀장님과 문윤숙 국장님이죠? 김호선 팀장님은 그 전부터 마을 일을 하셨죠?

**고**: 사무장 일을 10년 하셨다.

**정**: 문 국장님은?

고: 3년 전부터 함께 하셨다. 2013년도부터.

정: 세 분이서 일을 기획하고 주도를 하시는데 처음부터 합이 잘 맞으셨나요?

고: 김호선 팀장님의 경우는 제가 인간적으로 존경하는 분이다. 이 분은 방향성도 너무나 올바르고 일을 처리하는 것이 딱부러진다. 내가 너무 존경하고 그분의 판단을 무조건 신뢰한다. 그분도 당신 마을의 미래는 동백동산과 같이하는 것뿐이라고 생각하고 계신다. 지금 이장님이 이장이 되자마자 김호선 팀장님에게 "야! 우리는 뭐해야 되냐?"고 물었다고 한다. 당시 북촌은 석산개발로 돈이 많은 마을이 되었고, 선흘 2리는 거문오름 세계자연유산을 하면서 나날이 발전을 하는데, 가운데 낀 이 마을(선흘1리)은 딱히 비전이 안 보여 갑갑해하고 있었을 때다. 아직 마을생태니 뭐니 하는 것이 시작하는 단계라 그 빛을 발하지 못하고 있을 때였는데, 그때 김호선 팀장님이 이장님에게 "동백동산이 미래우다."라고 대답했다고 한다. 그래서 이장님이 동백동산이 하는 일을 미래 비전으로 가져가보자고 하면서 저를 응원하고 후원한 것은 사실이다.

문 국장님도 워낙 일을 무서워하지 않는 열정파시다. 특별히 생태관광의 지향성에 대해서는 셋 모두 공감한 것 같다. 그게 맞다고. 또 마을일이기 때문에 두 분은 모든 것을 감수하면서 하고 계신다. 조금씩 다르나 서로에 대한 신뢰도는 높다.

**생태관광의 틀과 제도를 어떻게 할까?**

정: 말씀하시는 것을 들으니까 마을주민들의 신뢰나 지지가 중요하고 마을 이장님이나 지역에서 리더십을 가진 분들이 흔들림 없이 지지해주는 것이 중요하구나 하는 생각을 하게 된다.

고: 그렇다. 지금 이장님이 정말 고맙다. 우리를 믿어주고 응원해주고 밀어주었다. 그 동안 당신의 생각과 다른 점들이 왜 없었겠는가? 있었을 것이다. 연세도 많으시고 정치적 성향도 다르고 시대도 달리 사신 분이신데. 그런데 지금의 이장님이 환경단체와 협력해서 일하는 것이 우리 마을에 이롭다고 믿고 계셨다. 생태관광체협의체가 한 역할이 굉장히 크다. 여기에 행정, NGO 등 다 들어와 있고 거기에 환경단체도 들어와 있는데, 협조적인 주민들에게 신뢰를 받는 것들이 이 협의체 회의 안에서 이루어진다.

정: 협의체가 구성되어 있는 마을은 어디어디인가?

고: 우리가 사업하는 곳은 모두 구성되어 있다. 하례리, 수망리, 저지리, 조천읍, 애월읍, 남원읍. 이 여섯 곳은 협의체가 만들어져 있어서 회의를 두 달에 한 번씩 하고 있다. 이런 데는 협의체 회의만 잘 되면 주민사업은 잘 된다. 협의체 회의가 관건이다. 협의체가 민관협력회의이고 지역자문기구인 셈이다. 그리고 주민사업에서 교육의 역할이 아주 중요하다. 처음에 마을에 들어와서 3년 동안은 교육사업에 전념했고, 이제는 마을 사람들도 생태관광에 대한 이해도가 아주 높다.

정: 생태관광협의체에 관료들, 공무원들도 들어와 있다고 알고 있다. 아까 말씀 중에 나온 얘긴데, 주민들이 해야 할 일이 있고 행정적으로 해야 할

일이 있는데, 지금까지 생태관광사업을 해오면서 행정의 역할에 대해 좀 말씀해 달라. 어떤 문제가 있었고 어떤 점들이 시정되어야 하는지.

**고**: 일단은 생태관광에 대한 법체계가 없었다. 2013년도에 자연환경보존법에 생태관광의 정의, 지원에 관한 것, 이 두 개가 생겼다. 지금 현재까지도 딱 이 두 개뿐이다. 이처럼 법적 체계가 없다. 그렇기 때문에 정책의 일관성도 지속성도 심지어 정책의 타당성도 불분명하다. 그래서 의지가 있는 지자체는 세운다. 순천 같은 곳은 세운다. 거기는 생태관광계도 우리보다 훨씬 일찍 만들었다. 우포 같은 데도 한다. 워낙 상징성이 크니까 자체적으로 알아서 한다. 그러나 제주 같은 경우는 자연이 워낙 뛰어나고 브랜드는 많이 있었는데 그것을 법체계가 없기 때문에 정책으로 세워야 된다는 생각을 안 한다. 제주도는 비전이 국제자유도시다. 국제자유도시개발에 대한 것만 정책이 수립되어 있지 생태관광에 대한 정책들은 세우려고 하지 않는다. MB정부 때 환경부가 생태관광을 법체계가 없음에도 불구하고 국무총리 산하에 TF팀을 만들 정도로 생태관광을 발전시킨다. 4대강 때문이라고 본다. 4대강으로 까먹고 그것을 무마하기 위해서 이런 사업에 전문가들을 쫙 끌어 모아서 자기편을 만들기 위해서 그랬을 것이라고 생각한다. 우리의 아이러니다. 법이 저조해서 환경부도 MB정부 때 해나가다가 시들해져서 지금은 해도 그만 안 해도 그만인 사업이 되어버렸다. 강력한 법이 없다.

현재 전국적으로 17개의 생태관광지를 지정하고 지원하고 있으나 아주 적극적이지 못한 것이 사실이다. 또 국립공원 중심으로 많이 흘러가는 것도 사실이다. 문화관광부가 생태관광을 하려고 했으나 문화관광부는 법체계가 미미하다. 그나마 환경부에는 자연환경보존법이 있어서 지정도 하고 해설사 양성도 하고 하면서 가는 것이다.

그래서 제주도는 저 법 가지고는 도저히 안 되겠다. 지역정책 만으로라도 좀 해보자 해서 위성곤 의원이 도의원일 때 지역조례를 2015년에 만들었다. 2015년도 9월에 통과하고 10월에 발표하고 연말 2~3개월 사이에 공무원들이 엄청나게 노력해서 지원센터설립, 위원회설립, 2016년도 센터지원금 예산안 짜서 환경과에 제출했다. 전국 최초의 조례가 되었다. 지원은 미비하나 위원회도 생기고 센터도 생기게 된 것이다. 체계는 잘 갖추어져 있어서 전국에서 벤치마킹을 한다. 그러나 아직은 법체계가 없어서 중요한 자리매김을 하기는 힘든 시기다. 그러면 무엇을 해야 할까? 법을 만들어서 강력하게 하되 환경법이나 문화관광법에 속한 법이 아니고 생태관광 독립법이면 좋겠다. 일본은 독립법이 있다. 일본에서는 생태관광인증을 할 때 5개 부서의 장관이 도장을 찍는다. 너무 부럽더라. 우리는 환경부장관 도장 하나만 찍으니까 농림부에서는 '환경부 일이네' 한다. 농촌마을이 하는데. 주민 입장에서는 농촌마을에서 환경을 가지고 관광을 하는 것이다. 그러면 못해도 세 개 부서의 도장은 필요한 것 아닌가. 그런데 환경법에만 있다 보니 서로 무관심하고 농림부와 환경부와 문화관광부가 서로 통합적으로 이루어지지 않는다. 이 일이 발전하는 데 한계가 너무 많다.

그래서 앞으로 시정해야 할 것은 생태관광 독립법이 있어서 지역에 연관된 부처가 협력적으로 지원해서 생태관광을 발전시켜야 한다고 생각한다.

정: 저희가 일본이나 해외의 사례에 대한 조사를 해봐야겠다.

### 생태관광에서 경계해야 할 것들

정: 생태관광프로그램도 많은 지자체가 경쟁적으로 프로그램 개발도 하면서 하고 있는데, 생태관광이 양적으로 커졌을 때 가지게 될 우려점이랄까 부딪칠 수 있는 위험성, 이런 것에 대해서도 고려해야 할 시점이 아닐까 한다. 생각하고 계시는 것이 있는지.

고: 네. 생태관광 처음 할 때 환경단체에서도 비판 받고 관광 쪽에서도 비판을 받았다. 관광쪽의 비판은 돈 되는 상품도 아니면서 가지고 나와서 관광이랍시고 들이민다 이런 것이었다. 저도 공감을 하는데, 환경단체에서는 자연을 자본시장에 상품의 가치로 내놓는 빌미가 된다는 비판을 한다. 근본주의 자연보존철학을 가진 사람들한테는 충분히 비판 받을 만하다. 그러나 우리에게는 지금의 현실에서 이 현상의 어떤 문제를 파악하고 그것을 해결하기 위한 도구로써 생태관광을 선택했기 때문에 그런 비판은 충분히 받을 수 있다. 그래서 생태관광이 준비 없이 활성화 되면 사실은 자연에는 위험요소임에는 틀림없는 사실이다. 동백동산을 찾는 관광객이 지금 기하급수적으로 늘어나고 있는데 여기에 수용력이 분명히 있다. 해설가하고 같이 갔을 때 3만 명인지 4만 명인지 아직 정확히 계산해보지는 않았지만, 수용력은 분명히 있다. 생태관광을 하다 보면 수용력을 넘어서는 것에 대해 제재조치를 할 수가 없다. 이것을 상품으로 보거나 산업으로 본다면. 생태관광의 한도를 결정하고 그 한도가 넘으면 돈을 안 벌어야 되겠다, 그 가치를 유지하고 제재조치를 하는 것의 균형을 맞추어야 하는데 아직은 그 조치가 안 되어 있다. 제주도도 안 되었고 전국적으로도 안 되었고 세계적으로도 사실은 안 되어 있다. 만약에 생태관광이 기하급수적으로 커가고 주체로 한다는 주민교육이 잘 안 돼서 이것을 돈 버는 하나의 수단으로만 여기면 절제가 안 된다. 그랬을 때 굉장한 위험요소를 가지고 있는 것이 사실이다.

그래서 우리처럼 지역기반으로 오는 사람은 빨리 주민역량을 높여서 스스로 자제할 수 있는 능력을 키워야 하고, 협의체를 만드는 이유도 그 균형과 절제를 위해 마을 주민이 너무 이익 위주로 갈 때 그동안의 신뢰구조인 회의구도 안에서 NGO가 제재를 좀 가해주는 역할을 해야 되기 때문에 그 협의체를 굳이 어려운데도 만들어가는 것이라고 할 수 있다.

관광 쪽에서 생태관광에 손대는 것은 사실 나도 두렵다. 많이 두렵다. 지금처럼 새로운 정책이 막 물밀 듯이 들어오면 위협을 느낀다. 우리가 지금까지 가져 왔던 생태관광의 세 가지 목표가 흔들리는 것 같아서. 전문가들은 전체 관광 가운데 생태관광의 비중이 20% 이상 커지지 않을 것이라고 추측하기도 하는데, 저는 그랬으면 좋겠다고 생각한다. 100% 다 생태관광으로 오라고 하지 말고 도시관광은 도시관광대로 유지하고 그 틈새에 생태관광과 지역관광들을 해나가면서 서로 채우는 것, 이렇게 했으면 좋겠다고 생각한다. 수용력 넘을까봐 그것이 제일 두렵다.

정: 수용력 부분에 관한 조사 같은 것은 좀 하고 계시는지.

고: 일단은 지역의 수용력에 대한 부분은 올해부터 환경부에서 생태관광지에 대한 조사를 할 것으로 보인다. 총량제한, 하루에 얼마도 제한하지만 연간 얼마도 제한을 해서 수용력을 넘지 않으면서 이곳의 가치는 유지되고 주민들은 소득을 얻고. 소득을 많이 얻을 수 있다는 꿈을 자꾸 깨야한다. 오래할 수 있게.

정: 2015년 1월 '제주문화관광포털 오픈 제주도'와의 칭찬 릴레이 인터뷰에서 "자연과 사람이 더불어 산다는 것은 어려운 일이다. 나아가 양쪽 모두 행복하게 산다는 것은 더 어려운 일이다. 하지만 자연 속에 어우러진 마을, 그 안에 사는 마을 공동체 사람들이 주체가 되어 자연 속에서 감동받고 치유하면서 여럿이 함께 할 수 있다면 불가능 한 일이 아니라고 생각한다." 여기에서 어렵지만 낙관적인 태도가 보이는데, 여전히 그렇다고 생각하시는지?

고: 지금도 그렇게 생각한다. 지금도 무지하게 어려울 것이라고 생각은 한다. 사실 자본주의 사회가 만들어 놓은 문화가 있다. 돈 많이 벌어야하고

출세해야하고, 이런 문화에 우리의 의식은 가 있는데, 그런 것 말고 이쪽을 유지하면서 개발 말고 너의 생각을 절제해라, 너의 욕심을 절제해라는 것과 마찬가지다. 자연과 같이 살아가라는 것은. 한없는 갈등 속에 놓이는 것 같다. 그때그때 자기 판단을 해야 하는데 나 혼자만 있으면 판단하기 힘들다. 내 판단이 옳은지 그른지 분간하기 어렵지만 여럿이 함께 이야기 하다 보면 내 생각의 오류를 집어낼 수 있다. 지역공동체 기반이라고 내가 자꾸 이야기 하는 이유는 이런 것이다. 소수가 모였을 때는 목소리 큰 사람이 이긴다. 그런데 많이 모인 곳에서는 오히려 목소리 큰 사람은 침묵한다. 그게 현상으로 일어난다. 원탁회의를 네, 다섯 번 해보면 알 수 있는데, 총회에 와서 큰 소리 치던 사람도 원탁회의에 와서는 상식적이고 바른 이야기에 대해 거부하지 않는 것을 보았다. 집단지성이라고 표현해도 되는데, 여러 사람이 모여서 하면 개인이 가지고 있는 욕심 같은 것들이 절제되면서 중심은 잡혀가는 것 같다. 그게 패러다임이라고 하면 공동체의 여야패러다임이 가능해지고 개인 절제가 가능할 것이라고 본다. 저는 그렇게 해서 주민주체, 주민참여를 통한 보존이라고 보는 것이다. 법과 규제 이것도 충분히 많은 일을 하지만 그것만으로는 충분하지 않다. 주민들, 지역 사람들의 인식이 높아지지 않고서는 힘들다고 본다. 지금도 그렇게 생각한다.

**교육, 체험, 예술이 사람들을 바꾼다!**

정: 사람들의 인식을 바꾸는 일은 가장 중요한 일이지만 그만큼 힘든 일인 것 같다. 또 그렇게 하려면 교육뿐만 아니라 체험의 기회를 확대하는 것도 중요할 것 같다.

고: 역할을 주고 책임을 지게 하고 혜택이 있으면 돌아가게 하고. 이것이 주민역량강화나 주민참여의 기본이다. 예를 들어 교육을 할 때 강사를 불러

서 교육하는 것만으로는 안 된다. 자신이 직접 경험을 통한 체감이 있어야 변화가 가능하기 때문이다. 수많은 방법들을 사용한다. 그림책 만들기라든가 예술제 개최, 자신이 기획하고 진행하고 평가까지 책임지는 생태체험프로그램이라든가 이런 것들을 모두 주민에게 맡겼다.

자연을 느끼고 자연에 대한 인식을 높이는 하나의 도구가 예술일 수 있다고 생각해서 습지생태예술제를 개최했다. 강의를 통한 체험은 주민에게 아무런 느낌을 주지 못한다. "저거 뭐 볼거 이성 사람들 오는지 모르켄. 저거 무신거 볼거 이성 사람들 몰려 왐시니" 이런다. 자기들은 맨날 보는 거니까. 그런데 그 이상의 감동이 있을 수 있다는 걸 보여주려고 예술이라는 것을 매개로 한 것이다. (영상, 마임, 음악, 사진, 그림, 춤, 노래 등등) 12분야의 예술가를 불러서 주민과 함께 하는 워크숍을 했다. 처음에는 모든 분야를 다 같이 했고, 그 다음에는 각 분야마다 다 동백동산 안에서 진행하게 했다. 저기 가서 그림 그리는 연습, 저쪽에서는 노래 가사를 써와서 전문가와 같이 노래를 만들고, 직접 카메라를 들이대보고. 6개월 동안 이런 과정을 통해 자연에 대한 감동을 다시 경험할 수 있게 했다. 이렇게 해서 6개월 동안 예술제를 준비해서 열어보면, 많은 사람들이 와서 우와 하면서 칭찬해 준다. 밭에 가서 일하는 삼촌이 여름에는 새벽에 나가서 11시까지 일하고 낮잠을 잤는데, 그 시간에 동백동산에 가서 작품을 만들었다. 그런 과정을 통해서, 환경인식을 달라지게 하는 것. 수 많은 도구가 있을 것 같다. 지금까지는 예술이라는 도구를 썼던 것이고.

그리고 그림책이 있다. 70세 이상의 어르신들 경우에는 잘 안 변하지 않나. 그런데 자신들이 살았던 삶 속에 동백동산을 보존했던 것들이 엄청 많다. 전문가 선생님을 모셔와서 "동백동산에서 뭐해수꽈?" 하면 "물 떠다 먹었주게" 하신다. 더 들어가서 물을 함께 이용했던 경험을 여쭤보면, 같이 모여서 바닥을 다지고 돌담을 쌓고 한 달에 한번 모여서 물통을 청소하고 했던 경험을 얘기한다. 그게 다 자신들이 실천했던 자연보존행위다. "그게 잘한거 마씨, 그걸 그림으로 그려봅써, 책으로 썽 남겨보게" 하면, 그림을 그리고 시를 쓰신다. 아 이게 내가 했던 것이고, 자연을 보존하기 위해서 잘 했던 일이고, 동백동산을 위한 마음이다. 이런 생각을 끄집어 내는 과정이었다. 그리고 결과물을 만들어서 함께 보여주는 것도 중요하다.

이렇게 여러 가지 도구들을 통해서 직접 경험을 가능하게 해보는 것인데 내년부터 3년 정도는 축제라는 도구를 써보려고 한다. 이런 방식으로 선흘은 변화하고 있다.

**정**: 이런 프로그램을 통해 마을주민들의 변화를 보면서 특별히 기억에 남거나 인상적인 것이 있으면 얘기를 해달라.

**고**: 청년회장의 말인데, 잊혀지지가 않는다. 농부인 청년회장이 이런저런 프로그램에 참여해보고 나서 하는 말이 자기는 옛날에 벌레를 구분할 때 익충 아니면 해충, 나무를 구분할 때는 필요한 나무, 필요 없는 나무. 잘라버려야 될 나무, 키워야 될 나무. 이런 식으로 모든 것을 구분했다고 한다. 근데 지금은 벌레는 날아가는 벌레, 기어가는 벌레, 이렇게 구분을 한다고 말하는데 저는 그 말이 너무 감동적이었다. 우리의 필요에 의해서가 아니라 그냥 거기에 있는 그대로를 보고 구분을 하겠다는 것이어서 이것은 굉장한 변화라는 생각을 했다.

여기 습지센터에 전시된 저 사진들은 70세부터 90세까지의 어르신들이 사진반에 들어가서 찍은 것들이다. 그런데 지금까지 살아오면서 단 한 번도 그렇게 사물을 자세히 들여다 본 적이 없던 분들이다. 동백동산을 수없이 다녔음에도 불구하고. 그런데 카메라로 사진을 찍기 위해 처음으로 숲을 자세히 들여다보게 되었다고 하는 말씀들을 하시는 경우도 있다.

정: 마을 출신의 청년들을 축제나 문화프로그램이라든가 아니면 기획 같은 데 참여시킬 계획은 없으신지?

고: 있다. 세대별 역할 나눔이 필요하다. 90세 이상, 70~80세의 역할, 10대의 역할이 다 다르다. 그런데 20대, 30대가 가장 힘들다. 아직도 뜨거운 피라서 무조건 밖으로 나가려고만 한다. 그래서 이 세대들에게는 역할을 분담하지 말고 그냥 참여만이라도 할 수 있게 하자고 하고 있다. 청소년을 대상으로 하는 탄소제로 인증 프로그램인 '다같이 돌자! 동네 한바퀴' 프로그램이 있는데 이것은 대학생/청년들이 역할을 맡아서 1박 2일 동안 자신들이 하고 싶은 일을 하게 하는 프로그램이다. 이런 역할을 조금 준다. 시내에 살면서 프로그램이 있을 때 잠깐 왔다가는 식이다. 40대의 참여는 적극적이다. 맨 앞에 서서 기획하고 손님을 맞이하고 책임지는 역할이다. 5~60대 부녀회는 이 청년들이 필요로 하는 것을 받쳐주는 실전을 치르고, 거기에 필요한 재료는 7~80대가 책임을 진다. 20대, 30대를 끌어들이는 것이 과제이긴 하지만 쉬운 일은 아니다. 뉴스나 사람들을 통해서 소식은 다 알고 있지만, 동네의 여러 이해관계에 휘말리기 싫어하는 경향도 크다. 그래서 사실 주민 공동의 목표를 정하고 추진해 나간다는 건 거의 불가능에 가까운 일이다. 불가능하지만 1%의 가능성을 가지고 하는 것이다.

**미래를 위한 준비를**

정: 앞으로의 계획, 단기적인 것과 중장기적인 것에 대해 말씀해 달라.

고: 개인적인 것과 공공적인 것으로 나누어서 이야기하겠다. 개인적인 욕심으로는, 이 일을 16~17년 하니까 소득도 꽤 된다. 그래서 일 잘하는 동료들하고, 노하우가 갖춰진 몇이 뭉쳐서 이것을 산업으로 성공시켜보고 싶다

는 욕심이 든다. 누군가가 지금 내가 하고 있는 공공적인 것을 맡아준다면. 센터, 위원, 법적 체계 이런 것들은 사실은 전문가가 해야 된다. 우리 같은 현장활동가가 왜 이런 일까지 다 해야 하나?(웃음). 요구가 있지 않으면 이런 일들은 안 이루어지고, 우리 같은 현장가들은 필요하니까 그런 일까지 해야 되고. 사실 우리는 윤대표나 나는 지칠대로 지친 상황이다. 이렇게 지친 상황에서 공공적인 역할까지 하려고 하니까 부담도 많이 되고 시간도 너무 많이 뺏기고 그래서 그동안의 노하우나 보이는 것들, 필요한 것들을 프로그램으로 발전시켜서 산업적으로 성공시켜보고 싶다는 개인적인 욕심이 있다.

공공적으로는 지금 해왔던 것처럼, 지역기반이 하나 둘 갖춰지고 있으니까 이런 모델들을 제주도 전체적으로 열 몇 개라도 잘되는 시스템을 만들어서 기획자가 이것들을 엮기만 해도 프로그램이 될 수 있는 그런 기반을 갖추는 데 컨설턴트로서의 역할을 하겠다는 것이다.

**정**: 생태관광의 생태계를 잘 구축을 하겠다. 이렇게 정리를 하면 될 것 같은데?

**고**: 그렇죠. 단기적으로는 일단은 선흘을 성공시키는 것. 하나의 모델을 완벽하게 완성시켜 좋은 모델 하나를 만드는 것. 장기적으로는, 몇 살까지 할지 모르겠는데, 제주도 전체적으로 인적자원네트워크를 많이 엮어놓는 것이다. 생태관광 영역에는 특히나 사람을 찾기가 힘들다. 지역도 잘 되는 데를 한 열 군데 엮고 전문가는 전문가대로 합류할 사람들을 만들어놓고, 현장가는 현장에서 잘할 수 있는 사람들로 이어놓고, 이렇게 하고 싶다. 올해부터 센터에서 자문위원회를 구성하려고 한다. 법률전문가, 행정전문가, 지역 관련전문가 등으로 자문위원을 구성해서 장기계획도 세우고, 각자의 자리에서 생태관광의 초석을 놓아보려는 계획을 하고 있다.

**정**: 인사가 만사라는 말이 있듯이 사람들의 네트워크를 잘 만드는 것이 중요한 것 같다. 나 지치면 끝나는 방식이면 지속가능성이 없게 될 것 같다. 김호선 팀장님과 문윤숙 국장님도 자기 이후에 어떻게 될까를 고민하시는 것 같았다.

**고**: 이 일을 계속해서 맡아서 해줄 수 있는 후배가 없다는 것이 큰 걱정 중의 하나인 것이 사실이다. 지역목표 중에 젊은이들을 돌아오게 하는 것도 있다. 지역에 할 일이 있으면 지역으로 돌아오지 않을까 그런 생각으로 준비를 하고 있다. 제주시에서 선흘 출신 청년들을 한 번 모아본 적이 있는데 40~50명 나왔다. 엄청 많은 숫자다. 그들이 뭘 하나 살펴보면 이런저런 일들을 하고 있는데, 지역 안에서 자신들이 할 수 있는 일이 생겨나면 나는 돌아올 것이라고 본다. 학교도 활성화 되고 있고 일자리도 늘어나고 있기 때문에 젊은 세대가 지역으로 돌아와서 이 일에도 후배가 생겨날 것이라고 난 믿는다.

**정**: 제주의 젊은이들이 지역에서 일어나고 있는 이런 일들에 대한 정보를 얻는 데 취약하다는 생각을 한다. 자신의 동네에서 벌어지고 있는 일들에 대해서 잘 모른다. 젊은 세대들에게 지역활동에 대한 정보를 제공해주는 것도 지역으로 돌아오게 하는 데 중요한 일이라는 생각을 한다.

**고**: 이 일은 젊은 세대에게 단순히 좋은 일이니까 와서 하라는 식으로는 안 되고 비전을 보여주어야 한다. 또 급여나 근무조건 같은 것도 중요하다. 희망을 걸고 있는 것이, 이번에 환경기여금이 되면(어떻게 될지 아직은 재단할 수는 없지만), 그걸로 젊은 청년 그룹에게 자연해설사 같은 직업훈련을 하면 그런 것도 하나의 통로가 되지 않을까 한다. 한라산의 입산제한 문제도

있고 해서 앞으로 이런 쪽의 수요는 조금이나마 늘어날 것 같다.

**정**: 선흘리 생태관광의 사례는 여러 가지로 흥미롭고 의미도 큰일인 것 같다. 작지만 의미 있는 변화가 일어나고 있다는 것을 다시 한 번 확인할 수 있었고, 그럼에도 불구하고 해결해야 할 과제들이 놓여 있는 현실도 확인해 보았다. 특히 젊은 후속세대를 마련하는 문제나 하나의 성공적인 모델을 만드는 일에는 제주의 시민사회나 저희 연구단과 같은 여러 집단들이 힘을 합쳐야 할 문제라는 생각이 들었다. 오랜 시간 좋은 이야기를 들려주셔서 너무나 감사하고, 지속가능한 선흘리 생태관광을 위해서 우리 연구단에서도 할 수 있는 일을 찾아서 함께하겠다는 약속으로 감사의 인사를 대신하고 싶다.

## 보론

# 마을의 복귀와 위기[*]:
### 공동체와 공동재, 그리고 민주주의

홍성태(상지대학교 문화콘텐츠학과 교수)

## 1. 머리말

　마을은 무엇인가? 마을은 전근대의 주거지를 뜻하는 것이 아닌가? 이런 점에서 마을은 사실상 오래 전에 해체되어 사라진 것이 아닌가? 그런데 오늘날 현대 사회의 위기를 극복할 주체이자 장소로서 마을의 중요성이 크게 강조되고 있다.[1] 여기서 현대 사회의 위기는 정치적, 경제적, 문화적, 생태적 위기를 모두 망라하는 것이다. 마을이 가히 현대 사회의 총체적 대안으로 제기되고 있는 것이다. 그러나 과연 마을은 이런 힘을 갖고 있는가? 마을은 대체 무엇인가? 우리는 마을을 어떻게 이해해야 하나?

---

\* 이 글은 「마을의 복귀와 위기」(『로컬리티인문학』 17)를 토대로 재구성한 것이다.
1 이나미, 「기후변화로 인한 사회적 위기와 공동체의 대응」, 『인문과학』 60, 2016; 김기성, 「오래된 미래, 마을의 감성적 근대성」, 『인문학연구』 53, 2017.

2010년대에 들어와서 마을에 관한 연구, 정책, 운동이 대단히 활발히 전개되고 있다. 아마도 그 뿌리는 1990년대의 '귀농 운동'인 것으로 보인다. 지금은 농촌을 넘어 도시를 포함해서 전국적인 마을 만들기 운동/정책, 마을 활성화 운동/정책 등이 활발히 펼쳐지고 있다. 관련된 정부 기관들과 민간단체들도 상당히 많다. 제정된 마을 관련 법령은 '농어촌마을 주거환경 개선 및 리모델링 촉진을 위한 특별법', '서울특별시 마을공동체 만들기 지원 등에 관한 조례' 정도이지만 2016년에 이른바 '마을 기본법'을 둘러싸고 전국적인 차원의 논의를 거쳐서 2017년 2월에 '마을공동체 기본법'이 발의되었다.[2] '협동조합 기본법'이 제정된 것에 이어 '사회적 경제 기본법'과 '마을공동체 기본법'이 제정되면 '공동체'에 관한 주요 기본법들이 모두 제정되는 셈이다.

이렇듯 마을에 관한 논의와 활동은 대체로 '공동체'에 초점을 맞추고 진행되어 왔다. 사실상 마을은 공동체와 등치되어 이해되고 있다.[3] 그러나 여기에는 상당한 문제가 있다. 가장 기본적인 문제는 마을과 공동체가 모두 상식적으로 쉽게 다가오는 것이지만 명확하게 규정하기 쉽지 않은 것이라는 사실이다. 또한 마을은 여러 사람들이 모여 사는 곳이라는 점에서 공동체를 이루기 쉽다. 그러나 그 정도는 대단히 다양하다. 주민들의 생활을 강력히 규제하는 마을도 있지만 그저 공동의 소속만을 유지하는 마을도 있다. 마을을 공동체와 등치하는 것은 옳지 않다. 가장 큰 문제는 마을의 사회적 관계인

---

2　그 내용은 '정부입법지원센터' 홈페이지에서 볼 수 있다. 이 법도 전적으로 '공동체'의 지원에 초점을 맞추고 있으며 '공동재'에 관해서는 어떤 언급도 없다.

3　이종수 편, 『한국사회와 공동체』, 다산출판사, 2008; 여관현, 「마을 만들기를 통한 공동체 성장과정 연구」, 『도시행정학보』 26(1), 2013; 김상민, 「주민자치와 협력적 마을 만들기」, 『한국지방자치학회보』 28(1), 2016; 최승범·최준호, 「마을공동체재생 거버넌스를 위한 주민학습체계」, 『한국지방자치연구』 18(4), 2017.

공동체commune만 중시하고 마을의 물질적 기반인 공동재commons는 무시하는 것이다. 마을은 단순히 여러 개인들과 그 사적 재산의 결합으로 형성되지 않고 공동체를 만들고 공동재를 필요로 한다.

　이 글에서는 탈근대화라는 역사적 전환의 관점에서 마을에 대해 살펴보고자 한다. 글의 순서는 다음과 같다. 2절에서는 마을의 복귀에 대해 간략히 살펴본다. 마을의 역사와 가치에 대해 생각해 보고, 반근대화가 아닌 탈근대화로서 마을의 복귀를 파악한다. 3절에서는 마을과 공동체에 대해 살펴본다. 여기서는 공동체의 위치와 한계에 대해서도 검토할 것이다. 4절에서는 마을과 공동재에 대해 살펴본다. 공동재가 보존되지 않으면 마을은 해체되기 십상이다. 여기서는 총유제를 중심으로 공동재를 지키기 위한 방안에 대해 검토한다. 5절에서는 마을의 위기에 대해 살펴본다. 마을의 위기는 내적 위기와 외적 위기로 크게 나뉘는데, 이에 대해 역사-구조적 관점에서 살펴보고 민주주의의 중요성을 제기한다.

## 2. 마을의 복귀와 탈근대화

　마을은 사람들이 모여 사는 곳으로 그 기초 시설은 바로 집이다. 이런 점에서 마을은 집들이 모여 있는 곳이다. 물론 마을은 대체로 하나의 식수원을 공유하는 작은 규모의 지역이니 모여 있는 집들도 대체로 많아야 수십 채를 넘지 않는다. 전근대의 마을은 적은 수의 사람들이 모여 사는 곳이었고, 또한 매일 생활을 함께 해서 서로 잘 알게 되어 사는 곳이었다. 전근대에도 마을의 규모와 형태는 다양했지만 그 내용은 대체로 비슷했다. 그것은 적은 수의 사람들이 함께 일하며 살아서 서로 잘 아는 사이로 사는 곳이었다. 마을은 이처럼 소규모, 대면성, 친밀성 등의 특징을 가진 주거지를 뜻했다.

　마을은 어원으로 살펴서 물을 뜻하는 몰에서 비롯된 말이라고도 하고, 사람이 모여 사는 곳을 뜻하는 말과 슬의 두 말이 합쳐서 된 말이라고도 한다.[4] 이런 점에서 보자면, 적당한 땅과 물이 있어서 오랜 옛날부터 사람들이 자연스레 모여 살게 된 곳을 뜻하는 말이 마을인 것이다. 한편 한자 촌村은 나무를 일정하게 심어 놓은 곳을 뜻하고, 리里는 땅에 밭을 일구어 놓은 곳을 뜻한다.[5] 중국에서는 마을이 주변에 나무를 심어 밖과 경계를 설정하고, 땅을 일구어 농사를 짓고 사는 곳을 뜻했던 것이다.[6] 이렇듯 마을은 자연에 의지해서 형성되고 유지되는 주거지를 뜻했다.

그런데 지금 우리 말에서는 마을보다 '동네'라는 말을 더 일상적으로 쓰고 있다. 동네는 '동내洞內'가 변해서 된 말인데, 동洞은 같은 물을 마시는 곳을 뜻한다. 마실 물을 쉽게 구할 수 있는 곳에 사람들이 모여 살았던 것을 가리키는 말이 바로 동네인 것이다. 오늘날 동洞은 리里와 함께 최소 기초행정구역을 뜻하는 말로 사용되고 있다. 두 한자는 사실 전근대 마을의 특징을 잘 담고 있는 말인데 근대 행정의 확립과 함께 그 기초용어로 확립된 것이다.[7] 동네와 마을은 둘 다 우리의 삶과 긴밀히 연결되어 있는 대단히 친근한 말인

---

4 최규성, 『사음동은 말음골이 아니다』, 유페이퍼, 2016.
5 김기홍, 『마을의 재발견: 작은 정치·경제·복지로 더 나은 세상 만들기』, 올림, 2014.
6 영어로 마을은 village인데 그 어원은 라틴어 villa이다. 한국에서 villa는 보통 고급 주택이나 고급 별장을 뜻하는데 라틴어 villa는 본래 '시골 집'을 뜻했으나 17세기 초부터 '고대 로마의 시골 저택'을 뜻하게 됐다(villa, *Online Etymology Dictionary*).
7 일제 강점기에 '부락'(部落)이라는 말이 널리 사용되게 되었다. 그런데 사실 이 말은 일본 말이 아니라 『조선왕조실록』에도 나오는 말이다. 그 뜻은 마을과 같다. 그런데 일본에서 부락部落은 '최하층민'이 사는 곳을 뜻한다. 이들은 보통 부락민이라고 불리는 데, 일본에서 이들에 대한 차별은 현재적 문제이다. 이 때문에 일본에서 부락(민)은 일종의 금기어에 해당된다. 이런 점에서 조선을 강점한 일제가 조선을 천시하기 위한 목적으로 부락이라는 말을 널리 사용했을 가능성이 있다.

데 마을이 동네보다 훨씬 더 오래된 느낌을 갖고 있다.

어원이 잘 보여주듯이 전근대 시대의 마을은 대체로 사람들이 자연에 의지해서 모여 사는 곳을 뜻했다. 그 범위는 대체로 마실 수 있는 물의 존재와 농사지을 수 있는 땅에 의해 규정되었다. 그런데 전근대 시대에 도시에서도 마을이라는 말은 사용되었으나 행정적으로는 그렇지 않았다. 예컨대 조선시대의 한성을 보면, 부-방-계로 지역 단위 행정체계가 이루어졌는데, 이 과정에서 기존의 마을 이름이 한자로 바뀌거나 기존의 마을 구역이 행정에 의해 변경되었다. 이렇듯 전근대 시대의 도시에서부터 행정이 마을을 제압하게 되었던 것이다. 그리고 이 변화는 근대에 들어와서 모든 곳으로 확산되었다.[8] 이로써 물리적 차원을 넘어 사회적 차원에서 마을의 상실이 이루어졌는데, 그 내용은 사람답게 살기 위한 기초들의 상실이라고 있는 것이다. 그것은 크게 세 가지로 파악될 수 있다.

첫째, 마을의 기반인 '자연의 상실'이다. 공업화와 도시화를 물질적 축으로 하는 근대화에 의해 자연이 대대적으로 파괴되고 마침내 지구적 차원의 생태위기에 이르렀다. 지구온난화는 산과 숲과 바다의 파괴로 인류의 생존 자체를 위협하며, 이로써 자연 속에서 운영됐던 마을의 재생을 중대한 현실의 과제로 만들었다. 둘째, 마을의 기본활동인 '생활의 상실'이다. 마을의 가장 중요한 특징은 실제 삶이 이루어지는 지역 단위라는 것이다. 그것을 마을로 부르건, 동네로 부르건, 이 말들이 가리키는 공간은 단순히 집이 있는 곳이 아니라 먹고 자고 사는 활동이 총체적으로 이루어지는 곳을 가리켰다. 행정의 제압에도 불구하고 여전히 마을이 어떤 깊은 울림을 갖고 사람들에게

---

8  1938년에 발표된 미국의 사회학자 루이스 워스의 '도시적 생활양식'에 관한 논문은 전근대와 근대를 농촌과 도시로 오인한 면이 있다. 마이크 새비지, 알랜 와드, 『자본주의 도시와 근대성』, 김왕배 옮김, 한울, 1996. 그러나 전근대 시대에도 농촌과 도시의 차이는 확실히 있었다.

다가가는 것은 무엇보다 이 때문일 것이다. 셋째, 마을의 운영원리인 '자치의 상실'이다. 마을에서 주민들의 삶은 대체로 자치에 의해 이루어졌다. 이런 점에서 마을은 외부 행정의 개입과 간섭을 넘어서 내부 주민들이 자유롭게 판단하고 결정하는 자치에 대한 갈망을 담고 있기도 하다.

근대화의 과정에서 마을의 상실은 당연한 역사적 과정으로 여겨졌다. 그러나 그것은 결코 당연한 과정이 아니었고 권력과 기업에 의한 악독한 약탈과 추방과 파괴의 과정이었다. 이 때문에 마을의 상실은 마을에 대한 향수를 넘어 그 복귀에 대한 열망을 키웠다.[9] 오늘날 전국적으로 널리 추구되고 있는 마을의 복귀는 단순히 사라진 마을을 되살리는 것이 아니라 사람답게 살 수 있는 기초로서 마을을 현대에 맞게 되살리는 것이다. 이런 점에서 마을의 복귀는 '반근대화antimodernization'가 아닌 '탈근대화postmodernization'여야 한다. 반근대화는 근대화를 부정하고 전근대로 회귀하는 것을 추구하는 것이라면, 탈근대화는 전근대의 가치도 포용해서 근대화의 성과를 지키고 그 한계를 넘어서 시대의 요구에 걸맞은 사회를 추구하는 것이다.

근대화는 공업화와 민주화를 두 축으로 하는 거대한 사회적 변화를 가리킨다. 인류는 공업화와 민주화를 통해 유사 이래 최대의 물질적 풍요와 정치적 평등을 누리고 살 수 있게 되었다. 전근대는 대다수의 사람들이 궁핍과 억압에 시달리며 살아야 했다. 근대화는 유사 이래 계속되어 온 이 암울한 상황을 상당한 정도로 타파했다. 그러나 근대화는 또 다른 문제를 낳았고, 심지어 두 차례의 세계대전마저 초래했다. 이 무서운 상황은 2차 세계대전의 와중에 영국에서 처칠 수상과 보수당 정권의 주도로 확립된 '복지국가'를

---

9 박정희 독재의 '새마을' 운동은 이 점을 강력히 이용한 국가 동원 정책이었다. 박정희 독재는 막강한 군사력을 동원해서 마을들을 없애는 동시에 '새마을' 운동으로 마을을 갈구하는 국민들을 포섭했던 것이다.

통해 극복될 것으로 보였다. 그러나 현실은 그렇지 않았다.[10] 국가가 모든 것을 할 수도 없고 해서도 안 된다. 국가에 의한 마을의 보호와 마을을 통한 국가의 개혁이 함께 이루어져야 한다. 복지국가는 마을의 활성화를 통해 민주적으로 생태적으로 유지될 수 있다.

## 3. 마을과 공동체

전근대의 마을에서처럼 작은 곳에서 적은 수의 사람들이 모여 살게 되면 서로 잘 알게 된다. 그리고 전근대의 마을에서 사람들은 주변의 자연을 공유해서 생활을 이루어야 했다. 이런 점에서 전근대의 마을은 강한 공동체를 이루게 될 수밖에 없었다. 전근대의 마을은 주민 공동체의 자치로 마을을 운영해서 자연을 지키고 생활을 했다. 물론 전근대에도 마을은 완전히 주민 공동체의 자치로만 운영되지 않았다. 그 시대에도 국가의 규제와 개입은 있었다. 그러나 그 한계는 대단히 컸고, 일상적인 마을의 운영은 거의 전적으로 주민 공동체에 의해 이루어졌다.

이런 역사 때문에 마을은 보통 공동체와 직결되어 연상된다. 마을은 단순히 집들이 모여 있는 곳이 아니라 공동체가 작동하는 곳이었다. 이런 사정으로 마을의 복귀는 어디서나 공동체의 복귀와 연결되어 논의된다. 공동체는 중요하다. 무엇보다 그것은 개인을 보호할 수 있다. 정부와 기업이 할 수 없는 세심한 보호를 공동체가 할 수 있다. 정부와 기업은 개인의 복리를 위해 존재해야 하지만 오히려 '리바이어던'이 되어 개인을 괴롭힐 수 있다. 따라서 개인들이 서로 도와서 정부와 기업의 한계를 극복할 뿐만 아니라 그 문제를 해결하기 위해 애써야 하는 것이다. 이렇듯 공동체는 개인들의 자발적-

---

10 탈냉전 지구화로 더욱 명확해진 신자유주의 불평등, 지역 분쟁의 격화, 테러의 만연, 생태위기의 악화, 위험사회 등의 문제를 직시해야 한다.

자구적 노력의 결집체로서 중대한 사회적 의미를 갖는다.

　그러나 공동체의 복귀가 그냥 전근대 공동체의 복귀를 뜻하는 것은 아니다. 마을의 복귀는 탈근대화로 추구되어야 한다. 그 핵심에 공동체의 복귀가 놓여 있다. 사실 전근대 공동체는 내부자들에 대해 억압적이고 외부자들에 대해 폐쇄적이었다. 이런 내적 억압성과 외적 폐쇄성은 반민주적인 것으로서 용인될 수 없는 것이다. 마을의 복귀는 자연·생활·자치의 복귀를 뜻하고, 그 주체로서 공동체의 복귀를 뜻해야 한다. 그러나 이 공동체는 인권의 주체인 개인들의 판단과 선택에 따라 자유롭게 형성되고 작동되는 것이어야 한다. 탈근대 공동체는 민주적으로 결정된 투명하고 합리적인 제도에 의거해야지 개인의 자의적인 선의나 지혜에 의거해서는 절대 안 될 것이다.

　그런데 탈근대 공동체의 추구에서 여러 혼란이 나타나고 있는 것으로 보인다. 그 중에서 가장 근원적인 것은 공동체를 국가와 시장을 넘어서는 제3의 것으로 제시하는 것이다. 이런 주장은 공동체를 열심히 만들면 국가와 시장의 문제가 해소될 수 있는 것처럼 보이게 한다. 그러나 이것은 대단히 심각한 오류이다. 공동체는 크게 지역 공동체와 사회 공동체로 나뉜다. 전자는 마을 공동체를 뜻하고, 후자는 협동조합으로 대표된다. 마을 공동체는 말할 것도 없고 협동조합을 다 합해도 사실 국가와 시장의 기능을 대체할 수 없다. 탈근대 공동체는 국가와 시장을 넘어서는 것이 아니라 그 한계를 보완하고 문제를 해결하기 위한 시민들의 자구적 노력이어야 한다.

　탈근대 공동체 운동의 활성화와 함께 확산된 이런 혼란은 '국가-시장-시민사회'의 3분론을 '국가-시장-공동체'의 3분론으로 대체한 것이라고 할 수 있다. 그러나 탈근대 공동체는 주권자인 시민들의 자발적 활동이 펼쳐지는 자유로운 사회 영역을 뜻하는 시민사회의 한 부분이지 시민사회를 대체하는 것이 아니다. 시민사회는 주로 시민단체를 중심으로 작동된다. 시민단체의 가장 기본적인 특성은 독립성이다. 시민단체는 재정·인사·활동의 모든 면에서 국가와 시장에서 독립해서 시민들의 자발적인 참여로 운영돼야 한다. 시민사회의 가장 큰 역할은 국가와 시장을 감시하고 개혁해서 시민들의 안전과 복지를 확보하는 것이기 때문이다.[11] 탈근대 공동체는 이런 시민사회의 활동이 생활의 장으로 확대되어 적극 추구되는 것이다.

또 다른 중요한 혼란은 공과 사에 대한 오해의 산물이다. 본래 공公, public은 국가를 뜻하고, 사私, private는 개인을 뜻한다. 국가는 권력이라는 합법적 강제력을 이용해서 주권자인 개인들의 안전과 복지를 추구한다. 공동체는 공과 사를 넘어서는 제3의 것이 아니라 사에 속하는 것이다. 사는 개인을 뜻하는데 개인은 혼자 있거나 여럿이 함께 있을 수 있다. 이런 점에서 사는 개個와 공共으로 이루어지는 것이다. 민주주의 사회에서는 공公도 공共도 모두 개인에서 출발하며 개인의 안전과 복지를 위해 존재해야 한다. 그런데 공公은 권력의 행사자라는 특별한 지위를 갖고 있으나, 공共은 개인들의 선택에 의한 자의적 존재이다. 공共은 대부분의 개인들에게 필수적이지만 자의적 존재이기 때문에 취약하다.

---

11 이런 점에서 정부나 기업의 지원에 의지하는 단체는 시민단체의 탈을 쓴 관변단체나 이익단체일 뿐이고 심지어 그저 청부단체일 뿐이다. 자유총연맹, 새마을운동회, 바르게살기회, 어버이연합, 엄마부대, 박사모, 고엽제 전우회, 재향경우회, 재향전우회, 일베 등이 그 예이다. 특히 어버이연합, 엄마부대, 박사모 등은 상습적 폭력의 문제를 일으켰으며, 자유총연맹은 청와대의 지시로 이 단체들을 사주한 사실이 드러났다. 「자유총연맹, 어버이연합 잔치에 돈 지원했다」, 『미디어오늘』 2014. 10. 24; 「어버이연합과 전경련, 청와대 '검은 커넥션' 의혹 총정리」, 『한겨레신문』 2016. 4. 22; 「대통령 비서실장이 자유총연맹에 국정교과서 찬성집회 지시」, 『뉴스타파』 2017. 1. 27. 자유총연맹, 새마을운동회, 바르게살기회는 아예 법으로 정부의 막대한 지원을 받고 있는데, 박정희-전두환-노태우 독재의 유산인 이 법을 폐지해서 관변단체의 문제를 철저히 개혁해야 한다. 또한 불법 폭력 범죄의 '돈줄' 역할을 한 전경련은 재벌들의 이익단체를 넘어 심각한 범죄단체가 된 것이니 폐지해야 하는 것은 물론이고 전면적인 수사로 그 임원과 주요 직원들을 모두 엄벌해야 한다. 「靑, 전경련으로 70억 수금해 '친정부 단체' 지원」, SBS 2017. 2. 1; 「전경련, 주중에 돈 입금하면→보수단체, 주말에 '집회'」, Jtbc 2017. 2. 7.

표 1 공-사의 구도와 공동체

```
        공-국가→국회, 정부, 법원, 지방정부, 공기업
                        ↑↓

        사-개인 → 사익(私益) → 회사
                → 공익(共益) → 공동체(조합, 사단, 임의조직)
                → 공익(公益) → 시민단체[12]
```

이 때문에 그 존속과 발전을 위해 국가의 적극적 지원이 필요하다. 공동체는 중요하다. 그러나 공동체는 그 자체로 선이 아니다. 1983년 칸 영화제의 그랑프리 수상작인 일본 영화 '나라야마 부시코'는 전근대 공동체의 억압성을 잘 보여준다. 주민들은 척박한 환경 속에서 계속 살아가기 위해 70살이 된 노인들을 '나라야마'의 계곡에 갖다 버리며, 춘궁기에 종자 곡식을 훔쳐 먹은 한 가족을 생매장해서 죽여 버림으로써 공동체를 지키고자 한다. 끔찍한 폭력이 자행되는 것이지만 누구도 이 공동체의 규율을 어길 수 없다. 비슷한 상황이 남부 이탈리아에서 오랫동안 전개됐다. 이곳의 가난한 주민들은 지배자의 폭력과 약탈에 맞서서 어둠의 공동체를 만들었다. 바로 '마피아'다. 그 결과 로버트 퍼트남 교수가 20년의 연구를 통해 1992년에 발간한 책에서 잘 밝혔듯이 남부 이탈리아는 공공성 인식과 사회적 자본이 대단히 취약한 '후진 사회'가 되어 버렸다.[13]

오늘날 한국에서 가장 활성화된 '마을 공동체'는 서울의 아파트 단지 부녀회라고 한다. 많은 아파트들에서 '마을'을 내걸고 있지만 그것은 사실 마을

---

12 시민단체는 '공익公益', 즉 국가적 차원의 이익을 추구하지만 그 존재와 활동은 '결사의 자유'에 따른 사적 시민의 자발적 선택에 의한 것이다.

13 로버트 D. 퍼트남, 『사회적 자본과 민주주의』, 안청시 외 옮김, 박영사, 2000; 프랜시스 후쿠야마, 『트러스트』, 구승회 옮김, 한국경제신문사, 1996.

의 향수에 호소하는 상술에 불과하고, 그곳의 '마을 공동체'는 아파트 가격을 어떻게든 올리기 위한 강력한 사익 조직인 경우가 많다. 마을이 마을답기 위해서는 자연과 역사와 주민을 존중해야 하고, 공동체가 공동체답기 위해서는 사회 전체의 차원에서 호혜적이어야 한다. 이런 정언적 요청에 비추어 부박한 현실을 직시하고 문제의 현상과 원인을 올바로 정리해서 실질적 해결을 추구해야 한다. 탈근대 공동체는 선의와 헌신을 넘어 대단히 어려운 현실적 과제의 해결을 통해 비로소 이루어질 수 있다.

## 4. 마을과 공동재

마을은 거의 언제나 공동체로 연결되어 논의되는데 공동재는 그렇지 않다. 이것은 대단히 심각한 문제이다. 공동체는 사실 공동재를 이용하는 한 방식이라고 할 수 있다. 공동재가 없다면 사실상 공동체는 있을 수 없고, 마을은 그저 여러 사람들이 모여 사는 곳이 될 뿐이다. 공동체가 마을의 운영방식이라면, 공동재는 마을의 운영내용이다. 마을의 유지를 위해 공동재가 필요하며, 또한 공동재의 유지를 통해 마을이 존속될 수 있다. 공동재는 공동체의 물질적 기반이니 공동체는 언제나 공동재와 함께 논의되어야 한다. 마을은 이 사실을 잘 보여준다.

마을은 단순히 집들로 이루어지는 것이 아니라 도로, 수로 등을 비롯한 여러 시설들이 필요하고, 나아가 집과 시설보다 훨씬 더 큰 입체적 자연이 필요하다. 마을이 공동체로서 기능하는 것은 마을이 이 시설들과 자연을 공동으로 관리하고 이용하는 것을 뜻한다. 물론 필요한 시설과 자연은 마을의 장소에 따라 달라진다. 도시와 비도시 지역이 다르고, 비도시 지역에서도 농촌과 어촌이 다르다. 그러나 어디에서나 공동체는 공동재를 필요로 한다. 그러므로 마을이 공동체로 유지되기 위해서는 공동재를 어떻게 관리하고 이용해

그림 1 마을과 공동재의 관계

야 하는가에 관한 자치 규약이 명확해야 한다. 이를 위해서는 공동재의 목록을 세밀히 작성하고 그에 관한 책임과 권한을 명확히 작성해야 한다.[14]

여기서 공동재commons에 관해 조금 더 살펴보자. commons는 보통 '공유지'로 번역된다. 이것은 미국의 생물학자 가렛 하딘의 1968년 논문 "Tragedy of commons"에서 비롯된 것이다. 이 논문에서 하딘은 공유지의 자유로운 이용은 공유지의 과이용으로 이어져서 공유지의 파괴를 야기하게 되기 때문에, 결국 세제를 활용한 권력의 규제가 필요하다고 주장했다.[15] 이에 대해 일리노어 오스트롬은 오랜 세월에 걸친 방대한 이론연구와 실증연구를 통해 국가의 개입이 아니라 공동체의 관리를 통해 공유지를 비롯한 공동재의 유지가 가능하다는 것을 1990년에 발간된 저서에서 밝혔다.[16] 이로써 오스트롬은 하딘의 비판을 넘어서 공동체의 가치를 강력히 제시했다.[17]

---

14 현재 마을 공동재는 보통 '마을 공동재산'으로 불리고 있는데 그 소유와 이용을 둘러싸고 각종 분쟁이 빈발하고 있다. 이에 대해 경남 창녕군은 2012년부터 '마을 공동재산 관리 서비스'를 시행해서 큰 호응을 받았다. 지자체에서 전국 모든 마을의 '마을 공동재산'을 조사하고 관리하는 서비스를 제공할 필요가 있다.

15 Hardin, Garrett, "The Tragedy of the Commons", *Science* 162, 1968.

16 Ostrom, Elinor, Governing the commons, 윤홍근·안도경 옮김, 『공유의 비극을 넘어서』, 랜덤하우스, 2010.

17 이명석, 「제도, 공유재 그리고 거버넌스」, 『행정논총』 44(2), 2006; 장수환, 「자연자원 이용에 대한 공유자산체제와 소유권에 대한 논의」, 『환경

공동재는 땅만이 아니라 물, 숲 등과 그곳의 생물 등의 자연재와 수로, 관개시설 등의 인공재를 포괄한다. 그것은 경제학의 재화 구분에 따르면 경합성은 있으나 배제성은 없는 재화로 구분된다. 그러나 이 경우에 공동재는 결국 '무임승차'에 의한 무분별한 사용으로 완전한 파괴나 고갈의 위험에 처할 수 있다. 이런 점에서 빈센트 오스트롬과 일리노어 오스트롬은 공동재를 공동체가 관리하는 공동-한정 자원common-pool resources, CPRs이어야 한다고 제시했다.[18] 공동재의 보존적 이용을 위해 CPRs의 개념은 중요하다. 이 개념은 공동체가 호혜의 수사나 선의에 의해서가 아니라 외적 제한과 내적 규제를 위한 명확히 규정된 제도를 통해 공동재를 지킬 수 있다는 것을 제시한다.[19]

공동체가 공동재를 보존하며 이용하는 것은 그것에 대한 소유권을 확보하고 있을 때 가장 강력히 안정될 수 있다. 소유권은 가장 강력한 제도인 법

---

논총』47, 2008; 옥동석 외,『한국 어촌사회와 공유자원』, 인천학연구원, 2011; 김경덕 외,『농촌지역 공유자원의 운영실태와 개선방안 연구』, 한국농촌경제연구원, 2013; 이순태,『자연자원의 관리와 이용에 관한 법제연구』, 한국법제연구원, 2015.

[18] 개념에 관련된 논의와 국내의 관련 연구는 최현·다이싱성,「공동자원론과 한국 공동자원 연구의 현황과 과제」,『경제와 사회』108, 2015를 참고. 경제학에서 재화의 구분에 관한 논의는 20세기 초 칼 멩거의 사물과 재화의 구분으로 거슬러 올라갈 수 있으며, 경합성과 배제성을 기준으로 재화를 구분하는 것은 머스그레이브의 1969년 논문으로 시작되었다. Bychkova, Olga, "Categories of Goods in Economics and Public Choice Literature", 2008 in Oleg Kharkhordin and Risto Alapuro eds., *Political Theory and Community Building in Post-Soviet Russia*, Routledge, 2011과 Desmarais-Tremblay, "Maxime, On the Definition of Public Goods – Assessing Richard A. Musgrave's contribution", ftp://mse.univ-paris1.fr/pub/mse/CES2014/14004.pdf, 2014를 참고.

[19] 일본의 관련 연구는 이노우에 마코토 외,『공동자원론의 도전』, 최현 외 옮김, 경인문화사, 2014를 참고.

으로 규정되어 있으며, 반드시 법에 의거해서 논의가 진행되어야 한다. 현재 한국의 소유는 공유와 사유로 크게 나뉘며, 전자는 '국유재산법'과 '공유재산법'에 의해, 후자는 '민법'에 의해 규정되어 있다.

표 2 법적 소유제의 종류

```
         공유公有 - 국유=국가 소유
                 공유公有=지방 정부, 공기업
     사유私有 - 개유=개별 소유
                 공유共有=공동 소유: 공유, 합유, 총유[20]
```

공동재는 민법 제3절에서 규정하고 있는 '공동 소유'에 의해 소유되어야 한다. 그것은 공유, 합유, 총유의 셋으로 이루어지며 그 핵심 내용은 다음과 같다.

> 제262조(물건의 공유) ①물건이 지분에 의하여 수인의 소유로 된 때에는 공유로 한다.
> 제271조(물건의 합유) ①법률의 규정 또는 계약에 의하여 수인이 조합체로서 물건을 소유하는 때에는 합유로 한다. 합유자의 권리는 합유물 전부에 미친다.
> 제275조(물건의 총유) ①법인이 아닌 사단의 사원이 집합체로서 물건을 소유할 때에는 총유로 한다.

'공유'는 단순히 여러 사람들이 나눠 갖고 각자 소유권을 행사하는 것이기

---

[20] 영어로는 co-ownership=common ownership, joint ownership, collective ownership으로 구분된다. 한국의 총유제에 관해서는 류창호, 「동아시아의 문화전통과 한국 민법의 발전」, 『아시아법제연구』 3, 2005; 「우리 민법상 總有에 관한 一考察」, 『토지법학』 26(1), 2010; 윤진수, 「공동소유에 관한 민법 개정안」, 『민사법학』 68, 2014 등을 참고.

때문에 불안정하다. 이런 점에서 공동재는 합유나 총유로 소유되어야 한다. 합유는 개인의 소유권이 인정되되 전체의 동의에 의해 행사되며, 총유는 개인의 소유권이 인정되지 않고 단체의 소유권만 인정된다.[21] 이런 점에서 공동체와 공동재의 보존에서 가장 안정적인 것은 총유제이다.[22] 총유는 마을의 구성원들이 조직을 결성해서 총유 재산으로 등기하는 것으로 이루어진다.

근대화에서 나타난 마을 공동체의 해체는 마을 공동재를 공공재(국가)나 개유재(개인, 기업)로 전환하는 것이었다.[23] 마을 공동체의 복귀는 부당하게 박탈된 마을 공동재의 복귀를 요청하며, 또한 시대의 변화에 따라 필요해진 새로운 마을 공동재의 확보를 요청한다. 일리노어 오스트롬이 밝혔듯이 마을 공동체는 마을 공동재의 보존적 이용을 통해 생태위기를 완화/극복할 수 있는 능력을 갖고 있다.[24] 이런 점에서 국가의 정책은 마을 공동체와 마을 공동재의 복귀를 향해 전환되어야 하며, 유엔 차원에서 이 노력을 더욱 강화해

---

21 일본의 민법에는 '총유제'가 규정되어 있지 않은데 지역과 도시에 관한 원로 연구자이자 변호사인 이가라시 타카요시 교수를 중심으로 총유제를 통해 난개발과 과소화에 대응하는 '현대총유제 운동'이 전개되고 있다. 이가라시 다카요시 외,『현대총유론』, 최현 외 옮김, 진인진, 2016 참조.

22 전근대 시대에 마을은 대체로 많은 공동재를 총유 재산으로 소유하고 있었다. 그러나 일제에 의해 식민지 근대화가 강행되면서 마을의 공동재는 대거 공공재(국공유재)나 사유재(개유, 공유)로 약탈되었다. 이 문제는 박정희 독재의 대대적인 국토 개발과 '새마을 운동'을 통해 재연되었다.

23 한국에서 이 과정은 일제와 박정희 독재에 의해 극히 부당한 수탈로 강행되었다. 이런 점에서 마을 공동재의 복귀는 일제와 박정희 독재의 문제를 해결하는 것이기도 하다. 이와 관련해서 이병천이 제안한 '마을 재산권 복원 기본법'에 주목할 필요가 있다.

24 주요한 참조 대상인 일본의 관련 사례는 다무라 아키라,『마을 만들기의 발상』, 강혜정 옮김, 소화, 2005과 모타니 고스케, NHK히로시마 취재팀,『숲에서 자본주의를 껴안다』, 김영주 옮김, 동아시아, 2015; 후지요시 마사하루,『이토록 멋진 마을』, 김범수 옮김, 황소자리, 2016 등을 참고.

서 지속가능발전의 핵심으로 삼아야 한다.[25] 마을이 유엔의 핵심 의제로 확립된다면, 국가의 정책은 더욱 빠르고 올바로 변할 수 있을 것이다.

## 5. 마을의 위기와 민주주의

2001년 8월에 '마을만들기 전국 워크샵'이 열린 이래 마을만들기 운동이 전국적으로 본격화되었고, 2011년 10월에 박원순이 서울시장에 당선된 이래 서울시는 마을 만들기를 서울시의 중요 정책으로 추진하게 되었다. 이런 사실에 비추어 보자면 '마을의 복귀'가 강력히 추진되며 큰 성과를 거두고 있는 것으로 보인다.[26] 그러나 이 과정에서도 '마을의 위기'가 계속 악화되었다. 곳곳에서 계속 마을들이 없어지고 있는 것을 보면 현재 한국에서는 '마을 만들기'보다 '마을 지키기'가 훨씬 더 긴박한 과제라고 하지 않을 수 없다.

'마을의 위기'는 내적 위기와 외적 위기로 나누어 살펴볼 수 있다. 첫째, 내적 위기는 마을의 내부 요인들에 의해 발생하는 위기를 뜻한다. 이것은 다시 마을의 구성이 변화해서 발생하는 위기와 마을의 운영에서 발행하는 위기로 나누어 살펴볼 수 있다. 마을의 구성 위기는 고령화와 과소화에 따른 마을의 해체 위기로 대표된다. 젊은이들이 마을에서 살지 않게 되고 적은 수

---

[25] 유엔의 지속가능발전 구상은 1992년의 '리우 환경회의'를 통해 확정되었는데, 그 기본은 각국 정부가 국가 정책의 방향을 보존적 이용 쪽으로 전환하도록 하는 것이며, 그 핵심은 지구 온난화를 완화하기 위한 저탄소 배출 정책이라고 할 수 있다. 만일 세계 전역에서 생태적 삶을 지키고 있는 마을 공동체와 그 물적 기반인 마을 공동재를 올바로 유지하고 확대할 수 있다면, 지구 온난화의 완화와 지속가능발전은 정말 명료하게 실현될 수 있을 것이다. 이것은 생태적 인권과 문화적 인권을 동시에 실현하는 것이기도 하다.

[26] 마을만들기 전국네트워크, 『마을만들기 중간지원 - 마을만들기 지원센터의 전국적 현황과 전망』, 국토연구원, 2013; 『마을만들기 네트워크』, 국토연구원, 2014.

의 노인들만이 살게 되면서 마을이 낙후되고 소멸되어 가는 것이다. 이 문제는 특히 비도시 마을에서 많이 나타나고 있다. 한편 마을의 운영 위기는 투명하고 합리적인 토론에 의한 운영이 이루어지지 않는 것으로, 이 문제는 일부 주민들이 다른 주민들을 속이고 이익을 취하는 범죄로 이어지기 쉽다. 2016년에 제주도의 한 마을에서 일부 주민들이 백종원의 회사에 마을회관을 불법매각해서 일억 원씩을 사취한 것은 그 좋은 예이다.[27] 마을은 그냥 좋은 곳이 결코 아니다.

둘째, 외적 위기는 외부의 다양한 요인들에 의해 발생하는 위기를 뜻한다. 마을의 위기를 가져오는 외부의 요인들은 마을의 땅을 노리는 개별 투기꾼부터 마을의 생태적 기반을 망치는 지구 온난화까지 대단히 다양하다. 그런데 한국의 경우는 도시와 비도시를 떠나서 마을의 외적 위기는 대체로 국가와 자본의 개발에서 비롯된다. 그 뿌리는 박정희-전두환의 군사개발독재에 있는 것이지만 민주화 이후의 20년을 보더라도 새만금 개발, 행정수도 개발, 4대강 사업, 핵발전소, 밀양 송전탑, 평택 미군 기지, 제주 강정 해군 기지, 뉴타운 개발(한양주택, 교남동, 북아현동 등) 등 엄청난 개발사업들이 끝없이 이어졌고 이 과정에서 수없이 많은 마을들이 완전히 파괴되어 영원히 사라졌다. 특히 2008~2017년 동안 이명박-박근혜 비리개발정권에 의해 토건국가 문제가 극도로 악화되어 토건비리세력이 막대한 혈세를 먹기 위해 완전히 불필요하고 터무니없는 생명의 젖줄 파괴사업인 '4대강 죽이기' 사업조차 강행됐다.

한국에서 마을의 위기는 내적 요인보다 외적 요인에 의해 압도적으로 주도되고 있다. '과소 이용'보다 '과잉 개발'이 훨씬 큰 문제이며, 개인보다 국

---

27 마을 주민들이 협동해서 좋은 일을 할 수도 있고 나쁜 일을 할 수도 있다. 탈근대적 마을은 투명하고 합리적인 토론과 운영을 기본으로 해야 한다. 「백종원에 판 제주 마을재산, 1억원씩 나눠먹었다」, 『노컷뉴스』 2016. 11. 8.

가와 자본이 훨씬 큰 문제이고, 자본보다 국가가 훨씬 큰 문제이다. 한국에서 마을의 위기는 숱한 사례들을 통해 쉽게 확인할 수 있듯이 민주주의의 문제와 직결되어 있는 것이다.[28] 특히 2008~2017년 동안 이명박-박근혜 비리개발정권이 반민주 독재화의 일환으로 저지른 각종 비리개발들은 이 사실을 말 그대로 극명하게 입증했다. 이렇게 국가 권력이 국민들을 보호하는 것이 아니라 고통을 주며 각종 비리개발들을 강행한 결과로 국가 자체가 비리로 작동되는 '비리 국가'가 되었고 마을의 파괴와 불평등-불안정의 악화가 동시에 진행되어 극심한 불평등-불안정 사회가 되었다. '이명박 비리개발정권'과 '박근혜-최순실 게이트'는 마을의 위기와 무관한 것이 아니라 그것의 가장 강력한 원인이다.

한국에서 마을의 위기를 넘어서 마을의 복귀를 올바로 이루기 위해서는 3중의 과제를 추구해야 할 것으로 생각한다. 첫째, 마을의 역량을 강화하는 것이다. 이것은 대체로 마을의 운영을 투명하게 하고, 시대의 요구에 부응하는 발전 계획을 추구하는 것으로 이루어진다. 그런데 여기서 나아가 총유제로 공동재를 확보해서 마을을 물적으로 안정화하는 것이 대단히 중요하다.

---

28 박근혜-새누리 비리 정권의 사드 기지 강행으로 갑자기 최악의 군사적 위험지역이 된 경북 성주의 주민들은 "우리가 골짜기에 산다고 사람 취급도 하지 않는 것이냐"고 절규했다. 아마 그 주민들은 산골의 작은 마을이니 국가 권력 같은 것은 자신들과 아무런 관계도 없다고 생각했을 지도 모른다. 그들이 박근혜와 새누리당(자유한국당, 바른정당)을 적극 지지했던 것에는 이익에 대한 기대, 뿌리 깊은 '연고주의', 그리고 현실에 대한 오인이 큰 영향을 미쳤을 것이다. 그러나 나쁜 권력은 약자들에게 더 나쁘다. 이승만 학살독재정권이 수십만 명의 양민 학살 범죄를 저지른 곳도 모두 산골의 작은 마을이었다. 어떤 마을도 혼자 좋은 곳으로 남아 있을 수 없다. 그런 곳은 말 그대로의 의미에서 '유토피아', 즉 '존재하지 않는 곳'이다. 민주주의가 제대로 작동해야 비리가 척결되고 인권이 올바로 보장되어 마을이 좋은 곳이 될 수 있다. 유럽의 산골 마을들이 좋은 곳일 수 있는 것은 유럽의 국가들이 청렴하고 인권을 존중하는 선진 민주주의 국가이기 때문이다.

둘째, 국가에 의한 마을의 파괴를 보장하는 제도들을 전면적으로 개혁해야 한다. 강제 수용제(공적 수용제, 공용 수용제)와 보상금 제도가 그 대표적인 예이다.[29] 두 제도는 마치 채찍과 당근처럼 곳곳에서 마을을 파괴하는 핵심 기제로 작동하고 있다. 셋째, 국가 차원에서 민주주의의 심화를 이루어야 한다. 여기서 가장 중요한 것은 비리 세력이 선출되지 않도록 하는 것이다.[30] 이를 위해 비리 범죄자의 처벌 강화, 언론의 자유와 공정성의 확보 등이 대단히 중요하지만, 궁극적으로 마을에서부터 주권자의 각성과 실천이 제대로 이루어지는 것이 무엇보다 중요할 것이다.[31]

탈근대적 마을은 마을의 차원에서 민주주의가 확립되는 것을 넘어서 국가적 차원에서 민주주의의 심화로 비로소 형성될 수 있다. 인간적인 수사로 마을을 치장하는 것으로는 공허한 결과에 이르기 십상이다. 국가의 지원을 기다리는 것이 아니라 마을의 역량을 실질화하는 것에 힘을 쏟아야 하며, 그 핵심에 여러 공동재를 충실히 확보하는 것이 놓여 있다. 마을 공동체는 마을 공동재를 필요로 하며, 마을 공동재는 마을 공동체를 지탱한다. 이를 위해 한국에서 유행하고 있듯이 협동조합을 만들거나, 일본의 경우처럼 '총유 사단'을 만들거나, 대만의 경우처럼 '공법인'을 만들거나, 여러 방식으로 마을을 공동체-공동재의 실제 소유-관리-이용의 주체로 확립하는 것이 중요할 것이다. 그 구체적인 실행을 위해서는 관련 법들을 세밀히 검토해서 계획을 수립해야 한다.

---

29  이호준, 「현행 공용수용제도의 문제점과 개선방안」, 『부동산 포커스』 85, 2015.
30  홍성태, 『민주화의 민주화』, 현실문화, 2009.
31  이 점에서 '마을 민주주의'에 대한 관심이 커지는 것은 중요한 변화이다. 삶의 자리가 좋은 곳이 되어야 삶이 좋아질 수 있다. '마을 민주주의'가 추구하는 마을의 민주적 발전은 국가 차원에서 지역주의와 개발주의에 기반한 비리와 매수의 정치를 타파해야 올바로 이루어질 수 있다.

마을이 아주 좋은 곳이고 강한 곳이었다면, 수많은 마을들이 그렇게 무력하게 사라지지 않았을 것이다. 마을에 여러 문제와 한계가 있었고, 또한 마을이 약했기에, 그렇게 되고 말았을 것이다. 마을에 관한 관심이 커지고 있는 지금도 상황은 별로 다르지 않다. 최근에도 토건족은 '4대강 죽이기 사업'[32]의 일환으로 불필요한 영주댐을 건설해서 수백년 된 '금강 마을'을 영원히 없애 버렸다.[33] 마을에 대한 관심이 커지는 이유는 그것이 단지 우리의 본원적 주거방식일 뿐만 아니라 기본적 생활방식이기 때문이다. 마을은 결코 사라지지 않으며 계속 새로운 모습으로 나타나게 된다. 그러나 마을이 탈근대화의 핵심 장소가 되기 위해서는 무엇보다 민주주의에 주의해야 한다. 정치적 민주화는 사회적 합리화로 이어져서 좋은 나라를 만들게 되고, 근대적 마을의 위기가 탈근대적 마을의 복귀로 전환될 수 있는 길은 여기에 있다.

## 6. 맺음말

마을은 '고향의 상실'로 표상되는 전근대적 향수를 떠올리게 하는 말이다. 그러나 그것이 담고 있는 자연, 생활, 자치의 가치는 사회를 주도하는 양 축인 국가와 기업의 문제가 심각해질수록 더욱 더 중요해진다. 근대화는 전근대의 궁핍과 억압을 넘어 풍요와 자유를 이루었다. 그러나 그것은 국가와 기업의 '괴물화'를 통해 또 다른 궁핍과 억압을 사회적으로 확산시키고 있다. 생태위기는 근대화가 만든 가장 거대한 문제이다. 이런 상황에서 마을은 탈근대화를 위한 핵심적 장소로 새롭게 사유되고 실천되고 있다. 그러나 그 실

---

[32] 김정욱, 『나는 반대한다: 4대강 토건공사에 대한 진실 보고서』, 느린 걸음, 2010; 홍성태, 『생명의 강을 위하여』, 현실문화, 2010.

[33] 「400년 된 금강마을, 곧 사라집니다」, 『한겨레신문』 2013. 11. 12; 「금강사와 금강마을의 비극」, 『영주시민신문』 2015. 8. 7.

현은 대단히 어려운 과제이다.

지속가능성과 민주주의의 심화를 핵심으로 하는 탈근대화가 이루어지기 위해서는 공公을 지배하는 국가의 민주화와 사私를 지배하는 기업의 민주화가 실질적으로 충실히 이루어져야 한다. 여기서 개인의 각성과 실천이 가장 근원적인 동력이다. 그리고 마을이 그 조직과 실천의 핵심적 장소가 되어야 한다. 개인들이 호혜롭고 평화롭게 거주하는 장소로서 마을을 넘어서 마을이 시민사회와 함께 생태적 민주적 탈근대의 지평을 열어가는 것이다. 마을에서 세계를 추구하고, 세계는 마을을 보호한다. 이로써 자치가 확대되어 국가와 기업의 민주화가 심화되고, 자연과 공존하는 생활을 추구하는 생태화가 실현된다.

그런데 탈근대는 어떤 것이어야 하는가? 마을은 어떤 탈근대를 추구해야 하는가? 그것은 노자의 '소국과민小國寡民'(작은 나라 적은 국민)이 아니라 마을을 중심으로 개인들이 국가와 기업의 민주화를 촉진하는 것이고, 근대의 생태위기와 경제위기를 동시에 극복하는 것이어야 한다. 이런 점에서 그것은 마을이 세계를 재구성하는 역할을 하는 것이고, 이를 위해 마을은 생태민주주의와 생태복지국가의 거시적 목표를 명확히 제시할 필요가 있다.[34] 일

---

34 생태민주주의는 생태위기에 적극 대응하기 위해 민주주의의 대상은 물론 주체를 자연으로 확장하는 것이다. 2017년 3월 뉴질랜드에서 제정된 '지구법'은 그 좋은 예이다. 비슷한 입법이 여러 나라에서 추진되고 있으며, 한국에서는 헌법에 모든 생명을 존중한다는 내용을 담자는 의견이 제기되었다(「뉴질랜드, 자연 훼손하면 상해죄…'지구법', 한국은?」, 『중앙일보』 2017. 4. 17). 민주주의는 자유 민주주의로 시작되어 사회 민주주의를 거쳐 생태 민주주의로 나아간다. 이런 변화에 부응해서 사회 민주주의의 복지국가는 생태 민주주의의 생태복지국가로 전환된다. 홍성태, 『생태사회를 위하여』, 문화과학사, 2004를 참고. 이로써 근대화의 핵심인 개발주의와 성장주의를 폐기하고 지속가능성의 실현을 향한 탈근대화가 적극 추구되는 것이다. 생태복지국가는 정부조직과 재정구조를 전환하는 것으로 구현될 수 있다. 예컨대 한국에서 그것은 수자원공사, 토지주택공사, 도로공사 등 거대한 개발공사들을 축소통폐합하고 생

찍이 맥루한이 말한 '지구촌'이 정보화를 통해 실제로 구현되고 있으며, 이것은 마을이 세계를 재구성하는 핵심 장소가 될 수 있다는 것을 뜻한다.

앞으로 개헌이 추진될 때, 생태민주주의와 생태복지국가가 새 헌법에 담기고, 마을이 그 핵심 장소로서 새 헌법에 제시되도록 해야 한다. 마을이 공동체와 공동재로 활력을 얻더라도 그것이 지속되기 위해서는 반드시 마을이 탈근대적 국가 개혁/사회 개혁의 핵심 동력으로 정립돼야 할 것이다. 지금의 한국처럼 개발주의와 성장주의의 문제가 토건국가의 차원에까지 이른 곳에서 마을은 언제나 거대한 구조적 위기에 시달리게 마련이다. 이런 곳에서는 '마을 만들기'에 앞서서 '마을 지키기'가 더욱 중요하다. 마을이 그 본래 가치를 제대로 실현하기 위해서 마을을 지키고 만드는 지역의 실천이 구조의 개혁을 지향할 필요가 있다. 탈원전·탈토건·탈탄소의 탈근대 사회는 마을이 담고 있는 본래 가치를 실현하는 것과 뗄 수 없이 연결되어 있다. 우리는 마을을 세계사적 전환의 관점에서 파악하고 헌법과 법률을 중심으로 하는 제도적 접근을 통해 그 가치를 실현해야 한다.

태적 전환과 복원을 위한 공사들을 신설하는 것으로 실현될 수 있다. 홍성태, 『개발주의를 비판한다』, 당대, 2007을 참고.

## 저자소개

### 편자

최현　제주대학교 사회학과 교수, 제주대학교 SSK연구단 연구단장

정영신　제주대학교 SSK연구단 전임연구원

윤여일　제주대학교 SSK연구단 전임연구원

### 필자

조성윤　제주대학교 사회학과 교수

김석준　제주대학교 사회학과 교수

김선필　한국학중앙연구원 박사후연구원, 제주대학교 SSK연구단 공동연구원

김자경　한살림 제주 이사, 제주대학교 SSK연구단 공동연구원

김평선　제주차롱 사회적협동조합 대표

홍성태　상지대학교 문화콘텐츠학과 교수

# 인터뷰

라해문 제주문화예술재단 문화재생사업팀장

고성환 제주차롱사회적협동조합 이사

고제량 제주생태관광협회 대표

김진숙 제주대학교 한국학 박사과정